Förderung von Kindern und Jugendlichen
mit Migrationshintergrund

AF211323

Waxmann Verlag GmbH
Steinfurter Straße 555, 48159 Münster
info@waxmann.com

FörMig Edition

Herausgegeben von

İnci Dirim, Ingrid Gogolin, Ursula Neumann,
Hans H. Reich, Hans-Joachim Roth und Knut Schwippert

Band 7

Waxmann 2011
Münster / New York / München / Berlin

Ingrid Gogolin, İnci Dirim, Thorsten Klinger,
Imke Lange, Drorit Lengyel, Ute Michel, Ursula Neumann,
Hans H. Reich, Hans-Joachim Roth, Knut Schwippert

Förderung von Kindern und Jugendlichen mit Migrationshintergrund

Bilanz eines Modellprogramms

Waxmann 2011
Münster / New York / München / Berlin

Bibliografische Informationen der Deutschen Nationalbibliothek
Die Deutsche Nationalbibliothek verzeichnet diese Publikation in
der Deutschen Nationalbibliografie; detaillierte bibliografische
Daten sind im Internet über http://dnb.d-nb.de abrufbar.

Gefördert als BLK-Programm vom Bund und Ländern
im Zeitraum vom 01.09.2004 bis 31.12.2006.

Diese Publikation beruht auf dem Abschlussbericht
zum Modellprogramm FörMig:

Programmträger Modellprogramm FörMig (2009):
Förderung von Kindern und Jugendlichen mit Migrationshintergrund FörMig –
Bilanz und Perspektiven eines Modellprogramms
Abschlussbericht 2009

Universität Hamburg, Institut für International und Interkulturell
Vergleichende Erziehungswissenschaft

Der Bericht wurde im Januar 2010 den teilnehmenden Bundesländern vorgelegt
und von ihnen gutgeheißen. An der vorliegenden Fassung wurden redaktionelle,
aber keine substanziellen Änderungen durchgeführt.

ISBN 978-3-8309-2517-0
ISSN 1861-4108

© Waxmann Verlag GmbH, 2011
Postfach 8603, 48046 Münster

www.waxmann.com
info@waxmann.com

Umschlaggestaltung: Pleßmann Design, Ascheberg
Satz: Stoddart Satz- und Layoutservice, Münster

Gedruckt auf alterungsbeständigem Papier,
säurefrei gemäß ISO 9706

Printed in Germany

Alle Rechte vorbehalten. Nachdruck, auch auszugsweise, verboten.
Kein Teil dieses Werkes darf ohne schriftliche Genehmigung des
Verlages in irgendeiner Form reproduziert oder unter Verwendung
elektronischer Systeme verarbeitet, vervielfältigt oder verbreitet werden.

Inhalt

6

8

Vorwort

Das Modellprogramm FÖRMIG – Förderung von Kindern und Jugendlichen mit Migrationshintergrund – wurde 2004 offiziell aus der Taufe gehoben und endete nach fünfjähriger Laufzeit im Herbst 2009. Zu einem länderübergreifenden, von der Konferenz der Kultusminister der Länder getragenen Anschlussprojekt – einem Transferprogramm – kam es nicht. Aber in vielen Einzelprojekten in den teilnehmenden Ländern und über sie hinaus werden die inhaltlichen Ergebnisse und strukturellen Prinzipien des Modellprogramms weiterentwickelt. Beim Programmträger des Modellprogramms FÖRMIG – dem Institut für International und Interkulturell Vergleichende Erziehungswissenschaft der Universität Hamburg – wurde eine Einrichtung gegründet, die die interessierten Partner bei Transfer und Weiterentwicklung des Erreichten unterstützen möchte: Das „FÖRMIG-Kompetenzzentrum" Hamburg, das am 1. Januar 2010 seine Arbeit aufnahm.[1]

FÖRMIG kann in sehr vielen Hinsichten eine Erfolgsbilanz ziehen – in aller Bescheidenheit. Gewiss konnte es in fünf Jahren nicht gelingen, eine grundlegende und flächendeckende Innovation der sprachlichen Bildung für das ganze deutsche Bildungssystem zu entwickeln und zu implementieren. Aber die Saat ist gesät und in vielen lokalen und regionalen Aktivitäten wird sie weiter gedeihen. Durch FÖRMIG wurde die bildungspolitische und bildungspraktische Öffentlichkeit für die grundlegende Bedeutsamkeit einer „durchgängigen Sprachbildung" aufgeschlossen, die sich vor allem, aber keineswegs nur auf Kinder und Jugendliche mit Migrationshintergrund richtet: „Durchgängige Sprachbildung" ist geeignet, all jenen bessere Voraussetzungen für eine erfolgreiche Bildungskarriere zu verschaffen, deren familiale Spracherziehung und -praxis nicht unmittelbar auf die sprachlichen Anforderungen vorbereitet, die sich im Bildungsgang eröffnen. Zur Kennzeichnung dieser spezifischen sprachlichen Anforderungen wurde für und von FÖRMIG der Begriff „Bildungssprache" für den deutschen Diskurs neu erschlossen, theoretisch fundiert und mit praktischem Inhalt gefüllt.

Der hiermit vorgelegte Bericht bilanziert die Leistungen des Modellprogramms. Es sei vorweg betont, dass dies nicht die Leistungen Einzel-

---

1 Dies wurde möglich durch eine Zuwendung des Landes Hamburg für die Etablierung einer Forschungstransferstelle mit dem Namen „FÖRMIG-Kompetenzzentrum" sowie erneut – wie schon im Falle des Programms FÖRMIG selbst – die großzügige Unterstützung der Universität Hamburg für die Arbeit des Zentrums.

ner sind: FörMig war ein Gemeinschaftsunternehmen, an dem sich viele Menschen und Institutionen mit Enthusiasmus und Geduld, mit reichen Ideen und der nötigen Portion Wagemut beteiligt haben. Dafür ist Dank zu sagen – viel zu vielen, als dass sie hier alle aufgeführt werden könnten. Daher seien hier, stellvertretend für die vielen, wenige hervorgehoben.

Dass das Modellprogramm FörMig überhaupt vom Stapel laufen konnte, verdankt sich vor allem der Bund-Länder-Kommission für Bildungsplanung und Forschungsförderung (BLK), dem Bundesministerium für Bildung und Wissenschaft (BMBF), dem Land Hamburg und seiner Universität; Dagmar Klimpel, Hans-Konrad Koch und Andreas Paetz sowie Susanne Lonscher-Räcke waren wichtige Partner bei der Vorbereitung des Programms und dabei, dass FörMig überhaupt Fahrt aufnehmen konnte. Die Universität Hamburg hat das Programm in seiner gesamten Laufzeit gefördert und unterstützt – nicht nur immateriell, sondern auch mit kräftigem materiellen Zuschuss, der den beteiligten Länderprojekten zugutekam. Auch aus der Universität zu Köln heraus sind Mittel in das Programm hineingeflossen. FörMig ist damit ein gelungenes Beispiel für das Hand-in-Hand-Wirken von Wissenschaft und Bildungspraxis.

Der Lenkungsausschuss und der Programmkoordinator der letzten Phase des Programms, Detlef Fickermann, die Landeskoordinator(inn)en und die regionalen und lokalen Koordinator(inn)en bildeten die verlässlichen Lotsen des Programms. Der Wissenschaftliche Beirat unter der Leitung von Marianne Krüger-Potratz, mit den Mitgliedern Konrad Ehlich, Jürgen Meisel, Reinhold Nickolaus, Cemalettin Özer und Manfred Prenzel, begleitete das Dickschiff FörMig in kritischer Freundschaft. Cornelia Gräsel nahm es auf sich, unsere Programmevaluation unter die Lupe zu nehmen; wir haben ihre kompetenten und konstruktiven Hinweise gern entgegengenommen und beherzigt.

Tatkräftige und ideenreiche Kapitäne und Mannschaften waren die vielen Mitwirkenden in den Bildungseinrichtungen – Lehrkräfte, Erzieherinnen und Erzieher, Ehrenamtliche und strategische Partner, die sich für FörMig zu Basiseinheiten und regionalen Sprachbildungsnetzwerken zusammengeschlossen haben.

Dafür, dass FörMig immer die nötige Handbreit Wasser unter dem Kiel behielt, sorgte die exzellente Frau- und Mannschaft des Programmträgerteams, das bestens unterstützt wurde durch Sabina Ramonat und Birgit Stöfen-Vosberg, und in dem zeitweise mitwirkten: Marion Döll, Christoph Gantefort, Britta Hawighorst, Tatiana La Mura Flores – und last, not least: viele, viele ausgezeichnete Studierende.

Gewidmet ist dieser Bericht den Kindern und Jugendlichen mit Migrationshintergrund in Deutschland und ihren Eltern. Wir wünschten, wir hätten vollends erreicht, was sie verdient haben: bei Sprachenvielfalt Chancengleichheit.

Hamburg, Köln, Landau, Wien, im Herbst 2010
Ingrid Gogolin, İnci Dirim, Thorsten Klinger, Imke Lange,
Drorit Lengyel, Ute Michel, Ursula Neumann, Hans H. Reich,
Hans-Joachim Roth und Knut Schwippert

1 Das Modellprogramm FörMig – Grundlagen, Programmatik und Struktur

1.1 FörMig-Vorgeschichte

In einem hübschen Tagungshaus oberhalb des Elbhangs in Hamburg wurde im November 2004 das Modellprogramm FörMig feierlich eröffnet. Mit der Eröffnungstagung wurde ein Diskurs begonnen, dessen Konzepte, Begriffe und Metaphern nicht nur für FörMig leitend geworden sind, sondern auch in der breiteren fachlichen und bildungspolitischen Öffentlichkeit Spuren hinterlassen haben. Die Metapher der „durchgängigen Sprachbildung" gehört zu diesen, ebenso wie die Konzeptionen von „Bildungssprache" als Gegenstand und von „bildungssprachlichen Fähigkeiten" als Ziel der Anstrengungen.

Dem Programmstart vorausgegangen war ein im Auftrage der Bund-Länder-Kommission für Bildungsplanung und Forschungsförderung erstelltes Gutachten (GOGOLIN/NEUMANN/ROTH 2003). In zwei Hauptkapiteln widmete sich dieses einer Bestandsaufnahme deutscher und internationaler Forschungsergebnisse zu der Frage, welche Voraussetzungen für Innovationsmaßnahmen gegeben waren, die zur Verbesserung des Bildungserfolgs von Kindern und Jugendlichen mit Migrationshintergrund beitragen können, und der daran anschließenden Skizzierung eines Vorschlags zur Gestaltung des Innovationsprogramms für das deutsche Bildungssystem, das dieses dem Ziel näher bringen könnte, auch Kindern und Jugendlichen mit Migrationshintergrund faire Bildungschancen zu eröffnen.

Vorausgegangen waren diesem Gutachtenauftrag die Ergebnisse der ersten Welle der großen internationalen Schulleistungsvergleichsuntersuchung PISA (DEUTSCHES PISA-KONSORTIUM 2001), die die Öffentlichkeit aufgeschreckt hatten – nicht zuletzt durch den Aufweis, dass in Deutschland eine überaus enge Abhängigkeit zwischen Herkunft und Bildungschancen besteht. Das deutsche Schulsystem leistet demnach nicht, was es zu leisten verspricht und was seine Intention ist: nämlich ein jedes Kind, einen jeden Jugendlichen nach seinen eigenen Möglichkeiten zu fördern. An der Illusion der Chancengleichheit (BOURDIEU/PASSERON 1971) konnte nach diesen Ergebnissen nicht mehr festgehalten werden. Am weitesten entfernt von Chancengleichheit – oder auch: die herausragende „Risikogruppe" – waren (und sind) im deutschen Bildungswesen die Kinder und Jugendlichen mit Migrationshintergrund.

Die Erkenntnis schmerzte – ganz besonders die Nation, zu deren historischen Fundamenten die Vision gehört, dass Bildung ungeachtet von Herkunft, Stand und Klasse möglich sei. Kinder und Jugendliche mit

Migrationshintergrund fungieren gleichsam als Metapher für nichteingelöste Hoffnungen und Versprechungen: An ihnen offenbart sich auf die eindringlichste Weise, dass es der deutschen Schule nicht gut genug gelingt, Leistungsmöglichkeiten von den Zufällen der Herkunft zu entkoppeln. Zu den vielen Maßnahmen, die im Anschluss an Studien wie PISA 2000 ergriffen wurden, um die enge Abhängigkeit der Bildungserfolgschancen von sozialer, sprachlicher und kultureller Herkunft zu lockern, gehörte auch die Initiierung von FörMig.

Im Gutachten, das das Modellprogramm vorbereitete, waren Antworten auf die Fragen danach zusammengetragen worden, *was genau* die ungleichen Bildungserfolgschancen von Kindern und Jugendlichen mit und ohne Migrationshintergrund verursachen könnte. Immerhin war das Ausmaß der Rückstände, die diese Schülerinnen und Schüler in den Testleistungen gegenüber den Nichtgewanderten aufwiesen, durchaus erwartungswidrig, hatte es doch in Deutschland schon seit den 1960er Jahren zahlreiche Anstrengungen gegeben, ihre Schlechterstellung im Schulsystem zu verringern. Zugunsten ihrer Integration und Förderung war eine Vielzahl von Maßnahmen initiiert worden – nicht zuletzt: zahlreiche Modellprojekte. Allein in den 1970er und 1980er Jahren gab es insgesamt 85 Modellversuche, die seinerzeit unter dem Motto „Förderung und Eingliederung ausländischer Kinder und Jugendlicher in das Bildungssystem" standen. Im 1987 publizierten Abschlussbericht über diese Maßnahmen heißt es auf Seite 137:

> Wenn heute von offizieller Seite davon gesprochen wird, daß sich die Bildungsverhältnisse für Kinder und Jugendliche aus Migrantenfamilien deutlich gebessert haben, so ist dieser Sachverhalt neben einer sich anbahnenden Normalisierung der Schullaufbahn der sog. zweiten und dritten Migrantengeneration in hohem Maße der Förderwirkung der zahlreichen und vielgestaltigen Modellversuche im Ausländerbereich zu verdanken (ESSER/STEINDL 1987).

Dass diese Feststellung weitaus zu optimistisch war, hatte sich spätestens in den internationalen Leistungsvergleichsstudien erwiesen. Zwar war und ist es unbestreitbar, dass ein Teil der für die Schlechterstellung beim Bildungserfolg verantwortlichen Faktoren sich der pädagogischen Handlungsmacht weitgehend entzieht; insbesondere der Umstand, dass zugewanderte Familien überdurchschnittlich häufig in prekären sozialen Verhältnissen leben, wirkt sich angesichts der hohen sozialen Selektivität des deutschen Schulsystems negativ aus. Dennoch gibt es Spielraum für das pädagogische Handeln, um den Einfluss der Herkunft auf die Bildungschancen zu lockern.

Das dem Modellprogramm FöRMig vorausgehende Gutachten war folgerichtig darauf gemünzt, Ansatzpunkte dafür zu finden, worin dieser Spielraum liegt und wie es gelingen kann, ihn besser auszunutzen. Aus der Analyse des einschlägigen Forschungsstands und dem Vergleich der Praxis im deutschen Schulsystem mit anderen Systemen, die bessere Erfolge bei der Förderung von Zugewanderten erzielen, ergab sich die Empfehlung der Konzentration des Modellprogramms auf das Feld der – wie es zunächst hieß – sprachlichen Förderung. Die Ausschreibung des Programms erfolgte in zwei Wellen – 2004 und 2005. Zehn Bundesländer beteiligten sich schlußendlich daran: Berlin, Brandenburg, Bremen, Hamburg, Mecklenburg-Vorpommern, Nordrhein-Westfalen, Rheinland-Pfalz, das Saarland, Sachsen und Schleswig-Holstein. Die Aufgabe der Programmkoordination übernahm das Land Hamburg. Die Programmträgerschaft wurde dem Institut für International und Interkulturell Vergleichende Erziehungswissenschaft der Universität Hamburg übergeben.

1.2 Von der Sprachförderung zur Sprachbildung

Die erwähnten internationalen Vergleichsstudien hatten gezeigt, wie eng die Abhängigkeit schulischer Leistungsfähigkeit von der Beherrschung sprachlicher Mittel ist. Die Analyse des nationalen und internationalen Forschungsstands zur Frage der Ursachen für Leistungsdisparitäten ließ ebenfalls diesen Aspekt hervortreten: Eine Konzentration auf die Sprachförderung von Kindern und Jugendlichen mit Migrationshintergrund besitzt den Vorteil, dass hier in der Tat einer der Handlungsbereiche gegeben ist, in dem ein Bildungssystem Verantwortlichkeit und Spielraum besitzt. Die Verbesserung sprachlicher Voraussetzungen für Bildungserfolg löst gewiss nicht jedes Problem der Bildungsbenachteiligung – aber sie richtet sich auf einen Kernbereich institutionellen Lehrens und Lernens.

Im Laufe der Vorbereitungen und in der Arbeit des Programms selbst wurde immer kontrastreicher herausgearbeitet, dass es nicht irgendeine Art der Sprachförderung ist, die im Programm FöRMig eine Rolle spielt – und die generell geeignet ist, Bildungserfolgschancen zu verbessern. Vielmehr ist es Förderung nach einer Konzeption, in der die Erkenntnisse der Forschung über Spracherwerb und Sprachentwicklung im Kontext von Mehrsprachigkeit so weit wie möglich berücksichtigt sind. Dazu gehört die Beachtung des Faktums, dass Kinder und Jugendliche aus zugewanderten Familien in der Regel mit zwei oder mehr Sprachen leben. Mehrsprachigkeit ist daher eine unvermeidliche Bedingung für das pädagogische Handeln in sprachlich und kulturell heterogenen Konstellationen.

Sprachförderung in dem Sinne, wie sie in FÖRMIG-Projekten entwickelt wurde, ist für Deutschland etwas Neues. Es werden spezielle bildungsrelevante sprachliche Fähigkeiten in das Zentrum der Aufmerksamkeit gerückt – gestützt auf Forschungsergebnisse, die zeigen, dass ein potentieller Bildungserfolg nicht allein vom Verfügen über allgemeinsprachliche Fähigkeiten abhängt. Am Anfang einer Bildungskarriere – also im vorschulischen Bereich oder dem Eingangsbereich der Grundschule, oder auch: bei der Ankunft in einem neuen Sprachraum – sind allgemeinsprachliche Fähigkeiten von großer Bedeutung für die Chance, zu lernen. Je weiter aber eine Bildungsbiographie fortschreitet, desto mehr unterscheiden sich relevante sprachliche Anforderungen vom Repertoire der Allgemeinsprache. Verkürzt, aber griffig ist die Formel, dass bildungsspezifische Sprache mehr mit den Merkmalen der Schriftsprache gemeinsam hat als mit Mündlichkeit – auch dann, wenn es um die gesprochene Sprache des Unterrichts geht. In Kapitel 3 und 8 dieses Bandes wird detailliert auf die inhaltliche Füllung des Begriffs Bildungssprache eingegangen, wie sie inzwischen – im wesentlichen durch FÖRMIG – erreicht ist.

Die Unterscheidungen zwischen „Bildungssprache" und alltäglicher Sprache sowie die Differenzierung ihrer jeweiligen Funktionen im Bildungskontext gehen auf sozialwissenschaftliche und linguistische Theoriebildung und Forschung im Anschluss an Basil Bernstein (BERNSTEIN 1990) und Pierre Bourdieu (BOURDIEU 1991) zurück, deren Arbeiten grundlegende Zusammenhänge zwischen spezifischen Sprachgebrauchsweisen und den Chancen auf gesellschaftliche Teilhabe aufweisen – und damit: auf Teilhabe an Bildung als einer ihrer Grundformen und Voraussetzungen. Die im engeren Sinne linguistische Füllung der Vorstellungen von teilhabe- und bildungsrelevanter Sprache ist auf die Functional Grammar von M.A.K. Halliday gestützt (HALLIDAY 1994). Diese ermöglicht es, besondere Strukturmerkmale zu beschreiben, die verschiedene sprachliche Varianten – Register genannt – in Abhängigkeit von der jeweiligen Funktion des Sprachgebrauchs besitzen. Im Englischen werden die Begriffe „academic language" und „academic discourse" zur Bezeichnung der Register benutzt, die im Bildungszusammenhang relevant sind (SCHLEPPEGRELL 2004). Den Begriff der „Bildungssprache" hat das FÖRMIG-Programmträgerteam als deutsche Analogbildung dazu vorgeschlagen – er erscheint passend, weil er einen angemessenen Bedeutungshorizont für das sprachliche Können aufmacht, über das ein Mensch verfügen lernen muss, wenn er auf Bildungserfolg Aussichten haben soll. Aufgegriffen wurde hierbei eine Definition von Jürgen Habermas, die er in einer Schrift zum Thema „Umgangssprache, Wissenschaftssprache, Bildungssprache" verwendet hat. Danach ist mit „Bildungssprache" dasjenige sprachliche Register gemeint, mit dessen Hilfe man sich mit den Mitteln der *Schulbildung* ein Orientierungswissen verschaffen kann (HABERMAS 1977).

Bildungssprachlichen Redemitteln kommt also die Funktion zu, das Wissen kennenzulernen und sich anzueignen, das *mit Hilfe schulischer Bildung* erlangt werden kann. Die Redemittel, die der Bildungssprache zuzurechnen sind, sind auch außerhalb des Bildungskontextes gebräuchlich – in formellen Kontexten, bei der Beredung öffentlicher Angelegenheiten, im geschriebenen Wort oder in gesprochenen Verlautbarungen. Im Bildungskontext aber, der mit der Schule als Institution verbunden ist, besitzt Bildungssprache besondere Funktionen:

• sie ist das Medium der Aneignung des Wissens und Könnens,
• und sie ist zugleich das Medium, in dem der Nachweis einer erfolgreichen Aneignung erbracht wird.

„Bildungssprache" ist mithin ein normativer Begriff – wie bei Fügungen mit „Bildung" nicht anders denkbar. Er zielt aber nicht auf eine Hierarchie zwischen Sprachen und Sprechweisen, aus der sich soziale Hierarchien ableiten. Normsetzend sind vielmehr die mit öffentlicher Bildung verbundenen Ziele. Das bedeutet zugleich, dass ein Anspruch an die Institutionen der Bildung aufgemacht wird: Sie haben mit angemessenen Mitteln dafür zu sorgen, dass die Chance auf das Verfügen über Bildungssprache auch denen offensteht, die sie sich außerhalb von Bildungsinstitutionen nicht erobern können.

Charakteristisch für „Bildungssprache" ist ihre Verzweigung über die Zeit. Sie differenziert sich immer stärker in unterschiedliche Sub-Register aus, je weiter eine Bildungsbiographie voranschreitet. Diese Ausdifferenzierung geht einher mit der Differenzierung des Unterrichts in Fächer oder Fächergruppen. Ein bildungssprachlicher Bereich sind die verschiedenen fachlichen Begrifflichkeiten, also die Möglichkeit und die Notwendigkeit, zwischen einer Strecke in der Mathematik, einer Strecke im Bergbau und der Strecke, die ein paar Menschen zurücklegen wollen, zu unterscheiden. Aber die Konzentration auf diese Dimension von Bildungssprache greift zu kurz. Mindestens ebenso bedeutsam, und in manchen Stadien des Lernprozesses wahrscheinlich wichtiger als die spezifische Terminologie eines gerade besprochenen Themas, sind die Strukturmittel der bildungssprachlichen Register: die besonderen Spielregeln, mit denen *Sätze* und *Texte* gebaut werden (ORTNER 2009, PORTMANN-TSELIKAS 1998).

Mit dem Begriff der Bildungssprache ist also auf eine Art der Sprachverwendung verwiesen, die durch Traditionen, Auftrag und Intentionen der Bildungseinrichtungen selbst geprägt ist. Zugleich weist der Begriff auf die Notwendigkeit, dass sich ein neues, auf adäquaten Umgang mit Mehrsprachigkeit gerichtetes Selbstverständnis der Sprachbildung herausbildet. In einer Schule mit monolingualem Selbstverständnis[2] wird Bildungssprache nicht explizit vermittelt. Vielmehr beruht das alltägliche Handeln auf der Annahme, dass alle nötigen sprachlichen Grundlagen „normalerweise" außerhalb der Schule erworben werden, und dass das, was noch fehlt, durch die Unterrichtsprozesse hindurch *implizit* hinzugewonnen wird. Diese Annahmen sind in unserem Bildungssystem tief verwurzelt, und sie gehören aller Wahrscheinlichkeit nach zu den Mechanismen, die die soziale Selektivität des Bildungssystems mit hervorbringen und stützen.

Zu den bedeutendsten Innovationsleistungen des Programms FÖRMIG gehört es, dass mit dem monolingualen Selbstverständnis der Schule in diesem Sinne gebrochen wurde. In FÖRMIG wurde die Vermittlung von Bildungssprache als explizite Aufgabe des Bildungssystems verstanden. Das bedeutet, dass Sprache als Medium des Lehrens und Lernens bewusst wahrgenommen, bewusst verwendet und bewusst vermittelt wird, und zwar grundsätzlich in allen Lernfeldern, im Unterricht aller Fächer.

Kernanliegen von FÖRMIG ist der kumulative Aufbau bildungssprachlicher Fähigkeiten. Im ursprünglichen Konzept für das Programm war dieses Kernanliegen bezeichnet worden mit „durchgängige Sprachförderung". Dieser Begriff wurde im Laufe des Modellprogramms und aufgrund der gewonnenen Erfahrungen zu „durchgängige Sprachbildung" erweitert. Hiermit ist die generelle Zielvorstellung von FÖRMIG besser umrissen: Sie beruht auf dem Gedanken, dass Sprache wirkungsvoller angeeignet wird, wenn die unterstützenden Angebote mit der Entwicklung und dem Lernen der Kinder und Jugendlichen insgesamt verbunden sind. Dies gilt im Besonderen für die Verbindung des fachlichen und des sprachlichen Lernens in der Schule. Durchgängige Sprachbildung in diesem Sinne ist eine zentrale Aufgabe des *gesamten* Unterrichts (und nicht nur einer zeitlich befristeten oder additiven Förderung): die Aufgabe nämlich, dafür zu sorgen, dass in der Bildungslaufbahn die sprachlichen Fähigkeiten der Schülerinnen und Schüler mit den inhaltlichen Anforderungen und den Lernzielen der Schule Schritt halten.

1.3 Die strukturelle Realisierung der Programmatik: Durchgängige Sprachbildung in regionalen Sprachbildungsnetzwerken

Das ehrgeizige Ziel eines kumulativen Aufbaus des bildungsrelevanten sprachlichen Vermögens ist nach den dazu vorliegenden internationalen Erfahrungen nur erreichbar, wenn es in gemeinsamer und konzertierter

---

2   Oder monolingualem Habitus (GOGOLIN 1994).

Anstrengung der verschiedenen Instanzen verfolgt wird, die – mit unterschiedlichen Aufgaben und Rollen – am Sprachbildungsprozess zusammenwirken. Es wurde daher ein Strukturkonzept für FÖRMIG entwickelt, das den Rahmen für „kooperative Sprachbildung" schafft. Nicht nur in inhaltlicher, sondern auch in struktureller Hinsicht hat FÖRMIG damit Neuland betreten:

- mit Blick auf Zusammenarbeit in Bildungseinrichtungen: Die deutsche Schule besitzt kaum Traditionen, wie sie etwa aus England unter dem Stichwort „language across the curriculum" bekannt sind. Zur hiesigen Tradition gehört es, Sprachförderung als spezifische Aufgabe des Sprachunterrichts anzusehen, nicht aber als grundsätzliche Aufgabe eines jeden Unterrichts. Der Mangel an entsprechenden Traditionen ist auch für den Elementarbereich zu konstatieren. Erst in allmählicher Reaktion auf die PISA-Ergebnisse wurde für diesen Bereich Sprachförderung als generelle Aufgabe erkannt, aber es gab weder ein verbreitetes Instrumentarium dafür, noch waren die pädagogischen Fachkräfte gründlich genug auf diese Aufgabe vorbereitet (JAMPERT/BEST u.a. 2005).
- mit Blick auf institutionenübergreifende Zusammenarbeit: Kooperation zwischen Bildungseinrichtungen und anderen Partnern bei der Sprachförderung war ebenfalls hierzulande kaum üblich. Sich um Sprachentwicklung zu kümmern, gilt als Pflicht des Elternhauses. Diesem wurde im Prinzip überlassen, dafür zu sorgen, dass Kinder die sprachlichen Kompetenzen mitbringen, die beim schulischen Lernen vorausgesetzt werden. Eher unüblich ist es, Eltern als willkommene Partner in die Sprachbildungsanstrengungen der Institutionen einzubeziehen. Eher abgrenzend als kooperativ gestaltet sich traditionell auch die Beteiligung der verschiedenen Erziehungs- oder Bildungseinrichtungen am Sprachbildungsprozess; dies hat nicht zuletzt strukturelle Gründe. Weder ist es selbstverständlich, dass abgebende und aufnehmende Institution mit einander kooperieren (also etwa Kindergarten und Schule; Grundschule und Sekundarschule), noch gibt es allzu viele praktische Beispiele der horizontalen Zusammenarbeit – etwa zwischen einer Schule und der benachbarten Kindertagesstätte oder Bibliothek.

Diese Desiderata sollte FÖRMIG überwinden helfen. Dafür sollten die beteiligten Projekte Gesamtkonzepte sprachlicher Bildung entwickeln, die

- einerseits die je spezifischen Beiträge der verschiedenen Lernfelder im Elementarbereich, Lernbereiche oder Fächer in der Schule explizit ausweisen und
- andererseits die Aufgaben klären, die bei der Zusammenarbeit zwischen Bildungseinrichtungen und mit anderen Instanzen – von El-

ternhaus über Migrantencommunity bis zu Bibliothek und Förderverein – übernommen werden.

Das Strukturmodell, in dem diese Intentionen realisiert werden sollten, trägt die Bezeichnung „Regionales Sprachbildungsnetzwerk". Keimzelle dafür ist die „FörMig-Basiseinheit" – ein Zusammenschluss mehrerer Bildungseinrichtungen in einer Region mit Partnern, die in die Sprachbildungsmaßnahme im engeren Sinne eingebunden sind. Mit den „Strategischen Partnern", die daran mitwirken, die Sprachbildungsmaßnahmen zu unterstützen, zu stärken und zu verstetigen, wird aus der „Basiseinheit" ein „Sprachbildungsnetzwerk".

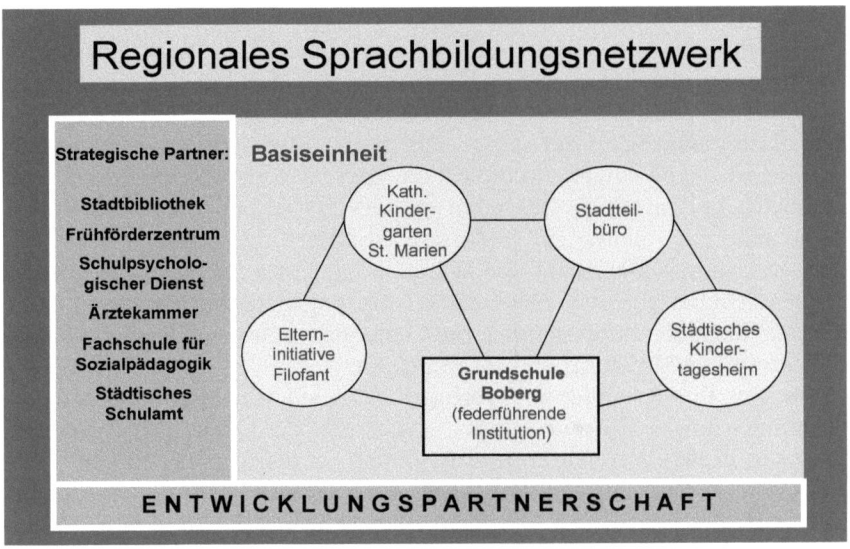

Abbildung 1:   Modell eines „Regionalen Sprachbildungsnetzwerkes" in FörMig

Die Realisierung des Strukturmodells in den zehn beteiligten Bundesländern ergab sich nicht allein aufgrund der konzeptionellen Vorarbeiten des Programmträgers, sondern auch mit Blick auf die föderale Struktur des deutschen Bildungssystems. Die Aufforderung der Bund-Länder-Kommission für Bildungsplanung und Forschungsförderung zur Beteiligung an FörMig enthielt die folgende Festlegung:

„Die Organisation des Programms berücksichtigt [dementsprechend] durchgängig folgende Prinzipien [...]:
1: Aufbau auf vorhandenen Erfahrungen, Kompetenzen und Ressourcen auf Grundlage einer jeweiligen Bestandsaufnahme,

2:   Qualitätskontrolle und Transferstrategien,
3:   Vernetzung und Erfahrungsgewinn aus geeigneten europäischen Bildungssystemen,
4:   Verzahnung des schulischen mit dem außerschulischen Bereich,
5:   Qualifizierung des beteiligten Personals,
6:   lokale/regionale Anlage der Maßnahmen und institutionenübergreifende Kooperation und Vernetzung (einschl. Eltern und Migrantenorganisationen und Gemeinschaften),
7:   interdisziplinäre wissenschaftliche Begleitung, Evaluation und Forschung."

Hiermit ist ein weiteres Strukturprinzip von FörMig angesprochen: seine Heterogenität.

Das Programm zeichnete sich aus durch die Unterschiedlichkeit der Maßnahmen, die unter seinem Dach ergriffen wurden. Es wurde kein einheitliches Vorgehen vorgegeben, sondern es wurde Wert darauf gelegt, dass passgenaue, auf die jeweils spezifische Bedarfslage einer Bildungseinrichtung eingerichtete und die konkret vorhandenen Ressourcen möglichst gut nutzende Lösungen entwickelt werden. Zu den Gründen dafür gehören – neben der bildungspolitischen Ausgangslage – die bildungsrelevanten Merkmale, die sich aus der Beobachtung der Migration in Deutschland ergeben; nicht zuletzt die ungleiche Verteilung von Migranten über die Bundesländer und Regionen sowie ungleich intensive Erfahrung mit Migration und ihren Folgen.

Es gibt Bundesländer mit geringen Anteilen von Migranten und einer relativ jungen Zuwanderung – und es gibt die Länder mit Zuwanderung seit den 1950er Jahren und Regionen, in denen nicht einmal mehr jedes zweite Kind aus einer altansässigen Familie kommt. Im übrigen zeigt sich bei genauerem Hinschauen (und in der Praxis von FörMig), dass eine bundesländerweise Betrachtung viel zu grob ist und ungenau bleibt. Auf der Aggregatebene „Bundesland" wird die Differenz der Regionen nivelliert, die für das Bildungshandeln – nicht nur im Hinblick auf Migration – vielleicht bedeutender ist als die der politischen Einheit.

Aus den faktisch vorfindlichen Unterschieden der Problemlagen jedenfalls, in denen die Bildungseinrichtungen sich befinden, speisten sich die erziehungswissenschaftlichen Begründungen für die heterogene Komposition von FörMig. Es konnte vor diesem Hintergrund keine „one-size-fits-all"-Lösung geben – jedenfalls nicht, wenn die Aktivitäten Bodenhaftung haben sollten, oder anders gesagt: einen Bezug zu der real existierenden Praxis, auf die sie sich richten.

FörMig war deshalb ein Programm, das Prinzipien der Emergenz gehorchte: Es wurde nicht gebaut nach einer strategisch, plan- und absichtsvoll hergestellten, verordneten Ordnung. Seine Gestalt und die

Festigkeit seiner Struktur ergaben sich vielmehr aus dem dynamischen Fließgleichgewicht, in das die beteiligten teilautonomen Einheiten gebracht wurden – und aus der Vernetzung im Bedarfsfalle. Die Produkte, die in FÖRMIG entstanden, und die Ergebnisse, die das Programm erzielte, sind methodologisch nicht zu begreifen als das schiere Resultat intentionaler Steuerung. Sie entstanden vielmehr aus dem Wechselverhältnis von Intention und Effekt – auch den unbeabsichtigten Nebenfolgen.

Ein so konzipiertes Programm kann nicht eine Instanz „im Griff" haben – etwa: ein Programmträger, ein Lenkungsausschuss. Die Kraft eines solchen Programms besteht gerade darin, dass Expertise, Kenntnisse und Fähigkeiten unterschiedlicher Mitspieler beteiligt sind und zum Zuge kommen. In organisationsbezogenen Sozialwissenschaften wird der Standpunkt vertreten, dass es genau solche Formen der Organisation sind, die mit wechselnden Anforderungen besonders gut zurechtkommen; dass gerade sie die Konzepte hervorbringen, die sich in turbulenten, anforderungsreichen Lagen bewähren können (vgl. FROMM 2004).

Die für FÖRMIG gefundenen Lösungen des Problems, bei allem Geltenlassen von Unterschied und Unplanbarkeit doch so etwas wie ein *erkennbares* Programm zu entwickeln, bestand in den zwei Zugriffsweisen, dass erstens alle Beteiligten auf ein leitendes inhaltliches Interesse verpflichtet waren – im gegebenen Falle: auf die durchgängige Förderung bildungssprachlicher Fähigkeiten. Zweitens waren alle teilnehmenden Projekte nach dem erwähnten verbindenden Strukturmodell gestaltet: mit Basiseinheiten als den Keimzellen für regionale Sprachbildungsnetzwerke, flankiert durch das Programmträgerteam und länderübergreifende thematische Arbeitsgemeinschaften.

Freilich wird die potentielle Kreativität und Zukunftsfähigkeit, die solchen Organisationen und ihren Erzeugnissen bescheinigt werden, auch damit erkauft, dass sie sich der Plan- und Regierbarkeit ein gutes Stück entziehen. In emergenten Organisationsstrukturen entsteht Ungeplantes. Überlebensfähig sind Entwicklungen, die mit der Möglichkeit der Anpassung an veränderliche Umgebungsbedingungen versehen sind. Nicht nur für den Programmträger waren mit diesem Merkmal von FÖRMIG besondere Herausforderungen zu bewältigen. Auch den Beteiligten in den Ländern verlangte es einiges ab – mehr gewiss, als sich manche bei Beginn des Programms haben träumen lassen. Umso wichtiger ist es, erneut die Gemeinschaftsleistung zu betonen, die letztenendes FÖRMIG ausmachte.

Die Anerkennung von Emergenz als eines Elements von FÖRMIG geschah nicht in der Absicht des Verzichts auf eine wissenschaftliche Beschreibung und Überprüfung von möglichen Wirkzusammenhängen in dem Programm. Vielmehr war es das Ziel der Programmevaluation, deren Konzept und Ergebnisse in Kapitel 7 vorgestellt werden, zu systematischen, nachvollziehbaren und überprüfbaren Annahmen über Gründe für Unterschiede in den Ergebnissen der Förderung zu gelangen.

Laufzeit der Länderprojekte

Zur Heterogenität des Programms hat auch beigetragen, dass die Laufzeiten der Länderprojekte recht unterschiedlich waren. Es gab zwei Ausschreibungen zum Programm. Hierdurch und durch andere, in den Mitwirkungs- und Finanzierungsmöglichkeiten der Länder liegende Umstände, stand nur dreien von zehn Länderprojekten die gesamte Programmlaufzeit von fünf Jahren für Entwicklungsarbeiten zur Verfügung.

Auf die erste Ausschreibung bewarben sich die Länder Berlin, Bremen, Hamburg, Nordrhein-Westfalen und Rheinland-Pfalz. Mit ihnen wurden Verträge geschlossen, deren Gesamtvolumen knapp acht Millionen Euro umfasste. Mit fünf teilnehmenden Ländern konnte das Programm am 01.09.2004 starten. Zum 01.01.2005 fand eine zweite Ausschreibung statt, in deren Rahmen sich die Länder Brandenburg, Mecklenburg-Vorpommern, Sachsen, Saarland und Schleswig-Holstein bewarben. Aus Berlin, Bremen, Nordrhein-Westfalen und Rheinland-Pfalz gingen ergänzende Projektanträge bzw. Aufstockungsanträge ein. Da die beantragten Finanzmittel bei weitem die zur Verfügung stehende Fördersumme überstiegen, konnten nicht alle Anträge im vollen Volumen bewilligt werden. Insgesamt wurden letztlich 12.759.700 Euro bewilligt, die in die Maßnahmen der Bundesländer flossen.

Ab 2005 wurde FörMig in zehn Bundesländern realisiert. Die ursprünglich vorgesehene Laufzeit endete am 31.08.2009.

	2004	2005	2006	2007	2008	2009
Berlin	01.09.04–31.08.09					
Brandenburg		01.08.05–31.07.09				
Bremen (Erzählwerkstatt)	01.10.04–30.09.07					
Bremen (Performative Spiele)	01.10.04–30.09.07					
Bremen (SuS)		01.8.05–31.7.08				
Hamburg	01.9.04–31.08.09					
Mecklenburg-Vorpommern		01.08.05–31.07.09				
Nordrhein-Westfalen	01.9.04–31.08.09					
Nordrhein-Westfalen (Schule/Beruf)		01.08.05–31.08.09				
Rheinland-Pfalz (Bad Kreuznach)		01.02.05–31.07.09				
Rheinland-Pfalz (AMquiP)		01.04.05–31.08.09				
Saarland		01.04.05–31.08.09				
Sachsen		01.05.05–31.07.09				
Schleswig-Holstein		01.04.05–31.08.09				

Abbildung 2: Laufzeiten der Länderprojekt

Im Unterschied zu allen anderen mitwirkenden Projekten waren die beiden Bremer Vorhaben von vornherein auf eine dreijährige Laufzeit ausgelegt. Die im Jahr 2009 auslaufenden Projekte sowie die Programmträgerschaft wurden kostenneutral bis Jahresende 2009 verlängert.

Die unterschiedlichen Laufzeiten führten zu nicht geringen Schwierigkeiten in der Phase der Programmetablierung einerseits – sie verlängerten die Zeit, die notwendig war, um die Länderprojekte miteinander ins Gespräch zu bringen und mit der „FÖRMIG-Philosophie" vertraut zu machen –, und sie erschwerten die Aufgabe der Programmevaluation (siehe hierzu Kapitel 7). Generell wurde von den Projekten mit kürzerer Laufzeit bemängelt, dass die zur Verfügung stehende Zeit nicht hinreicht, um eine Maßnahme zu etablieren, zu evaluieren und bei Bewährung zu konsolidieren. Die Erfahrungen, die aus anderen Modellprogrammen wiederkehrend berichtet wurden – dass eine unzureichende Zeitspanne die Gefahr nahelegt, wenn nicht sogar eine Gewähr dafür ist, dass es nicht zur Festigung und dem Transfer des Erreichten kommt – wiederholen sich hier (NICKOLAUS/GRÄSEL 2006).

Von BLK zu KMK

In die Laufzeit von FÖRMIG fiel die Förderalismusreform des Jahres 2006. Eine Folge dieser Reform war die Auflösung der Bund-Länder-Kommission für Bildungsplanung und Forschungsförderung – und damit: der Instanz, die die Zuständigkeit für gemeinsame Modellprogramme des Bundes und der Länder besessen hatte. Diese veränderte politische Rahmensetzung ging an FÖRMIG keineswegs spurlos vorüber. Das Programm musste etliche Monate um sein Überleben kämpfen. Die kritische Periode endete mit einer vertraglichen Regelung der beteiligten Bundesländer mit dem federführenden Land Hamburg und dem Programmträger, die im Januar 2008 in Kraft trat. Auch dies war ein Moment der Heterogenität des Programms, das alle Beteiligten beträchtlich herausforderte.

1.4 Gesamtbilanz in Zahlen: Basiseinheiten und Mitwirkende

Ausgangspunkt für den Aufbau von Basiseinheiten bildeten in allen Länderprojekten entweder Kindertageseinrichtungen oder Schulen als federführende Einrichtung, die zunächst mit einer oder zwei anderen Einrichtungen kooperierten. Eine Ausnahme davon stellt FÖRMIG-Schleswig-Holstein dar. Hier sind sog. DaZ-Zentren als Zusammenschluss von bis zu 25 Schulen gegründet worden, deren Aufgabe die schulartübergreifende Förderung von Deutschkenntnissen ist.

Im Verlaufe des Modellprogramms haben sich die anfänglichen Kern-Basiseinheiten zu Sprachbildungsnetzwerken mit vielfältigen Kooperationspartnern weiterentwickelt. Nach dem ersten Programmjahr war FÖRMIG mit 130 Basiseinheiten in den zehn Länderprojekten verankert. Gefördert wurden rund 4500 Kinder und Jugendliche. Etwa 600 Eltern waren in Projekte einbezogen. Gut 450 Mitwirkende gehörten zu den Basiseinheiten, die mit mehr als 650 Partnern kooperierten.[3] Dabei blieb es nicht, wie die folgende Übersicht zeigt:

Jahr	Basiseinheiten	Mit-wirkende	Kinder und Jugendliche	einbezogene Eltern	Kooperations-partner
2005	130	454	4560	600	656
2006	138	724	4926	667	800
2007	143	759	5547	818	826
2008	146	757	7669	1949	806
2009	155	744	7955	1924	800

Abbildung 3:   Gesamtbilanz in Zahlen

Die deutlichste Steigerung liegt bei der Zahl der einbezogenen Eltern. Dies ist auf Entwicklungen im Saarland zurückzuführen, wo 2008 ca. 100 Kindertagesstätten in das Projekt einbezogen wurden, wodurch sich die Anzahl der dort geförderten Kinder auf rund 2500 und die der einbezogenen Eltern auf 1000 erhöhte. Aber auch in anderen Länderprojekten gewann die Zusammenarbeit mit Eltern an Bedeutung.

Die Anzahl der Basiseinheiten steigerte sich moderat; nur in einzelnen Fällen war ein Ausscheiden von Einrichtungen aus dem Programm zu beklagen. Was den Zahlen nicht zu entnehmen ist, aber in den Länderberichten hervorgehoben wird, ist die zunehmende Entwicklung der anfänglich gegründeten Kern-Basiseinheiten zu Sprachbildungsnetzwerken mit festen Partnern. Hiermit ist eine sicher nicht hinreichende, aber wichtige Voraussetzung dafür geschaffen, dass viele der in FÖRMIG entwickelten Strategien und Konzepte die Chance haben, zu überdauern und weiterentwickelt zu werden.

---

3   Alle diese Angaben beruhen auf den jährlichen Selbstdarstellungen in den Berichten der Länderprojekte.

2 Auf dem Weg zu Basiseinheiten und regionalen Sprachbildungsnetzwerken

Die fünfjährige Geschichte des Modellprogramms FÖRMIG war für alle Seiten ein intensiver und ist ein unabgeschlossener Lern- und Entwicklungsprozess. Es ist keineswegs trivial, dass den Beteiligten grundlegende Neuorientierungen sowohl in inhaltlicher als auch in struktureller Hinsicht abverlangt wurden – nicht zuletzt war die aktive und kreative Gestaltungskraft der Mitwirkenden in den Länderprojekten und Basiseinheiten zu entfachen. Die Erwartungen an ein Modellprogramm waren vielfach anderer Art. Sie waren darauf gerichtet, Konzepte überreicht zu bekommen, die es abzuarbeiten galt. Die Konstruktion von FÖRMIG aber war nicht auf die Erfüllung dieser Erwartung gerichtet, sondern darauf, dass die Akteure die Konzepte – mit Unterstützung der Mitwirkenden in der ländereigenen Koordinationsstellen und des Programmträgers – selbst entwickeln. Auf den Anfang zurückblickend, wird in etlichen Länderberichten resümiert, was im Abschlussbericht Nordrhein-Westfalens so ausgedrückt ist: „Zu Beginn des Programms 2004 waren Konturen des zu erarbeitenden Konzeptes durchgängiger Sprachförderung noch wenig konkret. Von den Basiseinheiten wurden „fertige Rezepte" erwartet. Es stellte sich dann heraus, dass es eher um einen gemeinsamen Lern- und Entwicklungsprozess ging, der keine Rezepte vermittelt, sondern durch eine sich entwickelnde Praxis Gelingensbedingungen sprachlicher Bildung und Förderung aufzeigt" (NORDRHEIN-WESTFALEN 2009, S. 14).

Dem ungewohnten Anspruch entsprechend, war es durchaus nicht leicht, die strukturellen Vorgaben der Ausschreibung, wie sie die BLK beschlossen und verkündet hatte, und die Verfahrensweisen in den Ländern, mit denen üblicherweise Einrichtungen zur Mitwirkung gewonnen wurden, in Einklang zu bringen. So wurden beispielsweise in einigen beteiligten Ländern Aufforderungen zur Mitwirkung ausschließlich über die üblichen Schulenverteiler bekanntgemacht. Die ausdrückliche Intention der BLK-Ausschreibung, von vornherein auch andere Kooperationspartner einzubeziehen, wurde hierdurch konterkariert. Auch wurden bei der ersten Rekrutierung teilnehmender Bildungseinrichtungen – meist Schulen – nicht, wie es den Intentionen der Ausschreibung entsprochen hätte, grundsätzlich ganze Einrichtungen gewonnen. Vielmehr waren es vielfach einzelne Partner, besonders engagierte Lehrkräfte oder Schulleiter beispielsweise, die sich angesprochen fühlten und beteiligen wollten. Im Bericht eines Landes wird diese Ausgangslage rückblickend so betrachtet: „Die Gewinnung für die Teilnahme an FÖRMIG erfolgte [...] meistens über persönliche Kontakte zu einzelnen Lehrkräften oder

Schulleitungen. Besonders für die Sekundarstufe I gelang das nur mit Mühe und zeitlicher Verzögerung. Folglich waren es weder einrichtungsübergreifende Basiseinheiten noch ganze Schulen, die zur Mitarbeit in FÖRMIG [...] bereit waren, sondern bestenfalls Teilgruppen aus Schulen, die dafür zum Teil die Unterstützung, zum Teil aber auch nur die Duldung ihrer Schulleitung erhielten" (BERLIN 2009, S. 22).

Es war somit keine leichte Aufgabe, Basiseinheiten zu bilden und zu konsolidieren – der Auftrag, den FÖRMIG in struktureller Hinsicht zu lösen hatte, war um einiges komplexer als die aus anderen BLK-Modellprogrammen vorliegenden Erfahrungen, in denen es „nur" um die Zusammenarbeit zwischen Schulen und Lehrkräften eines Unterrichtsfaches ging.[4] Im Bericht des Landes Berlin – auch dies sei stellvertretend für Reflexionen in vielen Berichten zitiert – wird die Erfahrung beim Aufbau von Basiseinheiten so zusammengefasst: „Eine grundlegende Erkenntnis aus diesem vierjährigen Kooperationsprozess, die durch die zum Teil auch weniger positiven Erfahrungen aus anderen FÖRMIG-Einrichtungen bestätigt wird, besteht darin, dass ein Schnittstellenverbund nicht von außen festgelegt und vorausgesetzt werden kann, sondern selbst Ziel eines komplexen Entwicklungsprozesses sein muss, dem sich die Beteiligten schrittweise nähern" (BERLIN 2009, S. 14).

Das Prinzip einer durchgängigen, kooperativen Sprachbildung, das im Aufbau von Basiseinheiten und regionalen Sprachbildungsnetzwerken seine organisatorische Form findet, ist, wie dies nicht anders zu erwarten war, in einigen Fällen mehr, in anderen weniger weitreichend in die Praxis umgesetzt worden – aber es hat sich als grundlegendes Strukturkonzept allmählich in FÖRMIG durchgesetzt und bewährt.

Bildlich gesprochen, wurde die Durchgängigkeit der Kooperation und Vernetzung in FÖRMIG in zwei Dimensionen betrieben: einer vertikalen, verstanden als Zusammenarbeit über die Schnittellen in Bildungsbiographien hinweg, und einer horizontalen, verstanden einerseits als Zusammenarbeit zwischen Beteiligten innerhalb einer Bildungsinstitution und andererseits als Vernetzung und Partnerschaft zwischen Bildungseinrichtungen und anderen Personen und Institutionen, die Beiträge zur gezielten Sprachbildung leisten. Dieses Gesamtkonstrukt nannten wir das „FÖRMIG-Schnittstellenmodell", illustriert in der folgenden Abbildung:

---

4   Womit die Verdienste anderer BLK-Modellprogramme keineswegs geschmälert sein sollen; FÖRMIG hat viel profitiert von den Erfahrungen, die beispielsweise in den Programmen SINUS (Steigerung der Effizienz des mathematisch-naturwissenschaftlichen Unterrichts), SINUS Grundschule und QUiSS (Qualitätsverbesserung in Schulen und Schulsystemen) gewonnen wurden, und es wurde von Beginn an die Zusammenarbeit mit Expertinnen und Experten aus diesen Programmen gesucht. Von den Beteiligten an diesen Programmen hat FÖRMIG große Kollegialität und Kooperationsbereitschaft erfahren, für die hier ausdrücklich Dank und Anerkennung gesagt sei.

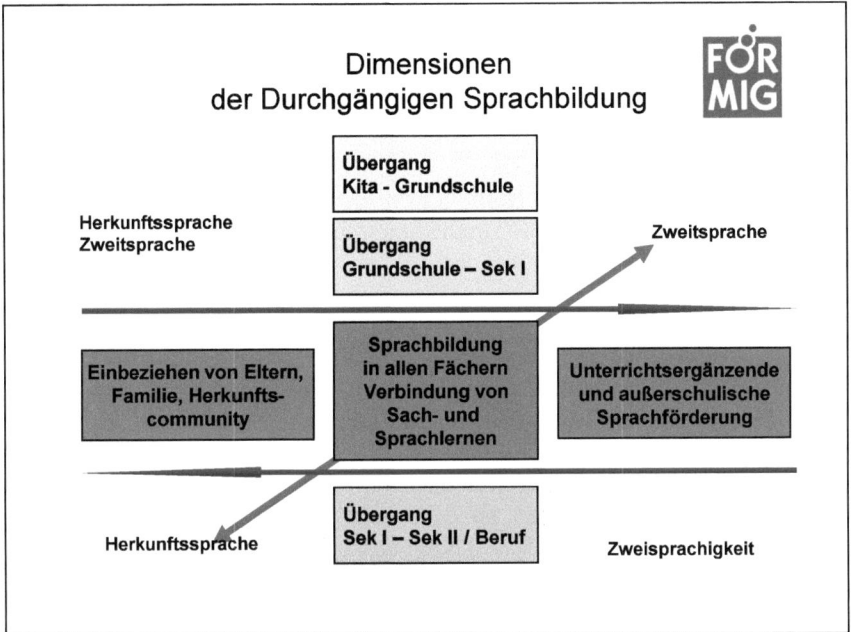

Abbildung 4:   FÖRMIG-Schnittstellenmodell

Die Erfahrungen mit der Realisierung der Ansprüche einer durchgängigen kooperativen Sprachbildung werden im folgenden Kapitel beispielhaft vorgestellt, und zwar mit Blick auf die Dimensionen der durchgängigen Sprachbildung:

- „Vertikale Kooperation" zwischen abgebenden und aufnehmenden Bildungseinrichtungen an Schnittstellen der Bildungsbiographie, und
- „Horizontale Kooperation" zwischen (a) Beteiligten innerhalb einer Bildungseinrichtung; und (b) Bildungseinrichtungen und anderen Partnern.

2.1 „Vertikale Kooperation und Vernetzung" an den Schnittstellen der Bildungsbiographie

Die Forschung über die Risiken, die für Schülerinnen und Schüler mit Migrationshintergrund im deutschen Bildungssystem bestehen, hat auf die besondere Rolle von Übergängen zwischen Institutionen im Verlauf der Bildungskarriere vielfach verwiesen (u.a. GOMOLLA/RADTKE 2003; KONSORTIUM BILDUNGSBERICHTSERSTATTUNG 2006; 2008; 2010); speziell die Koordination der Sprachförderung zwischen den beteiligten abgebenden und aufnehmenden Institutionen wurde empfohlen (KONSORTIUM BILDUNGSBERICHTERSTATTUNG 2006, S. 170). Diesem Ziel dienen die Basiseinheiten, indem sie organisatorische Knotenpunkte zwischen den Institutionen bilden. Aufgrund des Zuschnitts des deutschen Bildungssystems hat FÖRMIG an den drei besonders prekären Übergangsstellen in Bildungsbiographien angesetzt:

- am Übergang von der elementaren Bildung (Vorschulklassen der Grundschule, Kindertageseinrichtungen anderer Träger) zur Schule,
- am Übergang von der Grundschule zur Sekundarstufe I (in Berlin und Brandenburg: Klasse 6 zu Klasse 7; übrige Länder: Klasse 4 zu Klasse 5) und
- am Übergang von den verschiedenen Schulformen der Sekundarstufe I in die Sekundarstufe II – vor allem: in das berufsbildende System mit seinen vielfältigen Differenzierungen.[5]

Die FÖRMIG-Basiseinheiten hatten das Ziel, Strukturen der Zusammenarbeit an diesen Übergangen zu etablieren, damit es zur kumulativen Weiterentwicklung sprachlicher Fähigkeiten kommen kann. Am besten ist die Verwirklichung dieses Anspruchs am Beginn der Bildungslaufbahn gelungen: am Übergang vom Elementarbereich in die Grundschule. Schon deutlich seltener steht der Übergang in die Sekundarstufe I im Mittelpunkt der Bemühungen. Nur wenige Länderprojekte und Basiseinheiten hatten die Gestaltung des Übergangs von der Schule in den Beruf zum Thema.

Basiseinheiten 2008	146
Elementarbereich/Grundschule	85
Primar-/Sekundarbereich	35
Sekundarbereich/Beruf	26

Abbildung 5: Basiseinheiten an bildungsbiographischen Übergängen[6]

Grundsätzlich wurden die Kooperation an den Schwellen der Bildungsbiographie von allen Beteiligten als lohnenswert und das Konzept der

---

5 Für viele Jugendliche, speziell solche mit Migrationshintergrund, ist an die Stelle einer Ausbildung in Betrieb und Berufsschule (dem „dualen System") ein Übergangssystem getreten, in dem sie an berufsvorbereitenden Maßnahmen teilnehmen oder eine berufliche Grundbildung erhalten. Diese Quote übersteigt inzwischen die Ausbildungsquote (vgl. GRANATO 2009, S. 24; BUNDESMINISTERIUM FÜR BILDUNG UND FORSCHUNG 2009, S. 19).

6 Die Übersicht gibt nur Tendenzen nach den Angaben aus den Länderprojekten wieder. Einige Basiseinheiten haben sowohl den Übergang vom Elementarbereich in die Grundschule als auch den in die Sekundarstufe bearbeitet; hier wurden sie danach aufgenommen, wo der Schwerpunkt ihrer Arbeit lag.

„Schnittstellen" als sinnvoll beurteilt – wenngleich immer mit der Einschränkung, dass Zusammenarbeit schwierig zu verwirklichen sei. Den Länderberichten ist zu entnehmen, dass es Bedingungen dafür gibt, die schnittstellenübergreifende Kooperation dauerhaft und für abgebende wie aufnehmende Institutionen gewinnbringend zu gestalten. Wiederkehrend werden Konditionen genannt, wie sie in der landesinternen Evaluation in Nordrhein-Westfalen als wesentlich identifiziert wurden:
(a) die Beteiligung der Leitung der jeweiligen Institutionen,
(b) ein formaler Kooperationsbeginn mit der Festlegung von Ansprechpartnern,
(c) ein gemeinsamer Ansatzpunkt in der Sache,
(d) die Mitwirkung beider Partner an der Bildungsbiographie derselben Kinder,
(e) regelmäßige Kontakte und gemeinsame Fortbildungen,
(f) die weitere Vernetzung durch Mitwirkung auf Stadtteilebene (vgl. NORDRHEIN-WESTFALEN 2009, S. 20).

Die Schnittstellenverbünde lassen sich nach den Erfahrungen der Länderprojekte nicht von außen festlegen. Vielmehr muss das Zusammenfinden der Partner offenbar Teil eines komplexen Entwicklungsprozesses sein, in dem den Beteiligten der verschiedenen Institutionen Gelegenheit gegeben wird, sich langsam und schrittweise einander zu nähern. Es erleichtert den Prozess, wenn frühzeitig konkrete Vereinbarungen zwischen den Institutionen getroffen werden, in denen gemeinsame Ziele, Schritte und die Erwartungen an die Beteiligten niedergelegt sind. Aber es dauert offenbar geraume Zeit, bis die Vertrauensbasis für die Kooperation geschaffen ist. Aus FÖRMIG Berlin wird für den Prozess der allmählichen Annäherung eine Zeitspanne von bis zu zwei Jahren genannt, die erforderlich war, um eine inhaltliche und organisatorische Festigung der Zusammenarbeit zu erreichen. Hier wurde an der Schnittstelle vom Elementarbereich zur Grundschule eine Arbeitsgruppe zur Begleitung des vertrauensbildenden Prozesses etabliert, an der sowohl Lehrkräfte als auch Erzieherinnen mitarbeiteten. Diese Arbeitsgruppe half dabei, eine „gemeinsame Sprache" zu finden. Es konnten Diagnoseverfahren überprüft und erprobt, daran anschließende Konzepte der Sprachbildung aufeinander abgestimmt werden. Aus einer Kerngruppe heraus konnten weitere Kindertageseinrichtungen beteiligt werden. Waren ursprünglich hauptsächlich die Leitungen der Einrichtungen die Akteure, so konnten nach und nach die Kooperationsaktivitäten auf Lehrkräfte und Erzieherinnen verlagert werden. Es wurden Tandems aus jeweils einer Lehrerin und einer Erzieherin möglich, die gegenseitig hospitierten. Mit der Unterstützung der Arbeitsgruppe wurde also erreicht, dass die Arbeitsweisen der beteiligten Einrichtungen füreinander transparent und verständlich wurden.

Als unterstützend hat sich das Instrument der „Zielvereinbarung" erwiesen, das vom Programmträger zur Verfügung gestellt worden war. Auf dieser Grundlage haben sich die Kooperationspartner über ein gemeinsames langfristiges Ziel verständigt und die nächsten kleineren Schritte dorthin festgelegt. In Schleswig-Holstein beispielsweise fanden von der Landeskoordination moderierte Treffen statt; sie wurden als wichtige Meilensteine in der Entwicklung der Zusammenarbeit gesehen (SCHLESWIG-HOLSTEIN 2009, S. 10). Ebenfalls mit dem Ziel der prozessbegleitenden Unterstützung von außen wurde in Rheinland-Pfalz das Mittel von Hospitationen durch „Beobachtungstandems" gewählt. Dieses hat sich aus Sicht der Beteiligten als besonders hilfreich für die Stabilisierung der Zusammenarbeit erwiesen – aber im Abschlussbericht des Landes wird festgestellt, dass es einer Institutionalisierung durch feste Verankerung entsprechender Zeiten im Arbeits- oder im Stundenplan bedürfe, damit die Kooperation auf feste Füße gestellt werden könne (RHEINLAND PFALZ, Bad Kreuznach 2009, S. 10).

Gemeinsame Qualifizierungsprojekte – Fortbildungen oder Qualitätszirkel – scheinen eine besonders effektive Form der Unterstützung von Schnittstellenkooperation zu sein; sie werden in Kapitel 9 dargestellt.

2.1.1 Vom Elementarbereich in die Grundschule

Am Übergang vom Elementarbereich in die Grundschule arbeiteten die meisten FÖRMIG-Basiseinheiten. Während in den frühen Jahren des Kindergartens die Aufgabe der sprachlichen Förderung noch verlässlich in der Hand der Erzieherinnen liegt, greift im letzten Jahr vor der Einschulung die Institution Schule zunehmend in den Erziehungsprozess ein: Ihre Erwartungen und Anforderungen werden durch die Institutionen des Elementarbereichs antizipiert, und auf sie wird hingearbeitet. REICH (2008a, S. 31) weist auf ein Spannungsverhältnis an diesem Übergang hin. Es rühre daher, dass Erwartungen an das Niveau der Deutschkenntnisse bei Schuleintritt die Praxis der Sprachförderung im Elementarbereich in sehr viel stärkerem Maße prägten, als Haltungen optimistischen Vertrauens in die Kräfte sprachlicher Selbstbildung des Kindes.

Das unterschiedliche berufliche Selbstverständnis von Lehrkräften und Erzieherinnen kann durchaus zur Erschwernis der Zusammenarbeit beitragen – so die Erfahrung in einigen FÖRMIG-Projekten. Insbesondere habe das Verhältnis zwischen dem Freiraum, den der Kindergarten von seinem pädagogischen Auftrag her für die Entwicklung lässt, und dem Versuch, mittels gezielter Interventionen den Sprachentwicklungsprozess zu beschleunigen, balanciert werden müssen. Für das Gelingen der Ko-operation erwies sich die Akzeptanz der professionellen Verschiedenheit der Kooperationspartner als eine notwendige Voraussetzung.

Erleichterung andererseits schuf die Einigung auf gemeinsame Instru-mente oder ein Set an gemeinsam verwendeten Materialien und Metho-den. So ist die erfolgreiche Kooperation in FörMig Rheinland-Pfalz, Bad Kreuznach zurückzuführen auf gemeinsam verwendete Sprachdiagnose-methoden, sehr ähnlich aufgebautes Fördermaterial am Übergang, eine Einigung auf methodische Elemente und Absprachen mit verbindlichen Regeln und Verantwortlichkeiten, z.B. über die Vermittlung eines Mini-malwortschatzes für eine Reihe von Themenfeldern.

Strukturelle Bedingungen trugen erheblich zur Erschwernis der Ko-operation zwischen Kindertageseinrichtungen und Schulen bei. Ein Bei-spiel dafür ist, dass die Übergabe von Informationen (z.B. über Ergeb-nisse von Sprachstandsdiagnosen oder über die Förderung individueller Kinder) aus datenschutzrechtlichen Gründen nicht überall möglich war. Ein anderes Hemmnis ergibt sich aus der unterschiedlichen Arbeitszeit von Erzieherinnen und Lehrkräften; das Schaffen der nötigen Freiräume für die Zusammenarbeit stößt da an Grenzen, wo es allein oder primär auf das individuelle Engagement und die Investition von „privater" Zeit angewiesen ist.

2.1.2 Vom Primar- in den Sekundarbereich

Nach den Erfahrungen der Basiseinheiten war die Kontinuität der sprachlichen Bildung an dieser Schwelle im Bildungsgang wesentlich schwieriger zu gestalten als an der Schnittstelle vom Elementarbereich zur Grundschule. Bekanntermaßen stellt der Übergang am Ende der Grundschulzeit einen besonderen Einschnitt dar. Hier wird die starke Abhängigkeit der Bildungsverläufe von der sozialen Herkunft für viele Kinder entscheidend wirksam, da das deutsche Bildungssystem vor al-lem „Mobilität nach unten", also in schlechter beleumundete Bildungs-gänge erlaubt und nur wenig in die andere Richtung eröffnet (Konsor-tium Bildungsberichterstattung 2008). Daher ist es generell für die ein-zelne Schülerin bzw. den einzelnen Schüler enorm wichtig, entsprechend ihrer Potentiale auf eine Schulform der Sekundarstufe I überzugehen. Aus Sicht der Institutionen erschwert es das Zusammenarbeiten, dass es die Interessen und Möglichkeiten einer größeren Zahl von Institutionen zu vereinbaren gilt, die nicht nur aufgrund der selbstgeschaffenen Pro-grammatiken, sondern auch wegen ihres unterschiedlichen systemischen Auftrags nur begrenzt an Gemeinsamkeit interessiert sind. Der Grund-gedanke, dass in Basiseinheiten Grundschulen mit Sekundarschulen verschiedenen Typs zusammenarbeiten, wobei die konkreten individuellen Bildungsgänge der geförderten Kinder den Weg zu den einbezogenen Institutionen weisen, hat sich – im Grunde erwartungsgemäß – nur in wenigen Fällen realisieren lassen.

Relativ erfolgreich war die kooperative Gestaltung des Übergangs nur in spezifischen Konstellationen, in denen ein großer Teil der Schülerschaft einzelner Grundschulen zu bestimmten weiterführenden Schulen, meist Hauptschulen, wechselte. Die strukturellen Gegebenheiten, zu denen auch das Fehlen festgelegter Schuleinzugsgebiete („Sprengelbindung") gehört, sind für die Zusammenarbeit zwischen Institutionen an dieser Schwelle nicht günstig.

Einzig bei der individuellen Beratung und Begleitung einzelner Schüler, wie sie bei sog. Seiteneinsteigern, also neuzuwandernden Schülerinnen und Schülern (etwa in FÖRMIG Sachsen und Schleswig-Holstein) praktiziert wurden, hat sich Zusammenarbeit zwischen abgebenden und aufnehmenden Schulen bewährt. Hilfreich waren hierbei Instrumente, die für diagnostische Zwecke entwickelt worden waren – insbesondere das von Sachsen initiierte und gemeinsam mit Schleswig-Holstein und dem Programmträger entwickelte Instrument „Niveaubeschreibungen Deutsch als Zweitsprache" (vgl. Kapitel 5). Dieses hat sich als Grundlage für die Verständigung zwischen abgebenden und aufnehmenden Lehrkräften über die Sprachfähigkeiten von Schülerinnen oder Schülern, die von einer in die andere Bildungsinstitution übergehen, bewährt.

Der von allen Beteiligten empfundene Mangel an Erfahrungen und Hilfestellungen für kooperative Sprachbildung am Übergang von der Grundschule in die Sekundarschule hat dazu geführt, dass sich zwei länderübergreifende Arbeitsgemeinschaften bildeten, die sich speziell dieser Schnittstelle zuwendeten. Ihre Erfahrungen und Produkte werden in Kapitel 4 vorgestellt.

2.1.3 Von der Sekundarstufe in die berufliche Bildung

Nur noch einzelne Basiseinheiten konzentrierten sich im Modellprogramm auf den bildungsbiografischen Übergang von der allgemeinbildenden Schule in berufsbildende Formen. Beteiligt waren sowohl allgemeinbildende Schulen mit ihren berufsorientierenden Maßnahmen oder Angeboten, die für die Aufnahme einer Ausbildung qualifizierten, als auch Einrichtungen im berufsbildenden System.

Die an dieser Schnittstelle agierenden Projekte in Bremen, Nordrhein-Westfalen und Rheinland-Pfalz konnten ihre Arbeit in bestehende Netzwerke einbinden. Diesen Netzwerken war in der Regel das Thema Sprachbildung vor dem Eintritt in die FÖRMIG-Aktivitäten fremd. Die

Zusammenarbeit richtete sich primär auf andere berufsrelevante Skills. Der nächstliegende Ansatzpunkt für die Beschäftigung mit sprachlichen Fragen war es, dass die sprachlichen Kompetenzen mit Blick auf Bewerbungen für Ausbildungen trainiert wurden. FörMig musste hier zunächst einmal Basisarbeit leisten, um die Spezifik sprachlicher Anforderungen am Übergang in den Beruf vor Augen zu führen. Zur Unterstützung dessen wurde auf Anregung des Programmträgers eine Handreichung entwickelt, die eine grundlegende Einführung in berufssprachliche Anforderungen und Strategien, die bei ihrer Bewältigung helfen, enthält (Ohm/Kuhn/Funk 2007).

Einige Basiseinheiten in diesem Bereich haben sich auf die Entwicklung oder Erweiterung von Instrumenten konzentriert, die den individuellen Jugendlichen begleiten, um den Übergang zwischen den Institutionen zu erleichtern. Hierzu gehört der „Berufswahlpass" – ein Instrument, das in einigen Ländern verbindlich, in anderen freiwillig genutzt wird. Es eignet sich als Hilfestellung für die Lehrseite zur Verschränkung sprachlicher und inhaltlicher Lernziele, wobei die Interessen und Fähigkeiten der einzelnen Schülerinnen und Schüler in den Blick genommen werden. Dieses Instrument wurde im Bremer FörMig-Projekt „Förderung von Sprachkompetenz und Selbstwirksamkeit" (SuS) um ein Portfolio zur interkulturellen Kompetenz ergänzt, dessen Ziel es ist, dass Schülerinnen und Schüler lernen, die eigene Person und eigene Zukunftsvorstellungen darzustellen. Wenn in der Bildungseinrichtung mit dem Portfolio gearbeitet wird, können die Jugendlichen überdies dazu angeregt und angeleitet werden, ihre kommunikativen Fähigkeiten zu reflektieren und zu beschreiben (Bremen, SuS 2009, S. 34f.).

Die Begleitung und Beratung von individuellen Schülerinnen und Schülern, namentlich „Seiteneinsteigern", ist auch beim Übergang in den Beruf eine wichtige Aktivität von FörMig-Projekten. So wurde beispielsweise in Sachsen ein Netzwerk von Anlaufstellen aufgebaut, die individuelle Beratungsangebote zur Berufsorientierung und zum Eintritt in das Berufsleben bieten. Die regelmäßigen Beratungen und der Informationsaustausch im Sprachfördernetzwerk trugen zur Erleichterung der Übergänge bei, wobei insbesondere den Netzwerkkoordinator(inn)en als direkten Ansprechpersonen für Eltern und Jugendliche eine Schlüsselfunktion zukam (Sachsen 2008).

Die engste Verknüpfung zwischen verschiedenen Schulformen und der betrieblichen Ausbildung fand im rheinland-pfälzischen Projekt „Ausbildungsvorbereitung von Jugendlichen mit Migrationshintergrund auf eine qualifizierte Berufsbildung in der Pflege" (AMquiP) statt. Projektziele waren hier die Erhöhung der Ausbildungsfähigkeit von Jugendlichen, die aus der Hauptschule in die Berufsfachschule übergehen, und ihre Überleitung in eine betriebliche Ausbildung. Ein wichtiger Ansatzpunkt war die Beseitigung formaler Hürden für eine Ausbildung, verbunden mit der beruflichen Orientierung durch Praktika. Die Daten aus dem Projekt zeigen, dass sehr gute Ergebnisse erzielt werden konnten, denn es wurden in den Modellklassen viel mehr Jugendliche zum qualifizierten Sekundarstufen-I-Abschluss geführt und Ausbildungsverträge geschlossen als in anderen Klassen der Region. Ein besonders wichtiges Instrument dabei war ein Mentorensystem zur Betreuung der Jugendlichen während ihrer Zeit in der Berufsfachschule. Ebenfalls förderlich waren der enge Kontakt zur betrieblichen Praxis, die Verknüpfung von Fachpraxisunterricht mit Deutschförderung und Fachtheorie und die gezielte Vermittlung von Methoden- und Sozialkompetenz. Allerdings weisen die Erfahrungen des Projekts auch darauf, dass eine vorbereitende Bildungsmaßnahme den anschließenden Ausbildungserfolg nicht sichert, sondern während der Ausbildung weitere flankierende Maßnahmen nötig sind – also auch hier das Prinzip der Durchgängigkeit Raum greifen müsste (RHEINLAND-PFALZ, AMquiP 2009).

2.2 Horizontale Kooperation – Zusammenarbeit in Bildungseinrichtungen

Das für FÖRMIG adaptierte Verständnis von sprachlicher Bildung quer durch die Lernbereiche und Fächer war angeregt durch den im englischsprachigen Raum etablierten Ansatz „language across the curriculum". Dies beruht auf der Annahme, dass die Entwicklung und Bildung sprachlicher Fähigkeiten umso aussichtsreicher ist, je besser die verschiedenen Bereiche institutionellen sprachlichen Lernens, an denen Kinder und Jugendliche teilhaben, aufeinander abgestimmt sind. Die inhaltlichen Entwicklungen hierzu werden ausführlich im Kapitel 8 behandelt. Hier wird berichtet, wie es den Beteiligten im Modellprogramm gelang, die organisatorischen Voraussetzungen einer planvoll koordinierten Sprachbildung zu schaffen.

Zeitliche Ressourcen

Veränderungen in Bildungseinrichtungen verlangen allen Beteiligten zusätzliches Engagement neben dem Alltagsgeschäft ab. Im Kontext von FÖRMIG standen den Lehrkräften, die sich an Kooperation und Entwicklungsarbeiten intensiv beteiligten, dafür in der Regel bis zu vier Unterrichtsstunden wöchentlich zur Verfügung. Wo dies nicht der Fall war, wurden fehlende zeitliche Ressourcen als erhebliches Hindernis für den Aufbau von stabilen und gewinnbringenden Kooperationsformen angesehen. Aber auch mit knappen Ressourcen verstanden es viele Beteiligte, kreativ umzugehen. Ein Beispiel dafür ist ein Projekt in Rheinland-Pfalz: Um eine auf Diagnostik aufbauende individuelle Förderplanung im Kollegium einer Berufsfachschule erstellen zu können, verfügten Klassen- und Fachlehrer über zu wenige Unterrichtsstunden. Daraufhin wurde ein Mentorensystem entwickelt, das es ermöglichte, alle Lehrkräfte gestaffelt nach ihrer Stundenzahl einzubeziehen (RHEINLAND-PFALZ, AMquiP 2009, S. 4). Einhellig spricht jedoch aus den Länderberichten der Tenor, dass unzureichende zeitliche Ressourcen nicht nur die praktischen Kooperationsmöglichkeiten erschweren, sondern auch die Motivation der Beteiligten und die Bereitschaft zur Mitarbeit dämpfen.

Engagement von Einzelpersonen, Teambildung, Unterstützung durch Leitungspersonal

Zu den wichtigen Voraussetzungen für eine wirksame Entwicklungsarbeit gehört es, die aktive Bereitschaft von Lehrkräften und Erzieher(inne)n zur Mitwirkung zu gewinnen. Die Erfahrungen der FörMig-Projekte untermauern die Erkenntnis vieler Innovationsprojekte: Bereitschaft zur Mitwirkung kann nur in begrenztem Maß durch Anordnung erreicht werden. Erfolgversprechend ist hingegen – so auch die Erfahrung in FörMig – mit bereitwilligen und engagierten Einzelpersonen zu beginnen, die ihr Engagement in das Kollegium tragen und sukzessive zurückhaltende Kolleg(inn)en für die Sache interessieren. Eine Voraussetzung *sine qua non* für die Kooperation ist es aber, dass die Beteiligten vom Leitungspersonal Rückhalt und Unterstützung erfahren – im günstigsten Falle sind die Einrichtungsleitungen verantwortlich in die Zusammenarbeit eingebunden.

Klare Organisationsformen

Bei der Zusammenarbeit in Bildungseinrichtungen praktizierten die FörMig-Projekte unterschiedliche Organisationsformen: von Treffen der Beteiligten in loser Folge – drei bis viermal jährlich – bis zur Etablierung fester Teams mit regelmäßigen Zusammenkünften, wechselseitiger Hospitation oder gemeinsamen Fortbildungen. Seltenere Treffen wurden dann als gewinnbringend erlebt, wenn sie gut vorbereitet waren, ein klares Programm abarbeiteten und produktorientiert waren. Dabei hat sich der Ansatz, die Treffen mit Fortbildungsangeboten zu verbinden, bewährt; er wurde in allen Länderprojekten verfolgt. Intensivere Formen der Zusammenarbeit ergaben sich auf Dauer eher in Fällen, in denen nicht Einzelpersonen, sondern feste Teams die Entwicklungsarbeit trugen.

Als besonders günstige Voraussetzung für Teambildungen in Schulen wurde die Organisation von Lehrkräften auf Jahrgangs- oder Stufenebene erlebt; schwieriger war es, die vorrangig in der Sekundarstufe I üblichen Fachkonferenzen zu nutzen. Es erwies sich als hilfreich, regelmäßig wiederkehrende Ereignisse als Anlass für Treffen zu nehmen. Als besondere Schwierigkeit für die Kooperation wurde der Umstand genannt, dass Lehrkräfte an mehreren Schulen tätig sind; dies ist vor allem bei den Lehrer(inne)n des herkunftssprachlichen Unterrichts der Fall.

Realistische Zielsetzungen und klare Zuständigkeiten

Neben der Verlässlichkeit der Organisation erwies sich – auch dies erwartungsgemäß – als Gelingensbedingung, dass Klarheit über die Ziele und Inhalte der Kooperation hergestellt sowie Zuständigkeiten und Verantwortlichkeit verbindlich vereinbart wurden. Vielfach wurde in den Basiseinheiten die Erfahrung gemacht, dass die Zielvereinbarungen im ersten Anlauf zu „groß" geraten waren: die Ziele zu weitgesteckt, zu abstrakt, als dass man das befriedigende Gefühl hätte gewinnen können, in bemessener Zeit auch Ziele erreichen zu können. Vom Programmträger wurden deshalb Muster für Zielformulierungen bereitgestellt, die konkret und kleinschrittig waren und zeigen, wie es gelingen kann, den Fokus der Arbeit auf sprachliche Bildung zu richten. Die Leistung der Basiseinheiten war es, im Aufgreifen dieser Muster an Bestehendem anzuknüpfen, ihre Vereinbarkeit mit Regelaufgaben und den jeweils vorhandenen zeitlichen, personellen und materiellen Ressourcen zu sichern. In Nordrhein-Westfalen entwickelte sich die Praxis, die Erwartungen an die Zusammenarbeit in einem Kontrakt transparent und verbindlich festzuhalten (NORDRHEIN-WESTFALEN 2009, S. 16).[7]

Allerdings hat sich in vielen Basiseinheiten auch hier ein Ressourcenproblem aufgetan. Berichtet wurde, dass die Kooperation besser gelingt und erkennbare Resultate zeitigt, wenn die Partner auf externe Unterstützungsstrukturen kontinuierlich zurückgreifen konnten. Im Fall des FÖRMIG-Modellprogramms war die Möglichkeit dazu gegeben; hervorzuheben ist die positive Funktion, die die lokalen oder regionalen Koordinator(inn)en des Programms erfüllt haben. Zur Unterstützung der schulischen Qualitätsentwicklung wurde beispielsweise in Nordrhein-Westfalen an einigen Schulen der Sekundarstufe I erfolgreich folgendes Organisationsmodell erprobt: Eine Lehrkraft wurde als Sprachförderkoordinator(in) berufen und erhielt dafür Unterrichtsentlastung. Zur Entwicklung eines schulischen Sprachbildungskonzepts wurde eine Teil- oder Fachkonferenz „Sprache/Sprachförderung" gegründet, an der Vertreter(innen) der Fächer sowie die Schulleitung teilnahmen. Regelmäßige, etwa vierteljährliche Treffen wurden fest im Jahresplan

---

7   Anregend hierfür sind auch die Entwicklungen aus dem BLK-Modellprogramm „TransKiGs" (vgl. TransKiGs 2009).

integriert und dienten dem Erfahrungsaustausch, der Konzeptentwicklung und fächerübergreifenden Absprachen (NORDRHEIN-WESTFALEN 2009, S. 18). In ähnlichen Modellen wurde auch in anderen Ländern die Kooperation organisiert; im Land Sachsen beispielsweise wurden Schulteams aus Schulleitung, sog. Betreuungslehrern[8] – die zugleich als Netzwerkkoordinatoren fungierten – und Fachlehrkräften gebildet. Ein Modell für die Unterstützung des Kooperations- und Entwicklungsprozesses bietet das Land Hamburg, in dem an den Schulen sog. Sprachlernkoordinator(inn)en[9] als Teil des Regelsystems eingesetzt sind. In einer Hamburger FÖRMIG-Modellschule wurde gezeigt, wie diese Ressource in eine systematische kooperative Entwicklung und Implementation eines Sprachbildungskonzepts eingebracht werden kann, das die Schule insgesamt einbindet (vgl. das ausführliche Portrait dieser Schule: http://www.foermig.uni-hamburg.de/web/de/all/modell/GSK/index.html).

Einbindung in Schulprogrammarbeit und systematische Institutionsentwicklung

Im Anschluss an vorliegende, vor allem internationale Erfahrungen war in den FÖRMIG vorbereitenden Dokumenten darauf verwiesen worden, dass eine veränderte Sprachförderung nur nachhaltig greifen kann, wenn sie mit Institutionsentwicklung verkoppelt wird. Es sind – so fasst es RÜESCH (2001, S. 15) zusammen – „dem besten Unterricht Grenzen gesetzt, wenn er nicht durch ein entsprechendes ‚pädagogisches Klima' im Schulhaus gestützt wird." Solche Anregungen wurden im Rahmen von FÖRMIG eher zögerlich aufgegriffen – am ehesten da, wo ohnehin (anders motivierte) Prozesse der (vor allem:) Schulentwicklung im Gang waren. Hier bot sich die Gelegenheit, in die Verständigung über inhaltliche Schwerpunkte FÖRMIG-Ideen einzubringen und in einen für alle, nicht nur für die „Sprachbildungsexperten" relevanten Kontext zu stellen. Als günstig erwies sich, wenn die lokalen und regionalen FÖRMIG-Koordinatoren sich in die Prozesse einbrachten – wenn sie z.B., wie in Berlin und Mecklenburg-Vorpommern, Schulentwicklungs-Workshops durchführten, die Prozesse als externe Moderatoren unterstützten und prozessbegleitende Evaluationen anregten.

Allerdings sind die Erfahrungen, die mit der Einbindung von FÖRMIG-Interessen in Institutionsentwicklungsprozesse gemacht wurden, ambivalent. Es zeigte sich auch, dass die Arbeit in Basiseinheiten vom

---

8   Dies sind im Land Sachsen speziell ausgebildete Lehrkräfte für das Deutsche als Zweitsprache, die Seiteneinsteigergruppen unterrichten und zugleich die Aufgabe haben, die Kinder oder Jugendlichen auf ihrem individuellen Weg der Integration in eine Regelklasse zu begleiten.

9   Vgl. zum im Schuljahr 2005/2006 eingeführten „Hamburger Sprachförderkonzept" http://www.li-hamburg.de/abt.liq/liq.projekte/liq.projekte.14/index.html

Nebeneinander von Innovationsanforderungen an die Beteiligten deutlich beeinträchtigt wurde – zumal dann, wenn die verschiedenen Anforderungen nicht als im Einklang miteinander erfahren wurden. In diesen Fällen musste Energie auf den Kampf um knappe Ressourcen verwendet werden, was die Beteiligten einhellig als demotivierend und unproduktiv erlebten. Nicht unwesentlich dabei war, dass die Beteiligten ihre Entwicklungsarbeit durch die Kumulation von organisatorischen Aufgaben behindert sahen, die mit der „Erledigung" von gleichzeitigen, aber nicht abgestimmten Innovationsanforderungen verschiedenster Art verbunden sind. Auch hier war Unterstützung von außen nützlich, beispielweise dabei, die Gemeinsamkeiten in den unterschiedlichen Anforderungen zu erkennen und zum Ausgangspunkt für Entwicklungsaktivitäten zu nehmen.

2.3 Horizontale Kooperation – Bildungseinrichtungen und ihre Partner

Die Empfehlung der horizontalen Vernetzung über Einrichtungsgrenzen hinaus, die in den das Programm FörMig vorbereitenden Dokumenten ausgesprochen wurde, stützt sich zum einen auf Untersuchungen zu Schulentwicklung und Bildungsqualität. Hinzu kommt im Falle von FörMig ein weiteres Argument, das an Forschung über den Spracherwerb Zwei- oder Mehrsprachiger anschließt: Hier geht es um den Faktor Zeit. Es liegt auf der Hand, ist aber auch empirisch untermauert, dass die Zeit, die für Sprachkontakt zur Verfügung steht, einen wesentlichen Einfluss auf die Sprachentwicklung besitzt.[10] Die Überlegung, dass die Kooperation zwischen Bildungseinrichtungen und anderen Partnern dazu führt, den Lernenden zusätzliche Zeit eines planvollen Sprachkontakts zu verschaffen, war im FörMig vorbereitenden Gutachten als Argument für den Vorschlag stark gemacht worden, „horizontale Kooperation und Vernetzung" als FörMig-Strukturprinzip vorzusehen (Gogolin/Neumann/Roth 2003).

Als wichtige Partner solcher Zusammenarbeit werden an erster Stelle die Eltern gesehen. Die Argumente für eine Partnerschaft zwischen Bildungseinrichtungen und Eltern liegen auf der Hand. Faktum ist aber auch, dass es nur eklektische positive Erfahrungen der Kooperation zwischen Bildungseinrichtungen und Eltern mit Migrationshintergrund gab. Es war mithin eine Entwicklungsaufgabe für FörMig, Wege zu finden, auf denen es gelingt, Sprachbildungspartnerschaften mit Eltern zu schmieden.

---

10   Die entsprechende Forschung ist übersichtlich zusammengefaßt in (Esser 2006).

Als andere „natürliche" Partner waren in der Gründungsphase von FörMig Institutionen vorgeschlagen worden, die aufgrund ihres eigenen Aufgabenfeldes eine Nähe zur Sprachbildungsarbeit aufweisen: Bibliotheken, Einrichtungen der Kinder- und Jugendhilfe, Volkshochschulen oder Hochschulen, lokale Presse oder Theater, Migrantenvereine oder Elternvereine – die an FörMig beteiligten Einrichtungen wurden ermuntert, eine Suche nach potenten Partnern in diesem Sinne in ihrem Umfeld selbst zu unternehmen. Mit diesen Partnern sollten Zielvereinbarungen über die Funktionen und Rollen bei der Sprachbildung geschlossen werden; auch diese Vereinbarungen sollten in regelmäßigen Abständen geprüft und weiterentwickelt werden. Instrumente zur Erleichterung dieser Aktivität (Zielvereinbarungen, Zielentwicklungsbögen, Netzwerkprotokolle) wurden vom Programmträger ebenso zur Verfügung gestellt wie Beratung dabei, entsprechende Ressourcen im eigenen Umfeld von Einrichtungen zu erschließen.

Neben diesen Kooperationspartnern im engeren Sinne sollten weitere, sogenannte strategische Partner ins Boot geholt werden. Dies war von dem Gedanken getragen, dass frühzeitig Schritte in die Wege geleitet werden müssen, die die Basiseinheiten und ihre unmittelbaren – höchst engagierten – Mitglieder unabhängig(er) machen von der Beteiligung einzelner. Die Partner im engeren Sinne, also die direkten Akteure der Sprachbildungsarbeit, und ihre strategischen Partner – Personen und Instanzen, die für die Sicherung von Voraussetzungen für die Sprachbildungsarbeit sorgen können, wie etwa die Schulaufsicht – sollten gemeinsam „Entwicklungspartnerschaften" als Keimzelle lokaler Sprachbildungsnetzwerke aufbauen, die der Verstetigung und dem Transfer des Erreichten dienen. Die Basiseinheiten mit ihren strategischen Partnern sollten vorhandene Potenziale bündeln und gemeinsam Lösungswege für eine bessere Sprachbildung etablieren, die zum einen genau auf die lokale oder regionale Lage zugeschnitten sind, zum anderen aber die Laufzeit des Modellprogramms überdauern (Gogolin 2008b).

Die folgenden Beispiele aus FörMig-Projekten sollen den Ideenreichtum illustrieren, den die Projekte mit Blick auf diese Herausforderung entfaltet haben.

2.3.1 Eltern als Partner der Zusammenarbeit

Es gehört zu den häufig berichteten Erfahrungen, dass Eltern mit Migrationshintergrund nur schwer als Partner für Bildungsinstitutionen zu gewinnen seien. Um Hürden dieser Art zu überwinden, wurden im Modellprogramm FörMig Möglichkeiten einer anerkennenden und aktivierenden Elternarbeit entwickelt; dabei wurden auch unkonventionelle Wege beschritten.

Fast alle FörMig-Projekte haben der Kooperation mit Eltern ein besonderes Gewicht beigemessen (vgl. zu den Inhalten solcher Kooperation auch Kapitel 8). Allerdings waren, nachvollziehbarerweise, Bedeutung und Erfolg der Zusammenarbeit umso höher, je jünger die geförderten Kinder waren. Der überwiegende Teil der FörMig-Aktivitäten betrifft die Schnittstelle vom Elementarbereich zur Grundschule. Insbesondere die Kindergärten erwiesen sich als wichtige Orte der Kontaktpflege, des aufeinander Zugehens und miteinander Gestaltens (Gogolin 2008). Berichtet wurde, dass es für Grundschulen schon schwieriger gewesen sei, neue Wege im Umgang mit Eltern zu gehen. Noch schwieriger gestaltete sich die Kooperation am Übergang von der Grund- in die Sekundarschule. Hier beschränken sich die Aktivitäten zumeist auf die Einbindung von Eltern in Schulfeste, Elternpflegschaften und auf den Austausch mit Eltern über Lernstände der Kinder. An der Schnittstelle Schule-Beruf besteht offenbar nur noch mit einer kleinen Minderheit von Eltern Kontakt. Das Projekt „AMquiP" aus Rheinland-Pfalz berichtet beispielsweise, dass in der Berufsfachschule nur einige wenige Eltern an Tagen der Offenen Tür, Elternabenden oder Abschlussfeiern teilnahmen – was angesichts des Alters und der Eigenständigkeit der hier Geförderten nicht allzu sehr überrascht; ein Teil der Schüler(innen) an dieser Schwelle ist bereits volljährig.

Nicht anders als bei schnittstellenübergreifenden oder einrichtungsinternen Kooperationen ist auch bei der Zusammenarbeit mit Eltern zunächst einmal eine Vertrauensbasis zu schaffen, und dazu gehört nicht zuletzt der Abbau von Schwellen im Verhältnis der beiden Seiten. Hierfür haben sich verlässliche und niedrigschwellige Angebote der Institution an die Eltern als gutes Instrument erwiesen. So wird etwa die Einrichtung von Elterncafés, auch in der Sekundarschule, als guter Einstieg in die Vertrauensbildung geschildert. Ein Beispiel für die Gestaltung in einer FörMig-Schule ist es, einmal wöchentlich für Mütter der Sekundarstufe I ein themenorientiertes Elterncafé anzubieten. Hier können die Eltern auf entspannte Weise den Austausch über schulische Belange pflegen – Themen waren z.B. Hausaufgabenförderung, Fernsehverhalten, familiäre Förderung der Erst- und Zweitsprache – und mit Lehrkräften ins Gespräch kommen, ohne dass das eigene Kind im Mittelpunkt der Aktivität steht.

Der Aufbau eines Vertrauensverhältnisses zwischen Institution und Eltern gelang am besten dann, wenn den Eltern auch Expertenfunktionen zugemessen wurden. So haben im saarländischen FörMig-Programm „SIGNAL baut Brücken" regelmäßig Lesenachmittage stattgefunden, zu denen Eltern und Kinder geladen waren; nach und nach gelang es, Mütter und Väter als Vorleser(innen) zu gewinnen – was den nützlichen Nebeneffekt hatte, dass hier eine Wertschätzung der Mehrsprachigkeit zum Ausdruck kommen konnte, indem auch Lesetexte in den Herkunftssprachen vorgetragen wurden. Es entwickelten sich durch das vor allem von Müttern artikulierte Interesse daran auch weitere Aktivitäten – zum Beispiel das Angebot von Deutschkursen, in denen die Mütter mit dem Stoff vertraut gemacht wurden, den auch ihre Kinder im Unterricht erfuhren. Eine spezielle Qualifikation als „Vorleserin in der Herkunftssprache" erhielten Mütter in einem Berliner Projekt. Das führte dazu, „[...] dass sich die ausgebildeten Mütter untereinander organisieren, in Absprache mit der Schulleitung ihren Einsatz als Vorleserinnen in den Klassen selbst planen und auswerten und so durch ihre Mitwirkung den Schulalltag bereichern" (BERLIN 2009, S. 10; vgl. auch RECKE u.a., 2009).

Wiederkehrend wird darauf hingewiesen, wie wichtig es ist, dass Eltern gleich bei der ersten Begegnung eine freundliche Atmosphäre und ein attraktives Angebot erleben – das gilt für Eltern mit und ohne Migrationshintergrund. In den bei der Zusammenarbeit mit Eltern besonders erfolgreichen FÖRMIG-Basiseinheiten wurde deshalb großer Wert darauf gelegt, die Situation des Erstkontakts so zu gestalten, dass die Eltern sie als einladend und angenehm erleben. Ihre Erfahrung in der Initiierung von Zusammenarbeit mit Eltern haben die Berliner FÖRMIG-Einrichtungen in einer Handreichung zur „Willkommenskultur in der interkulturellen Schule" zusammengefasst, die mit zahlreichen Praxisbeispielen illustriert ist (BERLIN 2009, S. 10; LUBIG-FOHSEL/MÜLLER-BOEHM 2010).

Auch haben die erfolgreichen Basiseinheiten es verstanden, sich in ihrem Umfeld zusätzliche Ressourcen für die Zusammenarbeit mit Eltern zu erschließen – etwa Dolmetscherhilfe und andere Unterstützung durch Kooperation mit Jugendmigrationsdiensten. Einen besonderen Weg ist das Saarland mit der Einbeziehung von ehrenamtlichen „Sprachpaten" gegangen. Hier wird die Erfahrung berichtet, dass diese als „Helfer aus der Nachbarschaft" einen schnellen Zugang zu den Eltern besaßen und eine wichtige Brückenfunktion zwischen Eltern und der Institution übernahmen. „In einer ungezwungenen Atmosphäre binden die Ehrenamtlichen die Eltern bei Exkursionen ein, machen gelegentlich Hausbesuche und berücksichtigen die Wünsche von Kindern und Eltern in der Förderarbeit" (SAARLAND 2009, S. 20). Für solche (zumindest zunächst) aufsuchende Zusammenarbeit mit Eltern haben sich verschiedene Ansätze bewährt – wie beispielweise das in Nordrhein-Westfalen entwickelte Konzept der „Stadtteilmütter" oder das im Hamburger FÖRMIG-Projekt adaptierte „Family-Literacy"-Konzept.

Als vorteilhaft hat sich erwiesen, wenn die Zusammenarbeit mit Eltern durch Material unterstützt werden konnte. Neben den „Family-Literacy"-Angeboten haben sich in Nordrhein-Westfalen und Schleswig-

Holstein die von den Regionalen Arbeitsstellen zur Förderung von Kindern und Jugendlichen aus Zuwandererfamilien (RAA) – einer FöRMiG-Partnerinstitution – entwickelten Angebote „Rucksack Kita" und „Rucksack Schulen" bewährt. In FöRMiG-Berlin wurde ein „Familienlesekoffer" eingeführt, den Familien leihweise erhalten können. Als besonders erfolgreich empfanden es die Beteiligten, wenn das Angebot mit Aktivitäten in der Institution verknüpft werden konnte – etwa mit einem Elterncafé. Im Abschlussbericht von FöRMiG Berlin werden folgende Gründe für den Erfolg solcher Angebote notiert: „... Niedrigschwelligkeit und [...] Ressourcenorientierung in mehrfachem Sinn: Attraktive Bücher, die die Familien häufig nicht kennen oder die sie sich nicht leisten können, werden ihnen wie ein Wandergeschenk zur Verfügung gestellt; das Angebot baut auf die Lernfreude und Wissbegier der allermeisten Kinder – sie sind es nach bisherigen Erfahrungen, die die Eltern zur gemeinsamen Beschäftigung mit den Büchern oder zum Besuch des Bilderbuchkinos motivieren; für die Nutzung der Lesekoffer werden keine besonderen schriftsprachlichen Kompetenzen – zumal im Deutschen – vorausgesetzt, gestärkt wird vielmehr die Fähigkeit der Eltern, mit ihren Kindern in der/den von ihnen beherrschten Sprache/n zu sprechen ..." (BERLIN 2009, S. 9).

Dass die Eltern – mit ihrem Wissen und ihren Fähigkeiten – als wichtige Quelle für die Partnerschaft mit Bildungseinrichtungen zur Verfügung stehen, wird leicht übersehen; so wird es etwa im Bericht FöRMiG-Brandenburg betont. Während in allen Länderprojekten – mit der erwähnten Einschränkung bei den Altersgruppen – gute Erfahrungen mit Angeboten der Institutionen für die Eltern gemacht wurden, sind Ansätze, die die Eltern selbst als Partner und Experten für die Institution einbeziehen, erst in einzelnen Fällen zu beobachten. Schritte in diese Richtung ging FöRMiG-Brandenburg z.B. mit Eltern-Workshops, in denen Eltern mit Migrationshintergrund selbst als Informanten für Bildungseinrichtungen zur Verfügung stehen. Ein anderer Weg war die Einbindung von Eltern in den Schulentwicklungsprozess, der zunächst an zwei Berliner FöRMiG-Grundschulen beschritten wurde. Hier haben Eltern, Erzieher(innen), Lehrkräfte und Schulleitung ihre Wünsche und wechselseitigen Ansprüche so lange ausgehandelt, bis ein Konsens gefunden wurde, der in „Erziehungsvereinbarungen" festgehalten wurde. Dieses Verfahren wird weiter erprobt und evaluiert (BERLIN 2009, S. 9f.; S. 36f.). In einer ersten Bilanz der Erfahrungen wird festgehalten: „Positiv hervorgehoben wurden die Zusammenarbeit auf Augenhöhe; das Durchbrechen von Hierarchien und festgefahrenen Rollen; die große Beteiligung von Eltern; Veränderungen der Sichtweisen der Pädagog/innen durch das genauere Kennenlernen der Wünsche und Bedürfnisse der Eltern und umgekehrt ein größeres Vertrauen der Eltern in die Schule. Förderliche

Faktoren waren die externe, professionelle und unparteiische Moderation der Prozesse gerade in Konfliktsituationen; die kommunikationsförderlichen Veranstaltungsformen und die Übersetzungen als Voraussetzung für die Beteiligung vieler Eltern; die Motivierung von Eltern durch andere Eltern; die aktive Unterstützung der Prozesse durch die Schulleitungen; das Ernstnehmen von Bedenken und Unbehagen; Kinderbetreuung und gute Rahmenbedingungen während der Aushandlungsrunden; nicht zuletzt gute Vorerfahrungen in der Kooperation von Schule und Eltern (z.b. durch die Organisierung von Elterncafés und Elternseminaren)" (BERLIN 2009, S. 9f).

2.3.2 Zusammenarbeit mit anderen Partnern

Die Kooperation mit anderen Partnern war Schwerpunktthema des FÖRMIG-Jahresberichts 2007. Die Auswertung der 2009er Abschlussberichte aus den Ländern ergab, dass hier im Hinblick auf Gewinnung von Partnern und Strategien der Zusammenarbeit keine wesentlich neuen Erfahrungen und Erkenntnisse gewonnen wurden. Hier gibt es mithin weiteren Entwicklungs- und Unterstützungsbedarf.

Positiv zu vermelden ist, dass in den Länderprojekten eine Fülle von Partnern gewonnen wurde, die teils punktuell, teils systematisch und regelmäßig in die Basiseinheiten und sich bildenden Sprachfördernetzwerke eingebunden waren. In erster Linie sind dies Institutionen aus dem Bildungsbereich. Das Spektrum reicht von Volkshochschulen, Einrichtungen der außerschulischen Jugendbildung, oder Bildungsangeboten in freier Trägerschaft über Fortbildungsinstitutionen der Länder bis hin zu Fachhochschulen und Universitäten. Zur Kooperation mit Letzteren kam es vor allem im Kontext der verschiedenen landeseigenen Evaluationen. In einigen Länderprojekten hat sich darüber hinaus eine Zusammenarbeit mit Universitäten etabliert, die – unterstützt durch Mittel der Stiftung Mercator – ihre Studierenden zu Förderkräften ausbilden, die in FÖRMIG-Projekten mitwirken (so in Nordrhein-Westfalen, Berlin, und Brandenburg) oder diese ergänzen (in Hamburg und dem Saarland). Auch wurden Hochschulen in die Qualifizierungsangebote für FÖRMIG-Projekte einbezogen.

Weitere Partner, mit denen an vielen FÖRMIG-Standorten kooperiert wurde, sind lokal oder regional vorhandene Infrastruktureinrichtungen. So arbeiten zahlreiche Projekte mit örtlichen Bibliotheken zusammen. Auch sind, z.B. in Sachsen, die ehrenamtlichen Ausländerbeauftragten oder Integrationsbeauftragten der Kommunen eingebunden. Vielfach sind Jugendmigrationsdienste oder Migrationsberatungsstellen Partner der Projekte, insbesondere solcher, die sich auf die Eingliederung von

Seiteneinsteigern richten. In Nordrhein-Westfalen, Berlin, Brandenburg und Mecklenburg-Vorpommern wurde mit den sogenannten „Regionalen Arbeitsstellen zur Förderung von Kindern und Jugendlichen aus Zuwandererfamilien" (RAA, je nach Region in unterschiedlicher Bezeichnung) zusammengearbeitet, die ihr Know-how insbesondere für die Netzwerkbildung zur Verfügung stellten. Einige Projekte kooperierten mit Kirchengemeinden. Insbesondere an der Schnittstelle Schule-Beruf waren die örtlichen Kammern und Arbeitgeber in die Aktivitäten einbezogen. In einigen Basiseinheiten wurden auch Ämter (Schulamt, Jugendamt) als Kooperationspartner genannt. Ferner wurde mit Trägern von Sozialdiensten kooperiert, z.b. mit der Arbeiterwohlfahrt, Caritas oder dem Internationalen Bund, deren Service allerdings meist eher punktuell in Anspruch genommen wurde (z.b. für Dolmetscherdienste).

Ein dritter Typus von Partnern bestand aus Einzelpersonen oder Vereinen, die – mit mehr oder weniger engem Bezug zum Thema Migration – soziale und kulturelle Aufgaben übernehmen und sich in deren Rahmen an FörMig beteiligen. Hier zugerechnet werden können z.b. die ehrenamtlichen Mitwirkenden, die es vor allem im Projekt des Saarlandes FörMig SIGNAL, aber vereinzelt auch in anderen Länderprojekten gab. In mehrere Länderprojekte waren Migrantenvereinigungen eingebunden (so z.b. in FörMig Mecklenburg-Vorpommern).

Schließlich sind Partnerschaften zu nennen, die mit anderen – teils ländereigenen, teils länderübergreifenden – Innovationsprojekten eingegangen wurden. Beispiele dafür sind die Einbeziehung von Mitwirkenden aus dem SINUS-Programm in Nordrhein-Westfalen oder aus dem EU-geförderten Projekt „Promise – Promotion of Science Education" in Aktivitäten der Fachsprachenförderung in Sachsen, Nordrhein-Westfalen und Berlin, oder die Zusammenarbeit mit Transfer 21 und SINUS in Schleswig Holstein.

Die FörMig-Projekte haben in der Programmlaufzeit viele Wege erschlossen, um die ihren Vorhaben entsprechenden Partner einzubeziehen. Sie haben so einerseits für die Unterstützung ihrer Anliegen gesorgt, andererseits dafür, dass FörMig bekannt wird. Die Formen der Zusammenarbeit liegen auf einem Kontinuum von der vereinzelten wechselseitigen Information bis zur regelmäßigen und systematischen Beteiligung am entstehenden Sprachbildungsnetzwerk. Auch hier erwies sich die Unterstützung von außen als hilfreich für die Stärkung der Zusammenarbeit. Ein Beispiel dafür sind die in FörMig-Mecklenburg-Vorpommern etablierten „moderierten Netzwerktreffen". Bei diesen Treffen wurden Informationen und Erfahrungen ausgetauscht und Vereinbarungen über die Aufgaben der Beteiligten getroffen; zudem wurde hier der Austausch über die Lernfortschritte der geförderten Schüler gepflegt. Ein anderes Beispiel sind die in Brandenburg etablierten „Qualitätszirkel", die ähnliche Funktionen – vom Informationsaustausch über die Qualifizierung bis zur Rückmeldung von Lernentwicklungen – besaßen. Ihre Erfahrungen beim Aufbau von Partnerschaften hat eine Berliner FÖRMIG-Schule in einem Leitfaden zusammengefasst, der sieben Schritte vorschlägt, die zum Erfolg führen: von der Interessensbekundung bis zum Abschluss einer Kooperationsvereinbarung (SEIDEL-NICK 2009).

2.3.3 Aufbau strategischer Partnerschaften und regionaler Sprachbildungsnetzwerke

Auch für den Aufbau strategischer Partnerschaften gibt es gute Beispiele in den FÖRMIG- Länderprojekten – aber zugleich ist festzuhalten, dass hier ebenfalls noch deutlicher Entwicklungsbedarf besteht.

Als Beispiel für eine allmähliche Entwicklung von der Basiseinheit zum regionalen Sprachbildungsnetzwerk sei zunächst FÖRMIG Rheinland-Pfalz, Bad Kreuznach vorgestellt. Hier wurden zwei Basiseinheiten eingerichtet, deren Federführung jeweils eine Grundschule übernahm. Diese bilden mit Hauptschulen und Kindertageseinrichtungen sowie vier Institutionen der Erwachsenenbildung zwei Kooperationsnetzwerke. In einem der Netzwerke sind eher Einrichtungen miteinander verbunden, die sich an Kinder mit russischer Erstsprache richten, im anderen geht es um unterschiedliche Herkunftssprachen. Entsprechend wurden die Kooperationspartner ausgewählt. In beiden Netzwerken tragen feste Teamstrukturen zur kontinuierlichen Zusammenarbeit bei. Zwar konnten nicht die gesamten Schulkollegien in die Sprachbildung eingebunden werden, aber es sei eine wachsende Sensibilisierung aller Beteiligten für sprachliche Bildung erreicht worden. Entstanden ist in dem Netzwerk ein gemeinsames Sprachförderkonzept für den Übergang vom Elementar- in den Primarbereich; Schulprofile informieren detailliert über die beteiligten Schulen.

Ähnlich systematisch wurde im zweiten Rheinland-Pfälzischen FÖRMIG-Projekt „AMquiP" vorgegangen. Dieses besteht aus einer Basiseinheit, in der die Ludwigshafener Berufsbildende Schule Hauswirtschaft/Sozialpädagogik federführende Institution ist. Um diese Einrichtung herum wurde ein festes Netzwerk aus neun Praxispartnern und zwei Pilotschulen gebildet. In der Berufsbildenden Schule sind die Schulleitung und das Lehrerteam (Fachlehrer und Fachpraktiker) der Modellklasse in das Projekt eingebunden. Die Kontinuität der Zusammenarbeit wird durch eine Steuerungsgruppe gesichert, in der alle beteiligten Institutionen vertreten sind. Einem weiteren Gremium, dem „Lenkungsbeirat", gehören darüber hinaus Vertreter der beteiligten Ministerien sowie der Aufsichts- und Dienstleistungsdirektion an. Entwickelt wurden in die-

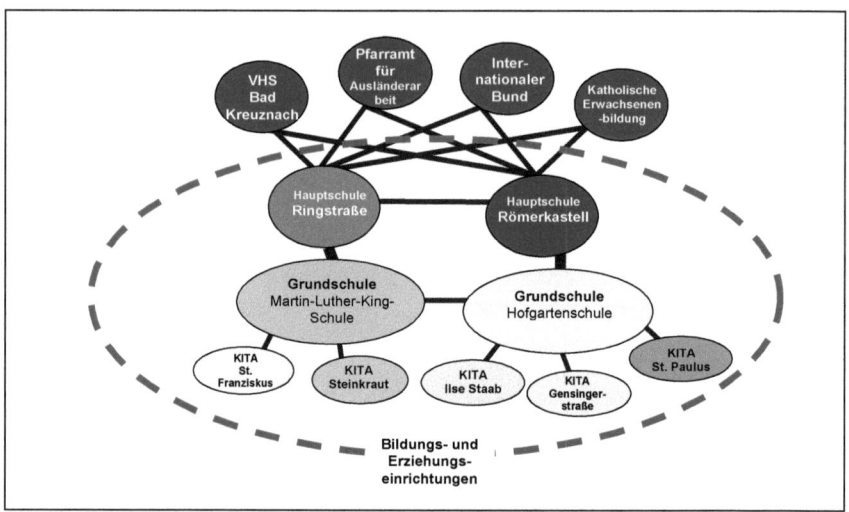

Abbildung 6:   Sprachbildungsnetzwerk Bad Kreuznach (vgl. RHEINLAND-PFALZ, Bad
Kreuznach 2009, S. 5)

sem Netzwerk unter anderem eine individuelle Förderplanung, ein Mentorensystem, ein zwischen Fachlehrern und Fachpraktikern abgestimm-
tes Konzept fachsprachlicher Bildung sowie ein „lernendes Datenbank-
system", in dem Förderkonzepte und Fördermaßnahmen gesammelt und
systematisiert werden können.

Ein anderes Konzept, das deutlich den Anspruch des Transfers des
Erreichten in sich trägt, bietet FÖRMIG Sachsen. Hier wurden fünf Basiseinheiten als Kernelemente der Programmarbeit gebildet; es handelt sich
jeweils um Programmschulen mit Vorbereitungsklassen, die die Entwicklung von lokalen Netzwerken sprachlicher Bildung federführend leisten. Sie kooperieren mit benachbarten aufnehmenden und abgebenden
Grundschulen bzw. Gymnasien. Bestandsaufnahmen zur sprachlichen
Lage im jeweiligen Umfeld wurden erstellt. In den Basiseinheiten arbeiten feste Schulteams aus Schulleitung, Betreuungs- und Fachlehrern zusammen, unterstützt durch Netzwerkkoordinatoren. Für die Initiierung
und Realisierung von Kooperation dienten gemeinsame Schulprogrammarbeit, Gesamtlehrerkonferenzen, Klassenkonferenzen, schulinterne Fortbildungen. Je nach regionalem Schwerpunkt wurden außerschulische
Kooperationspartner einbezogen – z.B. Jugendmigrationsdienste, Jugend-
häuser oder Berufsschulzentren. Die Partner trafen sich in moderierten
Netzwerkarbeitsgruppen. Die fünf lokalen Netzwerke sprachlicher Bildung bildeten den Ausgang für den Aufbau von Regionalen Netzwerken
Migration (Mittelschulen mit Vorbereitungsklassen der jeweiligen Regio-

nalstelle der Sächsischen Bildungsagentur), die das FÖRMIG Transferprogramm Sachsens bilden.

In einer Gesamtbewertung wird die inhaltliche wie organisatorische Umsetzung der Entwicklungsarbeit in Netzwerkstrukturen als gelungen, aber auch als ein äußerst dynamischer, herausfordernder und auch störanfälliger Prozess beschrieben, in dem vertraute Routinen wegbrechen können. Erschwernis bereiteten unterschiedliche Arbeitsweisen, Arbeitszeiten und Herangehensweisen sowie – vor allem bei außerschulischen Partnern – häufige personelle Wechsel. Auch die Besonderheit der ostdeutschen Flächenländer, dass der Anteil von Menschen mit Migrationshintergrund in vielen Regionen (noch) nicht sehr hoch ist, hat sich als Schwierigkeit für die Zusammenarbeit zwischen Schulen erwiesen – wenn diese nur wenige Schüler(innen) mit Migrationshintergrund hatten, war es zuweilen nicht leicht, sie von der „FÖRMIG-Philosophie" zu überzeugen.

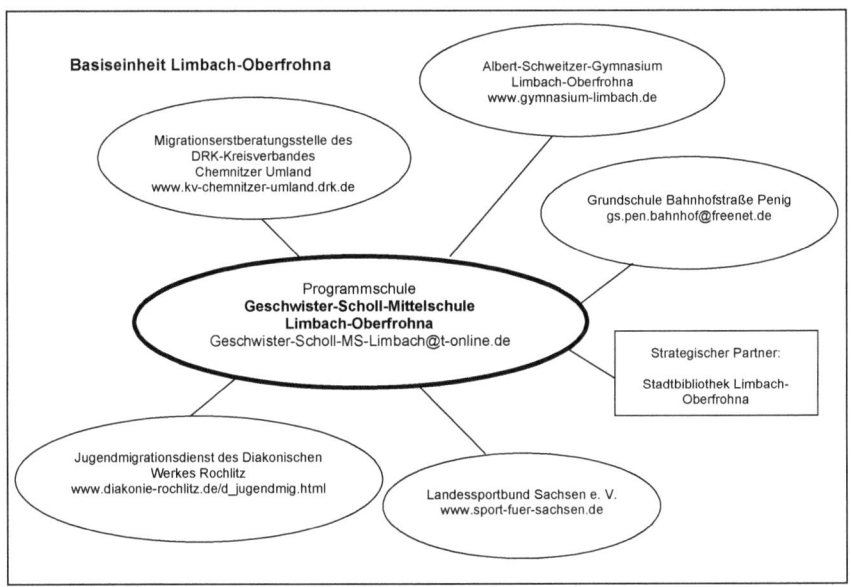

Abbildung 7: Beispiel einer Basiseinheit in Sachsen (vgl. SACHSEN 2008, Anhang)

Die Erfahrung, dass es nicht leicht ist, Lehrkräfte bei niedrigem Migrantenanteil in den Klassen für Konzepte sprachlicher Bildung zu gewinnen, wurde auch in FÖRMIG Schleswig-Holstein gemacht. Hier wurden in vier Städten und einem Landkreis Basiseinheiten um sogenannte DaZ-Zentren als federführende Einheiten gebildet. Sie bestehen aus Kindertagesstätten sowie Grund-, Haupt-, Real- und Gesamtschulen, Gymnasien oder Förderzentren. Eingebunden sind die Schulämter, da zuständig für die benötigten Stundenkontingente in den DaZ-Zentren, und Schulträger, da sie die weiteren Ressourcen stellen. Für die Zusammenarbeit wurden Arbeitsgruppen gebildet, die von einem Qualifizierungsangebot begleitet wurden. Die Organisationsstruktur mit einer Lenkungs- und Koordinierungsgruppe ermöglichte es, Entscheidungen zu Deutsch als Zweitsprache und Interkultureller Bildung auf einer breiten Basis treffen zu können. Einmal jährlich fand ein Treffen aller Kooperationspartner statt. In der Bündelung knapper Ressourcen durch die Netzwerke wird ein wesentlicher Vorteil gesehen. Während es als unproblematisch erlebt wird, erste Kontakte zu Kooperationspartnern herzustellen, liege die eigentliche Herausforderung in der zeit- und arbeitsaufwendigen kontinuierlichen Gestaltung der Zusammenarbeit. Eine bessere Qualifizierung der Mitglieder der Basiseinheiten für den Aufbau und die Pflege von Netzwerkarbeit wird als Grundvoraussetzung für Aufbau und Erhalt solcher Strukturen angesehen.

2.3.4 Beteiligung an themenübergreifenden regionalen Bildungsnetzwerken

Während die bislang geschilderten Beispiele im engeren Handlungsfeld von FörMig, der sprachlichen Bildung von Kindern und Jugendlichen mit Migrationshintergrund, angesiedelt sind, wurden zum Ende der Programmlaufzeit auch Aktivitäten unternommen, die auf die Einbindung in allgemeine, nicht zielgruppen- oder themenspezifische Innovationsansätze gerichtet sind. Am Beispiel von Berliner Entwicklungen soll dies illustriert werden.

Nachdem zu Beginn des Modellprogramms das Hauptaugenmerk auf Entwicklungsvorhaben in den teilnehmenden Berliner Kindertageseinrichtungen und Schulen lag, kamen im Laufe des Programms Möglichkeiten der Beteiligung an quartiersbezogenen Bildungsinitiativen mehr und mehr in den Blick. In einem Fall ging die Initiative von den FörMig-Einrichtungen selbst aus, im anderen nutzte das Berliner Organisationsteam bildungspolitische Entscheidungen zur Regionalisierung der Lehrerfortbildung, um den Aufbau einer regionalen „Werkstatt für Integration durch Bildung" voranzutreiben.

Zum ersten Beispiel: In der Region Neukölln begannen am Anfang des Modellprogramms eine Grundschule und zwei Kitas, den Übergang vom Elementar- zum Primarbereich für Eltern und Kinder besser zu gestalten – dies war einer der drei ausgeschriebenen Berliner Programmschwerpunkte. Allen Einrichtungen war die Unterstützung der Leitungen gewiss. Die nach zwei Jahren erfolgreicher Gestaltung der Schulanfangsphase gewonnene Expertise überzeugte vier weitere Einrichtungen, sich dem Team anzuschließen. Gemeinsam verständigten sich die neuen Partner, ihre Arbeit auf das Thema „Sprachdiagnose- und aufbauende Sprachförderung" auszuweiten. Alle Beteiligten nahmen Weiterbildung in Anspruch, Erzieherinnen und Lehrkräfte bildeten Tandems und hospitierten wechselseitig. Es entstanden gut funktionierende Kooperationen, und es wurde noch während des Modellprogramms damit begonnen, alle Einrichtungen im Quartier zu einer lokalen Bildungsinitiative zusammenzuführen. Dieser Ansatz wird im Berliner FörMig-Transferprojekt fortgeführt. Die in diesem Kooperationsprozess gewonnen Erfahrungen sind in einer Handreichung publiziert (CARLS 2009). Vorgesehen ist, ein ähnliches Modell für den Übergang Grundschule-Sekundarstufe I zu entwickeln.

Das zweite Bildungsnetzwerk entstand durch Kooperation mit dem ehemaligen Berliner Landesinstitut für Schule und Medien. Aufgrund der bildungspolitischen Entscheidung, Lehrerfortbildung zu regionalisieren, initiierte das Berliner FörMig-Team den Aufbau einer regionalen „Werkstatt zur Integration durch Bildung" für den Bezirk Friedrichshain-Kreuzberg, in dem die meisten FörMig-Schulen angesiedelt waren. Im Unterschied zu regionalen Bildungsinitiativen, die einzelne Bildungseinrichtungen vernetzen, ist hier ein übergreifendes Unterstützungssystem von verschiedenen an Bildung beteiligten regionalen Institutionen entstanden: Unter einem Dach vereint arbeitete die Geschäftstelle von FörMig-Berlin mit der Schulaufsicht, dem Fortbildungsbereich für Schulen im Bezirk, dem Jugendamt sowie der RAA Berlin mit ihrer Servicestelle für Elternbeteiligung und Sprachförderung zusammen. Fortgesetzt im Berliner FörMig-Transferprogramm soll ein regionales Bildungskonzept entstehen, in dem eine durchgängige, inhaltlich abgestimmte Förderung – von der Familienbildung über vorschulische und schulische bis zur beruflichen Bildung – verwirklicht werden soll. Alle Bildungseinrichtungen der Region sollen daran beteiligt werden. Nach einjährigem Bestehen hatte sich die „Werkstatt zur Integration durch Bildung" bereits als Fortbildungszentrum und Treffpunkt für Erzieher(innen) und Lehrkräfte etabliert und sich über den Bezirk hinaus einen Namen gemacht. Ähnliche Begleit- und Unterstützungssysteme sollen in weiteren Berliner Bezirken aufgebaut werden (BERLIN 2009, S. 14ff.).

Es gibt mehr Beispiele für beginnende oder in Aussicht stehende Verzahnung mit anderen Innovationsansätzen in den FörMig-Länderprojekten; einige seien erwähnt, um das Spektrum zu veranschaulichen: Das Hamburger Projekt „HAVAS 5" beteiligt sich in Zusammenarbeit mit dem strategischen Partner „Forum Bildung Wilhelmsburg" (einer Expertengruppe aus Vertreterinnen und Vertretern sozialer Einrichtungen und Schulen in der Region Hamburg-Wilhelmsburg) an der Entwicklung eines Konzepts für ein regionales „Sprachlernzentrum", das im Rahmen der Hamburger „Bildungsoffensive Elbinseln" entstehen soll (vgl. http:// www.iba-hamburg.de/). – Die guten Erfahrungen in der Netzwerkarbeit gaben den Ausschlag dafür, dass in FörMig Mecklenburg-Vorpommern im Anschluss an das Modellprogramm ein Beratungszentrum zur sprachlichen Bildung in Waren (Müritz) aufgebaut wurde. Die örtliche Einbindung in die Geschäftstelle der RAA ermöglichte die enge Kooperation mit weiteren Einrichtungen der Kinder-, Jugend- und Erwachsenenarbeit. – FörMig SIGNAL Saarland leitete eine Verzahnung mit dem Programm „Früh Deutsch lernen" ein. Zu Beginn des Schuljahres 2009/10 wurde ein auf Erfahrungen von FörMig SIGNAL basierendes Beratungszentrum Deutsch als Zweitsprache am Landesinstitut für Pädagogik und Medien eingerichtet. – Das Bremer FörMig-Projekt „Förderung von Sprachkompetenz und Selbstwirksamkeit (SuS)" kooperierte eng mit dem gleichzeitig laufenden Innovationsprojekt „Schule macht sich stark (SMS)". – In Schleswig-Holstein brachten sich die Basiseinheiten in das Landesinnovationsprojekt „SPRINT" ein und arbeiteten mit Projekten aus dem Programm „Transfer 21" zusammen.

Erkennbar werden Perspektiven des Transfers und der Verstetigung von FörMig-Erfahrungen, die darin bestehen, dass sie in andere Bildungsinitiativen, die gleichzeitig in Gang gekommen sind, eingebunden wurden – oder, wie im Fall Berlin, selbst neue Bildungsinitiativen initiierten. Auch hier sind manche Erfahrungen durchaus ambivalent. So wurde etwa aus Bremen berichtet, dass die Anbindung an ein anderes Programm auf Kosten der Möglichkeiten gehe, intensiver an der für FörMig spezifischen Zielsetzung zu arbeiten. In der Regel aber wird in solcher Vernetzung ein wechselseitiger Gewinn gesehen: eine Bereicherung für die FörMig-spezifischen Aufgaben durch Impulse von außen ebenso wie eine Chance für die Verbreitung und Verankerung der Grundgedanken und Erfahrungen aus FörMig in anderen Bereichen des Bildungssystems. Eine besondere Rolle spielen hierbei strategische Partner im Sinne von Regelstrukturen des Bildungssystems. Wenn es gelingt, sie ins Boot zu holen, wird dies als besonderer Erfolg und als verlässliche Unterstützung erfahren (so z.B. kommunale Schulträger, die landeseigenen Fortbildungsinstitute oder Qualitätsentwicklungsagenturen, die schulaufsichtführende Behörde).

Im Hinblick auf das grundlegende Strukturmodell von FörMig ist also zusammenfassend festzuhalten: Es war schwieriger zu realisieren als bei der Konzeptualisierung des Modellprogramms erwartet; es ergaben sich Hindernisse, die ein Modellprogramm nicht beseitigen kann; deutlich unterschätzt wurde die Zeit, derer es bedarf, um im kooperationsungewohnten deutschen Bildungssystem Zusammenarbeit anzubahnen – aber es hat sich gelohnt, die Mühen auf sich zu nehmen und

Erfahrungen mit der Umsetzung zu sammeln. Die Länderprojekte, in denen ein systematisches Transferprogramm eingerichtet wurde oder werden soll, haben durch die FÖRMIG-Erfahrungen ein starkes Fundament für die strukturelle Gestaltung durchgängiger kooperativer Sprachbildung gewonnen, das auch über FÖRMIG hinaus trägt.

3 Durchgängige Sprachbildung: Prämissen und das FöRMiG-Konzept

In Kapitel 2 sind die Erfahrungen in strukturellen Aspekten dargestellt, die beim Aufbau von Kooperationen gemacht wurden, welche über die institutionellen Grenzen von Schulen, Klassen und Unterrichtsfächern hinausreichen. In Kapitel 3 werden die sprachdidaktischen Grundlagen zusammen gefaßt, die den Rahmen für die Arbeit in solchen Kooperationen setzten und für die gemeinsamen Leitvorstellungen von FöRMiG relevant geworden sind.

Die in dem Programm eingeschlagene Strategie bestand darin, die vorhandenen sprachdidaktischen Ansätze gegenseitig sichtbar zu machen, und sie insgesamt mit einem übergreifenden Anspruch, dem Anspruch der durchgängigen Sprachbildung, zu konfrontieren. Der Programmträger regte Prozesse der Annäherung an diesen Anspruch an und unterstützte sie mit zusätzlichen Informationen, er registrierte die daraus resultierenden Entwicklungen und sorgte für ihre länderübergreifende Diskussion. Die erreichten Erkenntnisse verdanken sich mithin dem Ineinandergreifen von Top-down- und Bottom-up-Prozessen. Eine bloße Top-down-Strategie hätte nicht nur die Vielfalt längst vorliegender Erfahrungen ignoriert, sie hätte es aller Wahrscheinlichkeit nach nicht vermocht, den unterschiedlichen lokalen und regionalen Ausgangssituationen der vielen einzelnen FöRMiG-Projekte Rechnung zu tragen. Die Konkretisierung des Konzepts der durchgängigen Sprachbildung ist ein Ergebnis konvergenter lokaler und regionaler Entwicklungsarbeiten einerseits und zentraler Zielorientierung andererseits.

3.1 Zielvorstellung

Der Anspruch einer durchgängigen Sprachbildung beruht auf der Prämisse, dass sich sprachliche Fähigkeiten am besten entwickeln, wenn sie in vielfältiger Weise angeregt werden und diese Anregungen nicht gegeneinander gerichtet sind, sondern sich zur Erreichung miteinander kompatibler Ziele gegenseitig ergänzen und erweitern. Förderlich in diesem Sinne ist es zum Beispiel, wenn schon im vorschulischen Alter Erfahrungen mit Schriftkultur gemacht werden, die die Schule dann weiterführt; oder: wenn sich Erkenntnisse aus dem Deutschunterricht als nützlich für den schriftlichen Ausdruck in den Naturwissenschaften erweisen; oder: wenn eine in der Familiensituation angelegte Zweisprachigkeit auch im Bildungssystem anerkannt wird – und so weiter. Dieser Grundgedanke der wünschenswerten Kontinuität und Kohärenz sprachlicher Bildungsprozesse hat im Modellprogramm FöRMIG auch dazu geführt, die sprachliche Förderung von Kindern und Jugendlichen mit Migrationshintergrund, welche das zentrale Anliegen des Programms war, mehr und mehr als Teil einer *allgemeinen durchgängigen Sprachbildung* zu verstehen und zu praktizieren.

Der vom Programmträger lancierte Begriff der durchgängigen Sprachbildung könnte auf den ersten Blick konturlos erscheinen. Er gewinnt jedoch konkreteren Umriss

- durch die Abgrenzung von anderen gängigen Konzepten und damit verbundenen Formen der Sprachförderung,
- durch seine Anwendung auf die Strukturen der (in unterschiedlicher Weise gegliederten) Bildungssysteme in den Ländern und
- durch die inhaltliche Orientierung am Begriff der Bildungssprache als didaktischem Leitziel.

Zum Ersten: Schwankende migrationspolitische Orientierungen und generelle sprachenpolitische Unsicherheit hatten in der Vergangenheit vielerorts dazu geführt, dass Sprachförderung für Kinder und Jugendliche aus Migrantenfamilien ausschließlich als punktuelle Zusatzaufgabe verstanden wurde. Die organisatorische Ausgestaltung dieser Aufgabe an den Bildungseinrichtungen sah dann oft so aus, dass („nach Maßgabe der personellen Möglichkeiten") einzelne Kräfte für bestimmte Zeiten und unter Inkaufnahme stundenplantechnischer Schwierigkeiten mit der Sprachförderung betraut wurden. Abstimmung im Kollegium war unter diesen Umständen nur schwer zu erreichen; die Didaktik der Förderung reduzierte sich nicht selten auf die Behandlung von einzelnen Themen oder sprachlichen Schwerpunkten. Diese Zersplitterung in kaum koordinierte Einzelmaßnahmen sollte durch die Programmatik der durchgängigen Sprachbildung in FöRMIG überwunden werden.

Zum Zweiten: In den Bildungssystemen gab und gibt es noch keine Gesamtsprachenkonzepte, die den Unterricht des Deutschen als Zweitsprache und den Herkunftssprachlichen Unterricht einschließen würden, und so gut wie keine Gewohnheiten der stufenübergreifenden Zusammenarbeit in Sachen Sprachförderung. Vielfach herrscht die Erwartung, dass sprachliche Probleme auf der jeweils vorangehenden Stufe so weit gelöst werden müssten, dass die jeweils folgende Stufe ohne sprachliche Reibungsverluste weiterarbeiten kann. Diese Erwartung entspricht aber in vielen Fällen nicht der Realität. Problematisch wird sie dort, wo sie dazu führt, dass die Bereitschaft abnimmt, die Lernenden dort abzuholen, wo sie wirklich stehen. Für die Kinder und Jugendlichen aus Migrantenfamilien kann das zur Folge haben, dass ihre Sprachförderung beim Übertritt von einer Stufe in die andere unterbrochen wird. Die spezifischen sprachlichen Mittel, die sie im neuen Bildungsabschnitt benötigen, werden ihnen dann nicht systematisch vermittelt, und überdies besteht die Gefahr, dass sie den neuen Abschnitt ihrer Bildungslaufbahn mit Misserfolgserlebnissen beginnen. Auch diesen möglichen Brüchen soll das Konzept der durchgängigen Sprachbildung entgegenwirken.

Zum Dritten: Das Vermeiden solcher Brüche erscheint umso nötiger, als die Untersuchungen des PISA-Konsortiums zu den Leistungen von Jugendlichen gezeigt haben, dass unterdurchschnittliche fachliche Leistungen eng mit der Entwicklung des Leseverstehens „in der Sprache der Tests", hier also: im Deutschen, zusammenhängen. Es ist mehr als plausibel anzunehmen, dass dies auch für den Zusammenhang zwischen fachlichen Leistungen und der „Sprache des Unterrichts" gilt und dass dieser Zusammenhang in besonderer Weise zu Lasten der Schüler und Schülerinnen aus Migrantenfamilien geht, für die Deutsch in der Regel eine Zweitsprache ist (DEUTSCHES PISA-KONSORTIUM 2001, 2002, 2003, 2008). Die PISA-Ergebnisse wurden durch die Untersuchungen von IGLU (BOS u.a. 2003, 2004, 2007) auch für die Schüler und Schülerinnen am Ende der Grundschule der Tendenz nach bestätigt. Für FöRMig, das 2003 sein Programm vorlegte und 2004 seine Arbeit aufnahm, folgte hieraus, dass Sprache als Medium des Lernens und damit als Voraussetzung von Bildungserfolg im Vordergrund der Arbeit stehen sollte (vgl. GOGOLIN/NEUMANN/ROTH 2003, S. 50-52). Überwunden werden sollte eine verbreitete Sicht, in der Sprachförderung vor allem und fast ausschließlich als Vermittlung grundlegender Deutschkenntnisse und Korrektur formaler Unsicherheiten begriffen worden war.

An die Stelle dieser eng gefassten Zielvorstellung sollte ein allgemeiner Begriff treten, der die für alle Schülerinnen und Schüler geltenden Ziele von Sprachbildung so fasst, dass die gleichmäßige Berücksichtigung unterschiedlicher Ausgangslagen und Bedürfnisse und das Ziel der Chancengleichheit widerspruchsfrei gedacht werden können. In FöRMig wird dieser Begriff mit dem Ausdruck „Bildungssprache" bezeichnet.

Bildungssprache ist die Art der Verwendung von Sprache, die eine allgemeine Verständigung über Themen öffentlichen Interesses ermöglicht; sie hebt sich sowohl von der „privaten" Alltagssprache wie von der „hermetischen" Fachsprache ab. Sie macht fachliche Inhalte verhandelbar, indem sie diese in das allgemeine „öffentliche" Sprechen zurückzuführen vermag. Es ist eine zentrale Funktion demokratischer Bildungssysteme, den Bürgerinnen und Bürgern die sprachlichen Zugänge zu dieser Art der Verständigung zu vermitteln, indem sie die sprachliche Aneignung fachlicher Inhalte lehren. In Kapitel 8 dieses Berichts werden Merkmale der Bildungssprache detailliert behandelt.

Bildungssprache ist nicht an eine bestimmte Einzelsprache gebunden. Zwar unterscheiden sich die einschlägigen stilistischen Normen, die kennzeichnenden syntaktischen Konstruktionen und Verfahren der Wortbildung zum Teil sehr stark voneinander, die grundsätzlichen Merkmale der Explizitheit und Situationsentbundenheit, der gedanklichen Ordnung und sachlichen Genauigkeit sind jedoch in jeder Einzelsprache gleichermaßen zu verwirklichen.

Damit ist nicht in Abrede gestellt, dass in den Bildungssystemen der deutschen Bundesländer Deutsch die hauptsächliche Sprache der Bildung ist. Es bleibt aber auch bei Anerkennung dieses Faktums die Möglichkeit bestehen, dass andere Sprachen, seien sie lebensweltlich erworben oder unterrichtlich vermittelt, Beiträge zur Erreichung des Ziels der sprachlichen Bildung leisten. Die Erfolge des sog. „bilingualen Sachfachunterrichts" an Gymnasien sind das beste Beispiel dafür. Für die Schüler und Schülerinnen aus Migrantenfamilien bedeutet der Primat des Deutschen ohne Zweifel, dass sie ihre Zweitsprache zur Bildungssprache ausbauen müssen, wenn sie erfolgreich an den Angeboten der öffentlichen Bildungseinrichtungen partizipieren wollen. Das bedeutet aber nicht, dass ihre Erstsprachen daran nicht beteiligt sein könnten oder sollten.

Verminderung von Ungleichheit im Bildungswesen durch konsequente Unterstützung bei der Aneignung der Bildungssprache war die zentrale Maxime für die Arbeit von FöRMIG.

3.2 Dimensionen der durchgängigen Sprachbildung

Erste Dimension: Bildungsbiographie

Die sprachliche Bildung von Kindern und Jugendlichen ist ein Kontinuum, das vom einfachen mündlichen Austausch über das Verstehen von Sach- und Erzähltexten und das Hervorbringen zusammenhängender mündlicher Darstellungen bis zur Aneignung von Textfähigkeiten im Schriftlichen und zu fachlicher Vortrags- und Argumentationsfähigkeit, d.h. bis zu ausgebildeter bildungssprachlicher Kompetenz reicht. Dieses Kontinuum wird allerdings durchschnitten von den institutionellen Grenzen der Bildungsstufen, die Zäsuren in das Kontinuum sprachlicher Bildung legen, auch wenn sie *grosso modo* dem gerade skizzierten Aufbau sprachlich-funktionaler Fähigkeiten folgen.

Von den Einzelnen werden die Prozesse der sprachlichen Bildung schneller oder langsamer, in unterschiedlicher Gründlichkeit und Breite durchlaufen – abhängig vom Stand der kognitiven und sozialen Entwicklung, vom Verhältnis der Sprachen in Elternhaus und Bildungseinrichtung und von der Dauer und Intensität des Kontakts zu der Sprache, mit der die Bildungseinrichtungen hauptsächlich arbeiten. Diese Unterschiede haben sich durch die Differenzierung sozialer Milieus, durch Migration und Globalisierung in einem Maße vervielfältigt, dass die möglichen Diskrepanzen zwischen den sprachlichen Anforderungen des Curriculums und den tatsächlichen Sprachständen der Lernenden zu einem generellen Problem geworden sind. Kontinuität der Sprachbildung in den Bildungseinrichtungen versteht sich nicht mehr von selbst, sondern muss als bewusst zu bearbeitende professionelle Aufgabe gesehen werden. Da sich die sprachlichen Anforderungen von Bildungsstufe zu Bildungsstufe ändern, stellt sich die Aufgabe, die Vermittlung sprachlicher Fähigkeiten und die curricularen Lernanforderungen aufeinander abzustimmen, auf jeder Stufe neu. Den Übergängen von Stufe zu Stufe muss daher, vom Elementarbereich angefangen bis hin zum Sekundarbereich II, besondere Aufmerksamkeit gelten.

Daraus ergeben sich hohe Ansprüche an die Differenzierung in der Bildungsarbeit in den Kindergärten und vorschulischen Einrichtungen ebenso wie im Unterricht der Schulen. Dies wiederum setzt voraus, dass die pädagogischen Kräfte auf allen Stufen über sprachdiagnostische Kompetenzen verfügen. Beim gegebenen Stand der sprachdiagnostischen Entwicklung war und ist es nach wie vor eine dringliche Aufgabe, die Ausarbeitung von diagnostischen Instrumenten, welche im Kontext von Sprachbildung und Sprachförderung einsetzbar sind, voranzutreiben und die Ausbildung sprachdiagnostischer Fähigkeiten bei den pädagogischen Kräften zu unterstützen (zu den einschlägigen Arbeiten in FörMig vgl. Lengyel/Reich/Roth u.a. 2009).

Gefordert ist eine durchgehende Orientierung am individuellen Sprachstand, jeweils bezogen auf die sprachlichen Anforderungen an einem bestimmten Punkt der Bildungslaufbahn. Dies begründet die (als „vertikal" zu denkende) bildungsbiographische Dimension der durchgängigen Sprachbildung.

Zweite Dimension: Themenbereiche

Bildungssprache wird verwendet in öffentlichen wie in pädagogischen Diskursen. In den Einrichtungen des Bildungssystems spielt sie auf allen Stufen eine Rolle. Dabei vermittelt sie zwischen Fachsprache einerseits, Alltagssprache andererseits, und zwar in beiden Richtungen: Sie führt hin zur wissenschaftlichen Erfassung der jeweiligen fachlichen Inhalte, und sie ermöglicht deren öffentliche und persönliche Aneignung.

Diese Inhalte sind institutionell in unterschiedlicher Weise gebündelt – als „Bildungsbereiche" in den Einrichtungen der Elementarpädagogik, als Themen des „Sachunterrichts" in den Grundschulen, als „Unterrichtsfächer" in den weiterführenden Schulen, als „Fachrichtungen" der beruflichen Bildung, aber auch außerhalb des Bildungssystems als Interessensgebiete, als Rubriken der Presse, als Sparten der Sachliteratur, und in vielfältigster Mischung und Aufbereitung in den Angeboten alter und neuer Medien.

Schulisch manifestiert sich Bildungssprache in schultypischen Diskursen wie Lehr-Lern-Dialogen, Sequenzen von Aufgabenstellung-Lösung-Bewertung oder Wissensaufnahme-Wissensabfrage-Wissensbekundung-Wissensbeurteilung. In spezieller Weise gliedert sie sich aus in den Sprachen der Unterrichtsfächer oder Fächergruppen: in fachspezifischen Textsorten und Stilnormen, Fachbegriffen, erklärenden Begriffen und bestimmten syntaktischen Konstruktionen. Dabei sind die lexikalischen Mittel von schier unerschöpflicher Vielfalt, die Textsorten sind eher fachspezifisch verteilt, während die Verfahren der Wortbildung und der Syntax eher fächerübergreifend zu nutzen sind. Das bedeutet: Die schulische Bildungssprache bleibt an die Gelegenheiten zur Auseinandersetzung mit den fachlichen Inhalten gebunden. Didaktisch gesprochen: Nur in gegenseitiger Bezugnahme von sprachlichem und fachlichem Lernen kann die Fähigkeit zur sprachlichen Durchdringung in einer Weise ausgebildet werden, die den Sachverhalten gerecht wird, ohne die Rückbindung an das persönliche Denken und Sprechen aufzugeben.

Gefordert ist eine bewusste Arbeit an der sprachlichen Dimension jeden Unterrichts – eine Arbeit, die am besten in der Kooperation von Lehrkräften der Sprach- und der Sachfächer geleistet werden kann. In diesem Sinne ist die Vermittlung von Bildungssprache eine fächerübergreifende Aufgabe.

In der außerschulischen Öffentlichkeit manifestiert sich Bildungssprache in thematisch spezialisierten Kontexten, die in unterschiedlicher Weise institutionalisiert sein können. Schulische Sprachbildung kann nur gewinnen, wenn sie den Kontakt mit den Feldern, in denen Bildungssprache öffentlich verwendet wird, in ihr pädagogisches und didaktisches Programm einbezieht, ihn also nicht dem Zufall überlässt oder gar auf die Lebenszeit nach der Schule verschiebt. Die Schüler und Schülerinnen erfahren auf diese Weise den gesellschaftlichen und kulturellen Wert der Bildungssprache, und die außerschulischen Kontakte tragen neue Inhalte und „Anwendungen" von Bildungssprache in den Unterricht hinein.

Sprachgebrauchsweisen und thematisch spezialisierte Kontexte stehen in einem Wechselverhältnis: Der Kontext verlangt einen speziellen Sprachgebrauch; der spezielle Sprachgebrauch formt den Kontext mit. Dieses Wechselverhältnis begründet, innerschulisch und über die Schule hinaus, die thematische (als „horizontal" zu denkende) Dimension des Konzepts der durchgängigen Sprachbildung.

Dritte Dimension: Mehrsprachigkeit

Die Bildungseinrichtungen in Deutschland haben es durchweg mit Situationen der Vielsprachigkeit zu tun (vgl. Konsortium Bildungsberichterstattung 2006, S. 137-179). Die Kinder und Jugendlichen sprechen unterschiedliche Familiensprachen und Dialekte; sie durchlaufen unterschiedliche sprachliche Curricula. Die Verhältnisse der Individuen zu ihren Sprachen sind vielfältiger geworden. An die Stelle der herkömmlichen Zweiteilung in eine (durch Primärsozialisation erworbene) Muttersprache und die (schulisch zu erlernenden) Fremdsprachen ist eine größere Bandbreite von Sprachenbiographien getreten: Kinder, die mit zwei Muttersprachen aufwachsen; Familiensprachen, die von einer Zweitsprache überholt werden; Fremdsprachen, die zu Kommunikationssprachen werden; Dialekte, die sich neben der Standardsprache behaupten; Minderheitensprachen, die bewusst erhalten und gepflegt werden; Herkunftssprachen, die nachträglich ausgebaut oder neu aktiviert werden; Migrantensprachen, die in die Kommunikationen von Einheimischen übernommen werden. Alle, die in Situationen der Mehrsprachigkeit leben, entwickeln Einstellungen und Bewältigungsstrategien für diese Situationen, sei es abwehrend oder akzeptierend, vereinfachend oder übertreibend, geringschätzend oder bejahend, gleichgültig oder auf Nutzung und Ausbau bedacht. Auch Sprecher und Sprecherinnen, die grundsätzlich einsprachig sozialisiert sind, begegnen der Vielsprachigkeit in ihrer Lebenswelt. Auch sie kommen nicht umhin, Einstellungen zu anderen Sprachen und Gewohnheiten des Umgangs damit zu entwickeln.

Aus der Perspektive der Gesellschaft besteht das Postulat, Formen des Umgangs mit der Vielsprachigkeit zu entwickeln. Es liegt im allgemeinen Interesse, dass die Sprecher und Sprecherinnen sich nicht in ihren gruppenspezifischen Sprachsituationen „einschließen", sondern in integrierende Prozesse der Sprachenwahrnehmung und der Sprachenaneignung eintreten, und so zum Zusammenhalt der Gesellschaft insgesamt beitragen. Vielsprachigkeit stellt einen Fundus dar, der im Interesse der Gesellschaft ökonomisch und politisch genutzt werden kann.

Mit den Situationen der Vielsprachigkeit selbstbestimmt und produktiv umgehen zu lernen, ist darum ein legitimes Ziel öffentlich verantworteter Bildung.

In den Bildungssystemen wie in der Öffentlichkeit ist jedoch die herkömmliche Sicht auf Sprachen und Sprachpraxis noch vielfach in Kraft. Muttersprachdidaktik und Fremdsprachdidaktik folgen divergenten methodischen und curricularen Traditionen, in die sich die Herkunftssprachen von Migranten – „Muttersprachen" für die Lernenden, „Fremdsprachen" für das System – nicht ohne Weiteres einordnen lassen. Die Didaktik der Herkunftssprachen von Migranten schwankt in ihren Orientierungen, eine Didaktik der Zweitsprache ist nur ansatzweise ausformuliert. Potenziale, die von einer (künftigen) Mehrsprachendidaktik erschlossen werden könnten, werden vorerst nur in besonderen *settings*, wie dem bilingualen Sachfachunterricht oder der Didaktik dritter Fremdsprachen, genutzt.

Die Vorteile einer koordinierten Mehrsprachenbildung – Ökonomisierung des sprachlichen Lernens, Nutzung von Transferprozessen zwischen den Sprachen, frühere Ausbildung von Sprachbewusstheit, weiterreichende Fähigkeiten der Analyse, bewusstere Steuerung des Sprachenlernens, zielbewusster Ausbau sprachlicher Fähigkeiten, die beim fachlichen Lernen benötigt werden – können aber sehr viel weiter als bisher in die Bildungseinrichtungen hineingetragen werden. Die herkömmliche Einsprachigkeit des Unterrichts kann und sollte durchbrochen werden von gelegentlicher oder systematischer Nutzung anderer Sprachen, bevorzugt solcher, die in der Lernendengruppe selbst gesprochen werden. Dies kann geschehen durch sprachenteilige fächerübergreifende Projekte, Lektüre anderssprachiger Texte, Übersetzungsversuche, Bewusstmachen sprachlicher Sachverhalte (*language awareness*) oder explizite Sprachenvergleiche.

Die möglichen Bezüge zwischen den Sprachen begründen die dritte, die multilinguale Dimension der durchgängigen Sprachbildung.

3.3 Sprachbildung und Sprachförderung

FÖRMIG ist mit dem Anspruch angetreten, einen Beitrag zur Verbesserung der Erfolge von Kindern und Jugendlichen aus Migrantenfamilien in den Bildungssystemen der teilnehmenden Bundesländer zu leisten. Entsprechend den Ergebnissen der internationalen Vergleichsstudien standen dabei die Deutschkenntnisse als „Instrument des Lernens" im Vordergrund. Diese Position hat sich im Verlauf der Arbeit dahingehend verschoben, dass der spezifische Förderbedarf der FÖRMIG-Zielgruppe mehr und mehr als Teilaspekt allgemeiner Herausforderungen der Sprachbildung verstanden wurde.

Diese Verschiebung resultiert zum einen aus dem Argument, dass nicht alle Migrantenkinder „förderbedürftig" sind und dass es zahlreiche Kinder und Jugendliche aus einsprachig deutschen Familien gibt, deren sprachliche Schwächen sich nicht grundsätzlich von denen der zwei- oder mehrsprachigen unterscheiden: mündlich-umgangssprachliche Ausdrucksweise auch in konzeptionell schriftlich zu bearbeitenden Situationen, wenig strukturierte Texte, relativ undifferenzierter Wortschatz, geringe Flexibilität im Satzbau.

Zum zweiten wurde deutlich, dass eine „autonome" Förderung allenfalls für Sprachanfänger angemessen ist, während eine Förderung des fortgeschrittenen Sprachenlernens besser und richtiger im Zusammenhang mit den übrigen Lernaufgaben der Bildungseinrichtungen zu bewerkstelligen ist. Die sprachlichen Lernziele sind auf diesen „höheren" Ebenen für sprachlich unterstützungsbedürftige Schülerinnen und Schüler, unabhängig von ihrer Herkunft, gleich, und sie sind fächerübergreifend gültig.

Drittens schließlich zeigte sich, dass die Methoden der Sprachförderung auf diesen Ebenen nicht grundsätzlich anders sind als die Methoden der allgemeinen Sprachbildung. Die Semantisierung von Wörtern und grammatischen Konstruktionen (durch Veranschaulichung, durch Einbindung in weitere Zusammenhänge, durch Umschreibungen), die Differenzierung von Wortformen (durch Erklärung, durch systematisches Üben), das Bewusstmachen von Textsorten spielen hier wie dort eine Rolle. Gewiss könnten die Methoden der Förderung von Kindern, die in ihrer Zweitsprache lernen, intensiver, vielleicht vielfältiger sein – im Idealfall stärker an die Bedürfnisse des einzelnen Kindes angepasst, aber sie sind nicht etwas völlig Andersartiges.

In diesem Sinne wird hier der Ausdruck „durchgängige Sprachbildung" als Oberbegriff gebraucht, dem die Sprachförderung als ein Unterbegriff zugeordnet ist. Anders formuliert: Zur Durchgängigkeit der Sprachbildung gehört auch die Durchgängigkeit zwischen (allgemeiner) Sprachbildung und (spezieller) Sprachförderung, ohne die Unterscheidung zwischen den beiden Begriffen aufzugeben. Der Begriff der Sprachförderung wird also nicht so weit verallgemeinert, dass er als „Sprachförderung für alle" mit dem Begriff der Sprachbildung völlig verschmelzen würde. Er bleibt bezogen auf „Unterstützungsbedarf", d.h. auf diejenigen didaktischen Aktivitäten, die darauf gerichtet sind, längerfristige sprachliche Erschwerungen des Lernens abzubauen und zu überwinden. Es gehört zur Position von FörMig, dass Kinder und Jugendliche, die solchen Erschwerungen, aus welchen Gründen auch immer, ausgesetzt sind, ein Recht darauf haben, bei der Überwindung ihrer Schwierigkeiten unterstützt zu werden.

Sprachbildend und sprachfördernd in diesem Sinne sollte, wie bereits angesprochen, nicht nur der Deutschunterricht sein, sondern auch der Unterricht in allen anderen Fächern, die „auf Deutsch" unterrichtet werden, unbeschadet ihrer spezifischen Bildungsaufgaben. Sprachbildend und sprachfördernd in diesem Sinne ist auch der Unterricht der anderen Sprachen, indem er Sprachbewusstheit fördert, Begriffe durchsichtig macht und den Umgang mit Texten lehrt. Entsprechend gilt für den Elementarbereich, dass die sprachliche Bildung der Kinder, ihre Deutschförderung, die Einbeziehung anderer Sprachen – namentlich: der Herkunftssprachen – und die sprachliche Durchdringung der Bildungsbereiche einem gleichen gemeinsamen Sprachbildungsziel verpflichtet sein sollen.

Soweit also der konzeptuelle Rahmen, innerhalb dessen die Entwicklungsarbeiten in FörMig sich bewegten. Teilbereiche des FörMig-Konzepts der durchgängigen Sprachbildung sind gewiß im deutschen Kontext bereits diskutiert worden, und ebenso lag zu einigen Bereichen eine

– allerdings in den beteiligten Bundesländern und Basiseinheiten sehr unterschiedliche – pädagogische Praxiserfahrung vor. Neuland betreten hat FörMig mit der Entwicklung eines Gesamtkonzepts für sprachliche Bildung, das sich aus beidem speist: aus den – vor allem aus internationaler Forschung vorliegenden – Erkenntnissen über sprachliche Entwicklung im Kontext von Mehrsprachigkeit und über aussichtsreiche Strategien der Förderung bildungssprachlicher Fähigkeiten einerseits, der mitgebrachten und im Laufe des Programms weiter ausdifferenzierten Praxiserfahrung der Beteiligten in den Ländern andererseits.

4 Durchgängige Sprachbildung: Länderübergreifende Arbeitsgemeinschaften und ihre Entwicklungen für die Praxis

Die FörMig-Basiseinheiten haben bei ihren Versuchen, für das Konzept der durchgängigen Sprachbildung eine gut funktionierende Praxis zu entwickeln, die auf ihre jeweilige Lage zugeschnitten war, Pionierarbeit geleistet. Sie konnten in unterschiedlichem Maße auf Erfahrungen zurückgreifen – etwa auf langjährige Praxis des Förderunterrichts für Kinder mit Migrationsgeschichte oder des Deutsch-als-Zweitsprache-Unterrichts in Vorbereitungsklassen. Für die Praxis im Rahmen eines übergreifenden Konzepts der Sprachbildung aber, wie es für FörMig entwickelt wurde, fehlte es an Vorbildern – mindestens an solchen aus dem deutschen Kontext. Der Programmträger hat im Rahmen seiner Tagungen, Schriften, Workshops und Beratungen vor Ort zum einen internationale Erfahrungen der Umsetzung durchgängiger Sprachbildung zugänglich gemacht, insbesondere Erfahrungen aus England, den USA und Australien (mit den Konzepten „Language across the curriculum" und „Scaffolding in multilingual classrooms"). Programmträger und Länderprojekte kamen aber nach der ersten Anlaufzeit des Programms gemeinsam zu der Erkenntnis, dass grundlegender Qualifizierungs- und Unterstützungsbedarf in weit höherem Maße bestand als das im Vorhinein abgeschätzt worden war. Als eine der Antworten darauf bildeten sich drei länderübergreifende Arbeitsgemeinschaften, in denen Mitglieder des Programmträgerteams gemeinsam mit Mitgliedern aus den Länderprojekten Entwicklungsarbeit für die Praxis der durchgängigen Sprachbildung leisteten. Die Ergebnisse dieser Entwicklungsarbeit sind nachfolgend dokumentiert.

4.1 Die länderübergreifende Arbeitsgemeinschaft „Durchgängige Sprachbildung": Auf dem Weg zu Qualitätsmerkmalen durchgängiger Sprachbildung

Zu Beginn des Modellprogramms war das skizzierte Verständnis von „Durchgängiger Sprachförderung" (später: „Durchgängige Sprachbildung") in Deutschland noch nicht inhaltlich gefüllt. Deshalb hatten sich von vornherein viele FörMig-Projekte diesem Thema zugeordnet: weniger, weil sie Erfahrungen dazu mitbrachten, als vielmehr, weil sie auf Unterstützung ihrer Praxis hofften. In Reaktion auf die vielfältigen Bedarfsanmeldungen wurde im Mai 2006 die länderübergreifende Arbeitsgemeinschaft „Durchgängige Sprachbildung" auf Initiative des Programmträgers gegründet. Neben dem Programmträger waren die Länder-projekte Berlin, Hamburg, Nordrhein-Westfalen, Schleswig-Holstein und Sachsen aktiv. Als inhaltlichen Schwerpunkt setzte die Arbeitsgemein-schaft das horizontale Verständnis von durchgängiger Sprachbildung: die bewusste Arbeit an der sprachlichen Dimension jeden Unterrichts („Sprache lehren und lernen in allen Fächern"). Besonders in den Blick genommen werden sollte der Beginn der Sekundarstufe. Die Beteiligten empfanden hier den größten Entwicklungsbedarf, nicht zuletzt, weil sich Bildungssprache mit der Ausdifferenzierung der Fächer zunehmend in fachspezifische Diskurse, Textsorten und Begriffe verzweigt, wobei die behandelten Sachverhalte immer abstrakter werden.

Durch praktische Erfahrungen im Wechselspiel mit Anregungen, die theoretisch und empirisch fundiert sind, sollte das Ziel der „Sprachbil-dung in allen Fächern" konzeptionell gefüllt und eine dafür geeignete Praxis systematisch in den Schulalltag integriert werden. Sieben Modell-schulen in den fünf beteiligten Bundesländern haben sich nach vorberei-tenden Workshops seit dem Schuljahr 2007/2008 dieser Aufgabe ange-nommen: die Gesamtschule in Duisburg Meiderich, die Apollonia-von-Wiedebach-Schule in Leipzig, die Gesamtschule Rosenhöhe in Bielefeld, die Gesamtschule Kirchdorf in Hamburg, die Eberhard-Klein-Schule in Berlin, die Herbert-Grillo-Gesamtschule in Duisburg und die Realschule Friedrichsgabe in Norderstedt.[11]

In der Arbeitsgemeinschaft arbeiteten Lehrkräfte aus den Modell-schulen, Landeskoordinatoren und Mitglieder des Programmträgers mit. Beabsichtigt war nicht, ein enges Korsett für Sprachbildung zu ent-wickeln, das alle Schulen in gleicher Weise umsetzen sollten. Als die Ar-beit aufgenommen wurde, gab es keine ausgearbeiteten Programme oder Modelle, wie eine durchgängige Sprachbildung im Alltag einer ganzen Schule erfolgreich umgesetzt werden kann. Es ging vielmehr darum, die gemeinsamen Zielvorstellungen im Rahmen der jeweiligen didaktischen Ausrichtungen und der spezifischen pädagogischen Ziele der beteiligten Schulen zu entwickeln und im Alltag zu erproben. Ein anderes Vorgehen wäre kaum möglich gewesen, da die Rahmenbedingungen der Modell-schulen sehr unterschiedlich waren. Es waren Schulen mit kaum 20 Pro-zent an Kindern und Jugendlichen mit Migrationshintergrund und solche mit 100 Prozent; einige Schulen liegen in sehr benachteiligtem sozia-len, andere in eher bürgerlichem Umfeld; ein Teil der Schulen blickte auf

---

11 Die ausdrückliche Nennung dieser Schulen erfolgt hier als Ausnahme; generell sind alle mitwirkenden Institutionen und Personen in diesem Bericht nach da-tenschutzrechtlichen Gesichtspunkten behandelt, also anonymisiert. Im Falle der sieben Modellschulen aber liegt uns das ausdrückliche Einverständnis zu ihrer Nennung vor, und wir nennen sie gern – denn es ist zugleich eine Auszeichnung für ihr Engagement und die Qualität unserer Zusammenarbeit.

eine lange Tradition der Sprachförderung zurück, für andere war dieser Schwerpunkt neu.

Den unterschiedlichen Ausgangslagen (und dem Anliegen von FöRMig) entsprechend, haben die Schulen sich unterschiedliche Schwerpunkte gesetzt – zum Beispiel: Verbindung von Sprachbildung mit sozialräumlicher Öffnung und sozialem Lernen; Verknüpfung individualisierten Lernens mit durchgängiger Sprachbildung. Von den vielfältigen Erfahrungen konnten alle Schulen wechselseitig profitieren.

Aber mit der Vielfalt der Erfahrungen stellte sich der Arbeitsgemeinschaft auch zunehmend die Frage, was eigentlich diese Erfahrungen verbindet: Welche Merkmale sind es, die einen gelungenen bildungssprachförderlichen Unterricht ausmachen? Die Diskussion dieser Frage regte an, Qualitätsmerkmale für bildungssprachförderlichen Unterricht zu entwickeln. Diese Merkmale und ihre Konkretisierungen wurden mehrmals überarbeitet, an der Realität der beteiligten Schulen überprüft, mit weiteren Beispielen illustriert, im Rahmen von Vorträgen, Workshops und Seminaren vorgestellt und nochmals überarbeitet. Die abschließende Fassung „Durchgängige Sprachbildung: Qualitätsmerkmale für den Unterricht" verbindet die Erfahrungen aus den sieben FöRMig-Modellschulen (Gogolin/Lange/Hawighorst u.a. 2010).

Die Qualitätsmerkmale betreffen Eigenschaften, die bei der Umsetzung eines bildungssprachförderlichen Unterrichts sinnvoll und notwendig sind. Sie sind als Ansprüche an das fächerübergreifende und kooperative Handeln von Lehrkräften formuliert, die durch Erläuterungen und Beispiele konkretisiert werden. Die Merkmale lauten:

1. Die Lehrkräfte planen und gestalten den Unterricht mit Blick auf das Register Bildungssprache und stellen die Verbindung von Allgemein- und Bildungssprache explizit her.
2. Die Lehrkräfte diagnostizieren die individuellen sprachlichen Voraussetzungen und Entwicklungsprozesse.
3. Die Lehrkräfte stellen allgemein- und bildungssprachliche Mittel bereit und modellieren diese.
4. Die Schülerinnen und Schüler erhalten viele Gelegenheiten, ihre allgemein- und bildungssprachlichen Fähigkeiten zu erwerben, aktiv einzusetzen und zu entwickeln.
5. Die Lehrkräfte unterstützen die Schülerinnen und Schüler in ihren individuellen Sprachbildungsprozessen.
6. Die Lehrkräfte und die Schülerinnen und Schüler überprüfen und bewerten die Ergebnisse der sprachlichen Bildung.

Die Qualitätsmerkmale und ihre Konkretisierungen können vielfältig eingesetzt werden: Sie stecken die Bereiche ab, über die sich ein Kollegium oder ein Jahrgangsteam verständigen sollte, wenn eine Schule durchgängige Sprachbildung in allen Fächern umsetzen möchte. Sie ermöglichen eine Bestandsaufnahme bereits vorhandener Angebote und didaktischer Handlungsweisen und können zur systematischen Planung eingesetzt werden. Die Erfahrung aus den sieben FörMig-Modellschulen ist ermutigend: Keine der Schulen hat von Beginn an alle Qualitätsmerkmale in Angriff genommen. Es hat sich vielmehr gezeigt, dass eine schrittweise Umsetzung sinnvoll ist, wenn ein Kollegium gemeinsam die sprachliche Dimension jeden Unterrichts berücksichtigen will. Und zugleich hat sich gezeigt, dass es kein unmögliches Unterfangen ist, die Schule als ganze für durchgängige Sprachbildung zu begeistern und zu qualifizieren.

4.2 Die länderübergreifende Arbeitsgemeinschaft „Entwicklung und Einsatz von Instrumenten für prozessbegleitende Sprachdiagnostik in der Sekundarstufe" (AG SEK I)

Ein besonderer Unterstützungsbedarf wurde in den FörMig-Projekten auch im Bereich der sprachdiagnostischen Tätigkeiten gesehen. In vielen Länderprojekten lagen zwar Erfahrungen mit mehr oder weniger verbreiteten Verfahren vor – von Eigenentwicklungen von Schulen bis zu landesweit flächendeckend eingesetzten Testverfahren –, aber diese richteten sich vorwiegend auf Kinder an der Schwelle zur Schule. Auf Initiative von FörMig Berlin gründete sich die länderübergreifenden Arbeitsgemeinschaft „SEK I", in der neben dem Programmträger die Länderprojekte Berlin, Nordrhein-Westfalen, Rheinland-Pfalz, Sachsen und Schleswig-Holstein vertreten waren. In dieser Arbeitsgemeinschaft wurde das Instrument „Prozessbegleitende Diagnose der Schreibentwicklung" erarbeitet.

Das Instrument erfasst die Fähigkeiten der Schülerinnen und Schüler, Sprachhandlungen, die der Unterricht der sozial- und naturwissenschaftlichen Fächer auf der Sekundarstufe I verlangt, in deutscher Sprache schriftlich auszuführen (LENGYEL/HEINTZ/REICH u.a. 2009). Um die unterrichtsrelevanten Sprachhandlungen im Bereich des Schriftlichen zu identifizieren, wurden ausgewählte Lehrpläne der Fächer Deutsch, Mathematik, Physik, Chemie, Geschichte und Sozialkunde/Politik im Hinblick auf die darin geforderten schriftlichen Aktivitäten der Schüler analysiert. Die in den Lehrplänen stark schwankende Begrifflichkeit wurde für die Zwecke der Instrumentenentwicklung vereinheitlicht; aus einer ersten Liste relevanter Sprachhandlungen wurde eine Auswahl getroffen. Es liegen Ausarbeitungen zu den Sprachhandlungen Berichten, Erklären, Argumentieren und Beschreiben vor.

Für jede Sprachhandlung wurden Kompetenzstufen auf den Ebenen des Wortschatzes, der Komplexität von Aussagen und der Struktur und

Kohärenz von Texten entwickelt. Die Stufung basiert auf empirischen Untersuchungen zur Textsortenkompetenz monolingual deutscher Kinder und Jugendlicher (AUGST u.a. 2007; BECKER-MROTZEK 2004a und 2004b; FEILKE 2003; FEILKE/SCHMIDLIN 2005) und den Erfahrungen der in der Arbeitsgemeinschaft vertretenen Lehrkräfte. Die ersten Entwürfe wurden anhand authentischer Schülertexte auf ihre Passung überprüft und aufgrund der Ergebnisse und weiterer Rückmeldungen an die Arbeitsgemeinschaft revidiert.

Die Kompetenzraster eignen sich zur genauen Beschreibung des Entwicklungsstandes einzelner Schülerinnen und Schüler, zur Unterrichtsplanung, zur Rückmeldung an Schüler und Eltern und zur Sicherung des Verständnisses in kollegialer Kommunikation, insbesondere in der Zusammenarbeit von Lehrkräften des Deutschen und Lehrkräften, die von ihrem Selbstverständnis her „nicht-sprachliche" Fächer unterrichten. Eine Erprobung im Schuljahr 2008/2009, an der Schulen aus Berlin, Nordrhein-Westfalen, Sachsen und Schleswig-Holstein mitwirkten, bestätigt das Potenzial des Instruments, Fachlehrkräfte für die sprachlichen Anforderungen ihres Fachs und für ihre Rolle im Kontext durchgängiger Sprachbildung zu sensibilisieren und zur Qualifizierung beizutragen.

4.3 Die länderübergreifende Arbeitsgemeinschaft „Übergang Schule/Beruf"

Für die Entwicklung von Konzepten durchgängiger Sprachbildung am Übergang von der Schule in den Beruf haben sich bei der Ausschreibung des Modellprogramms nur wenige Länderprojekte entschieden: Bremen, Nordrhein-Westfalen und Rheinland-Pfalz. Später hinzugekommen sind Einrichtungen in Sachsen und Schleswig-Holstein. Zu den Gründen für die geringe Beteiligung an diesem Aufgabenfeld könnte die starke institutionelle Trennung von Schule und Institutionen der Berufsausbildung, -beratung und -vorbereitung gehören, die eventuell dafür gesorgt hat, dass der berufsbildende Bereich auf die Ausschreibung des Programms nicht aufmerksam wurde oder nicht reagiert hat.

Der Übergang von den verschiedenen Schulformen der Sekundarstufe I in das berufsbildende System mit seinen vielfältigen Differenzierungen ist ein Themenfeld, das die wenigen Basiseinheiten des Modellprogramms, die ihre Entwicklungsvorhaben hier ansetzten, vor besondere Herausforderungen stellte. Sie unterstützten die sprachliche Bildung von Jugendlichen in sehr heterogenen Situationen, die vom Deutschunterricht in allgemeinbildenden Schulen – einschließlich Förderschulen und Gymnasien – bis zum Unterricht in beruflichen Schulen mit einem breiten Spektrum von Fachrichtungen und Anspruchsniveaus reichen. Insgesamt 26 Basiseinheiten verteilten sich auf dieses breite Spektrum an Bildungsangeboten.

Auf Initiative des Programmträgers gründete sich im November 2005 die Arbeitsgruppe „Übergang Schule/Beruf". Zur Arbeitsgemeinschaft zählten neben dem Programmträger die Koordinator(inn)en aus den fünf Länderprojekten mit Basiseinheiten an dieser bildungsbiographischen Schnittstelle.

Die Arbeitsgemeinschaft konzentrierte sich auf Aspekte, die im Fokus aller Einrichtungen standen: Entwicklung von Unterrichtsmaterial, Sichtung von Ansätzen „guter" additiver Sprachförderung und integrativer fachsprachlicher Bildung sowie Suche nach Konzepten der auf Diagnose aufbauenden Förderplanung. Die Basiseinrichtungen standen vor der Situation, dass kaum adäquates Unterrichtsmaterial für eine fachsprachliche und berufsbezogene Förderung zur Verfügung stand. Um hier Unterstützung zu bieten, entwickelten die Mitglieder der länderübergreifenden Arbeitsgemeinschaft Qualitätskriterien zur Analyse von berufsorientierendem und berufsbezogenem Sprachfördermaterial. Es wurde ein Kriterienkatalog erstellt, der den Einrichtungen Anhaltspunkte zur Überprüfungen vorhandener, zum Teil selbstentwickelten Materials bietet. Sprachwissenschaftlich fundierte Hilfestellungen bot das vom Programmträger initiierte und vom Bundesministerium für Bildung und Forschung an der Universität Jena geförderte Projekt „Sprachtraining für Fachunterricht und Beruf". In Kooperation mit der Arbeitsgemeinschaft entstanden eine Handreichung und eine Online-Version zur fachsprachlichen Förderung in der beruflichen Bildung und für den Fachunterricht an allgemeinbildenden Schulen (Sekundarstufe I) (OHM/KUHN/FUNK 2007). Die Lehrkräfte aus den Basiseinheiten erprobten die Trainingselemente und trugen so zu einer Entwicklung aus der Praxis heraus bei. Die in vielen Einrichtungen ergänzend zum Regelunterricht angebotene Sprachförderung führte zu Überlegungen, wie diese sinnvoll mit dem Fachunterricht kombiniert werden könnte. Unter der Federführung Bremens wurden Qualitätskriterien für die additive Sprachförderung entwickelt. Im Rahmen der Berufsorientierung und beruflichen Bildung nahmen die meisten Einrichtungen das fachbezogene Lernen in den Blick und zogen für die Herausbildung von Berufswahlentscheidung den in allen Bundesländern vorliegenden Berufswahlpass heran. Da sprachliche Kompetenzen hierin kaum Berücksichtigung finden, entwickelte das Bremer Projekt als Ergänzung ein „Interkulturelles Portfolio", das solche Kompetenzen der Jugendlichen berücksichtigt. Durch die länderübergreifende Zusammenarbeit konnte der Einsatz des Portfolios auch in anderen Einrichtungen erprobt und ein Erfahrungsaustausch mit weiteren, den Berufswahlpass ergänzenden Arbeitsblättern zum sprachlichen Lernen aus anderen Basiseinheiten initiiert werden.

5 Pädagogische Sprachdiagnostik in FörMig

Das Konzept der durchgängigen Sprachbildung macht es erforderlich, dass pädagogische Fach- und Lehrkräfte auf allen Stufen des Bildungssystems über sprachdiagnostische Kompetenzen verfügen. Gefordert sind Fähigkeiten der Ermittlung des individuellen Sprachstands von Kindern und Jugendlichen mittels geeigneter Instrumente. Gefordert ist ferner die Fähigkeit, die Ergebnisse von Sprachdiagnosen bei den hieran anschließenden didaktischen Entscheidungen zur Optimierung individueller Sprachaneignungsprozesse einzusetzen. Diese Fähigkeiten waren jedoch bis vor kurzem noch kein Ziel der entsprechenden Ausbildungsgänge, und die wenigen beim Start von FörMig vorhandenen Instrumente waren in ihren Anwendungsbereichen, ihrer Eignung zu pädagogischen Zwecken und z.T. in ihrer Qualität begrenzt (EHLICH, u.a. 2005). Es war also auch hier grundlegende Entwicklungsarbeit zu leisten. Dies ist im Rahmen des Programms vielfach und mit Erfolg geschehen (LENGYEL/ REICH/ROTH/DÖLL 2009; GANTEFORT/ROTH 2010); die Aktivitäten der pädagogischen Sprachdiagnostik werden nachfolgend zusammengefasst:

5.1 Zielvorstellungen, Ausgangssituation und Positionierung

Pädagogische Sprachdiagnostik soll Aussagen über Sprachstände und deren Fortschritte liefern, die geeignet sind, die individuellen Sprachaneignungsprozesse zu unterstützen. Nicht berücksichtigt wird hier der Einsatz diagnostischer Verfahren in der Evaluation (vgl. dazu Kapitel 7). Außer Betracht bleiben auch die Verfahren, die ausschließlich Zwecken der Zuweisung zu bestimmten Förderangeboten dienen.

Pädagogische Sprachdiagnostik setzt den momentanen Sprachstand eines Kindes oder Jugendlichen ins Verhältnis zu Durchschnittswerten, die von Gleichaltrigen erreicht werden (wobei noch einmal zwischen einsprachig aufwachsenden und zwei- oder mehrsprachig aufwachsenden zu differenzieren ist) und/oder zu Kriterien, die sich aus den sprachlichen Anforderungen in der Bildungslaufbahn ergeben. Sie definiert dadurch jeweils auch den sprachlichen Förderbedarf.

Pädagogische Sprachdiagnostik soll Stärken und Schwächen erkennbar machen. Das bedeutet, dass ein breiter und zugleich differenzierter Sprachbegriff zugrunde zu legen ist – in Bezug auf die beteiligten Sprachen, auf Mündlichkeit und Schriftlichkeit, auf Bildungssprache und Alltagssprache sowie in Bezug auf die verschiedenen Aspekte des Sprachsystems. Denn für die didaktischen Entscheidungen macht es einen Unterschied, ob eine spezifische Schwäche in der Schriftsprachentwicklung (bei guten mündlichen Fähigkeiten) vorliegt oder ein allgemein niedriger Sprachentwicklungsstand. Es macht einen Unterschied, ob Erstsprache und Zweitsprache gleich gut entwickelt sind oder eine Sprache dominiert oder beide Sprachen Schwächen aufweisen. Es ist nicht gleichgültig, ob die Bildungssprache auf der Basis einer grammatisch und lexikalisch gut ausgebauten Alltagssprache zu fördern ist oder ob auch die lexikalischen und grammatischen Grundlagen noch zu festigen sind. Schließlich sollen auch differenzierte Aussagen über Fähigkeiten des sprachlichen Handelns, des Verstehens und des Formulierens von Texten, der Verfügung über Wörter, Wortformen und Wortbedeutungen sowie des Verstehens, Konstruierens und Verbindens von Sätzen möglich sein. Zwar kann man davon ausgehen, dass zwischen den verschiedenen Aspekten des Sprachsystems deutliche Zusammenhänge bestehen; es gibt aber Hinweise darauf, dass diese im Aneignungsprozess unterschiedlich weit entwickelt sein können (vgl. REICH 2009a, S. 112f., 170-172, 250-252). Daher ist eine differenzierte Berücksichtigung ratsam.

Die pädagogische Sprachdiagnostik soll möglichst auch Verläufe von Sprachenentwicklung bzw. Sprachenaneignung und Sprachenlernen sichtbar machen. Das verlangt Mehrfacherhebungen und zumindest eine Vorstellung davon, was die Veränderungen zwischen zwei Erhebungszeitpunkten bedeuten können. Die theoretische Modellbildung ist hier unterschiedlich weit fortgeschritten. Weithin anerkannt ist, dass zumindest im Bereich der Syntax (und, verbunden damit, im Bereich der Morphologie) Stufen-Modelle angewendet werden können, die für den monolingualen wie für den bilingualen Erwerb des Deutschen, aber auch des Türkischen und des Russischen gut erforscht sind (vgl. EHLICH/BREDEL/REICH 2008; KEMP/BREDEL 2008; AHRENHOLZ 2008). Diagnostisch sind dabei nicht nur die stabilen, „mit Sicherheit erworbenen" Elemente und Regeln von Interesse, sondern auch die instabilen „Übergangserscheinungen", die erkennen lassen, an welchen sprachlichen Erscheinungen das Kind oder der Jugendliche gerade „arbeitet", wo also eine besondere Empfänglichkeit für sprachliche Anregungen oder Vorbilder von außen besteht. Weniger klar modelliert sind bisher die Aneignungsprozesse in den Bereichen des Wortschatzes und der sprachlichen Handlungen (vgl. die Darstellungen des Forschungsstandes bei KOMOR 2008 und GUCKELSBERGER 2008). Hier hat man es mutmaßlich mit einer Kombination von kumulativen Vorgängen (steigende „Zahl" der lexikalischen Einheiten und der unterscheidbaren sprachlichen Handlungsmuster) und stetigen qualitativen Veränderungen (Differenzierung und Abstraktion im Wortschatz, Differenzierung und steigender sozialer und kognitiver Anspruch bei den sprachlichen Handlungen) zu tun. Diese Vorstellung ermöglicht zumindest eine diagnostische Annäherung an die Verläufe in diesem Bereich.

Es wurde bereits erwähnt, dass die Sprachenaneignung in verschiedenen Aspekten des Sprachsystems unterschiedlich verlaufen kann. Darauf bezogen wird gelegentlich die Hypothese vorgebracht, dass ein Vorsprung unter dem einen Aspekt ein Nachholen im andern Aspekt („boot-strapping") initiieren oder begünstigen könnte (vgl. GAWLITZEK-MAIWALD/TRACY 1996; BEHRENS 1999, S. 40-42). Diese Möglichkeit ist zumindest im Auge zu behalten.

Schließlich ist an die Möglichkeiten des Transfers aus einer Sprache in die andere zu denken. Empirische Hinweise liegen vor allem für den Bereich der textbezogenen Fähigkeiten vor (VERHOEVEN 1994; vgl. auch KNAPP 1997). Für die pädagogische Sprachdiagnostik bedeutet dies, dass das Problem der interlingualen Vergleichbarkeit bedacht und im Rahmen des theoretisch Zulässigen und praktisch Möglichen gelöst werden sollte (Gantefort/Roth 2010).

Aus diesen Zielvorstellungen ergeben sich Anforderungen an die Anlage und den Einsatz der sprachdiagnostischen Verfahren. Seitens des Programmträgers wurden Annäherungen an die „natürliche" Sprache, wie sie von profilanalytischen Verfahren und Beobachtungsverfahren angestrebt werden, gegenüber dem bloßen Abfragen sprachlicher Einzelheiten präferiert, zumal bei diesen Verfahren auch die Berücksichtigung einer Vielfalt sprachlicher Kategorien (die Herausarbeitung von „Sprachprofilen") möglich ist, wie sie von Förderzwecken und Bildungszielen gefordert wird. Ebenso wurde vom Programmträger die Einbeziehung der nicht-deutschen Familiensprachen in die pädagogische Sprachdiagnostik unterstützt, wo dies unter den jeweils gegebenen Umständen möglich war. Befürwortet wurde schließlich die Vorstellung, in der Praxis (d.h. außerhalb der zentralen Evaluation) Sprachdiagnostik und Sprachförderung möglichst in eine Hand zu geben. Vielfach hat sich gezeigt, dass schon die ersten Erfahrungen mit sprachdiagnostischem Arbeiten von den pädagogischen Kräften als starke Sensibilisierung für die Sprache der Kinder und Jugendlichen empfunden wurde, und dass sie die damit verbundenen Qualifizierungsanforderungen angenommen haben, auch wenn dies erhebliche Anstrengung bedeutete.

Etwa gleichzeitig mit dem Start von FÖRMIG waren zwei Gutachten erschienen, die den Stand der Entwicklung sprachdiagnostischer Instrumente in Deutschland insgesamt analysiert hatten (FRIED 2004; EHLICH u.a. 2005) und zu überwiegend skeptischen Ergebnissen gekommen waren. Im Text des Ehlich-Gutachtens spricht Bredel von der pädagogischen Sprachdiagnostik als einer „verlassenen Landschaft" (S. 77f.). Im Einzelnen zeichneten die beiden Gutachten folgendes Bild: Instrumente standen – in unterschiedlicher Güte – überwiegend am ersten bildungsbiographischen Übergang vom Elementar- zum Primarbereich zur Verfügung. Mit einigen Ausnahmen dienten sie der Erkennung von Entwicklungsrisiken (Verzögerungen oder Störungen) beim monolingualen deutschen Spracherwerb. Es fehlten Verfahren für die bildungsbiographischen Schnittstellen vom Primar- zum Sekundarbereich und von der Schule in die berufliche Bildung, die die Aneignung bildungssprachlicher Fähigkeiten in den Blick nehmen. Ebenso mangelte es an Verfahren, die sich bereits in ihrer Anlage und den zugrunde gelegten Konstrukten von Sprache und Sprachentwicklung an Modellen der Zweisprachigkeit der zu diagnostizierenden Kinder und Jugendlichen orientiert hätten. Vielmehr verfolgten die meisten Verfahren – in der Regel unhinterfragt – ein einsprachiges Entwicklungsmodell und verwendeten die Kategorien und Bewertungsmaßstäbe, die durch Normalitätserwartungen bezüglich einsprachig deutsch aufwachsender Kinder und Jugendlicher zustande gekommen waren.

Dieser Stand der Dinge wurde auf einer frühen Tagung im Kontext von FÖRMIG präsentiert und diskutiert (siehe GOGOLIN/NEUMANN/ROTH 2005). Auf den Ergebnissen dieser Diskussion basieren die im Modellprogramm in Angriff genommenen sprachdiagnostischen Arbeiten. Dabei versteht sich, dass nicht alle genannten Gesichtspunkte gleichzeitig und in der Arbeit aller Basiseinheiten zu berücksichtigen waren; es war eine von den Bildungsgängen her begründete Auswahl zu treffen.

Seitens des Programmträgers wurden folgende Schwerpunkte gesetzt:
- Diagnose der mündlichen Fähigkeiten in Erst- und Zweitsprache am Übergang vom Elementar- in den Primarbereich; hierfür wurde der Einsatz von „HAVAS 5" empfohlen;
- Diagnose der narrativen Fähigkeiten im Schriftlichen am Übergang vom Primar- in den Sekundarbereich, ebenfalls in Erst- und Zweitsprache; hierfür wurde das Verfahren „FÖRMIG-Tulpenbeet" entwickelt;
- Diagnose der Schreibfähigkeiten in berufsbezogenen Textsorten am Übergang vom Sekundarbereich in die berufliche Bildung, ebenfalls in Erst- und Zweitsprache; hierfür wurde das Verfahren „FÖRMIG-Bumerang" entwickelt.

Die Länderprojekte und Basiseinheiten sammelten Erfahrungen mit dem Einsatz vorliegender Instrumente, entwickelten Verfahren für ihre spezifischen praktischen Zwecke weiter oder konzipierten eigene Verfahren. Im Folgenden wird berichtet über die „Lerndokumentation Sprache" (Berlin), die „Niveaubeschreibungen Deutsch als Zweitsprache" (Sachsen und Schleswig-Holstein) und über „TULPE L2" (Brandenburg). Aus einer länderübergreifenden Arbeitsgruppe stammt die „Prozessbegleitende Diagnose der Schreibentwicklung".

Auch außerhalb von FÖRMIG sind in dieser Zeit wichtige, über den Stand von 2004 hinausführende Entwicklungs- und Erprobungsarbeiten geleistet worden, die z.T. auch in den Basiseinheiten von FÖRMIG eine Rolle gespielt haben. Hinzuweisen ist namentlich auf die Verfahren „sismik" und „seldak" des Staatsinstituts für Frühpädagogik (ULICH/ MAYR 2004, 2005 und 2008), die für die pädagogische Arbeit in Kindertagesstätten gedacht sind, auf den CITO-Sprachtest, der am Übergang Elementar-/Primarbereich angesiedelt ist, und auf das von der Landesstiftung Baden-Württemberg in Auftrag gegebene Verfahren „LiSe-DaZ", das der Diagnose des Deutschen als Zweitsprache im frühen Kindesalter dient (vgl. WENZEL/SCHULZ/TRACY 2009; TRACY/SCHULZ 2011).

5.2 Diagnostische Verfahren: FÖRMIG-Entwicklungen

5.2.1 Vom Elementarbereich in die Grundschule

Für die pädagogische Sprachdiagnose am Übergang vom Elementar- zum Primarbereich wurde vom Programmträger empfohlen, auf das „Hamburger Verfahren zur Analyse des Sprachstands Fünfjähriger – HAVAS 5" zurückzugreifen, das von zwei Mitgliedern des Programmträgers im Rahmen eines früheren Projekts der Stadt Hamburg ausgearbeitet worden war (REICH/ROTH 2004).

„HAVAS 5" ist ein profilanalytisches Verfahren. Das Kind wird in einer Einzelerhebung durch die Fach- bzw. Lehrkraft aufgefordert, zu dem Bildimpuls „Katze und Vogel", einer sechsteiligen Bildergeschichte, zu sagen, „was da passiert". Die Äußerungen des Kindes und der Interviewperson werden auf Tonträger aufgezeichnet und im Nachhinein anhand eines differenzierten Auswertungsbogens im Hinblick auf inhaltliche Ausführung („Aufgabenbewältigung"), Bewältigung der Gesprächssituation, aktiven Wortschatz, Morphologie und Syntax analysiert. Dabei kommen quantitative und qualitative Gesichtspunkte zur Geltung. Die Ermittlung quantitativer Werte dient dazu, den Stand der Sprachenaneignung des Kindes auf einer Skala abzubilden, die sich auf die Erst- oder Zweitsprache bezieht. Anhand einzelner Beobachtungen werden vertiefende, qualitative Auswertungen angestellt, die sich u.a. auf Lernstrategien und Übergangserscheinungen beziehen.

„HAVAS 5" ist mehrsprachig angelegt, es liegt in den Sprachen Deutsch, Italienisch, Polnisch, Portugiesisch, Russisch, Spanisch und Türkisch vor. Die Auswertungskategorien „Aufgabenbewältigung" und „Bewältigung der Gesprächssituation" lassen auch einen direkten Vergleich zwischen den Sprachen zweisprachiger Kinder zu. Im Bereich des Wortschatzes kann dieser Vergleich nur bedingt vorgenommen werden, im Bereich der Grammatik ist aufgrund der strukturellen Unterschiede zwischen den Einzelsprachen ein direkter Vergleich nicht möglich (zum Verfahren insgesamt vgl. REICH/ROTH 2007 und REICH 2009b).

„HAVAS 5" wurde in allen Basiseinheiten, die an der ersten Schnittstelle arbeiteten, eingesetzt, weil es auch eines der Instrumente der zentralen Programmevaluation war. Vom Programmträger wurden mehrere Veranstaltungen zur Einführung in das Instrument und seiner pädagogischen Nutzung angeboten und durchgeführt. Überwiegend berichteten die Akteure von einer höheren Sensibilisierung für Sprachaneignungsprozesse und Erscheinungen der Lernersprache sowie von einer Steigerung der diagnostischen Kompetenz, die durch den Einsatz des Verfahrens erzielt wurde. In einigen Basiseinheiten wurde auch der Nutzen des Instruments für die Begründung von Förderentscheidungen erprobt. Weitgehend unausgeschöpft blieb dagegen in vielen Basiseinheiten das mehrsprachige Potenzial des „HAVAS 5", da in den Länderprojekten kaum in die Qualifizierung mehrsprachiger Erhebungspersonen und Förderkräfte investiert wurde. Übergreifend ist festzuhalten, dass die Implementierung am ehesten in den Einrichtungen gelang, in denen sich Förderteams gebildet hatten und eine auf „HAVAS 5" aufbauende Förderung im institutionellen, standortbezogenen Sprachförderkonzept verankert wurde, wie dies zum Beispiel an mehreren Standorten in FÖRMIG Nordrhein-Westfalen und in FÖRMIG Hamburg der Fall war. Im Hamburger FÖRMIG-Projekt wurden Handreichungen zu mehreren Themen (z.B. des Sachunterrichts) entwickelt, in denen exemplarisch die Verknüpfung von Diagnoseergebnissen und Förderung ausgearbeitet ist.

Da die Auswertung gesprochener Kindersprache zeit- und ressourcenaufwendig ist, haben einige Basiseinheiten den Einsatz des „HAVAS 5" mit anderen Verfahren kombiniert. Gut dokumentiert ist diese Entwicklung in den Basiseinheiten der Stadt Duisburg. Da in Duisburg bereits Erfahrungen mit dem flächendeckenden Einsatz des CITO-Sprachtests gesammelt worden waren, wurde hieran angeknüpft. Dieser Test ist von dem niederländischen CITO-Institut in Kooperation mit der Stadt Duisburg (RAA) und dem Landesinstitut für Schule – Qualitätsagentur NRW – entwickelt worden und soll Aufschluss darüber geben, ob ein Kind vor dem Schuleintritt zusätzliche Sprachförderung benötigt. Er ist als voll digitalisiertes Verfahren zeitökonomisch in Durchführung und Auswertung und hat sich hinsichtlich der psychometrischen Gütekriterien bewährt (vgl. KONAK/DUINDAM/KAMPHUIS 2005). Der Test kann in deutscher und in türkischer Sprache durchgeführt werden. In Duisburg wird der CITO-Sprachtest zuerst als Screening-Verfahren bei allen Kindern eingesetzt; „HAVAS 5" wird im Anschluss daran für tiefergehende Analysen bei ausgewählten Kindern genutzt, deren Ergebnisse grenzwertig sind oder bei denen die Fach- und Lehrkräfte eine weitere Klärung als notwendig erachten (vgl. SCHEFFLER/STERKENBURGH 2009). Diese Koppelung erweist sich als ressourcenschonend und fruchtbar im Hinblick auf eine kompetenzorientierte Förderplanung.

Eine Alternative ist die „Lerndokumentation Sprache – LdS", die ursprünglich am Berliner Landesinstitut für Schule und Medien (LISUM) entwickelt worden war und im Berliner FöRMiG-Projekt erprobt, evaluiert und revidiert wurde (vgl. DREYER/HEINTZE 2008). Sie kann in Verbindung mit dem für den Elementarbereich entwickelten „Sprachlerntagebuch" (SENATSVERWALTUNG BERLIN 2008) eingesetzt werden und ist Bestandteil der „Materialien zum Sprachlernen in Kitas und Grundschulen", die aus der LdS, Handreichungen für Fach- und Lehrkräfte und einer Anleitung zum Anlegen einer „Schatzkiste" als einer Art Portfolio für das Kind bestehen (SENATSVERWALTUNG BERLIN 2005). Die LdS ist ein Instrument zur prozessbegleitenden Beobachtung und Dokumentation der individuellen Sprachentwicklung im Deutschen in der (jahrgangsgemischten) Schulanfangsphase. Die Lehrkraft notiert für jedes Kind auf einem Dokumentationsbogen ihre Einschätzungen zur phonologischen Bewusstheit, zur auditiven Wahrnehmung und zur (Mund-)Motorik, zum mündlichen Sprachhandeln (Gespräche, Erzählungen), zur Satzbildung, zum Verstehen und zum Verfassen von Texten sowie zur Rechtschreibung; Ergebnisse punktueller Sprachstandserhebungen können eingebaut werden. Die Auswertungsergebnisse der LdS sollen vor allem als Unterlage für die Lehrkraft zum Erkennen sprachlicher Fortschritte und als Planungshilfe für Differenzierungsangebote dienen (CARLS 2009).

Evaluiert wurden durch Befragung von Lehrkräften im Kontext der Erprobung die Akzeptanz des Instruments und die Art seines Einsatzes. Dabei zeigte sich, dass die LdS vor allem als Hilfe für das Erstellen von Lernberichten und als Unterlage für Elterngespräche herangezogen wird, während sie im Hinblick auf Förderplanung eher zurückhaltend genutzt wird. Es scheint, dass hier zusätzliche Impulse gesetzt werden müssen. Insgesamt bekunden die befragten Lehrkräfte, dass ihre Sensibilität für die Sprache und das Sprachelernen der Kinder gewachsen sei und über das Festhalten der Beobachtungen im Dokumentationsbogen die bereits vorhandene Sprachkompetenz des einzelnen Kindes sowie deren Entwicklung deutlicher wahrgenommen würden.

Eine Innovation stellen die „Niveaubeschreibungen Deutsch als Zweitsprache" für die Primarstufe und die Sekundarstufe I dar. Sie wurden auf Initiative des Sächsischen Staatsministeriums für Kultus im Rahmen der Programmarbeit von FöRMiG Sachsen in Kooperation mit FöRMiG Schleswig-Holstein und dem Programmträger entwickelt.

Die „Niveaubeschreibungen Deutsch als Zweitsprache" sind ein Beobachtungsinstrument, mit dem die Kompetenz und der Kompetenzzuwachs der Schülerinnen und Schüler im Deutschen als Zweitsprache während der Grundschulzeit strukturiert beobachtet und beschrieben werden kann.[12] Das Instrument orientiert sich an den Bildungsstandards der KMK für das Fach Deutsch (SEKRETARIAT DER KMK 2004) einerseits und dem sächsischen Lehrplan Deutsch als Zweitsprache (SÄCHSISCHES STAATSMINISTERIUM FÜR KULTUS 2000) andererseits. Damit soll die Spanne zwischen dem von allen Schülern und Schülerinnen zu erreichenden Ziel und den unterschiedlichen Stadien des Deutschen als Lernersprache abbildbar gemacht werden. Die Kategorien der Sprachbeobachtung sind in sieben Abschnitte gegliedert: sprachliche Handlungs- und Verstehensfähigkeit, Wortschatz, Aussprache, Lesen, Schreiben, Grammatik – mündlich und schriftlich, sowie Persönlichkeitsmerkmale (sprachliche Motivation) des Schülers. Für die in diesen Abschnitten enthaltenen Beobachtungsaspekte sind jeweils vier Niveaustufen formuliert. Die Stufen I bis III stellen Etappen auf dem Weg zu den Zielvorgaben der Bildungsstandards Deutsch dar; Stufe IV entspricht den Bildungsstandards für die 4. Jahrgangsstufe. Die Lehrkräfte notieren, auf welcher Stufe sich ein Schüler, eine Schülerin ihrer Einschätzung nach befindet (vgl. zum Verfahren insgesamt DÖLL 2009).

Der Einsatz des Instruments soll den Grundgedanken der Bildungsstandards in den Bereich des Deutschen als Zweitsprache hinein „verlängern" und dadurch zur Zielorientierung der Zweitsprachförderung beitragen. Da die Wissensstände zum Erwerb des Deutschen als Zweitsprache in den Kollegien der Primarschulen meist sehr heterogen sind, soll das Instrument auch die Kommunikation zwischen den Lehrkräften erleichtern und zu gemeinsamer Förderplanung anregen. Die Erprobungsfassung für die Primarstufe wird seit dem zweiten Halbjahr 2008/2009 in Schleswig-Holstein und seit Beginn des Schuljahrs 2009/2010 auf Handhabbarkeit und Verständlichkeit geprüft.

Zusammenfassend lässt sich für die pädagogische Sprachdiagnostik am Übergang vom Elementar- zum Primarbereich festhalten, dass durch das Modellprogramm FöRMiG Prozesse der Professionalisierung vorangetrieben worden sind. Durch die Dissemination von „HAVAS 5" als Instrument zur punktuellen Bestimmung des Sprachstandes im Mündlichen ist in den Basiseinheiten ein Bewusstsein vom Sinn, aber auch vom Anspruch sprachdiagnostischer Arbeit entstanden, und es hat sich eine gewisse Routine in der Handhabung des Instruments und seinem Einsatz unter den jeweiligen lokalen Bedingungen entwickelt.

---

12 Die Niveaubeschreibungen Deutsch als Zweitsprache für die Primarstufe (SÄCHSISCHES BILDUNGSINSTITUT 2010) stehen als Download zur Verfügung: http://www. sachsen-macht-schule.de/sbi/10111.htm. Ein analoges Instrument für die Sekundarstufe wurde ebenfalls entwickelt und evaluiert; vgl. SÄCHSISCHES BILDUNGSINSTITUT (2009) und INSTITUT FÜR QUALITÄTSENTWICKLUNG AN SCHULEN SCHLESWIG-HOLSTEIN (2009).

In den Angeboten zur Einführung und Nutzung von „HAVAS 5" ist ein angemessenes Format zur sprachdiagnostischen Qualifizierung pädagogischer Kräfte aus dem Elementar- und Primarbereich entwickelt worden (vgl. dazu Kapitel 9). Dass eine solche Qualifizierung unabdingbar ist, zeigt sich in der unverändert hohen, im Laufe des Programms wachsenden Nachfrage nach entsprechenden Angeboten.

Die Aufgabe einer ressourcenschonenden Koppelung von „HAVAS 5" als Diagnoseinstrument mit einem weniger aufwendigen Screening-Verfahren wurde erkannt und am Standort Duisburg einer ersten Lösung zugeführt. Eine Evaluation dieser Lösung auf breiterer Basis und die Erprobung weiterer Koppelungen dieser Art sind wünschenswert.

Mit der LdS ist – als Alternative zur Profilanalyse – ein Instrument zur prozessbegleitenden Beobachtung von Sprache und Sprachentwicklung in der Schulanfangsphase geschaffen worden, das nicht nur die vorhandenen mündlichen Fähigkeiten, sondern auch die entstehenden Fähigkeiten im Schriftlichen erfasst. Es ist durch die Arbeiten von FÖRMIG Berlin zur Praxisreife weiterentwickelt worden. Die Evaluation der Endfassung ist noch zu leisten.

Die LdS ist abgestimmt mit einem analogen Instrument für den Elementarbereich, wodurch dem Gedanken der Unterstützung des Übergangs in besonders deutlicher Weise Rechnung getragen wird. Auch hier gilt, dass eine Evaluation dieses Modells der Abstimmung auf breiterer Basis und die Erprobung weiterer Abstimmungen dieser Art wünschenswert sind.

Mit den „Niveaubeschreibungen Deutsch als Zweitsprache" für die Primarstufe werden die Sprachaneignungs- und Sprachlernprozesse während der Grundschulzeit ins Auge gefasst. Sie ermöglichen eine prozessbegleitende Darstellung mündlicher und schriftlicher Fähigkeiten in der Breite des schulisch Geforderten und eine kollegiale Abstimmung über Stand und Förderung einzelner Schüler.

5.2.2 Vom Primar- zum Sekundarbereich

Für den Übergang vom Primar- zum Sekundarbereich lagen bei Programmstart keine Verfahren vor, die den Zielsetzungen und Anforderungen der Sprachdiagnostik im Kontext sprachlicher Bildung von Schülern mit Migrationshintergrund genügt hätten. Im Rahmen von FÖRMIG wurden daher mehrere Neuentwicklungen in Gang gesetzt.

Die erste Neuentwicklung stellt das profilanalytische Instrument „FÖRMIG-Tulpenbeet" dar, das in den Sprachen Deutsch, Türkisch und Russisch vorliegt. Es wurde von Mitgliedern des Programmträgers entwickelt (die deutsche Version unter Mitarbeit von Christoph Gantefort, die russische Version unter Mitarbeit von Natascha Pütz-Legtchilo) und zunächst im Rahmen der zentralen Evaluation eingesetzt; es wurde bei dieser Gelegenheit testanalytisch geprüft und aufgrund der Prüfergebnisse überarbeitet (vgl. SCHWIPPERT 2007, S. 39f.; GANTEFORT/ROTH 2008). Die deutsche Version ist im Anhang zu KLINGER/SCHWIPPERT/LEIBLEIN (2008, S. 209-237) veröffentlicht (siehe auch http://www.foermig.uni-hamburg.de/web/de/all/mat/diag/tulp/index.html).

„FöRMig-Tulpenbeet" erfasst Fähigkeiten des Textschreibens am Übergang vom Primar- zum Sekundarbereich, zentral die schriftliche Erzählfähigkeit. Die Schülerinnen und Schüler werden aufgefordert, einen erzählenden Text zu einer Folge von fünf Bildern (mit einer „Bildlücke") zu verfassen. Die auf diese Weise produzierten Schülertexte werden anhand eines differenzierten Auswertungsschemas analysiert. Diese Analyse liefert Aussagen zu den sprachlichen Dimensionen Textfähigkeit, Syntax und Wortschatz; dabei werden Elemente der Bildungssprache eigens berücksichtigt. Für jede Dimension sind Indikatoren ausgewählt worden, die stellvertretend für die jeweiligen Aneignungszusammenhänge stehen. Ähnlich wie beim „HAVAS 5" werden quantitative Werte ermittelt, mit denen der Stand des Schülers oder der Schülerin auf einer Skala abgebildet wird, Es werden aber auch nicht-quantifizierbare Informationen zu individuellen Stärken der Schreibenden ausgewiesen. Die mehrsprachige Anlage ermöglicht einen Vergleich zwischen dem Stand der Schriftsprachentwicklung im Deutschen und in den Herkunftssprachen Russisch und Türkisch hinsichtlich der inhaltlichen Gestaltung und der Erzählform. Bei Wortschatz und Syntax ist ein direkter Vergleich nicht möglich.

Das „FöRMig-Tulpenbeet" wurde in den Basiseinheiten eingesetzt, die an der Schnittstelle Primar-/Sekundarbereich arbeiten. Vom Programmträger wurden Veranstaltungen zur Einführung in die Handhabung des Instruments angeboten. Aus der Praxis wurde berichtet, dass die Lehrkräfte einen kompetenzorientierten Zugang zu produktiven schriftsprachlichen Fähigkeiten entwickelten, aber den Zeitaufwand als recht hoch empfanden.

Reduzierung des Zeitaufwands war ein Motiv für FöRMig Brandenburg, ein computergestütztes Programm „TULPE L2" zu entwickeln. Allerdings war die mögliche Zeitersparnis nicht das wesentliche Motiv. Dieses lag vielmehr darin, ein Instrument mit allgemeinerer Geltung und größerer Reichweite zu erstellen. Anlass war die Feststellung, dass höher entwickelte schriftsprachliche Kompetenzen im Deutschen, wie sie in der Brandenburger Stichprobe vorkommen, mit den Kategorien von „FöRMig-Tulpenbeet" nicht zufriedenstellend erfasst werden konnten. So gab es z.B. unerwünschte Deckeneffekte im Bereich der Syntaxprogression. Auf der Basis von Erkenntnissen aus der Schreibforschung, der

Zweitspracherwerbsforschung und der Erzählforschung wurden daher weitere Kriterien definiert, die in spezifischer Weise Auskunft über die Textfähigkeiten der Schülerinnen und Schüler geben und computerlinguistisch ermittelt werden können. Neu aufgenommen wurden Kennwerte für die Textkohäsion (Anschlüsse von Sätzen, zeitliche Strukturierung, Einsatz von Pronomen), ein Maß für die Satzkomplexität (Verhältnis von mittlerer Satzlänge zu mittlerer Teilsatzlänge) und eine Typologie für die Einführung der Akteure der Geschichte. Die Entwicklungsarbeiten zielen – über den Impuls des „FÖRMIG-Tulpenbeets" hinaus – auf eine Anwendbarkeit für alle narrativen Texte von Jugendlichen im Alter von 10 bis 16 Jahren (SCHRÜNDER-LENZEN/HENN 2009). Für „TULPE L2" wurde ein spezielles Rückmeldeformat für die Lehrkräfte entwickelt, in dem die individuellen Sprachprofile der Schülerinnen und Schüler enthalten sind, welche ihrerseits Anhaltspunkte für Sprachbildung und Sprachförderung bieten.

Als *Sprachbeobachtungsinstrumente* wurden in FÖRMIG für den Sekundarbereich die „Prozessbegleitende Diagnose der Schreibentwicklung" und die „Niveaubeschreibungen Deutsch als Zweitsprache" entwickelt.

Die „Niveaubeschreibungen Deutsch als Zweitsprache" für die Sekundarstufe I wurden, wie die für die Primarstufe, in Kooperation der Länderprojekte Sachsen und Schleswig-Holstein entwickelt und sind analog aufgebaut.

Die Ersterprobung für die Sekundarstufe I fand bereits während der Laufzeit von FÖRMIG statt. Das Instrument wurde insgesamt positiv eingeschätzt und als hilfreich für den pädagogischen Alltag und den kollegialen Austausch über einzelne Schülerinnen und Schüler beurteilt. Problematisch sei neben dem zusätzlichen Zeitaufwand auch die im Instrument verwendete linguistische Terminologie. Dieser Kritik wurde durch die Hinzufügung eines Glossars Rechnung getragen (vgl. DÖLL 2009, S. 113f.). Auf der Basis der Erprobungsergebnisse wurde eine Transferfassung erarbeitet, die in Sachsen zum flächendeckenden Einsatz bereit steht.[13] Im Rahmen der „Forschungsinitiative Sprachdiagnostik und Sprachförderung – FiSS" des Bundesministeriums für Bildung und Forschung wird von İnci Dirim und Marion Döll eine Prüfung des Instruments auf Validität und Interraterreliabilität durchgeführt (siehe http://www.fiss-bmbf.uni-hamburg.de/projekt-dirim%20niveau%20daz.html; Döll 2011).

---

13 Sie ist als Printversion (SÄCHSISCHES BILDUNGSINSTITUT 2009) und Internetversion (http://www.sachsen-macht-schule.de/sbi/10111.htm sowie unter http://www.foermig.uni-hamburg.de/web/de/all/mat/diag/niv/index.html) verfügbar; zudem steht die Erprobungsfassung vom INSTITUT FÜR QUALITÄTSENTWICKLUNG AN SCHULEN SCHLESWIG-HOLSTEIN (2009) unter http://www.foermig.uni-hamburg.de/web/de/all/mat/diag/niv/index.html digital zur Verfügung.

Zusammenfassend lässt sich folgendes Bild zeichnen: FöRMIG hat wesentliche Beiträge dazu geleistet, die zuvor bestehenden Lücken in der pädagogischen Sprachdiagnostik für den Sekundarbereich I zu schließen. Die Neuentwicklungen führen die für den Primarbereich geleisteten Arbeiten fort: Die „Niveaubeschreibungen Deutsch als Zweitsprache" für die Primarstufe decken die Sprachaneignungs- und Sprachlernprozesse für das Deutsche bis zum Ende der Grundschulzeit ab. „FöRMIG-Tulpenbeet" und „Tulpe L2" schließen mit punktuellen Bestimmungen des Sprachstands im Deutschen und in zwei Herkunftssprachen unmittelbar daran an. Zur Beobachtung der weiteren Lernprozesse im Fach Deutsch eignen sich die „Niveaubeschreibungen Deutsch als Zweitsprache" für die Sekundarstufe I, zur Beobachtung der Lernprozesse im Bereich des Deutschen als (Zweit- und) Bildungssprache können die Kompetenzraster der „Prozessbegleitenden Diagnose der Schreibentwicklung" eingesetzt werden.

Aufgrund fehlender Vertrautheit mit sprachdiagnostischem Arbeiten war die Akzeptanz bei den Lehrkräften der Sekundarstufe I zunächst geringer als in der Primarstufe. Dies änderte sich aber, wenn erkannt wurde, welchen Nutzen sprachdiagnostische Erkenntnisse für die unterrichtliche Arbeit bringen können. Besonders fremd musste die neue Aufgabe den Lehrkräften der Sachfächer erscheinen, die weder von ihrer Ausbildung noch von ihrem fachlichen Selbstverständnis her darauf eingestellt sein konnten. Umso bemerkenswerter ist die Aufgeschlossenheit vieler Fachlehrerinnen und Fachlehrer, die bei der Erprobung des prozessbegleitenden Diagnoseinstruments der AG SEK I und der „Niveaubeschreibungen Deutsch als Zweitsprache" für die Sekundarstufe I zu verzeichnen war.

Die FöRMIG-Erfahrungen zeigen aber auch, wie hoch der Handlungsbedarf ist, Lehrkräfte mit sprachdiagnostischen Aufgaben vertraut zu machen und die pädagogische Sprachdiagnostik an den Schulen zu implementieren. FöRMIG hat Voraussetzungen dafür geschaffen, dass diese Aufgabe erfolgreich angegangen werden kann – aber das Problem ist damit nicht aus der Welt geschafft.

Schärfer noch als im Primarbereich stellte sich im Sekundarbereich die Frage, wie die Arbeitszeit gewonnen werden kann, die für sprachdiagnostisches Arbeiten aufzuwenden ist. Als nächste Entwicklungsaufgabe steht an, auch für diesen Bereich eine Strategie der Kombination von Screening- und Diagnoseverfahren zu erarbeiten. Es bietet sich an, eine Nutzung von C-Tests (vgl. BAUR/SPETTMANN 2009) zu Screening-Zwecken in Kombination mit anschließender, mehr in die Tiefe gehender Analyse mittels der Schreibanalyse des „FöRMIG-Tulpenbeets" zu erproben.

5.2.3 Vom Sekundarbereich zur Berufsbildung

Für den dritten bildungsbiografischen Übergang stellt die pädagogische Sprachdiagnostik eine besondere Herausforderung dar. Dies hängt nicht nur mit dem Umstand zusammen, dass bei Programmstart keine geeigneten Verfahren vorlagen, sondern auch damit, dass die berufliche Bildung in hohem Maße fachbezogen ist und daher sprachlichen Fragen in der Regel weniger Aufmerksamkeit widmet als die allgemeinbildenden Schulen. Nur die berufsvorbereitenden Angebote machen davon eine nennenswerte Ausnahme. Hinzu kommen die sehr große Vielfalt der institutionellen Formen der beruflichen Bildung und die in der Regel kaum entwickelte Zusammenarbeit mit allgemeinbildenden Schulen.

Für die pädagogische Sprachdiagnostik an diesem Übergang entwickelten Mitglieder des Programmträgers (in Zusammenarbeit mit Marion Döll, Natascha Pütz-Legtchilo und Vesselin Mihaylov) das profilanalytische Instrument „FÖRMIG-Bumerang", das in den Sprachen Deutsch, Russisch und Türkisch vorliegt. Die deutsche Version ist im Anhang zu LENGYEL u.a. 2009, S. 207-241, veröffentlicht (siehe auch http://www.foermig.uni-hamburg.de/web/de/all/mat/diag/bum/index. html). „FÖRMIG-Bumerang" erfasst Schreibfähigkeiten mit allgemeinem Berufsbezug am Ende der Sekundarstufe I bzw. am Anfang der beruflichen Bildung.

Im ersten Teil der Schreibaufgabe werden die Schülerinnen und Schüler aufgefordert, ein Bewerbungsschreiben für einen Praktikumsplatz in der Redaktion eines fiktiven Jugendmagazins zu verfassen. Im zweiten Teil sollen sie als „Talentprobe" eine Bauanleitung zur Herstellung eines Bumerangs schreiben, die in dem Jugendmagazin veröffentlicht werden könnte; dazu liegt ihnen eine neunteilige Bildfolge als Unterlage vor. Die auf diese Weise produzierten Schülertexte werden anhand eines Auswertungsbogens analysiert. Die Analyse liefert Aussagen zum Stand der Textkompetenz, zur Syntax, zum Wortschatz und zu Elementen der Bildungssprache.

Als mehrsprachig angelegtes Instrument eignet sich der „FÖRMIG-Bumerang" auch dazu, Aussagen über das Verhältnis der schriftsprachlichen Entwicklung in der Familiensprache und im Deutschen zu treffen; ausgearbeitet wurden Fassungen für Russisch und Türkisch. DIRIM und DÖLL (2009) zeigen, wie solche Befunde im Rahmen der sprachkontrastiven Arbeit und/oder im Herkunftssprachlichen Unterricht aufgegriffen werden können.

Die Erfahrungen in den Basiseinheiten mit dem Einsatz des Instruments sind uneinheitlich und müssen im Kontext der zuvor dargelegten Gesamtsituation an dieser Schnittstelle gesehen werden. Von Beginn an hatte das Verfahren vor allem wegen des hohen Analyseaufwands mit

Akzeptanzproblemen zu kämpfen. Es wurden auch Bedenken hinsichtlich der Geschlechtsunabhängigkeit des Impulses geäußert. Bereits im Pretest hatte sich aber erwiesen, dass das Verfahren keine geschlechtsspezifische Verzerrung erzeugt.

Der „FÖRMIG-Bumerang" wurde auch bei der Programmevaluation eingesetzt und in diesem Zusammenhang selbst evaluiert. Er hat sich dabei als konsistentes und reliables Instrument mit Blick auf die gegebene Stichprobe erwiesen, das auch für längsschnittige Untersuchungen geeignet ist (vgl. dazu Kapitel 7). Allerdings hat sich im Rahmen der Programmevaluation auch gezeigt, dass der Teil „Bewerbungsschreiben" übungsanfällig zu sein scheint; das gilt nicht für den Teil „Bauanleitung" des Instruments. Für den Einsatz in wissenschaftlichem Verwertungszusammenhang wird durch weitere empirische Analysen noch ermittelt, welche der verwendeten Auswertungskategorien größere Unabhängigkeit von vorheriger Übung aufweisen.

Eine Möglichkeit, wie Sprachen und Sprachenlernen der Schülerinnen und Schüler an diesem Übergang stärker ins Blickfeld der Beteiligten gerückt werden können, bieten Dokumentationsmethoden der Berufswahlorientierung. Ein solches Instrument ist beispielsweise der „Berufswahlpass" für die Hand von Jugendlichen (vgl. http://www.berufswahlpass. de). Er liegt in allen Bundesländern vor und ist didaktisch-methodisch in die schulische Berufswahlorientierung insgesamt eingebunden. (Fach-) Sprachliche Kompetenzen und Fragen sprachlicher Bildung werden dabei jedoch nicht behandelt. Im Bremer FÖRMIG-Projekt „Förderung der Sprachkompetenz und Selbstwirksamkeit" wurde daher ein „Portfolio Interkulturelle Kompetenz" entwickelt, das sich in den Berufswahlpass integrieren lässt und sich als gezielte Ergänzung versteht (vgl. PIONTEK 2009, S. 187). Mit der Portfolioarbeit lernen die Jugendlichen auch solche Kompetenzen zu beschreiben, die aus der Migrationssituation erwachsen und die für ihre Berufsfindung und ihre Selbstpräsentation relevant sein können. Ein Schwerpunkt dieses Portfolios behandelt „Sprache und Kommunikation".

Zusammenfassend kann man sagen, dass mit „FÖRMIG-Bumerang" eine Neuentwicklung vorliegt, die erstmals Möglichkeiten einer fundierten pädagogischen Sprachdiagnostik an der Schnittstelle von der Sekundarstufe I zur beruflichen Bildung eröffnet. In der Weiterentwicklung ist hier wie an den beiden anderen Schnittstellen eine Koppelung von Screening- und Diagnoseverfahren anzustreben. Hinzukommen sollte die Erarbeitung eines prozessbegleitenden Instruments, die an den Erfahrungen bei der Entwicklung des Bremer „Portfolios Interkulturelle Kompetenz" ansetzen könnte.

6 Diagnosegestützte Planung bildungssprachförderlicher Angebote

Pädagogische Sprachdiagnosen sind kein Selbstzweck, sondern dienen dazu, sprachdidaktisches Handeln zu optimieren. Die jeweilige Kenntnis des Sprachstands eröffnet Möglichkeiten einer differenzierten, auch individuell passenden Sprachbildung, die mehr Erfolg verspricht als ein allgemeines Vorgehen, das keine Unterschiede macht.

Einsichtige Zusammenhänge zwischen pädagogischer Sprachdiagnose und sprachdidaktischen Entscheidungen herzustellen gehört aber bislang weder zu den Ausbildungsinhalten für die pädagogischen Berufe noch zu den Routinen der pädagogischen Praxis. So zeigt etwa die Evaluation der „Lerndokumentation Sprache" in Berlin, dass nur rund ein Drittel der Lehrkräfte die Dokumentation, wie vorgesehen, als Grundlage zur Erstellung von Förderplänen oder zur Festlegung von Förderschwerpunkten eingesetzt hat. Solche Zurückhaltung hat ihren Sachgrund in der Schwierigkeit, die analytischen Aussagen einer Sprachstandsdiagnose so zu nutzen, dass sie sich in der didaktischen Planung wiederfinden. Denn es ist klar, dass aus den Diagnoseergebnissen nicht unvermittelt handlungsleitende Erkenntnisse „abgeleitet" werden können. Vielmehr müssen pädagogische Maximen und didaktische Grundsätze hinzutreten, und es müssen lokale Gegebenheiten berücksichtigt werden, um zu begründeten und umsetzbaren Entscheidungen zu kommen. Dabei ist zu beachten, dass die Logiken der Sprachenaneignung und des sprachlichen Lernens nicht deckungsgleich sind mit der Logik des voll entwickelten Sprachsystems. Die Indikatoren des Sprachstandes sind Hinweise auf den Stand einer sprachlichen Entwicklung, nicht Modelle der Spracherwerbsprozesse. Das eine mit dem andern in Verbindung zu setzen, verlangt einen erheblichen Übersetzungsaufwand, bei dessen Systematisierung die Forschung insgesamt noch nicht sehr weit gediehen ist – geschweige denn, dass bereits spezifizierte Ergebnisse mit Blick auf die Förderung mehrsprachiger Kinder und Jugendlicher vorlägen (vgl. REICH 2005, S. 152f.).

Aus den Basiseinheiten der FörMiG-Projekte lassen sich daher nur Ansätze zur diagnosegestützten Planung bildungssprachförderlicher Angebote beitragen. Ihre Zusammenfügung zu einem umfassenderen didaktischen Konzept bleibt eine noch zu erfüllende Aufgabe.

Zusammenhänge zwischen Diagnoseergebnissen und didaktischen Entscheidungen sind herzustellen in Bezug auf die Organisation der Sprachbildung, in Bezug auf die Ziele und in Bezug auf die Methoden der Förderung. Über die Arbeit mit Portfolios wird in einem abschließenden Teil eigens berichtet.

6.1 Organisatorische Entscheidungen

Unterschiedliche Sprachentwicklungsstände in einer Lerngruppe begründen Maßnahmen der organisatorischen Differenzierung in der Sprachbildung. Welcherlei Maßnahmen dies sind, ergibt sich aber erst, wenn pädagogisch entschieden ist, ob eher die Bildung tendenziell homogener Fördergruppen angezeigt ist oder eine bewusst angegangene Arbeit mit heterogenen Gruppen. Die Entscheidung für das eine oder das andere kann nach lokalen Gegebenheiten getroffen werden – die FörMig-Evaluation hat keine Hinweise darauf ergeben, dass die eine oder andere Organisationsform bevorzugt werden sollte.

Bei der Arbeit mit heterogenen Gruppen steht die Möglichkeit einer offenen (prinzipiell schülergesteuerten) Unterrichtsorganisation, bei der die diagnostischen Ergebnisse nur eine geringe Rolle spielen, neben der Alternative einer (prinzipiell lehrergesteuerten) Differenzierung, die sich auf die Sprachenprofile der Lernenden bezieht. Hinzu kommt die Rücksicht auf administrative und personelle Gegebenheiten. So haben in vielen FörMig-Projekten die Regelungen der Bundesländer zur Vergabe zusätzlicher Fördermittel eine Rolle gespielt, welche Formen der äußeren Differenzierung im Sinne *zusätzlicher* Angebote für Förderbedürftige begünstigen. Hierzu nun liefert die FörMig-Evaluation Hinweise, die weiter geprüft werden sollten: Die additiven Maßnahmen der Förderung haben sich, über das ganze Modellprogramm hinweg gesehen, *nicht* als die erfolgreichsten erwiesen.

Jenseits dessen gibt es gute Gründe für die Gestaltung additiver Maßnahmen, wenn es um die Einführung von Neuzugewanderten in die deutsche Sprache geht. Dies war das besondere Anliegen der FörMig-Projekte in Schleswig-Holstein und Sachsen, und es hat sich ausweislich der Evaluationsergebnisse auch bewährt. Hier werden die Kinder und Jugendlichen in eigenen Klassen auf die Teilnahme am Unterricht in Regelklassen vorbereitet und schrittweise integriert. Sie erhalten einen grundlegenden Unterricht in Deutsch als Zweitsprache (auch als Integrationsbegleitung) durch hierfür eigens qualifizierte Lehrkräfte. Mit dem Instrument „Niveaubeschreibungen Deutsch als Zweitsprache" wurde begonnen, den schrittweisen Übergang in den Regelunterricht durch die Beobachtung der zunehmenden Kompetenzen im Deutschen zu steuern und im Einzelnen zu begründen sowie die sprachlichen Angebote in der Vorbereitungsgruppe wie im Regelunterricht auf die einzelnen Schüler und Schülerinnen abzustimmen.

Die Bildung eigener Fördergruppen führt häufig nicht zu der möglicherweise damit intendierten Homogenisierung, es bleiben Unterschiede im Sprachstand, die dann Anlass zu binnendifferenzierenden Maßnahmen *innerhalb* der jeweiligen Fördergruppe geben. Ein solcher binnendif-

ferenzierter Förderunterricht ist in FöRMig eine häufige Organisationsform gewesen, so z.b. im Bremer Projekt „Förderung von Sprachkompetenz und Selbstwirksamkeit", in Bad Kreuznach, in FöRMig Mecklenburg-Vorpommern, FöRMig Nordrhein-Westfalen, FöRMig Schleswig-Holstein und FöRMig Plus Brandenburg.

Formen der äußeren Differenzierung müssen nicht notwendigerwei-
se als Herausnahme Einzelner aus der Stammgruppe oder dem Klassen-
verband (die oft als diskriminierend empfunden wird) organisiert sein,
sondern können auch als allgemeine temporäre Reorganisation der Lerngruppen praktiziert werden: Im Projekt FöRMig Bad Kreuznach beispielsweise wurde in einer Basiseinheit aufgrund der individuell sehr heterogenen Ausgangslagen der Deutschunterricht nicht mehr im Klassenver-
band durchgeführt; stattdessen wurden innerhalb der Deutschstunden
neue Lerngruppen gebildet (vgl. Miethner 2007, S. 36).

Im Schwerpunkt „Offener Ganztag" in FöRMig Nordrhein-Westfalen
werden die Lehrkräfte und die pädagogischen Fachkräfte durch einen
Arbeitskreis „Sprachförderung im Offenen Ganztag" unterstützt, der
sich auch mit Fragen der Sprachdiagnostik und der darauf aufbauenden
Unterrichtsplanung beschäftigt. Beispielhaft kann das diagnosegestützte Vorgehen an einem Standort vorgestellt werden: Aufbauend auf die
Ergebnisse von „HAVAS 5" im Türkischen und im Deutschen wurden
individuelle Förderpläne in Kooperation zwischen der Lehrkraft für den
Türkischunterricht, der Klassenleitung und der pädagogischen Fachkraft
im Offenen Ganztag erstellt. Die Förderplanung dient als Ausgangslage
für die am Nachmittag durchgeführten Sprachfördermaßnahmen, einschließlich der Hausaufgabenbetreuung. Die äußere Differenzierung erfolgt durch die Klassenleitung, während die pädagogische Fachkraft für
die Binnendifferenzierung in den Nachmittagsangeboten zuständig ist.

Formen der inneren Differenzierung haben im Verlauf von FöRMig an
Zustimmung in den Basiseinheiten gewonnen – und die Evaluationsergebnisse weisen darauf, dass sich dieses Vorgehen bewährt. Es ist allerdings schwer festzustellen, was im Einzelnen konkret mit diesem Begriff
bezeichnet worden ist. In der Praxis – so auch in den FöRMig-Projekten
– entscheidet die einzelne Lehrkraft über ihr Differenzierungsmodell.
Dabei gibt es eine ganze Reihe von Alternativen. Innere Differenzierung kann bedeuten, im Regelunterricht alle Schülerinnen und Schüler
gleichermaßen zu beteiligen und dabei vielleicht nach Aufgabenschwie-
rigkeit zu unterscheiden; es kann bedeuten, Sprachenprofile bei der Bildung von Arbeitsgruppen zu berücksichtigen, abgestufte Arbeitsblätter
zu verwenden oder bei der Arbeit mit Lernstationen und Wochenplänen
individuellen Leistungsunterschieden Rechnung zu tragen. Dabei können Sprachdiagnoseergebnisse dazu verwendet werden, innerhalb der
Großgruppe sprachlich relativ homogene Teilgruppen zu schaffen, aber

auch umgekehrt – im Sinne des Cooperative Learning (vgl. HUBER 1993) – Gruppen bewusst heterogen zusammenzusetzen, um das interaktive Lernen zu stärken.

Im Berliner FÖRMIG-Projekt am Übergang vom Elementarbereich zur Grundschule wurde von Beginn an auf innere Differenzierung im Regelunterricht gesetzt, da in der neu eingeführten jahrgangsgemischten Schuleingangsphase zwangsläufig binnendifferenziert gearbeitet werden musste. In den Schulen, in denen kooperative Lernformen bereits etabliert waren, leiste die Lerndokumentation Sprache dabei Planungshilfe, temporäre Lerngruppen zu bilden.

Generell kommt es viel auf das pädagogische Klima der Einrichtung bzw. der Schule an. So kommt FÖRMIG Mecklenburg-Vorpommern zu dem Schluss: „Wenn diese auf den gesamten Unterricht ausgerichteten Prinzipien [gemeint: Binnendifferenzierung, Individualisierung, Förderplanarbeit] allgemeine Unterrichtspraxis wären, könnte eine [integrierte] Sprachförderung DaZ viel besser daran anknüpfen" (MECKLENBURG-VORPOMMERN 2009, S. 13).

Äußere und innere Differenzierung werden oft gegeneinander ausgespielt. Dass dies nicht so sein muss, zeigen die organisatorischen Entscheidungen am Übergang von schulischer zu beruflicher Bildung im Bremer FÖRMIG-Projekt „Förderung von Sprachkompetenz und Selbstwirksamkeit SuS". Hier existieren an den beteiligten Schulen drei Modelle nebeneinander: innere Differenzierung im Regelunterricht (im Projekt als „integrierte Förderung" bezeichnet), individuelle Förderung nach Bedarf in einer zusätzlichen Stunde und zusätzlicher Förderunterricht in Gruppen. Die Entscheidung für individuelle Förderung nach Bedarf basiert überwiegend auf der bisherigen Schulbiographie, den Noten aus Klassenarbeiten, aber auch Beobachtungen, einschließlich sprachlicher Beobachtungen; besonders bei Seiteneinsteigern sei diese Form der Förderung zielführend. Zusätzlicher Förderunterricht in Gruppen ist insgesamt das dominierende Modell. Dazu ist im Bremer Projekt eine Reihe von Gelingensbedingungen herausgearbeitet worden, unter denen eine kriteriengeleitete (d.h. auch diagnosegestützte) Zuordnung der Schüler zu den Fördergruppen eine wesentliche Rolle spielt. Es wäre lohnenswert, diese Ausarbeitung auf der Grundlage einer empirischen Prüfung weiterzuentwickeln.

6.2 Entscheidungen über Methoden

Dass die Erhebung der sprachlichen Lernvoraussetzungen auch für Entscheidungen über Methoden genutzt werden kann, zeigt ein Beispiel aus Berlin: Eine Erhebung zur Lernausgangslage in Klasse 7 hatte ergeben, dass nur wenige Schülerinnen und Schüler jemals ein Buch gelesen hatten. Von diesem Ergebnis ausgehend wurde ein Konzept zur Leseförderung entwickelt, das das Lesen von Zeitschriften (als „Vorstufe" zum Lesen von Büchern), gesonderte Lesezeiten, die Durchführung von Lesewochen, Lesewettbewerben und Lesefesten umfasste.

Ein anderes Beispiel bietet FÖRMIG Brandenburg. Hier wurde ein Förderkonzept für literale Basisqualifikationen am Übergang vom Primar- zum Sekundarbereich entwickelt. Eine Überprüfung, zu der auch Analysen von Schülertexten gehörten, ergab im Hinblick auf die Methoden, dass anstelle von Lehrervorträgen mehr individualisierende und kooperative Lernmethoden wie Stationen-, Gruppen- und Partnerarbeit eingesetzt werden sollten, da die Inhalte durch schüleraktivierende Methoden besser und nachhaltiger angeeignet würden.

Bei der Klärung der Frage, ob in der Förderung am Übergang von der Elementarstufe zur Grundschule ein sach- oder sprachthematisches Vorgehen zu bevorzugen sei, erarbeiteten die Länder unterschiedliche Konzepte. Während sich eine Basiseinheit im FÖRMIG-Projekt Bad Kreuznach für ein sachorientiertes Vorgehen entschieden und Material für ein Gesamtkonzept entwickelt hat, das zwischen Kindertagesstätte und Schule abgestimmt ist und sich an gemeinsamen Sachthemen orientiert, spricht sich FÖRMIG Brandenburg für ein sprachbezogenes Vorgehen aus. Vom Programmträger wurde vorgeschlagen, diese Kontroverse durch den Bezug auf sprachdiagnostische Ergebnisse aufzulösen: Ein Vorgehen, das primär an sprachlichen Gesichtspunkten orientiert ist, sei „nach Kenntnisstand der Sprachdidaktik bei großem Abstand zwischen den vorhandenen und den erforderlichen Sprachfähigkeiten das empfehlenswertere Vorgehen." Die Orientierung am Lerngegenstand sei „eher bei geringeren Abständen geboten, also bei einem Sprachstand, der eine direkt auf den Regelunterricht bezogene Förderung, die im Idealfall eine vorbereitende Förderung sein sollte, als aussichtsreich und motivierend erscheinen lässt" (PROGRAMMTRÄGER MODELLPROGRAMM FÖRMIG 2009, S. 90).

6.3 Entscheidungen über Ziele des sprachlichen Lernens

Die sprachdiagnostisch ermittelten Sprachenprofile der Kinder und Jugendlichen bilden die Ausgangssituationen ihrer weiteren Sprachenaneignung und ihres weiteren sprachlichen Lernens ab. Um didaktische Wege planen zu können, müssen diese Ausgangssituationen zu Aneignungs- bzw. Lernzielen ins Verhältnis gesetzt werden. Hierzu kommen zweierlei Verfahren in Betracht: eine „sprachentwicklungsbezogene" und eine „schulbezogene" Bestimmung der Ziele.

Die entwicklungsbezogenen Verfahren basieren auf der Stufentheorie des (Zweit-)Spracherwerbs, welche in dem von Vygotskij geschaffenen Begriff der „Zone der nächsten Entwicklung" ihr entwicklungspsychologisches Pendant hat. Der Grundgedanke ist, dass das Kind aus den Eindrücken, die ihm begegnen, das aufgreift, was ihm aufgrund seiner bis dahin erworbenen Kenntnisse und Fähigkeiten zugänglich ist. In diesem Aufgreifen sind auch immer Anlässe zur Reorganisation dieser vorhandenen Kenntnisse und Fähigkeiten enthalten. Zu unterscheiden ist zwischen einer mehr oder minder gesicherten Zone der aktuellen Entwicklung einerseits und einer Zone der nächsten Entwicklung, an der das Kind noch „arbeitet", andererseits. Im Bereich der Sprache zeigt sich diese Zone der nächsten Entwicklung an den „vorläufigen" Zwischen- oder Übergangsformen, welche belegen, dass Aneignungsprozesse im Gange, aber noch nicht abgeschlossen sind (vgl. EHLICH/BREDEL/REICH 2008). Die entwicklungspsychologische Annahme ist, dass das Kind für Anregungen aus der Zone der nächsten Entwicklung besonders empfänglich ist. Diese Disposition sollte sich die Didaktik nicht nur im Sinne eines unmittelbaren Eingehens auf solche „Vorgriffe", sondern auch im Sinne didaktischer Planung zunutze machen. In diesem Sinne verstehen viele Projekte die didaktischen Anschlussmöglichkeiten von „HAVAS 5", „FÖRMIG-Tulpenbeet" und „FÖRMIG-Bumerang".

Die Alternative zu den entwicklungsbezogenen Verfahren besteht darin, von den sprachlichen Anforderungen auszugehen, die die Schule, genauer: die schulischen Curricula, an alle Schüler und Schülerinnen richten, und die didaktischen Entscheidungen darauf zu beziehen. Als Beispiel eines solchen Vorgehens wurden in FÖRMIG die „Sprachprofile Basel Stadt" (ERZIEHUNGSDEPARTEMENT KANTON BASEL-STADT 2006) vorgestellt und diskutiert. Diese Profile verstehen sich als Instrument zur Planung des Unterrichts (aller Fächer) unter sprachlichen Gesichtspunkten. Sie beschreiben die für den Schulerfolg zentralen sprachlichen Kompetenzen. Unter Bezug darauf werden inhaltliche Standards der Unterrichtsgestaltung im Hinblick auf die Bereitstellung von Angeboten vorgestellt, die den jeweiligen Kompetenzerwerb unterstützen.

Die im Rahmen von FÖRMIG selbst entwickelten „Niveaubeschreibungen DaZ" und die „Prozessbegleitende Diagnose der Schreibentwicklung" gehen ebenfalls von angezielten sprachlichen Aktivitäten im Unterricht aus, denen hinführende Stufen zugeordnet werden, so dass die einzelnen Stationen der didaktischen Passage von der Ausgangsstufe zur Zielstufe geplant werden können.

Bei der Verbindung von Diagnoseergebnissen und didaktischen Entscheidungen haben die FÖRMIG-Projekte vielfach mit individuellen Förder- oder Lernbegleitungsplänen gearbeitet, in denen eben diese Verbindung reflektiert wird. Eine Gefahr dabei kann das Herstellen allzu direkter Bezüge sein – eine Gefahr deshalb, weil das isolierte Üben von Einzelschwierigkeiten (z.B. Pluralformen, Artikel, Vergangenheitsformen) wenig Erfolg für die Sprachaneignung verspricht, wenn die Anwendungszusammenhänge nicht präsent sind, in denen diese sprachlichen Mittel gebraucht werden. Ratsam ist stattdessen, mit größeren sprachlichen Einheiten, Sprachhandlungen oder Texten zu arbeiten, in denen bestimmte Sprachmittel zwangsläufig oder mit hoher Wahrscheinlichkeit auftreten. So kann in erzählenden Monologen die Aufmerksamkeit des Schülers oder der Schülerin auf unterschiedliche Vergangenheitsformen gelenkt werden, in informierenden Sprachhandlungen auf konditionale Beziehungen usw.

In diesem Sinne wurden im Hamburger FörMig-Projekt „HAVAS 5" Formate entwickelt, die das Sprachenprofil des Kindes zum Ausgangspunkt für die individuelle Förderplanung nehmen (vgl. Landesinstitut für Lehrerbildung und Schulentwicklung Hamburg 2005, 2007/Hamburg 2005). Sie bieten Muster für die konkrete Formulierung des Sprachenprofils von Kindern. Dies bietet den Vorteil, dass die Aneignungsschritte leichter verfolgt und überprüft werden können als bei groben und übergeordneten Zielen (wie z.B. „die Sprachfähigkeit verbessern"). Die im Hamburger Projekt entwickelten Formate wurden in weiteren Basiseinheiten eingesetzt und für die aufbauende Sprachförderung genutzt. Das Projekt hat hierfür zusätzlich Fördermodule entwickelt, die zur Arbeit an den Feinzielen genutzt werden können und die auf unterschiedliche sprachliche Anforderungen fokussieren: Sprachförderarbeit mit Bildern (allgemeinsprachliche Kompetenz), naturwissenschaftliche Experimente mit Wasser (Vorbereitung bildungs- und fachsprachlicher Kompetenz), Mehrsprachigkeit (metasprachliche Kompetenz). In anderen FörMig-Basiseinheiten, wie z.B. in Duisburg und Mönchengladbach, wurden eigene Förderpläne entwickelt, die sich an den Indikatoren von „HAVAS 5" orientieren.

Die Entscheidungen über Feinziele sprachlichen Lernens beziehen sich ganz überwiegend auf Deutsch als zweite Sprache. Es gibt jedoch Ansätze auch für die Erstsprachen, so in Hamburg selbst und in Bad Kreuznach, wo Lehrkräfte des herkunftssprachlichen Unterrichts an den FörMig-Aktivitäten beteiligt waren.

Eine Grundschule in FörMig Nordrhein-Westfalen arbeitet mit dem Instrument des „Planungsfelds". Ein Planungsfeld hat zum Ziel, die schulischen und außerschulischen zweisprachlichen Lernprozesse der Schülerinnen und Schüler zu synchronisieren. Es orientiert sich an Kerninhalten und damit verbundenen, ggf. auszubauenden Sprachhandlungen (z.B. Informieren, Erklären, Berichten) und den hierfür notwendigen lexikalischen und syntaktischen Mitteln (vgl. Quehl/Scheffler 2008, S. 66-79). Auf diese Weise können Differenzierungen hinsichtlich der jeweils vorhandenen sprachlichen Ressourcen der Kinder und der sprachlichen Lernziele vor dem Hintergrund des Lerngegenstands vorgenommen werden.

FörMig Mecklenburg-Vorpommern hat in Umsetzung einer Verwaltungsvorschrift des Landes zur Eingliederung von Schülern nichtdeutscher Herkunftssprache einen Förderplan entwickelt, erprobt und evaluiert, der ebenfalls Ergebnisse der Sprachdiagnose aufgreift. Er umfasst die Bereiche Hörverstehen, Sprechen, Lesen, Schreiben und nimmt auf Erst- und Zweitsprache Bezug. In der Handreichung „Organisation und Methoden der Sprachförderung DaZ in der Sekundarstufe I in Mecklenburg-Vorpommern" widmet sich ein Kapitel ausführlich der „Erstellung eines individuellen Förderplans", in dem auch über die bisherigen Erfahrungen im Einsatz berichtet wird (RAA MECKLENBURG-VORPOMMERN 2009a). Die Evaluation zum Umgang mit den Förderplänen hat ergeben, dass die Lehrkräfte die von FörMig bereitgestellten Sprachstandserhebungen Deutsch und Russisch nutzen (Leseverständnis und Textproduktion) und zusätzlich Beobachtungen aus unterrichtlichen Gesprächen und Aufgaben heranziehen. Die Festlegung der Förderschwerpunkte erfolgt in allen Basiseinheiten in Teamstrukturen. Fachlehrkräfte werden einbezogen, was eine besondere Herausforderung darstellt. Zusammenfassend heißt es in dem Bericht des Projekts: „Die Erstanfertigung der Förderpläne ist aufwendig, die Weiterführung ist hilfreich, um Tendenzen sichtbar zu machen und individuelle Probleme genauer diagnostizieren zu können" (MECKLENBURG-VORPOMMERN 2008, S. 20).

FörMig Plus Brandenburg hat ein individuelles Rückmeldeformat entwickelt, das Informationen beinhaltet, die von dem sprachdiagnostischen Verfahren „TULPE L2" hinsichtlich der schriftlichen narrativen Kompetenz generiert werden. Diese sind in gut verständlicher Form aufbereitet (z.B. durch Textbeispiele) und bilden ein individuelles Sprachprofil für jeden Schüler, jede Schülerin ab. Parallel dazu wurde ein Konzept zur Schreibförderung vorgelegt, das in seinen Schwerpunkten in Korrespondenz zu den Auswertungskategorien der Diagnose steht; es lenkt die Aufmerksamkeit insbesondere auf narrative Muster und Textkohärenz.

Im rheinland-pfälzischen FörMig-Projekt AMquiP wurden auf Basis des Sprachstands zu Beginn der Ausbildung an der Berufsfachschule individuelle Förderpläne entwickelt, die in einer Datenbank erfasst und um Berichte über die Durchführung und deren Bewertung ergänzt werden. Aus dieser Datenbank kann auch eine auf die einzelnen Schülerinnen und Schüler bezogene Rückmeldung über deren momentanen Entwicklungsstand abgerufen werden.

Im einer nordrhein-westfälischen FörMig-Basiseinheit wurde ein Instrument zur Förderplanung erprobt, das von dem Projekt „Beruf im Zentrum – Eingliederung benachteiligter Schüler und Schülerinnen" entwickelt worden ist (vgl. KOCH/KORTENBUSCH 2007). Das Instrument stützt sich auf Selbst- und Fremdeinschätzungen, auch hinsichtlich sprachlicher Kompetenzen im Deutschen, und diese Einschätzungen bilden die Grundlage für Planungsgespräche mit den Schülerinnen und Schülern, die in regelmäßigen Abständen stattfinden. Inwieweit hierbei auch Feinziele sprachlichen Lernens formuliert werden, ist nicht bekannt.

Die Zielvorstellung, dass bei der Unterrichts- und Förderplanung die Berücksichtigung von Sprachdiagnoseergebnissen stärker als bislang ins Blickfeld rücken sollte, verlangt von den pädagogischen Kräften erhebliche Umorientierungsleistungen. Für sie steht in der Regel das didaktische Handeln selbst im Mittelpunkt ihrer Bemühungen; die darauf bezogenen Entscheidungen von Diagnoseergebnissen abhängig zu machen wird eher als zusätzliche Aufgabe und Belastung wahrgenommen, deren unmittelbarer Nutzen für die Sprachförderung nicht immer einsichtig ist. Um hier eine Weiterentwicklung zu erreichen, muss möglicherweise die didaktische Planungsarbeit als Ganze neu in den Blick genommen werden – Sprachdiagnostik, ihre Zwecke und adäquate Vorgehensweisen sollten in den Kontext von (Qualifizierung zur) Unterrichtsentwicklung gestellt werden, damit sie Lehrkräften einsichtig wird. Ansätze hierzu hat es im Programm gegeben. So hat beispielsweise FÖRMIG Schleswig-Holstein ein Modul zur „Unterrichtsplanung" in sein Fortbildungsprogramm aufgenommen. In FÖRMIG Berlin wurden Fortbildungsreihen für ein ganzes Jahrgangsteam durchgeführt, in denen dem Austausch über Methoden der Sprachförderung und Absprachen zur Bearbeitung sprachlicher Inhalte Raum gegeben wurde (vgl. dazu Kapitel 10).

Zusammenfassend ist zu sagen, dass mit dem Modell der entwicklungsbezogenen didaktischen Planung eine Grundfigur der durchgängigen Sprachbildung bezeichnet ist. Orientierung am individuellen Entwicklungsstand bedeutet dabei nicht Verzicht auf die curricular begründete Zielsetzung, sondern ein Ausschreiten der Wege, die vom individuellen Entwicklungsstand zu jenen Zielen führen, die in Gestalt der curricularen Vorgaben als gesellschaftlich verbindlich gesetzt sind. Die konkreten Schritte auf diesem Weg sind aber nicht durch eine Logik der mechanischen Ableitung aus den Ergebnissen der Sprachdiagnose zu bestimmen, sondern richten sich nach den Erkenntnissen und Erfahrungen der didaktischen Praxis. Darum, nicht nur wegen mangelnder Forschungsergebnisse zum Zusammenhang von Diagnose und Förderung, ist hier die professionelle Konzeption der Sprachbildungsaufgabe von entscheidender Bedeutung. Das Wesentliche ist gewonnen, wenn die pädagogischen Fachkräfte und die Lehrkräfte die Vergewisserung über den individuellen Sprachstand der Schülerinnen und Schüler als selbstverständlichen und immer wiederkehrenden Bestandteil ihrer didaktischen Planung verstehen und entsprechend handeln.

6.4 Arbeiten mit Portfolios

Auf eine indirektere Weise als pädagogische Sprachdiagnosen können auch Sprachenportfolios in die sprachdidaktische Planung hineinwirken.

Als entsprechende Entwicklungen sind hier zunächst die Berliner Materialien zur Sprachförderung zu nennen, zu denen eine „Schatzkiste" gehört, die als kindgerechte Form eines Sprachenportfolios gelten kann. Ihre Begutachtung durch zwei Expertinnen, Gudula List und Mechthild Dehn, kommt zu dem Schluss, dass die „Schatzkiste" geeignet ist, bei den Kindern reflexive Lernprozesse zu initiieren. Eine Lehrerbefragung über ihren Einsatz allerdings erbrachte keine konsistenten Ergebnisse. In einigen Klassen wurde sie eher unregelmäßig thematisiert und spielte keine Rolle im Unterricht. In anderen Klassen hingegen wurde sie sorgfältig eingeführt und immer wieder im Unterricht genutzt. In diesen Klassen lernten die Kinder, selbständig damit umzugehen, und sie diente dort auch als Anlass für Gespräche über das Lernen mit Kindern und Eltern.

Im saarländischen FörMig-Projekt SIGNAL wurden Lerntagebücher angelegt, die der individuellen Dokumentation für das Kind und als Präsentation für die Eltern dienen und in der zusätzlichen Förderarbeit genutzt werden. Daneben werden sogenannte Familientagebücher erstellt, die z.B. einen Familienstammbaum, Fotos und ein Stück Familiengeschichte enthalten, welche die Eltern in Deutsch und ihrer Herkunftssprache zusammenstellen. Leider fehlen konkrete Erfahrungsberichte zur unterrichtlichen Nutzung.

Eine Neuentwicklung des Bremer FörMig-Projekts „Förderung von Sprachkompetenz und Selbstwirksamkeit SuS" ist das „Portfolio Interkulturelle Kompetenz", das auch in FörMig-Nordrhein-Westfalen erprobt wurde. Es gliedert sich in die vier Schwerpunkte „Eigene Person und Zukunftswünsche"; „Sprache und Kommunikation"; „Lebenswelten"; „Arbeitswelt", und dient primär der Erkenntnis und Darstellung eigener Potenziale der Jugendlichen (vgl. PIONTEK 2008). Dies kann vielfach unterrichtlich verwertet werden: „Kleine Reflexionen und Kompetenzbeschreibungen, die im Ordner gesammelt werden, sind Bausteine für schriftliche Bewerbungen und mündliche Präsentationen. Sie können Orientierungspunkte für das eigene Auftreten bieten" (BREMEN SuS 2009, S. 35). Auch im Hinblick auf die sprachlichen Anforderungen wird kleinschrittig vorgegangen: Die Beantwortung der Fragen kann in einzelnen Sätzen erfolgen; am Ende jedes Kapitels wird dann auf der Grundlage dieser Sätze ein zusammenhängender Text verfasst. Dabei wird insbesondere auch an dem Problem gearbeitet, aus einzelnen Antworten Zusammenhänge herzustellen und verallgemeinernde Schlussfolgerungen zu ziehen.

Insgesamt ist zu den Entwicklungen im Modellprogramm in diesem Teilbereich festzustellen, dass die FöRMiG-Basiseinheiten die Aufgabe, eine diagnosegestützte Förderung zu praktizieren, von vielen erfolgversprechenden Seiten her aufgegriffen haben. Hier ist der Boden für fruchtbare Weiterentwicklungen bereitet worden, und es wird auf dieser Grundlage auch möglich sein, experimentelle Interventionsvorhaben zu initiieren und zu evaluieren. Die Chance, dies in einem systematischen länderübergreifenden Transfervorhaben zu leisten, ist durch die Entscheidung der Kultusministerkonferenz gegen ein solches Projekt bedauerlicherweise vertan worden.

7 Programmevaluation

In den beiden vorangehenden Kapiteln wurden das Thema Diagnostik und die Instrumente, die zu diagnostischen Zwecken im Modellprogramm FörMig entwickelt wurden, mit dem Augenmerk auf ihren pädagogischen Gehalt und Einsatz vorgestellt. Das folgende Kapitel betrifft die dazu komplementäre Verwendung der Diagnoseinstrumente im Rahmen der Programmevaluation von FörMig.

Die zentrale Evaluation des Modellprogramms, die zu den Aufgaben des Programmträgers gehörte, geht über den Einsatz der sprachdiagnostischen Instrumente hinaus – aber sie stehen im Zentrum dieser Evaluation. Das Modellprogramm ist mit dem Anspruch angetreten, eine Förderung sprachlicher Fähigkeiten zu erreichen. Soweit dies im gegebenen Rahmen möglich ist, mussten sich die Aktivitäten der FörMig-Basiseinheiten an diesem Anspruch auch messen lassen. Es liegt also gleichsam in der Natur von FörMig, Sprachstandsmessung in den Mittelpunkt der Evaluation zu stellen.

Dass dies aber nicht ohne weiteres möglich war, wurde in den vorigen Kapiteln bereits erläutert – größtes Hindernis war, dass inhaltlich angemessene und nach den Regeln der Kunst geprüfte Instrumente, die ohne weiteres hätten zum Einsatz kommen können, bei Beginn des Modellprogramms nicht zur Verfügung standen. Ein Teil der Evaluationsaufgabe des Programmträgers bestand daher in der Entwicklung und empirischen Prüfung entsprechender Instrumente. Resultat dieser Arbeit sind die nun vorliegenden neuen Instrumente FörMig-Tulpenbeet und FörMig-Bumerang, verbunden mit neu- bzw. weiterentwickelten empirisch geprüften Indikatorensystemen für die Auswertung im Evaluationszusammenhang (für das Instrument HAVAS 5) (Lengyel/Reich u.a. 2009). Dies ist ein eigenständiges, von Transfervorhaben der Länder unabhängiges Resultat des Modellprogramms. Inwieweit die nun vorliegenden Instrumente unmittelbar praxistauglich sind bzw. einer weiteren Optimierung bedürfen, bevor sie Erfordernissen der Unterrichtspraxis standhalten, wird in einem Anschluss-Forschungsprojekt überprüft, das im Rahmen der BMBF-Initiative Bildungsforschung im Programm „Forschungsinitiative Sprachdiagnostik und Sprachförderung FiSS" gefördert wird (Gogolin/Schwippert 2009).

Das folgende Kapitel gibt einen Gesamtüberblick über die Ergebnisse der summativen Programmevaluation. Einleitend wird der erziehungswissenschaftliche Ansatz erläutert, der die Evaluation maßgeblich geprägt hat. Im Anschluss wird eine Übersicht über die Durchführung der Evaluation, das Design der Datenerhebungen und die verwendeten Instrumente gegeben. Sodann folgt die Darstellung der Ergebnisse. Sie stützt sich vor allem auf die Daten der zweiten Kohorte der Kinder und Jugendlichen, die in der Programmevaluation untersucht wurden – denn:

Ziel der summativen Programmevaluation ist zu ermitteln, ob die an FÖRMIG beteiligten Einrichtungen „gelernt" haben – ob also FÖRMIG seinem Anspruch gerecht wurde, dass es ein „lernendes Programm" ist. Wäre es das, so würden die in der zweiten Kohorte erzielten Ergebnisse der Sprachbildung (unter Berücksichtigung von Ausgangsmerkmalen der Geförderten) besser sein als die der ersten Kohorte. Hierin liegt ein wichtiger Indikator für den Erfolg von FÖRMIG: dass die beteiligten Basiseinheiten ihre Aktivitäten in der Laufzeit des Programms optimieren konnten, was dadurch angezeigt wird, dass die im fortgeschrittenen Programm geförderten Kinder oder Jugendlichen zu besseren sprachlichen Fähigkeiten geführt werden als die im Anfangsstadium des Programms geförderten.

Die Darstellung der Ergebnisse beginnt mit einer Beschreibung und Analyse der Fallzahlentwicklung. Sodann werden wichtige Eckdaten der Teilnehmerstichprobe dargestellt, wobei der Schwerpunkt auf Migrationshintergrund und Sprachpraxis in den Familien liegt. Die Entwicklung der Fähigkeit zur Förderung von sprachlichen Kompetenzen im Programmverlauf wird mit einem Kohortenvergleich nachgezeichnet, aus dem sich wesentliche Aussagen zum Erfolg des Programms ableiten lassen. Abschließend für dieses Kapitel wird der Frage nachgegangen, welche Merkmale der Förderung für die sprachliche Förderung als erfolgversprechend erscheinen. Dies geschieht auf verschiedenen Wegen:

- Zunächst wird mithilfe von Mehrebenenanalysen geprüft, welche Formen und Inhalte der Förderung systematisch mit Lernfortschritten der teilnehmenden Kinder und Jugendlichen in Verbindung gebracht werden können;
- in einem weiteren explorativen Untersuchungsschritt werden solche Basiseinheiten und Fördergruppen, in denen im fairen Vergleich deutliche Lernfortschritte erzielt wurden, auf die besonderen Merkmale ihrer Förderung hin untersucht;
- schließlich werden in komplementärer Darstellung Ergebnisse aus der quantitativen und der prozessbegleitenden Evaluation der durchgängigen Sprachbildung in den FÖRMIG-Modellschulen berichtet.

7.1 Der erziehungswissenschaftliche Ansatz der FÖRMIG-Evaluation

Das Design der FÖRMIG-Evaluation ist auf die spezifischen Handlungsbedingungen eines Modellprogramms zugeschnitten, das in vielerlei Hinsicht – und so gewollt – die reale Bildungspraxis im Bereich der

sprachlichen Förderung von Kindern und Jugendlichen mit Migrationshintergrund abbildet. Sprachliche Förderung wird seit langem auf sehr
unterschiedliche Weise und unter unterschiedlichen Bedingungen in den
Bundesländern, Regionen und Schulen praktiziert. FörMig war angetreten, aufbauend auf diesen Erfahrungen und dieser Praxis eine Weiterentwicklung zu initiieren. Den Referenzrahmen für das Reformvorhaben
bildet das Konzept der „Durchgängigen Sprachförderung" – im späteren
Verlauf des Programms als „Durchgängige Sprachbildung" bezeichnet
–, dessen Merkmale vom Programmträger nach einer Analyse der einschlägigen deutschen und internationalen Forschung entwickelt worden
waren; es wurde im Kapitel 3 ausführlich vorgestellt. Aus diesen Quellen schöpfend – den Forschungsergebnissen, der eigenen Praxis und den
Erfahrungen der anderen am Programm Beteiligten – sollten die teilnehmenden pädagogischen Einrichtungen optimierte Wege der Förderung
entwickeln, die an ihren spezifischen Erfahrungen, Einschätzungen und
Problemlagen andocken. Explizites, gemeinsam geteiltes Ziel war die
Optimierung der Förderung (bildungs-)sprachlicher Fähigkeiten.

Ausgangspunkt des Programms war also nicht eine starke Hypothese
und ein darauf beruhendes, für alle beteiligten Einheiten verbindliches
Treatment. Es gehört vielmehr zu den Besonderheiten von FörMig, dass
in seinem Zentrum die Entwicklung unterschiedlicher, möglichst pass-
genauer regionaler und lokaler Ansätze stand. Die FörMig-Basiseinheiten haben die Mittel der Förderung bildungssprachlicher Fähigkeiten
selbstbestimmt und verantwortlich festgelegt. Dieser „Philosophie" des
Programms entspricht es, dass die Rahmenvorgaben im Programmverlauf modifiziert wurden: Sie wurden auf die konkrete Praxis zuschnit-
ten, die die Basiseinheiten in ihrer Praxis entwickelt hatten (vgl. hierzu
Programmträger Modellprogramm FörMig 2007). Damit nahm FörMig –
wie im übrigen auch andere Modellprogramme – erst in der Umsetzung
selbst, im programmübergreifenden Austausch die konkrete Gestalt an,
die es schlussendlich besitzt.

Dieses Merkmal des Programms ist auch, aber nicht nur wissen-
schaftlich begründet. Die wissenschaftliche Begründung stützt sich im
Wesentlichen auf zwei Argumente:
- Erstens darauf, dass ein Modellprogramm, das auf Veränderungen der
  Praxis zielt, die Bedingungen der Praxis berücksichtigen soll. Zu diesen Bedingungen zählt die faktische Heterogenität der Institutionen
  und ihrer Handlungsvoraussetzungen. Im konkreten Fall der FörMig-
  Projekte liegen im Spektrum der heterogenen Handlungsvoraussetzungen zum Beispiel die unterschiedlichen Migrationskonstellationen
  – von Basiseinheiten mit weniger als 10% Kindern oder Jugendlichen
  mit Migrationshintergrund bis zu solchen mit 100% dieser Klientel
  – und Erfahrungen des pädagogischen Personals mit Migration und

ihren Folgen für die sprachliche Bildung. Dies schließt eine „one size fits all"-Lösung für die pädagogische Praxis aus.

• Zweitens darauf, dass die Frage der (Bedingungen für die) Übertragbarkeit von anderswo entwickelten und bewährten Konzeptionen der Sprachbildung auf die hiesige Praxis erst noch zu prüfen war.

Die Heterogenität des Programms ist aber hierneben auch politisch begründet. In ihr spiegelt sich die bildungspolitische Ausgangslage in Deutschland, namentlich die Kulturhoheit der Länder. Erklärtes Interesse der an FörMig teilnehmenden Bundesländer war es, dass sich die Spezifik ihrer Handlungsbedingungen, bildungspolitischen Präferenzen und Erfahrungen im Modellprogramm wiederfindet.

Das Rahmenkonzept für FörMig war also so angelegt, dass den wissenschaftlichen Begründungen Rechnung getragen werden konnte – und zugleich die politischen Setzungen berücksichtigt wurden. Den gewollt „unübersichtlichen" konkreten Handlungsbedingungen trägt die gesamte Arbeit des Programmträgers Rechnung – so auch die Programmevaluation. Sie folgt einem spezifisch erziehungswissenschaftlichen Ansatz, dessen Stärke darin liegt, dass er nicht zugeschnitten ist auf Laborbedingungen, wie sie im Falle von Modellprogrammen à la FörMig nicht gegeben sind.

Rahmenbedingungen der Programmevaluation
Die Evaluation von Bildungsangeboten nach diesem Verständnis wird als kriteriumsorientierte, d.h. auf sachliche Ziele gerichtete Untersuchung von Prozessen oder Ergebnissen beschrieben, bei der neben dem Untersuchungsgegenstand im engeren Sinne auch Rahmenbedingungen mit in den Blick genommen werden. Zu den wichtigen Voraussetzungen für einen erfolgreichen Evaluationsprozess dieses Zuschnitts gehört die Bereitschaft, Ziele zu formulieren und darauf aufbauend Strategien zur Zielerreichung einzuleiten (Becker/Ilsemann/Schratz 2001). Intention der Evaluation ist es, Informationen zu ermitteln, die in einem späteren Entscheidungsprozess als Grundlagen für die Auswahl zwischen Handlungsalternativen genutzt werden können.

Ein zentrales Merkmal von Evaluationen ist die Nutzenüberlegung (Wottawa/Thierau 2003). Untergeordnet unter diese Überlegung werden in methodischer Hinsicht verschiedene Wege eingeschlagen. So wird das Interesse an einer quantitativ untermauerten Merkmalsbeschreibung zum Einsatz von statistischen Methoden führen, die beispielsweise auf der Auswertung von Testergebnissen beruhen. Die in solchem Zusammenhang genutzten Verfahren zielen auf objektiv, reliabel und valide erfasste Merkmale. Andere Konzepte der Evaluation im Kontext pädagogischer Reform zielen eher darauf, prozessbezogene Informationen zu erlangen. Hier führen die Nutzenüberlegungen ggf. dazu, sich bevorzugt auf qualitativ erhobene Informationen zu stützen. Der Begriff der Evaluation steht dann dafür, nicht ein Einzelresultat, eine spezielle Momentaufnahme als Entscheidungsgrundlage heranzuziehen, sondern Serien prozessbegleitender Informationen. Bei dieser Form der Evaluation werden unterschiedliche Datenquellen einbezogen, z.B. Archivalien und Dokumente, Unterrichts- oder Schulalltagsbeobachtungen, Befragungen von Beteiligten mit verschiedenen Perspektiven auf einen Reformprozess (ROLFF 1998).

Prenzel hat auf die Schwierigkeit hingewiesen, im Rahmen der Begleitforschung pädagogischer Programme die eigentlichen Maßnahmen im Sinne einer „Intervention" zu kontrollieren. Diese beruhen oft typischerweise auf Leitlinien, die unter den jeweiligen Praxiskonstellationen einer Schule interpretiert und ausgefüllt werden (PRENZEL 2010, S. 28). Unter diesen Voraussetzungen ist der Nachweis schwer zu erbringen, ob eine Intervention als solche im Vergleich zu unterlassener Intervention und/oder der Intervention nach einem anderen Konzept *überhaupt* Effekte zeigt, da sie von einer Vielzahl spezifischer Faktoren moderiert wird (ebd.; vgl. auch POLLARD/JAMES 2011).

Gegenstand der Prüfung ist somit nicht eine begrenzte Auswahl bestimmter, theoretisch motivierter und klar umrissener Interventionen, deren Wirkungen gegenüber den jeweils anderen Interventionen oder einer „Nichtintervention" sich experimentell bestimmen lassen. Ausgangssituation eines erziehungswissenschaftlichen Evaluationsansatzes im Rahmen von Feldstudien ist vielmehr die regelgeleitete Dokumentation faktischer Vielfalt der pädagogischen Praxis im Gegenstandsbereich einer Maßnahme – etwa: der Sprachförderung –, die *der Intention nach* einer einheitlichen und expliziten Zielbestimmung folgt. Zweck der Überprüfung ist es, aus empirischen Beobachtungen Gemeinsamkeiten herauszuarbeiten, die auf Effekte von Maßnahmen weisen. Diese können ggf. als Hypothesen weiterer empirischen Prüfungen zugänglich gemacht werden – nicht zuletzt: auch der Prüfung in einem experimentellen Design. Entscheidende Entwicklungsperspektiven können aber vor allem aus der Identifizierung guter Praxis herausgearbeitet werden (PRENZEL 2010, S. 33). Die Grundlage dafür kann ein interner Vergleich von Schülerleistungen oder Lernfortschritten der am Programm teilnehmenden Einrichtungen bilden, wie er auch in FÖRMIG durchgeführt wurde (vgl. auch GRÄSEL 2010). Daran anknüpfende systematische Analysen der Besonderheiten von Einrichtungen oder Fördergruppen mit überdurchschnittlichen Lernfortschritten können dann auch wichtige Impulse für eine Transferstrategie geben, indem sie die Entdeckung neuer Wege (oder von Umwegen, die es zu vermeiden gilt) bei der Umsetzung von Programmzielen erlaubt.

In dieser Form der Evaluation, in der eine Vielfalt unterschiedlicher Praxen miteinander in Beziehung gesetzt wird, liegt ein Kontrollgruppendesign, wie es in klassischen Interventionsstudien die Regel wäre, nicht nahe. Die trennscharfe Zuweisung zu Experimental- oder Kontrollgruppe setzt nicht nur ein klar definiertes Treatment voraus, sie setzt auch voraus, dass in der Kontrollgruppe kein Treatment erfolgt. Diese Voraussetzung lässt sich im Falle von Sprachförderung schwerlich erfüllen; es ist kaum plausibel anzunehmen, dass Kinder oder Jugendliche in pädagogischen Institutionen angetroffen werden, in denen jegliche Sprachförderung unterbleibt, und es widerspräche ethischen Maximen, auf die Konstruktion solcher Kontrollgruppen zu dringen.

Die spezifische Konstellation des Modellprogramms FörMig – die gewollte Heterogenität des Programms – machte es also erforderlich, auf ein experimentelles Evaluationsdesign zu verzichten. Sie legt zugleich den Verzicht auf Einbeziehung einer Kontrollgruppe im engeren Sinne nahe. Für den Verzicht auf eine Kontrollgruppe in der Programmevaluation von FörMig gibt es auch einen weiteren Grund: nämlich eine politische Entscheidung. Die teilnehmenden Länder genehmigten das Evaluationsdesign des Programmträgers, aber sie stimmten dem Vorschlag der Einbeziehung einer Kontrollgruppe, für die *ex post* Unterscheidungsmerkmale der Sprachförderung zur Förderung im Rahmen des Modellprogramms hätten bestimmt werden können, nicht zu.

Ziel der Programmevaluation
Die nun durchgeführte Evaluation besitzt ihren spezifischen Ertrag darin, dass Ergebnisse erzielt werden, die einer heterogenen Praxis entstammen – also dicht an der Bildungsrealität gewonnen wurden. Diese Ergebnisse wurden so systematisiert und aufbereitet, dass sie einen *fairen* Vergleich der vielfältigen pädagogischen Aktivitäten erlauben. Durch den fairen Vergleich der Ergebnisse der Sprachförderung, die in den Basiseinheiten erzielt wurden – also den Vergleich unter Berücksichtigung ihrer Ausgangslage –, werden empirisch untermauerte Hinweise auf solche Ansätze gewonnen, die dem von allen Basiseinheiten geteilten expliziten Ziel der Förderung (bildungs-) sprachlicher Kompetenz wahrscheinlich zuträglicher sind als andere Ansätze. Mit Hilfe von Mehrebenenanalysen sowie durch eine zusätzliche qualitative Betrachtung können Merkmale der Maßnahmen ermittelt werden, die für den relativen Erfolg einer Maßnahme wahrscheinlich mitbestimmend sind. Es besteht im Anschluss hieran die Möglichkeit, in Interventionsstudien mit experimentellen Designs zu ermitteln, ob die erzielten Ergebnisse generalisierbar sind oder nicht. In Teilbereichen kann darüber hinaus neben FörMig-internen Vergleichen auch ein externer Vergleich einbezogen werden: Es wurden Leseverständnistests am Übergang von der Grundschule in

die Sekundarstufe und von der Sekundarstufe in den Beruf eingesetzt. Sie entstammen den (Querschnitts-)Untersuchungen IGLU und PISA. Dieses Vorgehen erlaubt punktuelle Vergleiche mit repräsentativen Leistungsdaten aus dem Regelschulsystem. Die Ergebnisse dieser Analysen sowie weitere Teilauswertungen und eine umfassende Datendokumentation der FÖRMIG-Programmevaluation werden in einer besonderen, 2011 erscheinenden Buchpublikation präsentiert.

Das Ziel der Programmevaluation ist es also, empirisch untermauerte Aussagen über wahrscheinlich wirksame Merkmale von Fördermaßnahmen zu gewinnen. Diese fügen internen Evaluationen, die von den beteiligten Länderprojekten selbst verantwortet wurden, eine übergreifende Perspektive hinzu. Die länderinternen Evaluationen sind nicht Gegenstand dieses Berichts; sie wurden portraitiert in einer Buchpublikation (vgl. KLINGER/SCHWIPPERT/LEIBLEIN 2008).

Die Beobachtung und Beurteilung der Aktivitäten und des Erfolgs von FÖRMIG durch den Programmträger stützt sich aber nicht nur auf die summative Programmevaluation, sondern auch auf weitere Quellen, die jeweils eigenständige und wertvolle Resultate erbringen:

- auf eine zusätzliche qualitative Evaluation, für die in sieben ausgewählten Modellschulen eingehende Praxisbeobachtungen durchgeführt wurden (ermöglicht durch zusätzlich eingeworbene Drittmittel; zu danken ist hier dem Bundesamt für Migration und Flüchtlinge für eine großzügige Zuwendung) (GOGOLIN/MICHEL 2007). Die Ergebnisse dieser Evaluation sind auf der FÖRMIG-Website in der Form von ausführlichen Fallstudien dokumentiert; zusammenfassend dargestellt sind sie in Kapitel 7.8.
- auf den eigenen Augenschein bei vielfachen Besuchen von Basiseinheiten, auf Auswertungen der Selbstdarstellungen der Länderprojekte (auf ihren Websites, im Rahmen von FÖRMIG-Tagungen oder Workshops, im Rahmen von Materialentwicklungen oder im Kontext der Mitwirkung an den länderübergreifenden Arbeitsgemeinschaften), auf den Jahresberichten und Abschlußberichten der Länder. Die hieraus gewonnenen Erkenntnisse sind in Kapitel 8 dargestellt.

7.2 Planung und Durchführung der Evaluation

Wesentlicher Bestandteil der Evaluation im Modellprogramm FÖRMIG war die Messung der sprachlichen Fortschritte in den beteiligten Basiseinheiten und Fördergruppen. Zu diesem Zweck wurden in zwei Kohorten, jeweils zu Beginn und am Ende eines Schuljahres, Sprech- bzw. Schreibproben und Leseverständnisleistungen der geförderten Kinder und Jugendlichen erhoben. Weil die festgestellten Veränderungen sprachlicher Kompetenzen Ursachen geschuldet sein können, die nicht direkt auf die spezifische sprachliche Bildungsmaßnahme in FöRMig zurückzuführen sind, wurden weitere Kontrollvariablen erfasst. Dadurch konnte berücksichtigt werden, dass sich die Fördergruppen in Bezug auf die Eingangsselektivität (z.B. hinsichtlich der kognitiven Lernvoraussetzungen, des sozioökonomischen Status oder des familiären Bildungshintergrunds ihrer Schülerinnen und Schüler) unterscheiden. Um den Einfluss solcher Faktoren auf die gemessenen sprachlichen Effekte zu neutralisieren, wurde mit Hilfe multivariater Verfahren ein „fairer Vergleich" durchgeführt. Dazu wurden für jede Fördergruppe Erwartungswerte für ihre Ergebnisse bei den Leistungsmessungen am Ende eines Förderjahres berechnet, die die sprachlichen Kompetenzen zu Beginn der Förderung sowie persönliche und familiäre Merkmale der Teilnehmenden berücksichtigen. Diese Erwartungswerte entsprechen den durchschnittlichen Ergebnissen einer aus der FöRMig-Gesamtgruppe statistisch errechneten Fördergruppe mit vergleichbaren Rahmenbedingungen. Die Residuen, also die Abweichungen von den Erwartungswerten, werden so zum Gegenstand des Vergleichs der Fördergruppen untereinander.

Die Sprachstandserhebungen im Rahmen der Programmevaluation erfolgten mit Erhebungsinstrumenten, die jeweils dem Alter der geförderten Kinder und Jugendlichen an drei bildungsbiographischen Schnittstellen Rechnung tragen:

- Bei Kindern im Kindergartenalter (ab 5 Jahre) und im ersten Schuljahr (Übergang in die Grundschule) wurde das mündliche Sprachstandserhebungsverfahren HAVAS 5 eingesetzt;
- Kinder der Schulklassen 4 bis 6 (Übergang vom Primar- in den Sekundarbereich) bearbeiteten die Schreibaufgabe „FöRMig-Tulpenbeet" sowie einen Leseverständnistest auf Basis von IGLU/PIRLS 2001;
- für Jugendliche ab Klasse 9 (Übergang in den Beruf) waren die Schreibaufgabe „FöRMig-Bumerang" und ein modifizierter Leseverständnistest auf Basis von PISA 2000 vorgesehen;
- darüber hinaus wurden Sprachkompetenzen von Schülerinnen und Schülern der Klassenstufen 7 und 8 (vereinzelte Fördergruppen sowie Seiteneinsteiger in altersgemischten Fördergruppen) mit der Schreibaufgabe „FöRMig-Bumerang" sowie einem Leseverständnistest mit Teilenaufgaben aus IGLU/PIRLS 2001 und PISA 2000 eingeschätzt.

Alle diagnostischen Instrumente, die im Rahmen des Programms entwickelt wurden, sind auf der FöRMig-Website (http://www.foermig.uni-hamburg.de/web/de/all/mat/diag/index.html) präsentiert.

Zusätzlich zur Erhebung der Sprachstände im Deutschen wurden Erhebungen in den Herkunftssprachen Türkisch und Russisch durchge-

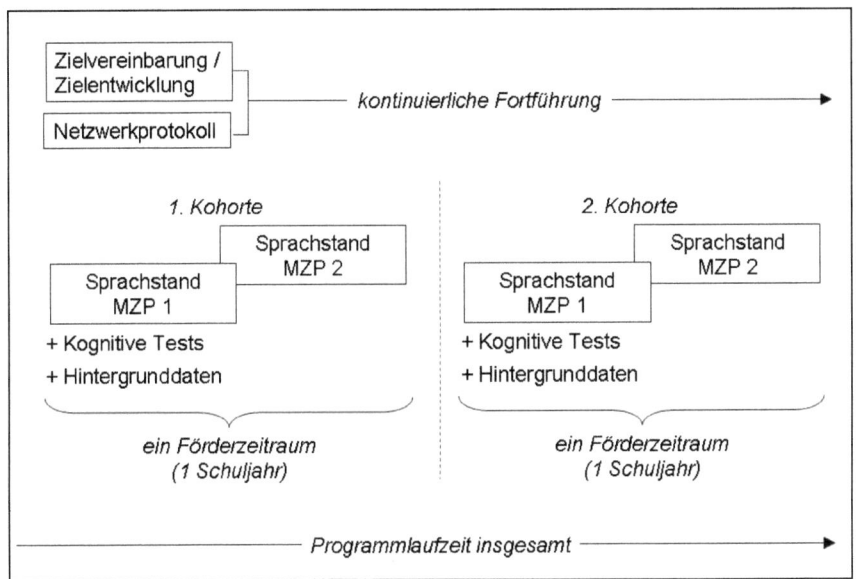

Abbildung 8: Messzeitpunkte und Kohortendesign

führt, wofür der Programmträger die analogen Instrumente entwickelt hat. Kognitive Fähigkeiten wurden bei Kindern in Kindertagesstätten, Vorschulen und Schulklasse 1 mit Teilen des Grundintelligenztests CFT 1, bei den älteren Kindern und Jugendlichen mit Items des KFT 4-12+R erfasst. Die Erhebung von Kontextvariablen erfolgte altersabhängig mit Eltern- bzw. Schülerfragebögen.

Das Untersuchungsdesign sah die Erhebung in zwei Kohorten mit je zwei Erhebungswellen vor. Die erste Kohorte diente der Evaluation der Fördererfolge in der Implementationsphase der Projekte. Die Rückmeldung der Ergebnisse sollte vor allem eine formative Funktion haben, indem die beteiligten Projekte und Basiseinheiten im laufenden Prozess dabei unterstützt wurden, Ansatzpunkte für eine Optimierung ihrer Förderkonzeptionen zu erkennen. Die Erhebungen der zweiten Kohorte wurden in einer späteren Vertiefungsphase der Fördermaßnahmen mit demselben Ablaufschema durchgeführt. Sie bezog sich auf die zu diesem Zeitpunkt aktuell an den Förderungen teilnehmenden Kinder und Jugendlichen.

Die Ermittlung der Merkmale der Förderung erfolgte auf der Grundlage von „Zielvereinbarungen", „Zielentwicklungsbögen" und „Netzwerkprotokollen", in denen die beteiligten Einheiten Selbstbeschreibungen festhielten und fortschrieben.

7.3 Selektivität von Stichprobenausfällen

Die Evaluation der Sprachförderung in FöRMiG bezieht sich auf die Ergebnisse zweier Erhebungswellen von Sprachstandserhebungen. Im Folgenden geht es um die Frage der Stichprobenmortalität bzw. darum, inwieweit die Ausfälle („Drop-outs") zwischen der ersten und der zweiten Erhebung selektiv bestimmte Teilnehmergruppen betroffen haben. Die Analysen stellen die Daten der zweiten Kohorte in den Mittelpunkt.

Die Evaluation in FöRMiG hat es mit der besonderen Form von sog. angefallenen Stichproben zu tun: Eingang in die Erhebungen der Programmevaluation fanden grundsätzlich alle während zweier Erhebungskohorten im Schuljahr 2005/2006 und im Schuljahr 2007/2008 im Modellprogramm geförderten Teilnehmenden, soweit das Einverständnis der Eltern vorlag. Die Teilnehmerschaft ist also so zusammengesetzt, wie sie jeweils vorgefunden bzw. wie sie von den Einrichtungen nach deren Förderkriterien ausgewählt wurde. Damit entspricht ihre Zusammensetzung – etwa nach Geschlecht, sozioökonomischem Status, Herkunftssprachen – nicht den Kriterien repräsentativer Stichproben. In der folgenden Ausfallanalyse geht es daher nicht um die Frage nach der externen Repräsentativität der in der Längsschnittstichprobe verbliebenen Probanden. Vielmehr geht es darum zu untersuchen, ob die Fortschrittsmessung an zwei Messzeitpunkten evtl. nur bestimmte Personengruppen innerhalb der FöRMiG-Teilnehmerschaft selektiv erfasst hat. Möglicherweise entscheidet nicht der Zufall darüber, ob ein Kind oder Jugendlicher an der zweiten Erhebung teilnimmt oder nicht. Wären in der Längsschnittstichprobe beispielsweise eher die Teilnehmenden mit den besseren Lernvoraussetzungen verblieben, dann müssten die sprachlichen Leistungsfortschritte in den Fördergruppen mit besonderer Vorsicht interpretiert werden.

Das Problem stellt sich besonders, weil die FöRMiG-Evaluation, wie schon in der Vergangenheit ausführlich berichtet, insbesondere in der ersten Kohorte hohe Ausfallraten zu beklagen hatte. Ausfälle kamen regional zum Teil dadurch zustande, dass Erhebungen nicht korrekt durchgeführt wurden, sodass dort keine reliablen Ergebnisse zur Verfügung standen. In der zweiten Kohorte, auf die sich die folgenden Analysen beziehen, kam dieser Typ von Datenausfällen nicht vor, aber es gab Ausfälle mehrerer Fördergruppen, für die zwar ein gültiges Ergebnis am ersten, aber nicht am zweiten Messzeitpunkt vorliegt. In zwei Fällen ging die Lieferung der ausgefüllten Testmaterialien auf dem Postweg verloren, häufiger konnte die zweite Erhebung am Ende des Schuljahres aus (schul-)organisatorischen Gründen nicht durchgeführt werden. Aus der Perspektive der Programmevaluation sind derartige Ausfälle Folgen „höherer Gewalt", die oft als nichtsystematische oder neutrale Ausfälle behandelt werden. Dennoch können auch dadurch selektive Unschärfen aufgetreten sein. Um solchen auf die Spur zu kommen, wurden in unseren Analysen zunächst alle Ausfälle berücksichtigt. In einem zweiten Schritt wurde zusätzlich die Stichprobenmortalität von einzelnen Fördergruppen und Einzelpersonen betrachtet, die möglicherweise systematische Regelmäßigkeiten im oben beschriebenen Sinn aufweist. Die Zahl der Ausfälle wird dann – wo dies auftritt – um die zuerst genannten vollständigen Ausfälle ganzer Einrichtungen bereinigt.[14]

Tabelle 1 fasst die Ergebnisse für die drei FöRMIG-Teilstichproben zusammen. Verglichen wird jeweils die Gruppe der Probanden, die nur an der ersten Erhebung teilgenommen haben, mit den Teilnehmenden an beiden Erhebungen[15]. Letztere stellen die gültige Längsschnittstichprobe dar, auf die sich die Evaluationsergebnisse beziehen.

An der Schnittstelle am Übergang in die Grundschule waren Ausfälle nur bei Schülern der ersten Schulklasse vorgekommen, auf die der Vergleich daher beschränkt wird. Die Ausfälle waren an dieser bildungsbiographischen Schnittstelle mit knapp 10 Prozent relativ gering. Das Fehlen der zweiten Erhebung betraf teilweise komplette kleinere Fördergruppen (25 der 37 Ausfälle), im Übrigen handelt es sich um Ausfälle einzelner Schüler aus Fördergruppen. Eine Bereinigung der Zahlen erübrigt sich für die Schulanfänger damit. Die ausgefallenen Schüler unterscheiden sich in einigen Variablen signifikant von denen, die an beiden Erhebungen teilgenommen haben: Sie sind etwas älter, fast ausschließlich Jungen, es wird in den Familien mehr Deutsch gesprochen und alle sind in Deutschland geboren. Die statistische Signifikanz zeigt einige strukturelle Differenzen an, und gerade aufgrund der kleinen Anzahl der Ausfälle sind derartige Unterschiede zur größeren Gruppe der in der Längsschnittstichprobe Verbliebenen erwartbar. Aber andererseits ist die Längsschnittstichprobe von diesen wenigen Ausfällen nur unwesentlich verändert worden, sodass kein substanzieller Einfluss auf die Ergebnisse zu befürchten ist (Tabelle 2).

---

14 Gab es in einer Einrichtung nur eine Fördergruppe, die an der Erhebung beteiligt war, wird diese Gruppe in die bereinigte Ausfallanalyse einbezogen.

15 Aufgrund der Größenunterschiede der Gruppen und damit einhergehender Varianzunterschiede wurden neben T-Tests auch nichtparametrische Tests verwendet (Mann-Whitney-U-Test* bzw. für dichotome Variablen χ^2-Test**).

Tabelle 1: Stichprobenausfälle, 2. Kohorte

		(I) Übergang in die Grundschule insgesamt			(II) Übergang in die Sekundarstufe insgesamt			(II) bereinigt*			(III) Übergang in den Beruf insgesamt		
		n	%	p t-Test/ M-W*/χ^2**	n	%	p t-Test/ M-W*/χ^2**	n	%	p t-Test/ M-W*/χ^2**	n	%	p t-Test/ M-W*/χ^2**
nur 1. Welle (Ausfälle)		37	9.66 %		105	27.20%		76	21.29%		80	32.13%	
Längsschnittstichprobe		346	90.34%		281	72.80%		281	78.71%		169	67.87%	
Gesamt		383	100 %		386	100 %		357	100 %		249	100 %	
		Mittel-wert			Mittel-wert			Mittel-wert			Mittel-wert		
Leseverständnis Messzeitpunkt 1	Ausfälle	62.15		n.s.	102.79		n.s.	99.84		n.s.	102.16		p=.035
	Längsschnitt	65.85			102.33			102.33			98.51		
Höchster Bildungsabschluss Vater (ISCED)	Ausfälle	3.86		n.s.*	3.76		n.s.*	3.64		n.s.*	3.71		n.s.*
	Längsschnitt	3.64			3.69			3.69			3.78		
Höchster Bildungsabschluss Mutter (ISCED)	Ausfälle	3.00		n.s.*	3.49		n.s.*	3.37		n.s.*	3.70		n.s.*
	Längsschnitt	3.20			3.46			3.46			3.66		
sozioökonomischer Status (HISEI)	Ausfälle	36.95		n.s.	36.96		n.s.	35.07		n.s.	41.57		n.s.
	Längsschnitt	35.79			36.97			36.97			41.86		
Bücher im Haushalt (Index)	Ausfälle	2.51		n.s.	2.73		n.s.	2.54		n.s.	2.81		n.s.
	Längsschnitt	2.41			2.62			2.62			2.54		
Alter	Ausfälle	6.38		P=.007	10.83		p=.043	10.77		n.s.	18.01		p=.000
	Längsschnitt	6.02			10.61			10.61			16.72		
Geschlecht (1=weiblich, 2=männlich)	Ausfälle	1.95		P=.000**	1.50		n.s.**	1.61		n.s.**	1.51		n.s.**
	Längsschnitt	1.44			1.50			1.50			1.47		
T-Wert KFT	Ausfälle	44.19		n.s.	46.34		n.s.	45.41		n.s.	37.41		n.s.
	Längsschnitt	44.53			45.92			45.92			39.76		
Anteile Familiensprache (1=nur Deutsch, 20=nur Herkunftssprache)	Ausfälle	12.00		P=.005*	12.61		p=.026*	12.26		n.s.*	10.65		p=.019*
	Längsschnitt	12.58			11.76			11.76			12.03		
Migrationshintergrund (Generation in Deutschland)	Ausfälle	2.00		n.s.*	2.00		n.s.*	2.12		n.s.*	2.26		P=.040*
	Längsschnitt	2.11			2.20			2.20			2.02		
Kind in Deutschland geboren	Ausfälle	1.00		P=.007**	.73		n.s.**	.76		n.s.**	.78		n.s.**
	Längsschnitt	.83			.76			.76			.67		

* Die bereinigten Zahlen berücksichtigen nicht die Ausfälle, die eine ganze Einrichtung betreffen (Verlust von Unterlagen/Nichterhebung aus organisatorischen Gründen).

Tabelle 2: Übergang in die Grundschule, Mittelwerte ohne und mit Ausfällen

	Längsschnitt	Längsschnitt plus Ausfälle
Geschlecht (1=weiblich. 2=männlich)	1.44	1.49
Alter	6.02	6.05
Anteile Familiensprache (1=nur Deutsch. 20=nur Herkunftssprache)	12.58	12.52
Kind in Deutschland geboren	.83	.85

Am Übergang in die Sekundarstufe war die Zahl der Ausfälle deutlich höher, sie betrug mehr als ein Viertel der Erhebungsteilnehmenden am ersten Messzeitpunkt. Nicht eingegangene bzw. in den Einrichtungen am zweiten Messzeitpunkt nicht durchführbare Erhebungen betrafen 29 Schülerinnen oder Schüler. Beziehen wir sie in die Ausfallanalyse mit ein, so ergeben sich signifikante Unterschiede in Bezug auf Alter und Familiensprache: die Teilnehmenden ohne zweite Erhebung sind etwas älter und in ihren Familien ist der Anteil derjenigen höher, die ausschließlich oder vorwiegend die Herkunftssprache benutzen. Trotz der statistischen Signifikanz sind die Mittelwertunterschiede jedoch vom Betrag her nicht sehr groß. Beschränken wir uns bei der Betrachtung der Ausfälle auf solche von einzelnen Fördergruppen oder Einzelpersonen, so sind keine signifikanten Differenzen zur Längsschnittstichprobe vorhanden. Auch an dieser Schnittstelle sind also die Stichprobenveränderungen, die auf *Drop-outs* zurückgehen, insgesamt als eher unbedeutend zu bewerten.

Der Anteil der Ausfälle am Übergang in den Beruf ist mit fast einem Drittel der Teilnehmenden an der ersten Erhebung besonders hoch. Dabei sind an dieser bildungsbiographischen Schnittstelle institutions- oder gruppenweise fehlende Zweiterhebungen nicht vorgekommen; alle Ausfälle betreffen Einzelpersonen in Fördergruppen. Der Anteil der *Drop-outs* ist besonders in einigen Einrichtungen der Berufsbildung beträchtlich, was wahrscheinlich der hohen Fluktuation von Schülerinnen und Schülern in diesem Bereich geschuldet ist. Fälle von ausdrücklicher Teilnahmeverweigerung sind dem Programmträger nicht bekannt geworden. Es fällt auf, dass die Schülerinnen und Schüler, die nur an der ersten Erhebung teilgenommen haben, im Vergleich zu den Teilnehmern der Längsschnittstichprobe durchschnittlich bessere Ergebnisse im Leseverständnistest erreicht haben, gleichzeitig waren sie durchschnittlich älter. Zudem stammten sie häufiger aus Familien, in denen mehr Deutsch gesprochen wird und die länger in Deutschland ansässig sind. Damit betreffen die Teilnahmeausfälle offenbar eher Jugendliche, die einen geringeren sprachlichen Förderbedarf haben als diejenigen, die in der Stichprobe verblieben sind. Der selektive Verbleib in der Stichprobe, der bei hoher Teilnehmerfluktuation auch auf den Verbleib in der Fördermaßnahme weist, kann also als eine indirekte Bestätigung der Zugehörigkeit zur FörMig-Zielgruppe gelesen werden.

Die Analyse bestätigt mithin, dass die FörMig-Evaluation auch in der zweiten Kohorte am Übergang in die Sekundarstufe und am Übergang in den Beruf im Längsschnitt mit relativ hohen Ausfallraten konfrontiert war. Die Gründe dafür sind unterschiedlich:

- Sie lagen am Übergang in die Sekundarstufe überwiegend (80 von 105 Fällen) an organisatorischen Schwierigkeiten ganzer Schulen und vor allem einzelner Fördergruppen, die die Erhebungen durchzuführen hatten.
- Am Übergang in den Beruf waren es individuelle Ausfälle, deren Gründe in den Basiseinheiten nicht im Einzelnen dokumentiert wurden; wahrscheinlich aber ist eine hohe Schülerfluktuation in den entsprechenden Einrichtungen der beruflichen Bildung anzunehmen.
- Weniger betroffen von Stichprobenausfällen waren die Erhebungen am Übergang in die Grundschule.

Die festgestellten Ausfälle sind in Bezug auf Selektivität insgesamt nicht besonders auffällig, was bei institutionell bedingten Ausfällen auch plausibel ist. Aber auch bei den individuellen Ausfällen kann zumindest nicht davon ausgegangen werden, dass die Probanden mit den günstigeren Voraussetzungen eher in der Stichprobe verblieben sind. Es konnte daher darauf verzichtet werden, die verbleibenden Unterschiede methodisch mit Gewichtungsverfahren auszugleichen: Die Differenzen erwiesen sich als wenig substanziell; am Übergang in den Beruf deutet sich weniger ein selektiver *bias* an, sondern die Ausfälle scheinen eine maßnahmetypische Selektion abzubilden.

7.4 Migrationshintergrund und Sprachpraxis in den Familien

Die Förderangebote von FörMig richten sich an Kinder und Jugendliche mit Migrationshintergrund, die einen „Bedarf" an sprachlicher Förderung haben. Diese weit gefasste Definition schließt ein breites Spektrum unterschiedlicher Ausgangslagen der Teilnehmer ein. Dementsprechend finden sich in den Maßnahmen ebenso Neuzugewanderte, denen spezielle Förderungen in Deutsch als Zweitsprache zuteil wurden, wie Kinder von Nachkommen der „Gastarbeiter", deren Eltern bereits das deutsche Schulsystem durchlaufen haben. Anhand der Hintergrunddaten, die für die Programmevaluation gewonnen wurden, lässt sich genauer beschreiben, wie sich die Klientel der fördernden Einrichtungen zusammensetzt und inwieweit deren familiäre Kommunikation nach eigener Einschätzung von Mehrsprachigkeit geprägt ist.

7.4.1 Migrationshintergrund

Der familiäre Migrationshintergrund wurde ausgehend vom Kind in direkter Abstammungslinie bis zu den Großeltern erfasst; ausschlaggebend war, welche Person innerhalb oder außerhalb Deutschlands geboren ist. Auf dieser Grundlage kann bestimmt werden, ob das in FöRMiG geförderte Kind zur ersten, zweiten oder dritten Zuwanderergeneration zu zählen ist. Der auf diese Weise als „Migrationsgeschichte der Familie" erfasste Migrationshintergrund unterscheidet sich in den drei bildungsbiographisch definierten Stichproben von FöRMiG (Tabelle 3).

Tabelle 3: Migrationshintergrund der Teilnehmenden

	Übergang in die Grundschule		Übergang Primar-/ Sekundarstufe		Übergang in den Beruf	
	1. Kohorte	2. Kohorte	1. Kohorte	2. Kohorte	1. Kohorte	2. Kohorte
In Deutschland geboren ...						
kein Familien- mitglied	13,0	13,5	24,4	24,4	42,6	45,7
nur das Kind	60,3	59,6	58,6	44,2	33,6	37,1
Kind und mindestens ein Elternteil	16,4	16,3	10,0	12,5	5,6	1,9
Kind, mind. ein Eltern- und ein Großelternteil	10,3	10,6	7,0	18,9	18,2	15,3
N (100%)	640	312	401	360	446	372

Am Übergang in die Grundschule ist die Mehrheit der Kinder in Deutschland geboren, während mindestens ein Elternteil zugewandert ist (60 Prozent); nur etwa 13 Prozent der FöRMiG-Kinder dieser Altersgruppe sind außerhalb Deutschlands geboren. Die Verteilung des Migrationshintergrundes ist in beiden Erhebungskohorten praktisch identisch, es gab in dieser Beziehung offensichtlich keine Änderungen in der Auswahl der Teilnehmer.

Am Übergang in die Sekundarstufe liegt der Anteil der außerhalb Deutschlands geborenen Kinder bei etwa einem Viertel und ist damit deutlich höher. Dies ist vor allem darauf zurückzuführen, dass einzelne FöRMiG-Länderprojekte für diese Zielgruppe, besonders für die höheren

Altersgruppen, spezielle Angebote für sog. Seiteneinsteiger, also Neuzuwanderer vorsahen. Die in Deutschland geborenen Kinder, die der zweiten Zuwanderergeneration angehören, stellen zwar auch hier die größte Gruppe, aber ihr Anteil unterscheidet sich in den beiden Erhebungskohorten.

Auch der Anteil von Kindern mit mindestens einem in Deutschland geborenen Großelternteil ist in den Kohorten verschieden: In der zweiten Kohorte waren an den FörMig-Förderungen mehr Kinder beteiligt, deren Familien bereits länger in Deutschland ansässig sind. Der Grund dafür liegt vermutlich in der Beteiligung derjenigen Schulklassen, die im Rahmen der länderübergreifenden FörMig-Arbeitsgruppe Durchgängige Sprachbildung ein besonderes Konzept der integrierten Förderung erprobten. Dabei wurden alle Schülerinnen und Schüler dieser Klassen einbezogen. Diese Arbeitsgruppe bildete sich erst nach Abschluss der Erhebungen der ersten Kohorte. Die dargestellten Zahlen der zweiten Kohorte erfassen zwar ausschließlich Schülerinnen und Schüler mit Migrationshintergrund, aber in den Klassen, die im Rahmen der Arbeitsgruppe betreut wurden, befanden sich vermutlich auch solche ohne explizit zuerkannten sprachlichen Förderbedarf.

Bei den Schülerinnen und Schülern am Übergang in den Beruf ist die Gruppe der außerhalb Deutschlands Geborenen am größten (44 Prozent), was auf den in dieser Altersgruppe hohen Anteil an Fördermaßnahmen zurückgeführt werden kann, die sich explizit an Neuzuwanderer richten. Im Vergleich zu den anderen Altersgruppen ist aber gleichzeitig die relative Anzahl von Jugendlichen mit mindestens einem in Deutschland geborenen Großelternteil höher. Die Verteilungen in den beiden Kohortenstichproben sind sich hinreichend ähnlich, in Bezug auf den Migrationshintergrund kann am Übergang in den Beruf also auch von einer im Programmverlauf vergleichbaren Teilnehmerschaft ausgegangen werden.

7.4.2 Familiale Sprachpraxis

Der Aspekt der Sprachpraxis in der Familie wird sprachsoziologisch im Zusammenhang mit der Migrationsgeschichte und der Integration in die aufnehmende Gesellschaft betrachtet (Siebert-Ott 2006, S. 147). In etlichen Untersuchungen (z.B. in PISA, vgl. Stanat 2006) wird der familiale Sprachgebrauch direkt mit Schulleistungen in Verbindung gebracht und kausal interpretiert. Dabei gilt in der Regel die Verwendung der Sprache der Mehrheitsgesellschaft in der Familienkommunikation als förderlich, die Verwendung anderer Sprachen als hinderlich für Schulerfolg (Diefenbach 2007).

In der FÖRMIG-Evaluation wurde die Frage nach der Sprachpraxis in der Familie ergebnisoffen gestellt. Ob eine einsprachige oder eine bi- bzw. multilinguale Sprachpraxis vorliegt, wurde in Eltern- und Schülerfragebögen anhand von Einschätzungen des ungefähren Anteils erhoben, den die deutsche oder andere Sprachen in der Kommunikation der Haushaltsmitglieder einnehmen. Dabei wurde differenziert nach der Kommunikation der Eltern untereinander, jeweils der Mutter und des Vaters mit dem Kind und ggf. der Geschwister untereinander gefragt. Zusätzlich wurde erfragt, welche Sprache oder Sprachenkombination das Kind zuerst erworben hatte.

Tabelle 4: Übergang in die Grundschule: Erstsprache des Kindes und familiale Sprachpraxis

Angaben in %	Erst- sprache des Kindes		Mutter mit dem Kind	Vater mit dem Kind	Geschwister unter- einander	Eltern unter- einander
Deutsch	11,4	nur Deutsch	10,5	10,8	23,8	8,9
Deutsch und eine andere Sprache	43,6	meistens Deutsch	24,8	24,8	40,2	16,3
		meistens andere Sprache	43,0	44,0	28,4	49,9
eine andere Sprache	45,0	nur andere Sprache	21,7	20,4	7,6	24,8
N (100%)	958		968	936	844	967

Die Familien der FÖRMIG-Teilnehmer kommunizieren also nach den eigenen Angaben in ihrer Mehrheit mehrsprachig. Die ausschließliche Verwendung der Familiensprache oder des Deutschen kommt insgesamt seltener vor. Dabei dominiert in der Kommunikation mit den Eltern die Herkunftssprache, während unter Geschwistern häufiger Deutsch gesprochen wird. Tabelle 4 fasst beispielhaft die Ergebnisse für die Kinder am Übergang in die Grundschule zusammen. Die hier berichteten Tendenzen gelten aber auch für die übrigen Altersgruppen. Als Erstsprache lernten die Probanden zumeist die Herkunftssprache, oft zugleich mit dem Deutschen. Erwartungsgemäß ist das Deutsche nur in relativ seltenen Fällen die zuerst gelernte Sprache. Insgesamt zeigt sich der – wenig erstaunliche – klare Zusammenhang, dass die Verwendung des Deutschen in der innerfamiliären Kommunikation mit der Aufenthaltsdauer der Familie in Deutschland zunimmt. Exemplarisch für die ermittelte Tendenz wird hier die Sprachpraxis zwischen Müttern und Kindern vorgestellt.

a) Übergang in die Grundschule, Kohorten 1 und 2

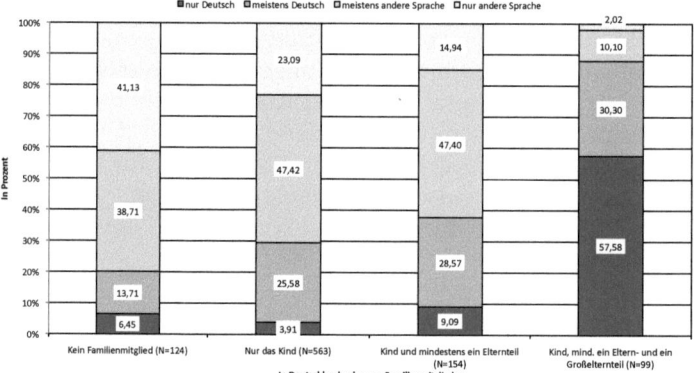

b) Übergang Primar-/ Sekundarstufe, Kohorten 1 und 2

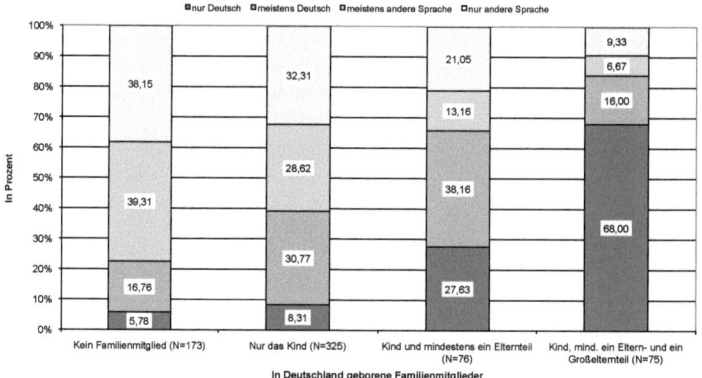

c) Übergang in den Beruf, Kohorten 1 und 2

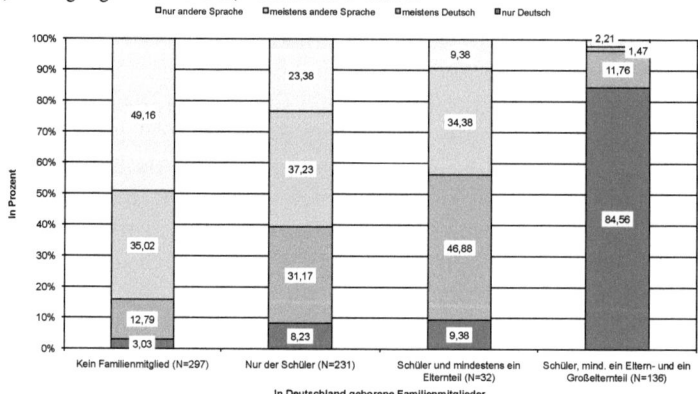

Abbildung 9: Familiale Sprachpraxis (hier: Mutter/Kind) in Abhängigkeit vom Migrationshintergrund

Unter den Neuzuwanderern dominiert erwartungsgemäß die Herkunftssprache, während in den Familien, in denen zumindest ein Großelternteil bereits in Deutschland geboren ist, eindeutig das Deutsche – auch als ausschließlich verwendete Sprache – vorherrscht (Abbildungen 9 a bis c). Da sich, wie gezeigt, die Aufenthaltsdauer der Familien in den drei bildungsbiographischen Stichproben unterschiedlich verteilt, finden wir auch entsprechend unterschiedliche Verteilungen in der Sprachpraxis.

7.4.3 Familiensprachen

Die Herkunftssprachen der FÖRMIG-Teilnehmenden wurden über die Erstsprache des Kindes und die laut Befragtenangabe aktuell im Haushalt am häufigsten verwendete Sprache erfasst. Beide Variablen schließen die deutsche Sprache ein, die teilweise zur dominierenden Familiensprache geworden ist – insbesondere gilt dies für Familien mit langem Aufenthalt in Deutschland. Für diese Haushalte ist die ursprüngliche Herkunftssprache für uns nicht mehr identifizierbar. Insgesamt wurden in den Erhebungen der Programmevaluation über 80 unterschiedliche Sprachen und Sprachkombinationen genannt, darunter vereinzelt auch ungenaue oder nicht korrekte Bezeichnungen wie „Marokkanisch", „Afrikanisch", „Ghanaisch" oder „Indisch".

Ein Großteil der in den Eltern- und Schülerfragebögen genannten Sprachen weist geringe Anteile von unter zwei Prozent auf, nur Türkisch, Russisch und Deutsch erreichen Anteile von über 10 Prozent der Befragten (Abbildungen 10 a bis c). Als relativ häufigste Familiensprachen werden das Türkische (oft in Kombination mit dem Deutschen), aber auch ausschließlich das Deutsche genannt. Russisch ist vor allem bei den FÖRMIG-Teilnehmenden an den Übergängen in die Sekundarstufe und in den Beruf eine häufige Familiensprache. Arabisch, Polnisch, Albanisch und Kurdisch haben deutlich geringere Anteile. Italienisch als Familiensprache erreicht seinen höchsten Anteil mit zwei Prozent in der Teilnehmergruppe am Übergang in den Beruf.

Die durch die Familiensprache definierten Sprachgruppen bilden tendenziell die Migrationsgeschichte mit ihren Zuwanderungswellen aus unterschiedlichen Herkunftsregionen ab. Die höchsten Anteile an Neuzuwanderern haben in allen Altersgruppen die Haushalte mit russischer, polnischer und auch mit kurdischer Familiensprache. Bei den Haushalten mit türkischer, arabischer und albanischer Familiensprache hingegen überwiegen Kinder der zweiten Zuwanderergeneration, d.h. die Eltern sind im Ausland, die Kinder aber in Deutschland geboren. Wie bereits im vorigen Abschnitt deutlich wurde, gehören die Kinder in den Haus-

a) Übergang in die Grundschule (Quelle: Elternfragebogen S1)

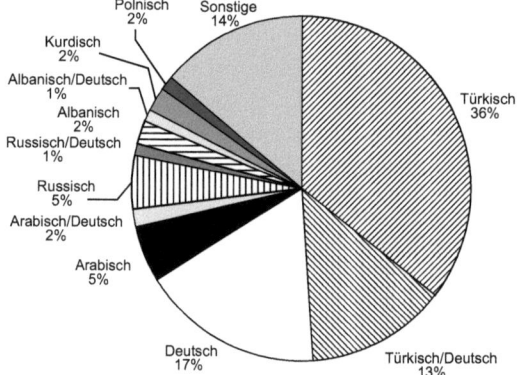

b) Übergang in die Sekundarstufe (Quelle: Schülerfragebogen S2)

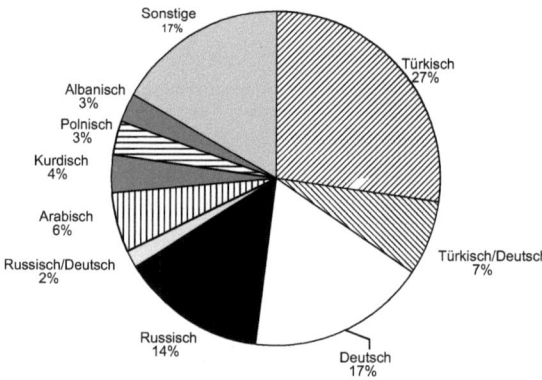

c) Übergang in den Beruf (Schülerfragebogen S3)

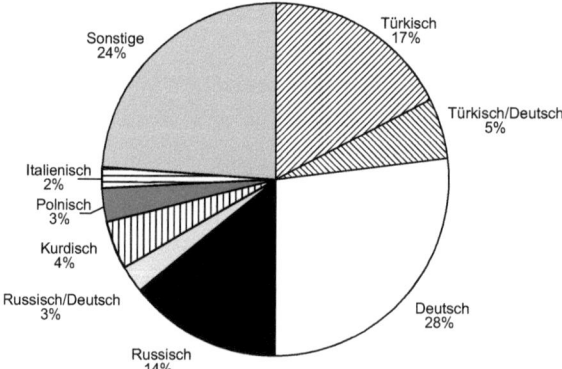

Abbildung 10: Familiensprachen (im Haushalt am häufigsten gesprochene Sprache)

halten, die Deutsch als hauptsächliche Familiensprache nennen, häufiger der dritten Einwanderergeneration an.

Tabelle 5: Migrationshintergrund nach Sprachgruppen, Übergang in die Grundschule (Kohorten 1 und 2)

Angaben in %	Arabisch	Deutsch	Deutsch, Türkisch	Russisch	Türkisch	Sonstige
Kein Familien-mitglied	21,28	5,45	5,65	55,56	5,90	24,31
Nur das Kind	68,09	37,58	60,48	42,22	68,73	63,76
Kind und mindestens ein Elternteil	6,38	10,91	31,45	2,22	24,78	5,05
Kind, mind. ein Eltern- und ein Großelternteil	4,26	46,06	2,42	0,00	0,59	6,88
N (100%)	47	165	124	45	339	218

Unterschiede der familialen Sprachpraxis in den verschiedenen Sprachgruppen dürften weitgehend auf die festgestellten Überschneidungen der Sprachgruppenzugehörigkeit mit der Aufenthaltsdauer in Deutschland zurückgehen: Die Herkunftssprache spielt eine größere Rolle bei Mitgliedern der Sprachgruppen mit vielen Neuzugewanderten, etwa bei den Russischsprachigen. Dies illustriert die folgende Abbildung 11, erneut am Beispiel der Sprachpraxis von Müttern und Kindern.

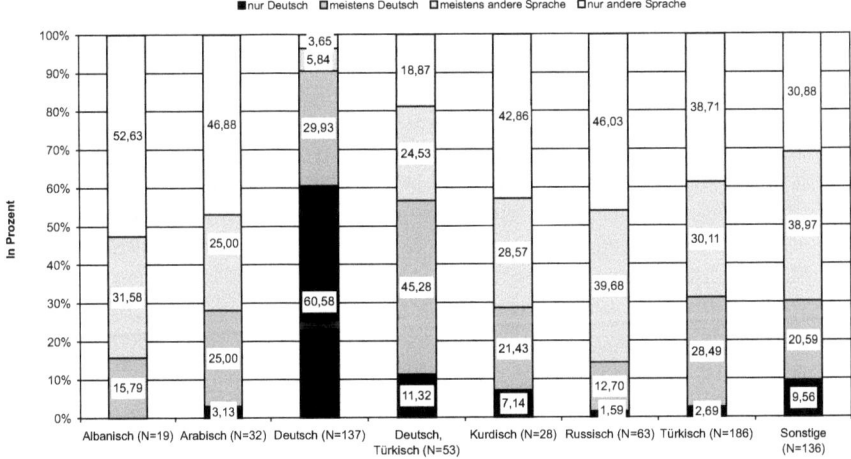

Abbildung 11: Familiale Sprachpraxis (Mutter/Kind) nach Sprachgruppen Übergang in die Sekundarstufe (Kohorten 1 und 2)

7.4.4 Zusammenfassung

Die Heterogenität des Modellprogramms FöRMiG äußert sich nicht nur
in der Unterschiedlichkeit der Fördermaßnahmen, sondern auch in der
vielfältig zusammengesetzten Gruppe der Geförderten. In der Mehrzahl
wurden in FöRMiG Kinder und Jugendliche der ersten und zweiten Zuwanderergeneration gefördert. Sprachlicher Förderbedarf bestand aber
offensichtlich auch bei einer nicht geringen Anzahl von Kindern aus länger in Deutschland lebenden Familien, in denen nach eigener Einschätzung überwiegend Deutsch gesprochen wird. Diese ganz verschiedenen
Ausgangslagen sind mit jeweils besonderen sprachlichen Förderbedarfen
verbunden, die entsprechend abgestimmte Förderkonzepte erfordern.
Daher dürfte die Spannweite der pädagogischen Maßnahmen in FöRMiG
auch als Reaktion auf die vielfältigen regionalen oder lokalen Konstellationen von Ausgangslagen zu betrachten sein – was den Intentionen des
Programms ja durchaus entspricht.

Der Tendenz nach zeichnet sich in der FöRMiG-Klientel das von Siebert-Ott wiedergegebene Muster des Sprachwechsels unter Migrations-
bedingungen ab, nach dem die Herkunftssprache vor allem die Sprachpraxis der selbst eingewanderten Generation dominiert, aber spätestens
in der vierten Generation an Bedeutung in der Alltagskommunikation
verliert (SIEBERT-OTT 2006, S. 147).[16] Das Muster der Generationsabhän-
gigkeit in der Sprachpraxis scheint andere potentielle Einflüsse in den
Hintergrund zu drängen. Wir fanden innerhalb der – nicht repräsentativen – Auswahl der FöRMiG-Teilnehmenden und ihrer Familien keine
Hinweise darauf, dass bestimmte Sprachgruppen von diesem Muster
abweichen und eine größere Loyalität gegenüber ihrer Herkunftssprache
erkennen lassen. Wenn mit wachsendem Abstand zur Einwanderung der
Anteil der deutschen Sprache in der familialen Sprachpraxis zunimmt,
wachsen sich dadurch sprachliche Probleme der Kinder allerdings keineswegs automatisch aus – das zeigt schon ihre Teilnahme an einer
Fördermaßnahme. Die Annahme einer Kausalbeziehung, die besagt,
dass die in der Familie (vorwiegend) gesprochene Sprache die Güte der
Zweitsprachaneignung determiniert, lässt sich nach den Merkmalen der
FöRMiG-Stichprobe jedenfalls nicht untermauern. Die Hinweise auf eine
langfristige Entwicklungstendenz des Sprachwechsels sollten im Übrigen
nicht den Blick darauf verstellen, dass die Familienkommunikation über
einen längeren Zeitraum überwiegend *mehrsprachig* geprägt ist.

---

16 Für diese Aussagen gelten die Einschränkungen, dass im Rahmen der FöRMiG-
    Evaluation nicht der tatsächliche, sondern lediglich der selbstberichtete Sprach-
    gebrauch in der Familie erfasst wurde, und dass die Charakteristiken der Ge-
    nerationsfolge aus einmalig erhobenen Daten abgeleitet wurden, also nicht auf
    Längsschnittanalysen beruhen.

7.5 FöRMiG im Programmverlauf: Haben sich die Förderungen entwickelt?

Bezüglich der Entwicklung und Umsetzung von Sprachfördermaßnahmen können im zeitlichen Verlauf von FöRMiG im Wesentlichen zwei Phasen unterschieden werden: eine Implementations- und eine Vertiefungsphase. Gemäß seinem Charakter als „innovatives multizentrisches Programm" (vgl. HAUBRICH 2006) wurden die konkreten Formen der Förderungen in einem ersten Schritt implementiert, dann aber – auch mit Blick auf die sich im Programmverlauf verändernden Rahmenvorgaben – lokal weiterentwickelt. Durch die eigene zunehmende Praxiserfahrung, durch programmübergreifenden Austausch, durch Informationsinput und damit verbundene Klärungen sollte sich die konkrete Gestalt der Fördermaßnahmen verändert haben – und zwar: zum Besseren.

Die Evaluation hat, wie berichtet, auf den dynamischen Charakter des Programms Rücksicht genommen, indem sie ein Zwei-Kohorten-Design vorgesehen hat. In einer frühen Programmphase, in der sich viele Förderkonzeptionen noch im Stadium des Findens und Ausprobierens befanden, wurden die Daten der ersten Kohorte erhoben und die Ergebnisse an die Fördergruppen zurückgemeldet. Die Rückmeldung sollte einen Impuls zur Reflexion und gegebenenfalls zur Änderung von Konzepten bieten.[17] Die zweite Kohorte wiederholte das Verfahren mit dann neu in die Förderung aufgenommenen Kindern und Jugendlichen in einer späteren Programmphase, in der zu erwarten war, dass sich die Förderungen eingespielt und verbessert hatten.

Das Kohortendesign erlaubt die Prüfung der Frage, inwieweit das Programm in seinem Verlauf gelernt hat, also als Ganzes eine positive Wirkung entfalten konnte. Der Programmerfolg müsste sich darin zeigen, dass die Teilnehmenden der späteren Förderung gegenüber denen in der anfänglichen Förderung größere Lernfortschritte aufweisen. Ob diese Annahme zutrifft, haben wir an den drei bildungsbiographischen Schnittstellen überprüft.

7.5.1 Übergang in die Grundschule

Die mündlichen Sprachkompetenzen der jüngsten FöRMiG-Teilnehmenden wurden mit dem Instrument HAVAS 5 gemessen. In jeder Kohorte wurden zwei Sprachstandsmessungen durchgeführt, der erste Messzeit-

---

17 Und zwar auch ungeachtet der relativ spät erfolgten Rückmeldungen. Hierdurch konnten zwar nicht die Förderung optimiert werden, die den in der ersten Kohorte getesteten Kindern und Jugendlichen selbst galt, aber sehr wohl die Fördermaßnahmen als solche.

punkt (MZP 1) war zu Beginn, der zweite (MZP 2) am Ende des jeweiligen Schuljahres angesetzt worden.

Die Ergebnisse wurden pro Messzeitpunkt für jedes Kind zu einem HAVAS 5-Gesamtscore zusammengefasst. Die HAVAS-Gesamtscores beider Kohorten (deutschsprachige Version) sind in Tabelle 6 dargestellt: Getrennt nach den Kindern des Elementarbereichs und der ersten Schulklasse sind dort jeweils Mittelwerte, Standardabweichungen und Anzahl der Testpersonen am ersten und am zweiten Messzeitpunkt angegeben. Ein Vergleich der Mittelwerte deutet darauf hin, dass insbesondere bei den Erstklässlern in der zweiten Kohorte größere Lernfortschritte als in der ersten erzielt wurden. Bei den Kindern im vorschulischen Alter unterscheiden sich die Lernfortschritte zwischen den Kohorten nur geringfügig und nicht signifikant.

Tabelle 6: Kohortenvergleich HAVAS 5

		Kinder aus Kita und Vorschule		Schüler der ersten Schulklasse	
		HAVAS 5 Gesamtscore MZP1	HAVAS 5 Gesamtscore MZP2	HAVAS 5 Gesamtscore MZP1	HAVAS 5 Gesamtscore MZP2
1. Kohorte	Mittelwert	48.9	58.6	62.8	67.8
	Standardabweichung	20.7	16.3	16.2	12.2
	n	172	172	682	682
2. Kohorte	Mittelwert	53.7	63.9	65.8	72.6
	Standardabweichung	17.2	14.2	12.8	11.0
	n	153	153	330	330

Diese Unterschiede könnten allerdings auf eine unterschiedliche Zusammensetzung der Kohortenstichproben, beispielsweise auf mehr Schüler mit guten Lernvoraussetzungen in Kohorte 2, zurückgehen. So fällt auf, dass in der zweiten Kohorte bereits zu Schuljahresbeginn (MZP 1) ein signifikant höheres Niveau als in der ersten Kohorte zu verzeichnen ist. Im Durchschnitt bringen die Kinder der zweiten Kohorte also schon bessere Kenntnisse im Deutschen mit.

Ein Vergleich der Kohorten nach ausgewählten Hintergrundvariablen (Tabelle 7) zeigt für Kinder im Vorschulalter und Erstklässler ein unterschiedliches Bild. Die beiden Kohortenstichproben der Kinder aus Kita und Vorschulen unterscheiden sich in Bezug auf kognitive Lernvoraussetzungen, die Geschlechterverteilung und das familiäre kulturelle Kapital; bei den Erstklässlern unterscheiden sich die Kohorten nur in der Zusammensetzung nach Geschlecht signifikant.

- In der zweiten Kohorte haben die Kinder in Kita und Vorschule durchschnittlich etwas geringere kognitive Kompetenzen; da bessere HAVAS-Ergebnisse aber mit höheren kognitiven Kompetenzen einhergehen ($r=.17$, $p=.000$), lässt sich aus den eher schlechteren Lernvoraussetzungen in der zweiten Kohorte keine unmittelbare Erklärung für deren bessere HAVAS-Startwerte ableiten.

- Der Anteil der Jungen ist in der Kita-/Vorschul-Stichprobe der zweiten Kohorte tendenziell höher. Bei den Schülern der ersten Schulklasse gibt es in der zweiten Kohorte dagegen einen etwas höheren Mädchenanteil. Da sich aber die HAVAS 5-Ergebnisse von Mädchen und Jungen in beiden Altersgruppen an beiden Messzeitpunkten nicht unterscheiden (Tabelle 8), lassen sich die Kompetenzunterschiede auch nicht aus den Differenzen in der Geschlechterzusammensetzung der Stichproben ableiten.

- Der Buchbesitz im Haushalt gilt als Indikator für das familiäre kulturelle Kapital. Hier wurde von den Eltern in der zweiten Kohorte durchschnittlich ein signifikant höherer Wert genannt. Da diese Variable positiv – wenn auch schwach – mit dem Ergebnis im HAVAS 5 korreliert ($r=.19$, $p=.000$), könnte das unterschiedliche kulturelle Kapital der Familien also für die Kohortenunterschiede (mit-) verantwortlich sein.

Eine multiple Regressionsanalyse erlaubt die Abschätzung, inwieweit Kohortenunterschiede unter simultaner Berücksichtigung weiterer potentieller Einflussgrößen erhalten bleiben. Die Regressionsmodelle für die Kita- und Vorschulkinder und für die Erstklässler bestätigen, dass die FörMig-Teilnehmenden in der zweiten Kohorte unabhängig vom Ergebnis des ersten Messzeitpunktes signifikant bessere Werte erreichen (Tabelle 9). Bei gleichzeitiger Kontrolle von Bildungshintergrund und familiärem kulturellen Kapital, dem Geschlecht des Kindes, seinen kognitiven Fähigkeiten und vom berichteten Anteil der deutschen Sprache an der Familienkommunikation erreichen die Kinder in der zweiten Kohorte einen um 3,2 Punkte (Kita/Vorschule)[18] bzw. um 3,7 Punkte (Schülerinnen und Schüler der 1. Klasse) höheren Zuwachs im HAVAS-Gesamtwert als in der ersten Kohorte. Die größeren Fortschritte in den HAVAS 5-Ergebnissen der zweiten Kohorte bleiben in den Regressionsanalysen

---

18 In den Mittelwerten für den Elementarbereich (Tabelle 1) kam der Unterschied zwischen den Kohorten kaum zum Ausdruck, unter Kontrolle der Lernvoraussetzungen im Regressionsmodell ist er klarer und signifikant. Der stärkere Kohorteneffekt geht auf die Kontrolle der kognitiven Fähigkeiten zurück, die bei dieser Gruppe in der zweiten Kohorte im Durchschnitt etwas geringer sind (vgl. oben).

Tabelle 7: Kohortenvergleich Hintergrundvariablen, Mittelwertvergleiche (T-Tests)

	Kohorte	Kinder aus Kita und Vorschule						Schüler der ersten Schulklasse					
		n	Mittelwert	Standardabweichung	t	df	Signifikanz (p)	n	Mittelwert	Standardabweichung	t	df	Signifikanz (p)
T-Wert CFT	1	172	48.15	9.31	4.03	323	0.000	682	45.51	10.63	1.44	1010	n.s.
	2	153	43.75	10.34				330	44.50	10.18			
Geschlecht (1=weiblich, 2=männlich)	1	172	1.55	.50	-1.87	323	0.062	682	1.54	.51	2.80	1010	0.005
	2	153	1.66	.57				330	1.44	.52			
Sozioökonomischer Status (HISEI)	1	172	35.65	13.26	0.35	323	n.s.	682	35.58	12.55	0.17	1010	n.s.
	2	153	35.13	13.23				330	35.73	13.54			
Anzahl der Bücher im Haushalt (Index)	1	172	2.40	1.21	-2.36	323	0.019	682	2.42	1.29	0.07	715.8	n.s.
	2	153	2.72	1.19				330	2.41	1.16			
Bildungsabschluss Vater (ISCED)	1	172	3.64	1.39	-0.95	323	n.s.	673	3.69	1.31	.82	1001	n.s.
	2	153	3.65	1.36				330	3.62	1.36			
Bildungsabschluss Mutter (ISCED)	1	172	3.37	1.33	-0.77	323	n.s.	673	3.36	1.29	1.71	1001	n.s.
	2	153	3.48	1.16				330	3.21	1.24			
Anteile Familiensprache (1=nur Deutsch, 20=nur Herkunftssprache)	1	172	12.42	1.89	0.48	295.5	n.s.	682	12.59	2.27	0.078	565.39	n.s.
	2	153	12.29	1.89				330	12.61	2.68			
Migrationshintergrund des Kindes (Generation in Deutschland)	1	172	2.22	.74	-0.92	322.6	n.s.	682	2.23	.61	1.18	560.7	n.s.
	2	153	2.29	.63				330	2.17	.72			

Tabelle 8: HAVAS 5-Ergebnisse nach Geschlecht, Kohorten 1 und 2, Mittelwertvergleiche (T-Tests)

		Kinder aus Kita und Vorschule						Schüler der ersten Schulklasse					
		n	Mittel-wert	Standard-abweichung	t	df	Signifi-kanz (p)	n	Mittel-wert	Standard-abweichung	t	df	Signifi-kanz (p)
HAVAS 5-Gesamtscore MZP1	weiblich	128	50.1	20.7	-0.59	310	n.s.	484	63.5	15.7	0.81	987	n.s.
	männlich	184	51.4	18.5				505	64.3	14.9			
HAVAS 5-Gesamtscore MZP2	weiblich	128	60.4	17.1	-0.40	246.6	n.s.	484	69.2	12.6	0.41	987	n.s.
	männlich	184	61.2	14.8				505	69.5	11.5			

Tabelle 9:   Multiple Regression. Kohorten 1 und 2

abhängige Variable: HAVAS 5-Gesamtscore MZP 2	Kinder aus Kita und Vorschule				Schüler der ersten Schulklasse			
	Regressionskoeffizienten				Regressionskoeffizienten			
	nicht standardisiert	standardisiert	t	Signifikanz (p)	nicht standardisiert	standardisiert	t	Signifikanz (p)
HAVAS 5-Gesamtscore MZP 1	.522	.644	14.709	.000	.367	.466	16.687	.000
Bildungsabschluss der Mutter (ISCED)	.357	.029	.664	.507	-.593	-.063	-2.337	.020
Anzahl der Bücher im Haushalt (Index)	.735	.057	1.308	.192	1.001	.105	3.822	.000
T-Wert CFT	.127	.082	1.924	.055	.057	.050	1.812	.070
Geschlecht (1=weiblich, 2=männlich)	-.573	-.019	-.480	.632	.127	.005	.203	.839
Anteile Familiensprache (1=nur Deutsch, 20=nur Herkunftssprache)	-.223	-.036	-.824	.410	-.319	-.064	-2.308	.021
Kohorte	3.216	.103	2.474	.014	3.710	.145	5.428	.000
Konstante	24.402		3.914	.000	41.853		12.806	.000
R^2	.503				.307			
N	325				1003			

erhalten und sind demnach *nicht* auf die in Betracht gezogenen strukturellen Unterschiede zwischen den Stichproben zurückzuführen. Auch die Kompetenzunterschiede zwischen den Kohortenstichproben zu Förderungsbeginn erklären den Kohorteneffekt nicht, da die Vorkenntnisse in den Modellen kontrolliert sind.

Eine Erklärung für die unterschiedlichen Kompetenzen bei Förderungs*beginn* besitzen wir nicht. Als mögliche Ansätze kommen dafür in Betracht:

Insbesondere für die Schülerinnen und Schüler der ersten Schulklasse wäre ein „FöRMIG-Effekt" in Erwägung zu ziehen, falls sie aufgrund der intensivierten Kooperation zwischen abgebenden Kindertageseinrichtungen und aufnehmenden Grundschulen bereits von einer höheren Sprachaufmerksamkeit oder von Förderangeboten vor ihrer Einschulung profitiert hätten. Allerdings finden wir Kompetenzunterschiede zu Förderungsbeginn auch bei den fünfjährigen Kindern in den Kindertageseinrichtungen, für die wir eine Vorförderung in diesem Ausmaß nicht annehmen können. Eine andere mögliche Erklärung besteht in der Annahme einer geänderten Zuweisungspraxis zu den Förderangeboten in den beteiligten Basiseinheiten. Das könnte dann der Fall sein, wenn die Basiseinheiten ihre Maßnahmen im späteren Programmverlauf einem breiteren Teilnehmerspektrum – etwa im Rahmen von integrierten Förderungen – geöffnet hätten, also weniger selektiv Kinder mit besonders starken Defiziten im Deutschen einbezogen hätten.

Festzuhalten ist jedenfalls – trotz der Kompetenzunterschiede zu Förderungsbeginn –, dass alle Kinder unabhängig von ihren Vorkenntnissen in der zweiten Kohorte mehr von den Fördermaßnahmen profitierten. Der höhere Kompetenzzuwachs ist nicht auf die höhere Anfangskompetenz zurückzuführen. Vielmehr ist den beteiligten Einrichtungen an dieser Schnittstelle zu attestieren, dass sie das FöRMIG-Ziel erreicht haben: sie haben ihre Förderung optimiert.

7.5.2 Übergang in die Sekundarstufe

An dieser bildungsbiographischen Schnittstelle wurden die rezeptive Kompetenz des Leseverständnisses sowie produktive schriftsprachliche Kompetenzen betrachtet. Letztere wurden in dieser Altersgruppe mit der Schreibaufgabe FöRMIG-Tulpenbeet erhoben. In der ersten Kohorte konnte mit diesem Instrument am zweiten Messzeitpunkt keine reliable Messung von Schreibkompetenzen erzielt werden, sodass eine Fortschrittsmessung nach einer Verfahrensänderung nur für die zweite Kohorte möglich war. Aus diesem Grund ist am Übergang in die Sekundarstufe für die Förderergebnisse in produktiven schriftsprachlichen Kompetenzen kein Kohortenvergleich möglich.

Der Vergleich der Ergebnisse im Leseverständnistest zeigt am ersten Messzeitpunkt für beide Kohorten vergleichbare Mittelwerte, also ein praktisch gleiches Niveau bei Förderungsbeginn (Tabelle 10). Der durchschnittliche Zuwachs in der ersten Kohorte beträgt 1.5 Punkte und ist noch signifikant ($t=-1.98$, $df=274$, $p=.049$), in der zweiten Kohorte ist der Zuwachs mit 3,2 Skalenpunkten höher und erreicht auch eine höhere Signifikanz ($t=-4.38$, $df=280$, $p=.000$). Diese Zahlen sprechen auf den ersten Blick für ein besseres Abschneiden der Kinder in der zweiten Kohorte. Allerdings ist der Unterschied zwischen den Kohorten am zweiten Messzeitpunkt statistisch nicht signifikant, sondern nur tendenziell.

Tabelle 10: Leseverständnis am Übergang in die Sekundarstufe

		Schüler mit Migrationshintergrund	
		Skalenpunkte Leseverständnis MZP1	Skalenpunkte Leseverständnis MZP2
1. Kohorte	Mittelwert	102.08	103.60
	Standardabweichung	13.55	13.22
	n	275	275
2. Kohorte	Mittelwert	102.33	105.51
	Standardabweichung	11.70	12.49
	n	281	281

Damit zeigt sich im Leseverständnis der Schüler dieser Altersgruppe zunächst kein klarer, statistisch nachweisbarer Lerneffekt des Programms. Auch hier könnte der tatsächliche Effekt durch Unterschiede in der Zusammensetzung der Kohortenstichproben verdeckt sein; in Kap. 7.4 wurde deutlich, dass in der zweiten Kohorte dieser Altersgruppe mehr Kinder aus solchen Familien gefördert wurden, die schon seit längerem in Deutschland ansässig sind. Tabelle 11 zeigt, dass sich die Schüler darüber hinaus in vielerlei Hinsicht unterscheiden. In der zweiten Kohorte sind die kognitiven Lernvoraussetzungen tendenziell günstiger, dasdurchschnittliche familiäre kulturelle Kapital ist größer, der Bildungsabschluss der Mutter höher und es wird mehr Deutsch in den Familien gesprochen. Gleichzeitig ist der Jungenanteil höher als in der ersten Kohorte. Damit gibt es eine Reihe von Faktoren, die für eine Über-

Tabelle 11: Kohortenvergleich Hintergrundvariablen, Mittelwertvergleiche (T-Tests), Schüler(innen) am Übergang in die Sekundarstufe

Kohorte	n	Mittel-wert	Standard-abwei-chung	t	df	Signifi-kanz (p)
T-Wert KFT						
1	275	44.44	8.96	-1.95	554	.052
2	281	45.92	8.99			
Geschlecht (1=weiblich, 2=männlich)						
1	275	1.42	.49	-2.03	553.95	.043
2	281	1.50	.50			
Sozioökonomischer Status (HISEI)						
1	275	35.98	10.66	-1.25	500.36	n.s.
2	281	36.97	7.77			
Anzahl der Bücher im Haushalt (Index)						
1	275	2.50	.99	-2.33	554	.020
2	281	2.69	.91			
Bildungsabschluss Vater (ISCED)						
1	275	3.58	1.04	-1.52	514.5	n.s.
2	281	3.69	.80			
Bildungsabschluss Mutter (ISCED)						
1	275	3.29	.95	-2.31	522.32	.021
2	281	3.46	.76			
Anteile Familiensprache (1=nur Deutsch, 20=nur Herkunftssprache)						
1	275	12.62	3.34	2.88	554	.004
2	281	11.76	3.70			
Kind in Deutschland geboren						
1	275	.76	.41	.032	554	.975
2	281	.76	.40			
Migrations-hintergrund des Kindes (Generation in Deutschland)						
1	275	2.04	.76	-2.271	534.31	.024
2	281	2.20	.94			

schätzung des Kohorteneffektes sprechen, weil die Schülerinnen und Schüler der zweiten Kohorte eher bessere Lernvoraussetzungen mitbringen.

Das Ergebnis der Regressionsanalyse spricht für diese Vermutung (Tabelle 12). Unter Berücksichtigung der Vorkenntnisse (Leseverständnis MZP1) und weiterer persönlicher und familiärer Hintergrundmerkmale des Kindes lässt sich nur noch ein schwacher und statistisch nicht signifikanter Effekt der Kohorte ausmachen: Im fairen Vergleich liegt der durchschnittliche Zugewinn an Leseverständnis der zweiten Kohorte lediglich 1,46 Skalenpunkte über dem der ersten Kohorte.

Auf das Programm FÖRMIG bezogen lässt sich demnach am Übergang in die Sekundarstufe keine deutliche Tendenz erkennen, die auf eine systematische Verbesserung der Förderung im Leseverständnis im Programmverlauf hindeutet. Das Leseverständnis entwickelte sich im Durchschnitt in beiden Kohorten vergleichbar.

Tabelle 12: Multiple Regression, Kohorten 1 und 2, Schüler(innen) am Übergang in die Sekundarstufe

abhängige Variable: Leseverständnistest - MZP 2	Regressionskoeffizienten			
	nicht standardisiert	standardisiert	t	Signifikanz (p)
Leseverständnistest MZP 1	.473	.464	12.752	.000
Bildungsabschluss der Mutter (ISCED)	1.822	.122	3.196	.001
T-Wert KFT	.161	.113	3.020	.003
Geschlecht (1=weiblich, 2=männlich)	-2.618	-.101	-2.900	.004
Kind in Deutschland geboren	-3.757	-.118	-3.287	.001
Kohorte	1.464	.057	1.624	.105
Konstante	47.217		10.574	.000
R^2	.342			
n	556			

Die Ursache für die veränderte Zusammensetzung der Kinder in der zweiten Kohorte liegt aller Wahrscheinlichkeit nach darin, dass mit der Arbeitsgemeinschaft Durchgängige Sprachbildung ein neues Element in FÖRMIG eingeführt wurde, das einen Teil der Basiseinheiten betraf. Die Modellklassen der Schulen, die an der AG teilnahmen, bezogen in die Evaluationserhebungen alle Schüler ein, also auch diejenigen ohne Migrationshintergrund. Die auf FÖRMIG insgesamt bezogene Evaluation, und damit auch dieser Kohortenvergleich, verwendet zwar ausschließlich die Daten der Schüler mit Migrationshintergrund; unter diesen befanden sich aber wahrscheinlich auch solche ohne sprachlichen Förderbedarf. Allerdings ist unter der Annahme durchschnittlich günstigerer Lernvoraussetzungen in der zweiten Kohorte auffällig, dass trotzdem die Leistungen der Schüler am ersten Messzeitpunkt in beiden Kohorten vergleichbar sind. Mindestens mit Blick auf die Förderung der Lesefähigkeit kann an dieser Stelle also nicht von einer statistisch abgesicherten

Steigerung der Förderkompetenzen der Basiseinheiten gesprochen werden.

7.5.3 Übergang in den Beruf

Die Lernfortschritte am Übergang in den Beruf wurden ebenfalls mit einem Leseverständnistest sowie einem Instrument zur Erfassung produktiver schriftsprachlicher Kompetenzen (FörMig-Bumerang) erfasst. Hier gab es keine Probleme bei der Erfassung der Schreibkompetenzen, sodass der Kohortenvergleich sich sowohl auf den rezeptiven als auch auf den produktiven Kompetenzbereich bezieht.

Die Werte für den Leseverständnistest sind am ersten Messzeitpunkt in beiden Kohorten vergleichbar, die Ausgangslage in dieser sprachlichen Kompetenz ist in den beiden betrachteten Schuljahren praktisch identisch (t=-.12, df=409, p=.908). Am zweiten Messzeitpunkt unterscheiden sich die Ergebnisse nach den Kohorten signifikant (t=-2.728, df=409, p=.007), in der zweiten Kohorte liegt der Mittelwert um 3,4 Skalenpunkte über dem der ersten Kohorte.

Tabelle 13: Leseverständnis am Übergang in den Beruf

		Skalenpunkte Leseverständnis MZP1	Skalenpunkte Leseverständnis MZP2
1. Kohorte	Mittelwert	98.45	100.55
	Standardabweichung	11.92	12.91
	n	245	245
2. Kohorte	Mittelwert	98.59	103.99
	Standardabweichung	13.62	12.00
	n	166	166

Der Zuwachs war in beiden Kohorten jeweils statistisch signifikant: In der ersten Kohorte betrug er bezogen auf alle Fördergruppen 2,1 Skalenpunkte (t=-2.51, df=244, p=.013); in der zweiten Kohorte war die mittlere Steigerung mit 5,4 Skalenpunkten höher (t=-5.86, df=165, p=.000). Allein aus dem Vergleich der Testwerte könnte man also auf einen Kohorteneffekt schließen, die Lernfortschritte sind im Programmverlauf durchschnittlich größer geworden.

Ein Vergleich der Kohorten in Hinblick auf verschiedene Hintergrundvariablen ergibt für diese Altersgruppe (Übergang in den Beruf) keine signifikanten Unterschiede (Tabelle 14), in beiden Kohorten wurden also Teilnehmer(innen) mit vergleichbarem persönlichen und familiären Hintergrund gefördert. Damit übereinstimmend kommt die multiple Regressionsanalyse zu dem Ergebnis, dass die Teilnehmenden der zweiten Kohorte auch unter Berücksichtigung zentraler Hintergrundvariablen einen um 3,4 Skalenpunkte höheren Lernzuwachs im Leseverständnis erreicht haben als die im Schuljahr 2005/2006 Geförderten (Tabelle 15). Der Kohorteneffekt ist statistisch signifikant. Dieser Befund spricht dafür,

Tabelle 14: Kohortenvergleich Hintergrundvariablen, Mittelwertvergleiche (T-Tests), Schüler(innen) am Übergang in den Beruf

	Kohorte	n	Mittel-wert	Standard-abweichung	t	df	Signifi-kanz (p)
T-Wert KFT	1	245	39.81	9.88	.006	409	n.s.
	2	166	39.80	9.79			
Geschlecht (1=weiblich. 2=männlich)	1	245	1.39	.42	-1.535	316.736	n.s.
	2	166	1.47	.50			
Sozioökonomischer Status (HISEI)	1	245	40.94	14.27	-.703	409	n.s.
	2	166	41.93	13.79			
Anzahl der Bücher im Haushalt (Index)	1	245	2.68	1.20	1.166	409	n.s.
	2	166	2.55	1.13			
Bildungsabschluss Vater (ISCED)	1	245	3.92	1.19	409	.265	n.s.
	2	166	3.79	1.02			
Bildungsabschluss Mutter (ISCED)	1	245	3.76	1.25	.804	409	n.s.
	2	166	3.66	1.11			
Anteile Familien-sprache (1=nur Deutsch. 20=nur Herkunftssprache)	1	245	12.71	3.67	1.637	307.987	n.s.
	2	166	12.03	4.44			
Schüler/-in in Deutschland geboren	1	245	.50	.47	-.997	344.667	n.s.
	2	166	.54	.49			
Migrationshinter-grund (Generation in Deutschland)	1	245	1.95	.94	-1.541	314.218	n.s.
	2	166	2.11	1.12			

dass die Förderung im Programmverlauf mehr zu einer Verbesserung des Leseverständnisses beigetragen hat.

An der biographischen Schnittstelle am Übergang in den Beruf gelang die Messung produktiver Schreibkompetenzen in beiden Kohorten mit vergleichbarer Reliabilität, sodass hier ein Kohortenvergleich auch in diesem Kompetenzbereich möglich ist. Die Teilnehmergruppe ist um die Schüler der 6. und der 7. Schulklasse erweitert, daher erhöht sich die Fallzahl gegenüber dem Leseverständnistest. Bei dieser erweiterten Stichprobe gibt es einen knapp signifikanten Mittelwertunterschied zwischen den Kohorten in Bezug auf die Anzahl der Bücher im Haushalt (t=1.98, df=542, p=.048): In der zweiten Kohorte ist der durchschnittliche Buchbestand etwas kleiner als in der ersten. Alle anderen auch in Tabelle 14 betrachteten Variablen unterscheiden sich nicht nach den Kohorten.

Tabelle 15: Multiple Regression, Kohorten 1 und 2, Schüler(innen) am Übergang in den Beruf

abhängige Variable: Leseverständnistest – MZP 2	Regressionskoeffizienten			
	nicht standardisiert	standardisiert	t	Signifikanz (p)
Leseverständnistest MZP 1	. 404	.403	8.775	.000
Sozioökonomischer Status (HISEI)	.124	.138	3.272	.001
T-Wert KFT	.213	.166	3.805	.000
Geschlecht (1=weiblich. 2=männlich)	-4.367	-.157	-3.704	.000
Schüler/in in Deutschland geboren	2.932	.111	2.462	.014
Kohorte	3.435	.133	3.235	.001
Konstante	48.457		9.401	.000
R^2	.320			
n	411			

Das Instrument FörMig-Bumerang erfasst produktive schriftsprachliche Kompetenzen anhand von zwei Texten: einem Bewerbungsschreiben und einem Zeitschriftenartikel in Form einer Anleitung zum Bumerangbau. Für beide Textsorten wird je eine Gesamtskala betrachtet, die Indikatoren der Textbewältigung, der Lexik und der Syntax zusammenfasst. Die Veränderungen in beiden Textsortenkompetenzen sind nach Kohorten jeweils unterschiedlich (vgl. Tabelle 16) und sollen daher im Folgenden getrennt behandelt werden.

Tabelle 16: FöRMIG-Bumerang: Bewerbungsschreiben

		Gesamtskala Bewerbung MZP1	Gesamtskala Bewerbung MZP2	Gesamtskala Bumerangbau MZP1	Gesamtskala Bumerangbau MZP2
1. Kohorte	Mittelwert	27.44	30.41	24.26	23.80
	Standard-abweichung	19.50	16.81	12.77	12.48
	n	322	322	322	322
2. Kohorte	Mittelwert	31.47	31.22	24.09	25.93
	Standard-abweichung	17.70	13.69	9.94	9.17
	n	222	222	218	218

Am ersten Messzeitpunkt ist das Bewerbungsschreiben in der zweiten Kohorte im Durchschnitt signifikant besser gelungen als in der ersten Kohorte, am zweiten Messzeitpunkt war der Mittelwert der zweiten Kohorte sogar niedriger als am Schuljahresbeginn. Da der Startwert der zweiten Kohorte im Wertebereich des Ergebnisses der ersten Kohorte nach einem Schuljahr Förderung liegt, kann vermutet werden, dass das Schreiben von Bewerbungen in einigen Fördergruppen diesmal bereits vor dem ersten Messzeitpunkt Thema der Förderung war. Eine Leistungsentwicklung kann für diese Kohorte im Schuljahresverlauf nicht nachgewiesen werden, was nahelegt, dass die Förderung nach dem ersten Messzeitpunkt nicht weiter intensiviert wurde. Das Vorzeichen des Kohorteneffekts in der Regressionsanalyse ist negativ (Tabelle 17), was besagt, dass der Leistungsfortschritt in der ersten Kohorte größer als in der zweiten Kohorte war. Da die Mittelwerte der zweiten Kohorte gemessen an der ersten Kohorte in beiden Erhebungswellen auf einem relativ hohen Niveau lagen, bedeutet das negative Vorzeichen nicht, dass die Förderung im Programmverlauf weniger erfolgreich war, sondern nur, dass die Erstmessung in vielen Fällen erst nach einer Trainingsphase – und damit für die Fortschrittsmessung zu spät – stattgefunden hat. Das relativ hohe Niveau der Mittelwerte in der zweiten Kohorte legt immerhin nahe, grundsätzlich davon auszugehen, dass die Förderung gegriffen hat.

Tabelle 17: Multiple Regression, Schüler(innen) am Übergang in den Beruf, Bewerbung

abhängige Variable: Bewerbung Gesamt – MZP 2	Regressionskoeffizienten			Signifikanz (p)
	nicht standardisiert	standardisiert	t	
Bewerbung Gesamt MZP1	.508	.614	17.387	.000
Anzahl der Bücher im Haushalt (Index)	-.548	-.041	-1.212	.226
T-Wert KFT	.142	.086	2.530	.012
Geschlecht (1=weiblich. 2=männlich)	-4.878	-.145	-4.227	.000
Schüler/in in Deutschland geboren	-2.062	-.062	-1.794	.073
Kohorte	-.849	-.027	-.795	.427
Konstante	20.941		6.385	.000
R^2	.412			
n	544			

Bezogen auf die Textkompetenz im Beschreiben des Bumerangbaus ist eine umgekehrte Entwicklung erkennbar. Hier gibt es in der ersten Kohorte im Durchschnitt keine positive Veränderung, in der zweiten Kohorte dagegen einen signifikanten mittleren Leistungszuwachs von 1,84 Punkten (t=-3.05, df=217, p=.003). In diesem Fall sind allerdings die Startwerte in beiden Kohorten praktisch identisch, sodass für die erste Kohorte kein Übungseffekt am ersten Messzeitpunkt anzunehmen ist. Die Rückmeldungen an die einzelnen Fördergruppen hatten erkennen lassen, dass sich in der ersten Kohorte diese Art von Textkompetenz nur in wenigen Fördergruppen positiv entwickelte, also offenbar nur in Einzelfällen Gegenstand der Förderung war. In der zweiten Kohorte gab es dagegen mehr Fördergruppen mit positiver mittlerer Leistungsentwicklung, sodass die besseren Durchschnittswerte am zweiten Messzeitpunkt auf Änderungen der Förderinhalte zurückgehen dürften. In Bezug auf die Anleitung zum Bau eines Bumerangs bleibt der Kohorteneffekt auch in der multiplen Regression bei Kontrolle von Rahmenbedingungen erhalten und ist signifikant. Gegenüber der ersten Kohorte beträgt der Leistungszuwachs durchschnittlich 2,3 Punkte.

Tabelle 18: Multiple Regression, Schüler(innen) am Übergang in den Beruf,
Bumerangbau

abhängige Variable: Bumerang Gesamt - MZP 2	Regressionskoeffizienten			
	nicht standardisiert	standardisiert	t	Signifikanz (p)
Bumerang Gesamt MZP1	.528	.547	15.061	.000
Anzahl der Bücher im Haushalt (Index)	-.1112	-.012	-.330	.741
T-Wert KFT	.203	.172	4.819	.000
Geschlecht (1=weiblich. 2=männlich)	-2.159	-.089	-2.552	.011
Schüler/in in Deutschland geboren	.919	.038	1.044	.297
Kohorte	2.291	.100	2.866	.004
Konstante	3.489		1.437	.151
R^2	.368			
n	540			

7.5.4 Zusammenfassung der Ergebnisse

Die Ergebnisse des Kohortenvergleichs geben einen deutlichen Trend
wieder: Mit wenigen Ausnahmen haben die in FöRMiG geförderten Kinder und Jugendlichen in der Vertiefungsphase durchschnittlich bessere
Ergebnisse erzielt als in der Implementationsphase. Für die Kinder am
Übergang in die Grundschule und für die Jugendlichen am Übergang in
den Beruf gibt es dafür statistisch abgesicherte Befunde. Für das Leseverständnis der Schüler am Übergang von der Primar- in die Sekundarstufe ist immerhin von der Richtung her ebenfalls ein etwas größerer
Leistungsfortschritt in der Vertiefungsphase erkennbar, er ist aber statistisch nicht signifikant.

Soweit sich die allgemeinen Rahmenbedingungen in dem beobach-
teten Zeitraum nicht geändert haben, lässt dieser Trend zunächst den
Schluss zu, dass tatsächlich die Förderungen – und nicht etwa ausschließlich der normale Unterricht – zu den Leistungsentwicklungen
der Teilnehmenden beigetragen haben, anderenfalls wäre kein positiver
Kohorteneffekt erkennbar. Die Verbesserung der Ergebnisse zeigt vor allem, dass die grundsätzliche Richtung, die die Förderungen schließlich
eingeschlagen haben, erfolgversprechend ist. Die vorgefundenen Kohor-
teneffekte fallen zwar auch bei Vorliegen statistischer Signifikanz nicht
besonders groß aus. Bei der Bewertung dessen ist aber in Rechnung zu
stellen, dass zwischen beiden Kohorten ein Zeitraum von nur einem Jahr

lag, also auch nur wenig Spielraum für die Weiterentwicklung von Konzeptionen und ihre Implementation zur Verfügung stand. Darüber hinaus gibt der Kohorteneffekt nur die mittlere Tendenz über alle Basiseinheiten und Fördergruppen hinweg wieder.

Bedauerlicherweise ließen sich die produktiven schriftsprachlichen Kompetenzen am Übergang in die Sekundarstufe nicht in diese Betrachtung mit einbeziehen. So können wir keine Aussage darüber machen, ob die Förderungen sich auf diesen Kompetenzbereich langfristig stärker ausgewirkt haben. Die rege Beteiligung an der länderübergreifenden Arbeitsgemeinschaft zur prozessbegleitenden Diagnose der Schreibentwicklung in der Sekundarstufe I lässt die Vermutung zu, dass es hier – und gerade in der fortgeschrittenen Programmphase – einen besonderen Förderschwerpunkt gab. Tatsächlich konnten in der zweiten Kohorte in mehreren Basiseinheiten deutliche Leistungssteigerungen in allgemeinen und bildungssprachlichen Schreibkompetenzen festgestellt werden. Ein weiterer Schwerpunkt des Programms, die länderübergreifende Arbeitsgemeinschaft „Durchgängige Sprachbildung", war ebenfalls an dieser bildungsbiographischen Schnittstelle angesiedelt. Auch diese Arbeitsgemeinschaft entfaltete ihre konzeptionelle und praktische Entwicklung besonders in der zweiten Programmhälfte. Wie wiederkehrend aus den Länderberichten und anderen Quellen hervorgeht, empfanden die Beteiligten für die sprachfördernde Arbeit am Übergang von der Grundschule in die Sekundarstufe einen besonders hohen Entwicklungsbedarf; nicht von ungefähr bildeten sich zwei von drei länderübergreifenden Arbeitsgemeinschaften mit dem Augenmerk auf diese bildungsbiographische Schnittstelle.

Die Erhebungen der zweiten Kohorte fielen für die an den Arbeitsgemeinschaften beteiligten Personen und Einrichtungen in eine Phase, die eher den konzeptionellen Entwürfen und ihrer Erprobung gewidmet war, also gerade nicht als Vertiefungsphase der Förderungen zu charakterisieren ist. Das soll aber nicht den Blick darauf verstellen, dass es in der Programmlaufzeit offenbar noch nicht gelungen ist, eine systematische Verbesserung der Förderung von Lesekompetenzen, also grundlegenden Kompetenzen für eine erfolgversprechende Bildungskarriere, in Gang zu setzen.

7.6 Der Einfluss struktureller und inhaltlicher Merkmale der Förderung auf die Leistungsentwicklung

Zu den strukturellen Bedingungen der Förderung zählen wir organisatorische Merkmale der Angebote, aber auch vorgefundene Rahmenbedingungen in den einzelnen Kindertagesstätten, Schulen und Fördergruppen, die der Gestaltung durch Pädagog(inn)en und Einrichtungen weitgehend entzogen sind. Zu ersteren gehört beispielsweise die Durchführung der Förderung: entweder als zusätzliches Angebot außerhalb des regulären Schulunterrichts (additive Förderung) oder als Förderung im Rahmen des üblichen Schultags (integrierte Förderung). Zu den Rahmenbedingungen gehört die Zusammensetzung der Fördergruppen, etwa in Bezug auf ihre Homogenität nach Herkunftssprachen. Als inhaltliche Fördermerkmale erfassen wir Elemente sprachlicher Kompetenzen, auf die sich die Förderung in den Basiseinheiten konzentrierte. Folgende strukturellen Merkmale der Basiseinheiten an den drei bildungsbiographischen Schnittstellen haben wir in unsere Analysen einbezogen:

Übergang in die Grundschule	Übergang in die Sekundarstufe	Übergang in den Beruf
Mittlerer Sozialstatus	Mittlerer Sozialstatus	Mittlerer Sozialstatus
Mittlerer Bildungshintergrund	Mittlerer Bildungshintergrund	Mittlerer Bildungshintergrund
Mittleres kulturelles Kapital	Mittleres kulturelles Kapital	Mittleres kulturelles Kapital
Gruppengröße	Gruppengröße	Gruppengröße
Herkunftssprachliche Homogenität	Herkunftssprachliche Homogenität	Herkunftssprachliche Homogenität
Additive Förderung	Additive Förderung	Additive Förderung
Integrierte Förderung	Integrierte Förderung	Integrierte Förderung
Kombination integrierter und additiver Förderung	Kombination integrierter und additiver Förderung	
	Vollzeit DaZ-Unterricht für Seiteneinsteiger	Vollzeit DaZ-Unterricht für Seiteneinsteiger

Abbildung 12: Strukturelle Merkmale der Fördergruppen

Die strukturellen und inhaltlichen Merkmale der einzelnen Fördermaßnahmen wurden im Wesentlichen auf Basis der Zielvereinbarungen und Zielentwicklungsbögen der FörMig-Basiseinheiten sowie der Eltern- und Schülerfragebögen bestimmt. Diese Dokumente wurden auch auf solche strukturellen Merkmale hin ausgewertet, die sich in Untersuchungen zur Bildungsqualität in mehrsprachigen Konstellationen (vgl. BOURNE 2011) als relevant erwiesen haben. Gleichfalls einbezogen wurden generelle Qualitätsmerkmale von Bildungsangeboten und Unterricht, wie sie vor allem im DFG-Schwerpunktprogramm „Bildungsqualität von Schule" (PRENZEL/ALLOLIO-NÄCKE 2006) sowie in der Evaluation des BLK-Modellprogramms „QuiSS – Qualitätsverbesserung in Schulen und Schulsystemen" (JÄGER u.a. 2003) ermittelt worden waren. Auf der gegebenen Datengrundlage konnten zwar nur die oben dargestellten relativ groben Klassifizierungen erfolgen; systematische Beobachtungen, die die tatsächliche Ausgestaltung der Förderung durch die Lehrkräfte oder das Schulklima betreffen, waren im Rahmen der Programmevaluation nicht möglich.

Die Bestimmung der inhaltlichen Fördermerkmale erfolgte auf der Basis von berichteten didaktischen oder methodischen Merkmalen der sprachlichen Förderung, die sich mithilfe von Faktorenanalysen zusammenfassen ließen – und zwar je nach bildungsbiographischer Schnittstelle zu drei oder vier Schwerpunkten. Zusätzlich in die Analysen einbezogen wurden Aussagen der Basiseinheiten über das von ihnen generell angezielte sprachliche Anspruchsniveau (Abbildung 13).

Die strukturellen und die inhaltlichen Merkmale der Förderung beziehen sich auf Bedingungen, die die Leistungsentwicklung von Schülerinnen und Schülern beeinflussen können oder sollen. Anders als die in den multivariaten Regressionsanalysen des fairen Vergleichs berücksichtigten individuellen *Schüler*merkmale charakterisieren sie Merkmale der *Gruppen*, in denen die Förderung stattfindet. Die gleichzeitige Berücksichtigung solcher Kontextmerkmale und der individuellen Schülermerkmale bei der Betrachtung der Leistungsentwicklung der FÖRMIG-Teilnehmenden erfordert ein besonderes Analyseverfahren, sogenannte Mehrebenenanalysen, weil von einer gegenseitigen Beeinflussung der Gruppenmitglieder auszugehen ist und Gruppen mit großer Mitgliederzahl die Ergebnisse herkömmlicher Regressionsanalysen unverhältnismäßig stark beeinflussen können (vgl. SNIJDERS/BOSKER 1999, S. 15). Ein statistisches Verfahren, das Variablen auf Individual- und Kontextebene simultan analysieren kann, ist die Hierarchische Lineare Modellierung (HLM). Hierbei werden zunächst für jede Fördergruppe die individuellen Lernvoraussetzungen und persönlichen Merkmale der Schülerinnen und Schüler in die Berechnung einbezogen. Dann werden die Gruppenmerkmale modelliert, indem die genannten strukturellen und inhaltlichen Fördermerkmale mit in die Analysen einbezogen werden. In die Berechnungsmodelle werden die erklärenden Variablen für jede Gruppe so einbezogen, dass die ermittelten Parameter auf einen (hypothetischen) repräsentativen Durchschnitts-Schüler bezogen werden können. Damit kann analysiert werden, wie dieser unter welchen Förderbedingungen abscheiden würde.

Übergang in die Grundschule	Übergang in die Sekundarstufe	Übergang in den Beruf
Einführung in die deutsche Sprache Hinführung zur Bildungssprache Unterrichtsbegleitende Sprachbildung	Einführung in die deutsche Sprache Hinführung zur Bildungssprache Unterrichtsbegleitende Sprachbildung	Einführung in die deutsche Sprache Hinführung zur Bildungssprache Unterrichtsbegleitende Sprachbildung
Kompetenzen (jeweils rezeptiv und produktiv): phonisch grafisch lexikalisch-semantisch morphosyntaktisch dialogisch-diskursiv textuell kulturell metasprachlich	Kompetenzen (jeweils rezeptiv und produktiv): phonisch grafisch lexikalisch-semantisch morphosyntaktisch dialogisch-diskursiv textuell kulturell metasprachlich	Kompetenzen (jeweils rezeptiv und produktiv): phonisch grafisch lexikalisch-semantisch morphosyntaktisch dialogisch-diskursiv textuell kulturell metasprachlich
Förderschwerpunkte (Faktoren): Textuelle Kompetenzen Lese- und Schreibfähigkeit Elementarfähigkeiten	Förderschwerpunkte (Faktoren): Textuelle Kompetenzen Lese- und Schreibfähigkeit Elementarfähigkeiten	Förderschwerpunkte (Faktoren): Sprache im engeren Sinne Textuelle Kompetenzen Elementarfähigkeiten dialogisch-diskursive Kompetenzen

Abbildung 13: Inhaltliche Schwerpunkte der Förderungen

Für jede bildungsbiographische Schnittstelle wurden Modelle berechnet, die die Abhängigkeit des Ergebnisses der Sprachstandsmessungen am zweiten Messzeitpunkt von zentralen Variablen auf der individuellen Ebene und den genannten Variablen auf Gruppenebene prüfen. Die folgenden Darstellungen beschränken sich auf die empirisch gehaltvollen Ergebnisse. Da sich die Annahme einer positiven Bewährung der Förderungen in der Vertiefungsphase weitgehend aufrechterhalten ließ (vgl. Kap. 7.5), werden als Datengrundlage ausschließlich die Erhebungen der zweiten Kohorte im Schuljahr 2007/2008 herangezogen.

7.6.1 Übergang in die Grundschule

Die folgenden Mehrebenenanalysen beschränken sich auf die vollständiger dokumentierten Förderungen in der ersten Schulklasse. Für FörMig-Basiseinheiten, in denen Kindertagesstätten mit federführenden Schulen kooperieren, geht aus den dokumentierten Zielvereinbarungen und Zielentwicklungsbögen nicht in jedem Fall eindeutig hervor, wie die Förderung in den Kindertagesstätten organisiert ist. Für wichtige strukturelle, aber auch inhaltliche Fördermerkmale ist die Datenlage für den Elementarbereich daher lückenhaft.

Der Sprachstand wurde zu Beginn und am Ende des betrachteten Förderzeitraumes (Schuljahr 2007/2008) mit dem Instrument HAVAS 5 erfasst (vgl. Kapitel 7.2).

Tabelle 19: Mehrebenenanalysen (HLM) mit strukturellen Fördermerkmalen, 1. Schulklasse, 2. Kohorte

Abhängige Variable HAVAS 5 MZP 2	unstandardisierte Regressionskoeffizienten (b)			
	(A)	(B)	(C)	(D)
Konstante	67.39**	67.68**	63.42**	67.16**
Additive Förderung		-5.99**		
Integrierte Förderung			6.77**	
Kombination additv-integriert				1.61
HAVAS MZP 1	.36**	.36**	.36**	.36**
T-Wert CFT	.04	.04	.04	.04
Kind in Deutschland geboren	-1.41	-1.41	-1.42	-1.42
Anzahl der Bücher im Haushalt	1.63**	1.63**	1.67**	1.64**

Signifikanz: * $.025 < p < .05$; ** $p < .025$

Unter den strukturellen Bedingungen der Förderung konnten signifikante Effekte im Zusammenhang mit der Organisationsform identifiziert werden, Aspekte wie Gruppengröße und die sprachliche oder soziale Zusammensetzung der Gruppe spielten dagegen für die sprachlichen Fortschritte in den FörMig-Förderungen der Schulanfänger keine signifikante Rolle. Tabelle 19 fasst das multivariate Regressionsmodell mit Individualeffekten (A) und die Mehrebenenmodelle unter zusätzlicher Berücksichtigung der additiven (B), der integrierten (C) sowie einer kombinierten Förderform (D) zusammen. Abhängige Variable ist jeweils das Ergebnis im HAVAS 5-Gesamtscore am zweiten Messzeitpunkt. Als individuelle Variablen werden das Vorwissen (HAVAS 5-Gesamtscore, erster Messzeitpunkt), kognitive Fähigkeiten (T-Wert CFT), die Migrationserfahrung des Kindes sowie ein Indikator für das familiäre kulturelle Kapital (Bücher im Haushalt) in die Modelle aufgenommen. Durch die statistische Kontrolle des HAVAS 5-Ergebnisses am ersten Messzeitpunkt geben die Regressionskoeffizienten der übrigen unabhängigen Variablen ihren Einfluss auf die Veränderung der sprachlichen Kompetenzen wieder.

Bei vergleichbaren sprachlichen Kompetenzen am ersten Messzeitpunkt, bei gleichen kognitiven Fähigkeiten, gleicher Migrationsgeschichte und gleichem kulturellen Kapital schnitten diejenigen Kinder am besten ab, deren Förderungen in den Regelunterricht integriert waren (C). Sie erreichten dann am Ende des Schuljahres durchschnittlich 6,77 Punkte mehr als Kinder mit einer additiven Förderung oder einer Kombination aus integrierten und additiven Förderelementen. Demgegenüber war der Lernfortschritt in Gruppen mit einer additiven Förderung unter Konstanthalten der genannten individuellen Merkmale um annähernd 6 Punkte geringer als in Gruppen mit anderen Förderformen (B). Wie Tabelle 20 an ausgewählten Modellen zeigt, erbrachte die zusätzliche Einbeziehung inhaltlicher Fördermerkmale keine weiteren signifikanten Effekte.

Tabelle 20: Mehrebenenanalysen (HLM) mit inhaltlichen Fördermerkmalen, 1. Schulklasse, 2. Kohorte

Abhängige Variable HAVAS 5 MZP 2	unstandardisierte Regressionskoeffizienten (b)		
Konstante	64.84**	67.11**	64.97**
Förderung Elementarfertigkeiten	-1.49		
Förderung Lesen/Schreiben		-2.00	
Förderung textueller Fertigkeiten			-1.85
Integrierte Förderung	7.28**	4.69*	6.21**
HAVAS MZP 1	.36**	.36**	.36**
T-Wert CFT	.04	.04	.04
Kind in Deutschland geboren	-1.42	-1.42	-1.42
Anzahl der Bücher im Haushalt	1.69**	1.69**	1.68**

Signifikanz: * .025 < p < .05; ** p < .025

Zusammenfassend ergeben die Ergebnisse am Übergang in die Grundschule folgendes Bild:

- Bei den FöRMiG-Schulanfängern ist die Förderung von Kompetenzen in der Zweitsprache oft dort besonders gut gelungen, wo sie unmittelbar in den normalen Unterricht eingebunden wurde.
- Sprachliche Fortschritte wurden auch dann erzielt, wenn Förderung zusätzlich zum Regelunterricht angeboten wurde, aber sie waren im Durchschnitt relativ geringer, wenn man von vergleichbaren Anfangskompetenzen und vergleichbarem sozio-kulturellen Hintergrund ausgeht.
- Welche inhaltlichen Schwerpunkte bei der Förderung sprachlicher Kompetenzen gesetzt wurden, scheint demgegenüber bei den Erstklässlern weniger bedeutsam gewesen zu sein, vermutlich weil die Spezialisierung in der ersten Schulklasse noch nicht sehr weit gehen dürfte. Darüber hinaus könnte auch ein genereller *schooling effect* für die geringe Differenzierung der Ergebnisse nach inhaltlichen Förderschwerpunkten mitverantwortlich sein.

7.6.2 Übergang in die Sekundarstufe

Ab der bildungsbiographischen Schnittstelle in die Sekundarstufe richteten sich mehrere Förderungen explizit an Seiteneinsteiger in das deutsche Bildungssystem. Diese Neuzuwanderer erhielten in Vorbereitungsklassen Vollzeitunterricht in Deutsch als Zweitsprache, der sie für die Unterrichtsteilnahme in Regelklassen qualifizieren sollte. Der DaZ-Vollzeitunterricht wird in den Analysen als besondere Förderform berücksichtigt. Auch haben sich im Programmverlauf besonders an dieser Schnittstelle Konzeptionen einer durchgängigen, also im gesamten Unterricht berücksichtigten und in diesem Sinne integrierten Sprachförderung entwickelt. Daher gilt dieser Förderform besondere Aufmerksamkeit.

Die Sprachstandsmessungen beziehen sich auf das rezeptive Leseverständnis, das mit einem auf IGLU/PIRLS basierenden Test erhoben wurde, sowie auf produktive Schreibkompetenzen, erhoben mit dem Instrument FöRMiG-Tulpenbeet (vgl. Kapitel 7.2).

Tabelle 21: Mehrebenenanalysen (HLM) mit strukturellen Fördermerkmalen, Übergang Sek. I, 2. Kohorte

Abhängige Variable Lese-verständnis MZP 2	unstandardisierte Regressionskoeffizienten (b)				
	(A)	(B)	(C)	(D)	(E)
Konstante	90.09**	93.78**	89.46**	89.14**	86.23**
Additive Förderung		-5.52**			
Integrierte Förderung			2.02		5.14**
Vollzeitförderung DaZ				6.43**	8.92**
Leseverständnis MZP 1	.37**	.37**	.37**	.37**	.37**
T-Wert KFT	.04	.04	.04	.04	.04
sozioökonom. Status (HISEI)	.26**	.26**	.26**	.26**	.27**
Bildungsabschluss Mutter (ISCED)	1.47**	1.44**	1.48**	1.41**	1.44**

Signifikanz: * .025 < p < .05; ** p < .025

Das Leseverständnis am zweiten Messzeitpunkt wird in Tabelle 21, Spalte A zunächst nur in Abhängigkeit von Variablen auf der Ebene des Individuums (Leseverständnis MZP 1, kognitive Fähigkeiten, sozioökonomischer Status und Bildungshintergrund der Mutter) betrachtet. Die statistische Kontrolle des Leseverständnisses am ersten Messzeitpunkt bewirkt wieder, dass sich alle übrigen Effekte auf die Veränderung im Leseverständnis beziehen. Mit Ausnahme der kognitiven Fähigkeiten (T-Wert KFT) sind die Effekte durchweg signifikant, bei höherer sozioökonomischer Lage und mit steigendem Bildungsgrad in der Familie ist der Zuwachs an Leseverständnis größer. Strukturelle Merkmale wie Gruppengröße und die herkunftssprachliche Homogenität der Fördergruppen hatten keinen signifikanten Einfluss auf die Veränderungen im Leseverständnis. Wie bei den Schulanfängern zeigen sich auch hier signifikante Effekte, wenn neben individuellen Merkmalen Formen der Förderung betrachtet werden. Die außerhalb des regulären Schulunterrichts geförderten Schülerinnen und Schüler haben gegenüber allen anderen durchschnittlich geringere Fortschritte erreicht (Tabelle 21, Spalte B). Erwartungsgemäß erreichen die Schülerinnen und Schüler in den DaZ-Vollzeitkursen die relativ höchsten Zuwächse, wenn die individuellen Voraussetzungen kontrolliert werden (Spalten D und E): sie starten ja von einem sehr niedrigen Niveau. Ein signifikanter und positiver Effekt der integrierten Förderung zeigt sich nur gegenüber additiven und kombinierten Förderformen (Spalte D).

Unter den Faktoren der sprachlichen Förderinhalte kann lediglich die Förderung elementarer sprachlicher Kompetenzen zusätzlich zur Erklärung von Fortschritten im Leseverständnis beitragen (Tabelle 22). In Bezug auf die anderen Faktoren sind die Ergebnisse der betreffenden Gruppen unterschiedlich, sodass sich kein signifikanter Effekt zeigt.

Tabelle 22: Mehrebenenanalysen (HLM) mit inhaltlichen Fördermerkmalen, Übergang Sek. I, 2. Kohorte

Abhängige Variable Leseverständnis MZP 2	unstandardisierte Regressionskoeffizienten (b)		
Konstante	83.54**	85.31**	87.29**
Förderung Elementarfertigkeiten	2.77**		
Förderung Lesen/Schreiben		.72	
Förderung textueller Fertigkeiten			-.63
Integrierte Förderung	6.67**	5.68**	4.80**
Vollzeitförderung DaZ	10.34**	8.70**	8.70**
Leseverständnis MZP 1	.37**	.37**	.37**
T-Wert KFT	.04	.04	.04
sozioökonom. Status (HISEI)	.25**	.26**	.27**
Bildungsabschluss Mutter (ISCED)	1.43*	1.45**	1.46**

Signifikanz: * $.025 < p < .05$; ** $p < .025$

Ähnliche Ergebnisse gelten auch für die Fortschritte in den produktiven schriftsprachlichen Kompetenzen, die mit dem Instrument FöRMig-Tulpenbeet gemessen wurden (Tabelle 23). Während hierbei den betrachteten individuellen Personenmerkmalen eine untergeordnete Rolle zukommt, zeigen sich wieder die stärksten Effekte bei DaZ-Vollzeitförderung – allerdings nur in Bezug auf „allgemeinsprachliche Elemente". Dies ist bei der Zielgruppe der Seiteneinsteiger durchaus zu erwarten; der Zuwachs an bildungssprachlichen Fähigkeiten wird weniger deutlich ausfallen, denn es geht in den DaZ-Vollzeitmaßnahmen zunächst um grundlegende allgemeine Sprachkompetenzen. Ebenfalls deutliche Effekte zeigen sich bei integrierter Förderung in Relation zu additiver und kombinierter Förderung. Die Förderung elementarer Sprachfähigkeiten hat gegenüber anderen Förderinhalten einen signifikanten Einfluss auf die Veränderung der allgemein- und bildungssprachlichen Schreibkompetenzen.

Tabelle 23: Mehrebenenanalysen (HLM), FöRMiG-Tulpenbeet, Übergang Sek. I, 2. Kohorte

Abhängige Variable FöRMiG-Tulpenbeet:	allgemeinsprachliche Elemente, MZP 2	bildungssprachliche Elemente, MZP 2
	unstandardisierte Regressionskoeffizienten (b)	
Konstante	36.75**	4.28**
Förderung Elementarfertigkeiten	2.19**	.73**
Integrierte Förderung	3.72*	1.50*
Vollzeitförderung DaZ	5.33**	1.47
Sprachliche Elemente MZP 1	.36**	.23**
T-Wert KFT	-.02	-.01
sozioökonom. Status (HISEI)	-.06	.02
Bildungsabschluss Mutter (ISCED)	.64	.10

Signifikanz: * .025 < p < .05; ** p < .025

Am Übergang in die Sekundarstufe lassen sich die Ergebnisse wie folgt zusammenfassen:

• Auch an dieser bildungsbiographischen Schwelle erreichen Schülerinnen und Schüler in Fördergruppen mit einer in den Regelunterricht eingebundenen Förderung durchschnittlich größere sprachliche Kompetenzfortschritte als solche, die in zusätzlichen Maßnahmen gefördert werden. Das in vielen Programmaktivitäten erkennbare Interesse an Konzeptionen integrierter Förderung könnte zu einer Intensivierung der bewussten und planvollen Durchführung gerade dieser Maßnahmen beigetragen haben. Allerdings ist zu beachten, dass beim Leseverständnis am Übergang in die Sekundarstufe kein signifikanter Kohorteneffekt aufgetreten ist (vgl. Kap. 7.5), der im Falle einer intensivierten Förderpraxis aber zu erwarten gewesen wäre.

• Den deutlichsten Kompetenzzuwachs hatten Teilnehmer von Vollzeitförderungen in Deutsch als Zweitsprache – unabhängig von der individuellen Ausgangslage der Schülerinnen und Schüler. Zweifellos spiegelt sich in dem guten Ergebnis die zeitliche und inhaltliche Fokussierung dieser auf Neuzugewanderte spezialisierten Sprachförderung, die in Deutschland eine lange Tradition hat – im Unterschied zu der bildungsbiographiebegleitenden, also durchgängigen Sprachförderung von Kindern und Jugendlichen, die bereits über grundlegende Verständigungsmöglichkeiten im Deutschen verfügen.

- Bei Betrachtung der geförderten sprachlichen Kompetenzen zeigen sich geringe Differenzen zwischen den verschiedenen Schwerpunkten der Förderung. Allein für die Förderung elementarer phonischer und metasprachlicher Kompetenzen kann festgestellt werden, dass damit im Vergleich zu anderen Förderinhalten ein höherer Zuwachs im Leseverständnis und in produktiven Schreibfähigkeiten verbunden ist. Diese Befunde sind, weil theoretisch nicht unmittelbar ableitbar, so nicht erwartet worden, ihre Erklärung erfordert eine genauere Untersuchung. Ein möglicher Ansatz besteht darin, die elementare sprachliche Förderung in Verbindung mit einer Erhöhung der *language awareness* zu bringen, die sich dann auch auf rezeptive und produktive Sprachkompetenzen auswirken könnte (vgl. EICHLER/NOLD 2007).

7.6.3 Übergang in den Beruf

Auch an dieser bildungsbiographischen Schnittstelle nahmen an FörMig-Vorbereitungsklassen mit einer DaZ-Vollzeitförderung teil, die im Folgenden neben integrierten und additiven Förderungen betrachtet werden. Der Sprachstand wurde mit einem Leseverständnistest (basierend auf PISA 2001) und einer Schreibaufgabe (FörMig-Bumerang) erhoben.

Tabelle 24: Mehrebenenanalysen (HLM), Übergang in den Beruf, 2. Kohorte

Abhängige Variable Leseverständnis MZP 2	unstandardisierte Regressionskoeffizienten (b)				
	(A)	(B)	(C)	(D)	(E)
Konstante	103.54**	103.69**	105.2**	103.06**	103.01**
Additive Förderung		-.53			.16
Integrierte Förderung			-2.64		
Vollzeitförderung DaZ				1.98	2.02
Leseverständnis MZP 1	.32**	.32**	.32**	.32**	.32**
T-Wert KFT	.19**	.19**	.19**	.19**	.19**
Höchster Bildungsabschluss Mutter	1.50**	1.50**	1.48**	1.48**	1.48**
Geschlecht	-5.42**	-5.39**	-5.45**	-5.41**	-5.39**
Person in Deutschland geboren	4.05**	4.01**	4.12**	4.15**	4.09**

Signifikanz: * $.025 < p < .05$; ** $p < .025$

Das erste Regressionsmodell (Tabelle 24, Spalte A) zeigt das Leseverständnis am zweiten Messzeitpunkt ausschließlich in Abhängigkeit von Variablen auf der Individualebene. Für alle berücksichtigten Prädiktoren lassen sich signifikante Effekte im Sinne der Erwartungen feststellen: Das Leseverständnis hängt von den Ausgangskenntnissen (Messzeitpunkt 1) ab, die Leistungsfortschritte sind größer bei Schülerinnen und Schülern mit besseren kognitiven Lernvoraussetzungen, größerem familiärem kulturellen Kapital, bei Mädchen und bei Jugendlichen, die in Deutschland geboren sind.

In welcher Organisationsform die Förderung durchgeführt wird, hat an dieser bildungsbiographischen Schnittstelle keinen weiteren Einfluss auf die Ergebnisse im Leseverständnistest; keine der drei betrachteten Förderformen weist einen signifikanten Effekt auf (Tabelle 24, Spalten B bis E). Allenfalls am positiven Vorzeichen des Koeffizienten für die DaZ-Vollzeitförderungen lässt sich im Ansatz wieder ein gewisser Vorteil der besonders intensiv geförderten Schülerinnen und Schüler erkennen.

Auch in Bezug auf inhaltliche Schwerpunkte der sprachlichen Förderung sind keine signifikanten Effekte auf das Leseverständnis erkennbar (Tabelle 25). Von den vier faktorenanalytisch identifizierten Typen der sprachlichen Förderung hat der Koeffizient der Beschäftigung mit Elementarfertigkeiten zwar wieder ein positives Vorzeichen, das Ergebnis lässt sich aber nicht gegen den Zufall absichern, was vermutlich auch auf die relativ kleine Zahl von Fördergruppen an dieser Schnittstelle zurückzuführen ist.

Die mit dem Instrument FöRMiG-Bumerang in der zweiten Kohorte gemessenen produktiven Kompetenzen können nur teilweise mit strukturellen und inhaltlichen Fördermerkmalen in Beziehung gesetzt werden. Das Instrument stellt zwei Teilaufgaben, ein Bewerbungsschreiben und einen Artikel, der den Bau eines Bumerangs beschreiben soll. Bei der Teilaufgabe „Bewerbungsschreiben" wurden in vielen Fördergruppen bereits am ersten Messzeitpunkt gute Ergebnisse erzielt, die in der zweiten Messung dann nicht mehr überboten wurden. Wie oben erläutert (Kap. 7.5) ist davon auszugehen, dass die Erstmessungen teilweise nach erfolgter Förderung in dieser besonderen Textkompetenz durchgeführt wurden. Dadurch sind Ausgangskompetenzen und Effekte der Förderung nicht zu trennen, eine Fortschrittsmessung in Bezug auf das Bewerbungsschreiben ist folglich in diesen Fällen nicht geglückt. Damit kann der auf Förderung beruhende Anteil der gemessenen Kompetenzen nicht abgeschätzt und auch nicht in Beziehung zu den Fördermerkmalen gesetzt werden. Wir werden uns im Folgenden nur auf die zweite Teilaufgabe beziehen, bei der keine mutmaßliche Verzerrung durch Vorab-

Tabelle 25: Mehrebenenanalysen (HLM) mit inhaltlichen Fördermerkmalen, Übergang in den Beruf, 2. Kohorte

Abhängige Variable Leseverständnis MZP 2	unstandardisierte Regressionskoeffizienten (b)			
Konstante	103.38**	108.57**	105.97**	101.48**
Förderung Elementarfertigkeiten	3.50			
Förderung lexikalisch-semantischer Fertigkeiten		-3.98		
Förderung textueller Fertigkeiten			-3.35	
Förderung dialogisch-diskursiver Fertigkeiten				1.56
Leseverständnis MZP 1	.32**	.32**	.32**	.32**
T-Wert KFT	.19**	.19**	.19**	.19**
Höchster Bildungsabschluss Mutter	1.50**	1.47**	1.51**	1.51**
Geschlecht	-5.44**	-5.35**	-5.36**	-5.47**
Person in Deutschland geboren	4.09**	3.88**	3.90**	3.96**

Signifikanz: * .025 < p < .05; ** p < .025

förderung festzustellen war. Die Stichprobe ist gegenüber dem Leseverständnistest um Schülerinnen und Schüler aus Klasse 8 erweitert. Auch für den Leistungsfortschritt in dieser produktiven Textkompetenz lassen sich keine signifikanten Vorteile einzelner struktureller und inhaltlicher Förderungsarten ausmachen. Es gibt lediglich einen tendenziellen Effekt der additiven Förderung gegenüber den anderen Förderformen: Jugendliche, die in zusätzlichen Maßnahmen gefördert wurden, hatten durchschnittlich etwas größere Lernfortschritte (Tabelle 26). Das negative Vorzeichen der DaZ-Vollzeitfördermaßnahmen deutet an, dass die dort geförderten Schüler mit dieser Schreibaufgabe weniger gut zurechtkamen. Beim Übergang in den Beruf zeigen sich also insgesamt weniger herausgehobene Effekte:

- Einzelne strukturelle und inhaltliche Merkmale der Fördermaßnahmen können die Leistungsfortschritte im Leseverständnis und in einer beschreibenden Schreibkompetenz nicht erhellen: Im Vergleich zu den anderen Formen der Förderung ist ihr jeweiliger Beitrag zur Erklärung der sprachlichen Entwicklung gering und nicht signifikant.

Tabelle 26: Mehrebenenanalysen (HLM), FörMig-Bumerang, Übergang in den Beruf,
2. Kohorte

Abhängige Variable	unstandardisierte Regressionskoeffizienten (b)			
Artikel Bauanleitung				
MZP 2	(A)	(B)	(C)	(D)
Konstante	22.45**	21.73**	22.37**	23.53**
Additive Förderung		4.37		
Integrierte Förderung			.12	
Vollzeitförderung DaZ				- 3.54
Leseverständnis MZP 1	.45**	.45**	.45**	.46**
T-Wert KFT	.11**	.11**	.11**	.12**
Höchster Bildungsabschluss der Mutter	.30	.31	.30	.32
Geschlecht	.25	.22	.25	.22
Person in Deutschland geboren	1.95**	1.93**	1.93**	1.79**

Signifikanz: * .025 < p < .05; ** p < .025

- Jedoch legt der signifikante Kohorteneffekt an dieser Schnittstelle (Kapitel 7.5) nahe, dass die Fördermaßnahmen als solche zur Leistungsverbesserung der Jugendliche beigetragen haben. Wenn dies weitgehend unabhängig von den betrachteten Merkmalen der Förderung geschieht, könnten andere Faktoren, etwa eine im Modellprogramm erfolgte generelle Qualifizierung der beteiligten Pädagoginnen und Pädagogen, für die Leistungsverbesserungen verantwortlich sein.
- Der Mangel an eindeutigen Effekten kann aber auch dem Umstand geschuldet sein, dass am Übergang in den Beruf die Förderung in schulischen und außerschulischen Einrichtungen angeboten wird, die ganz unterschiedliche Lernumgebungen repräsentieren, die sich in den zur Verfügung stehenden Daten nicht adäquat abbilden. Das könnte an dieser Schnittstelle zu einer besonderen Unschärfe von Kategorien der Fördermerkmale beitragen, sodass die berichteten Angaben über die Förderung – etwa zur Frage, ob additiv oder integriert gefördert wurde – letztlich doch auf sehr heterogene Fördermodelle bezogen wurden.

7.6.4 Ergebnisse der Mehrebenenanalysen

Sprachliche Förderung fand in FÖRMIG in Basiseinheiten, Einrichtungen und Fördergruppen statt, in denen sie konzipiert und umgesetzt wird. Eine systematische Förderung in diesen Kontexten sollte erreichen, dass möglichst alle Teilnehmenden – trotz individueller Unterschiede der in ihnen agierenden Lehrenden und Lernenden – in vergleichbarer Form von ihr profitieren. Dementsprechend wurden bestimmte Förderschwerpunkte und Organisationsformen der Förderung gewählt. Die dargestellten Mehrebenenanalysen erlauben die Abschätzung des relativen Einflusses solcher Kontextmerkmale auf die Leistungsveränderungen der Schülerinnen und Schüler bei gleichzeitiger Berücksichtigung ihrer individuellen Hintergrundmerkmale. Da alle FÖRMIG-Teilnehmenden gefördert wurden, geben die Analysen keine Auskunft darüber, wie groß der jeweilige Leistungszuwachs der speziellen Förderung an sich, also gegenüber einer unterlassenen Förderung, war. Sie vergleichen nur die spezifischen Erträge der unterschiedlichen Förderungsweisen miteinander. Wenn beispielsweise keine signifikanten Effekte einzelner Förderelemente identifiziert wurden, bedeutet das nicht, dass die Förderungen keine Wirkungen hatten. Es bedeutet vielmehr, dass alle verglichenen Fördermaßnahmen ähnlich abgeschnitten haben.

Tatsächlich konnte für die meisten untersuchten Merkmale der Fördergruppen und Förderinhalte kein Zusammenhang mit den sprachlichen Lernfortschritten festgestellt werden. Modelle, die Größe oder sprachliche Homogenität der Fördergruppen miteinbezogen, ergaben an keiner Schnittstelle eigenständige Effekte dieser strukturellen Merkmale. Die Leistungszuwächse waren also weitgehend unabhängig davon, ob in kleinen oder größeren Lerngruppen gefördert wurde; ob in der Fördergruppe vorwiegend Schülerinnen und Schüler mit gleicher Herkunftssprache unterrichtet wurden oder ob sie sprachlich heterogen zusammengesetzt war. Auch nach inhaltlichen Schwerpunkten der Sprachförderung unterscheiden sich die Ergebnisse kaum. Lediglich eine elementare Förderung phonischer und metasprachlicher Kompetenzen geht – vor allem am Übergang in die Sekundarstufe – mit vergleichsweise größeren Lernfortschritten einher. Generell wurden Kompetenzfortschritte im FÖRMIG-Kontext aber bei allen inhaltlichen Schwerpunktsetzungen erreicht.

Signifikante relative Effekte ergaben sich für Vollzeitförderungen in Deutsch als Zweitsprache. Sie zeigen sich vor allem in Hinsicht auf das Leseverständnis, weniger einheitlich in Bezug auf produktive Kompetenzen. Es verwundert nicht, dass ein intensiver DaZ-Unterricht überdurchschnittliche Leistungssteigerungen im Verstehen deutscher Texte zur Folge hat; es ist auch nachvollziehbar, dass ein Fördererfolg im

Schreiben von Texten im gleichen Beobachtungszeitraum weniger deutlich ausfällt. Diese spezielle Form des Unterrichts hat eine eng umrisse-
ne Funktion, indem sie neu zugewanderte Schülerinnen und Schüler in
kurzer Zeit für den Unterricht in Regelklassen bereit machen soll. Dass
dies grundsätzlich richtig angegangen wird, ist an der Richtung der Ergebnisse deutlich zu erkennen. Für andere Zielgruppen ergeben sich aus
diesem Befund aber keine unmittelbaren Schlussfolgerungen.

Für Schülerinnen und Schüler in Regelklassen erscheint eine enge
Verknüpfung von Unterricht und Förderung vielversprechend. Schulanfänger und Kinder beim Übergang in die Sekundarstufe konnten mit
einer in den Unterricht integrierten Förderung durchschnittlich größere
Lernfortschritte erreichen als ihre Altersgenossen, die nur eine additive Sprachförderung außerhalb des Unterrichts erhielten. Dies entspricht
den Erwartungen, die bei der Rahmensetzung für das Programm nach
der Auswertung der einschlägigen deutschen und internationalen Forschung formuliert worden waren. Die berichteten Ergebnisse deuten
auch darauf, dass die Gestaltung der Förderung an der bildungsbiographischen Schnittstelle von der Grundschule in die Sekundarstufe der besonderen Aufmerksamkeit bedarf.

7.7 Erfolgreiche Fördergruppen und Basiseinheiten

Mithilfe von statistischen Analysen konnten einige Merkmale der Förderung identifiziert werden, die im FörMig-Kontext mit sprachlichen
Fortschritten verknüpft waren. Dabei mussten relativ grobe Merkmalska-
tegorien gewählt werden, um die für dieses systematische und standar-
disierte Verfahren nötige Vergleichbarkeit herzustellen. Für die einzelnen
Basiseinheiten liegen jedoch mehr differenzierte Informationen über die
konkreten Förderungen vor.

Das in der Programmevaluation angewendete Verfahren des fairen
Vergleichs erlaubt die Identifizierung von Fördergruppen, in denen unter Berücksichtigung der sprachlichen und sozialen Ausgangslage ihrer
Teilnehmerinnen und Teilnehmer erwartungswidrig große Leistungsfortschritte erzielt wurden. Im Folgenden erfolgt eine genauere Betrachtung
der Ergebnisse und der Gestaltung der Fördermaßnahmen dieser erfolgreichen Einzelfälle, die Hinweise auf weitere Gelingensbedingungen der
Sprachförderung geben können. Dieses Vorgehen ist explorativ; es dient
der datengestützten Generierung von Hypothesen, die auf dieser Grundlage selbst nicht belastbar überprüft werden können.

7.7.1 Die Identifizierung erfolgreicher Fördergruppen

Das von der Programmevaluation gewählte Vorgehen beim fairen Vergleich beruht auf dem statistischen Verfahren der multiplen Regression, bei dem das Ergebnis einer abhängigen Variable (hier: das Ergebnis der Sprachstandsmessung am *zweiten* Messzeitpunkt) auf die simultan berechneten Einflüsse mehrerer unabhängiger Variablen zurückgeführt wird. Das sind insbesondere kognitive, soziale, kulturelle und ökonomische Voraussetzungen der Teilnehmenden oder ihrer Elternhäuser. Der Einschluss der Sprachstandsmessung am *ersten* Messzeitpunkt in das Modell führt dazu, dass sich die Einflüsse der übrigen unabhängigen Variablen auf die *Veränderung* im Sprachstand beziehen, die ja im Fokus des Interesses der Programmevaluation steht.

Mit diesem Verfahren lassen sich Erwartungswerte für das Ergebnis der zweiten Sprachstandsmessung von Individuen oder auch von Fördergruppen berechnen, die einem Vergleichswert unter – hinsichtlich der im Modell berücksichtigten Hintergrundvariablen – gleichen Bedingungen entsprechen. In den FörMig-Rückmeldungen wurde dieser faire Vergleich für jede Fördergruppe bzw. Basiseinheit vorgenommen: Verglichen wurden deren erreichte durchschnittliche Punktwerte für Indikatoren des Sprachstandes mit den für die Gruppe oder Basiseinheit erwarteten Werten. Liegt das durchschnittliche Ergebnis einer Fördergruppe über dem durchschnittlichen Erwartungswert ihrer Mitglieder, so hat sie im Vergleich zu den – rechnerisch bestimmten – anderen FörMig-Fördergruppen mit gleichen Rahmenbedingungen erwartungswidrig erfolgreich abgeschnitten. Das Verfahren erlaubt die Identifizierung besonders erfolgreicher Fördergruppen und Basiseinheiten, indem die Residuen, also die Abweichungen von den Erwartungswerten, als Maß für den relativen Erfolg oder auch Misserfolg der Fördermaßnahmen verwendet werden.

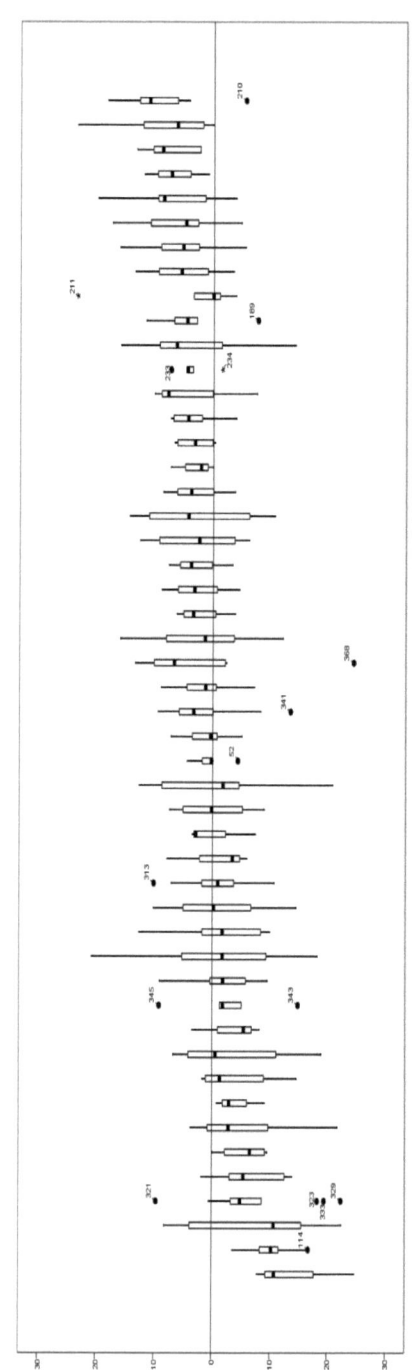

Abbildung 14: Ergebnisse der Fördergruppen (Boxplots[19]) als Abweichungen vom Erwartungswert im HAVAS 5-Gesamtscore, MZP 2. Übergang in die Grundschule, Schüler der ersten Schulklasse, 2. Kohorte

19 Jeder Kasten eines Boxplots symbolisiert die beiden mittleren Quartile einer Fördergruppe. Der schwarze Balken im Kasten stellt den Median dar. Die Linien über und unter dem Kasten („Whisker") kennzeichnen jeweils das 1,5fache des Interquartilsabstands; extreme Einzelwerte, die darüber hinausgehen, werden als Punkte oberhalb oder unterhalb dargestellt. Wie heterogen die Ergebnisse der Fördergruppe ausfallen, lässt sich der Länge der vertikalen Darstellung (Kasten, Linien und Punkte) entnehmen.

Werden die für jede Person und Gruppe spezifischen Erwartungswerte mit dem Wert 0 normiert, so sind die Ergebnisse als Abweichungen davon untereinander vergleichbar, wie Abbildung 14 am Beispiel aller Fördergruppenergebnisse am Übergang in die Grundschule (Schulanfänger) exemplarisch zeigt: Das Ergebnis jeder Fördergruppe ist als sogenannter Boxplot dargestellt, der die Verteilung der individuellen Ergebnisse der Kinder in der Gruppe abbildet. Die Boxplots der Fördergruppen sind von links nach rechts aufsteigend nach den mittleren Abweichungen von den erwarteten HAVAS 5-Ergebnissen (Basislinie) sortiert. Die Erwartungswerte für das HAVAS 5-Gesamtergebnis am Ende des ersten Schuljahres wurden unter Berücksichtigung ihres Ergebnisses zu Beginn der Förderung sowie ihrer kognitiven Lernvoraussetzungen, ihres elterlichen Bildungshintergrunds und des Förderzeitraums zwischen den beiden HAVAS-Erhebungen berechnet. Die besonders erfolgreichen Fördergruppen am rechten Rand der Grafik sind dadurch gekennzeichnet, dass praktisch alle teilnehmenden Kinder dieser Gruppen über den Erwartungen abgeschnitten haben: Ihre Boxplots liegen (ggf. mit Ausnahme extremer Ausreißer) komplett oder weitgehend über der Basislinie.

Die Identifizierung der besonders erfolgreichen Fördergruppen nach empirischen Kriterien ermöglicht eine systematische Suche nach gemeinsamen oder auch besonderen Merkmalen der Fördermaßnahmen, die als potentielle Ursachen oder Bedingungen für die Kompetenzgewinne der daran teilnehmenden Kinder bzw. Jugendlichen in Frage kommen. Eine solche Betrachtung erfolgt in den folgenden Abschnitten wieder getrennt nach den drei von FöRMiG in den Blick genommenen bildungsbiographischen Übergängen.

Informationen dazu standen dem Programmträger vor allem aus den Zielvereinbarungen und Zielentwicklungsbögen, den Netzwerkprotokollen sowie weiterer dokumentierten Materialien der Basiseinheiten zur Verfügung. Da sich diese Informationen auf die gesamten Basiseinheiten bzw. Einrichtungen beziehen, wurde bei den Analysen auch die Homogenität oder Heterogenität der Ergebnisse aller ihrer Fördergruppen (soweit vorhanden) berücksichtigt, um hieraus Anhaltspunkte für systematische Zusammenhänge zu den Förderkonzepten gewinnen zu können. Alle Auswertungen beziehen sich auf die Erhebungen der zweiten Kohorte und erfolgen ohne namentliche Nennung der betreffenden Bildungseinrichtungen.

7.7.2 Merkmale erfolgreicher Fördergruppen und Basiseinheiten

Übergang in die Grundschule, vorschulischer Bereich

Unter den Kindertagesstätten und Vorschulklassen wurden die Erwartungswerte für den HAVAS 5-Gesamtscore auf Basis der Ergebnisse der ersten Erhebung, des kognitiven Tests (CFT), des familiären sozioökonomischen Status und des elterlichen Bildungshintergrunds berechnet.

Von den insgesamt 23 Fördergruppen ließen sich diejenigen fünf Gruppen, deren HAVAS 5-Ergebnisse durchschnittlich am deutlichsten über den für sie erwarteten Werten lagen, lediglich zwei Basiseinheiten zuordnen (im Folgenden als Basiseinheit 1 und 2 bezeichnet). Beide Basiseinheiten, deren federführende Institutionen jeweils Grundschulen sind, arbeiten intensiv an der Vernetzung von lokalen Angeboten und Ressourcen zur Sprachförderung. Am weitesten fortgeschritten war zum Erhebungszeitpunkt in beiden Einrichtungen die Kooperation der jeweiligen Grundschule mit den hier betrachteten Kindertageseinrichtungen.[20]

Basiseinheit 1 ging aus einem bereits vor der Teilnahme an FörMig bestehenden Arbeitskreis Kita-Grundschule hervor. In der Basiseinheit kooperiert die aufnehmende Grundschule mit drei räumlich nahe gelegenen Kindertageseinrichtungen, deren Kinder häufig zu dieser Grundschule wechseln. An den Erhebungen nahmen aus den drei Kindertageseinrichtungen vier Fördergruppen mit insgesamt 37 Kindern teil. Drei dieser Fördergruppen erreichten im HAVAS 5-Gesamtscore über den Erwartungen liegende Zuwächse, eine Fördergruppe blieb eher unter den Erwartungen (vgl. weiter unten und Abbildung 15).

---

20 Ergebnisse von Fördergruppen aus den beiden federführenden Grundschulen liegen für die zweite Kohorte nicht vor.

Abbildung 15: HAVAS 5-Ergebnisse der Basiseinheit 1, Abweichungen vom Erwartungswert[21]

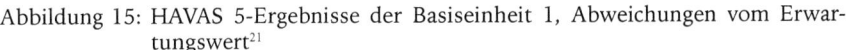

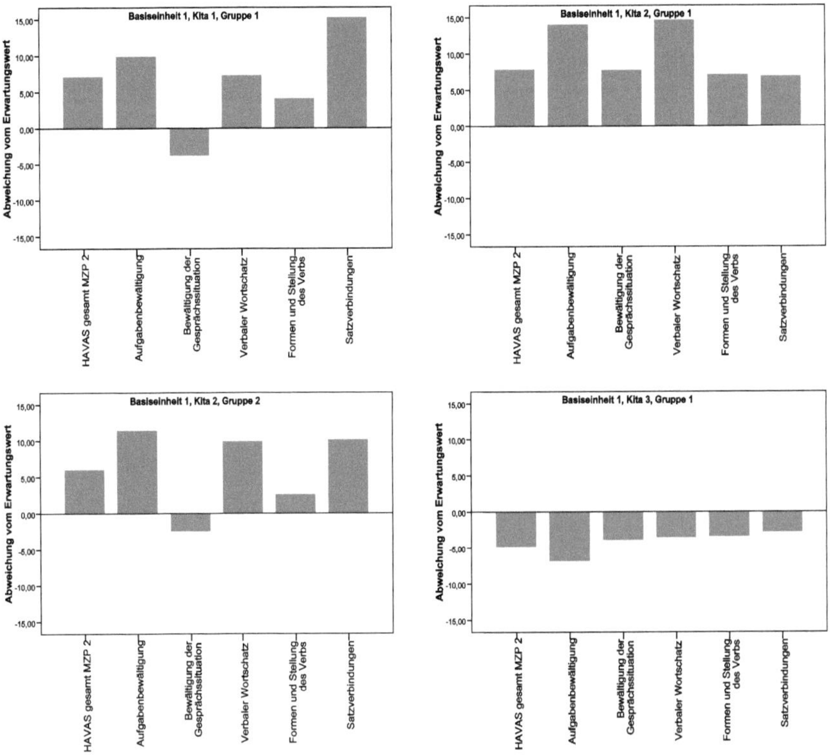

Die Netzwerkarbeit wurde nach eigener Einschätzung seit der Teilnahme am Modellprogramm intensiviert. Ein besonderer Schwerpunkt der gemeinsamen Arbeit in dem lokalen Netzwerk bestand in der Entwicklung und Erprobung eigener Sprachfördermaterialien. Dazu gehören nach Leistungsstufen differenziertes Lern- und Übungsmaterial, eigene Verfahren und Instrumente der Lernerfolgskontrolle sowie Handbücher zum Sprachförderkonzept, die eine konzeptionelle Kontinuität der Sprachförderung gewährleisten sollen. Die Entscheidung für die Entwicklung eigener Materialien beruhte auf der Kritik an vorhandenen Materialien, deren vorausgesetztes Niveau nach einer intensiven Sichtung von den

---

21 Die Grafiken zu den Ergebnissen der einzelnen Fördergruppen zeigen die mittleren Abweichungen der tatsächlich erzielten Werte (Balken) zu den erwarteten Werten (Basislinie). Werte oberhalb der Basislinie symbolisieren Ergebnisse, die besser als erwartet, Werte unterhalb der Basislinie solche, die schlechter als erwartet ausgefallen sind.

beteiligten Erzieherinnen und Lehrkräften insbesondere im Bereich der Verben und des Wortschatzes als „zu anspruchsvoll" eingeschätzt wurde. Die selbst entwickelten Materialien basieren als Konsequenz dieser Einschätzung auf festgelegten Themenfeldern mit definiertem Wortschatz. Der Lernerfolg der Kinder wird anhand eines als Lernziel festgelegten Mindestwortschatzes zu jedem Themenfeld mithilfe von „Erzählbildern" überprüft. Darüber hinaus werden Beobachtungsbögen zur Dokumentation individueller Lernerfolge der Kinder eingesetzt.

Die vorliegenden Informationen über die grundlegende und gemeinsame Erarbeitung eigener Materialien und Verfahrensweisen spiegeln die hohe Motivation der Sprachförderkräfte und ihre intensive institutionenübergreifende Kooperation wider. Beides spricht für eine konsequente Verfolgung des allgemeinen Ziels einer systematischen Sprachförderung bereits vor der Einschulung. Eine eingehendere Betrachtung der HAVAS 5-Befunde der beteiligten Kindertageseinrichtungen (vgl. Abbildung 15) zeigt für drei Fördergruppen konsistent gute Ergebnisse insbesondere in Bezug auf Aufgabenbewältigung, den verbalen Wortschatz und die grammatischen Indikatoren dieses Verfahrens, was nach den geschilderten Schwerpunktsetzungen der Förderung durchaus plausibel erscheint. Das Ergebnis der vierten Fördergruppe bleibt in diesem Umfeld ein Ausreißer, für dessen Erklärung die vorliegenden Informationen keine Anhaltspunkte geben.

In Basiseinheit 2 kooperiert eine federführende Grundschule mit zwei Kindertageseinrichtungen in ihrem näheren Umfeld. An der Programmevaluation beteiligte sich aus beiden Kindertageseinrichtungen je eine Fördergruppe mit insgesamt 23 Kindern. In beiden Fördergruppen wurden im fairen Vergleich deutliche mittlere Kompetenzzuwächse festgestellt, die signifikant über den erwarteten Werten lagen (Abbildung 16).

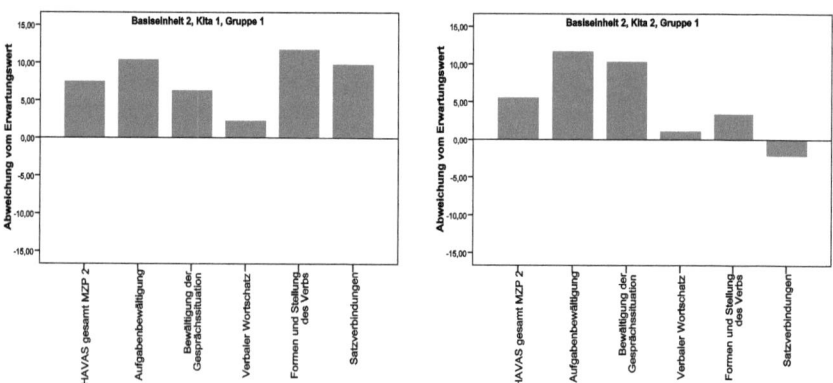

Abbildung 16: HAVAS 5-Ergebnisse der Basiseinheit 2, Abweichungen vom Erwartungswert

Die Basiseinheit hat in der Programmlaufzeit ihre Netzwerkarbeit begonnen und für alle Beteiligten besonders verbindlich gestalten können. In regelmäßigen Netzwerktreffen wurde ein gemeinsames Sprachförderkonzept erarbeitet, wobei die Konzeptentwicklung sich vorerst auf den Übergang Kita/Grundschule konzentrierte. Im Unterschied zu Basiseinheit 1 einigten sich die Sprachförderkräfte in dieser Basiseinheit nach einer intensiven gemeinsamen Sichtung auf die Verwendung vorliegender und praxiserprobter DaZ-Materialien. Es finden regelmäßige wöchentliche Hospitationen der Grundschullehrkräfte in den Kindertagesstätten statt, die Sprachentwicklung der Kinder wird institutionsübergreifend dokumentiert, als sprachdiagnostischer Test wird – unmittelbar vor dem Übergang in die Grundschule – der CITO-Test eingesetzt.

Auch in Basiseinheit 2 ist die besondere Intensität der Kooperation der Institutionen Kindertageseinrichtung/Grundschule deutlich, die sich besonders in der Verbindlichkeit und Regelmäßigkeit der Zusammenarbeit zeigt. Einer systematischen Sprachförderung wird in diesem Netzwerk nach eigener Aussage eine hohe Priorität zuerkannt. Die Verwendung vorhandener Materialien und Verfahren wird auch mit pragmatischen Gesichtspunkten begründet. Die Ergebnisse der beiden Fördergruppen weisen keine Ausreißer nach unten auf. Alle Durchschnittswerte liegen über den Erwartungen oder im erwarteten Bereich. Konsistent gut sind in beiden Einrichtungen die Ergebnisse im sprachpragmatischen und kommunikativen Bereich (Aufgabenbewältigung und Bewältigung der Gesprächssituation), die Ergebnisse in Bezug auf die Grammatik (Verbstellung, Satzverbindungen) sind unterschiedlich und in Bezug auf den verbalen Wortschatz liegen die Werte im mittleren, also erwartbaren Bereich.

Zusammengefasst, ergibt sich bei dieser Betrachtung: Die erfolgreichen Einrichtungen im vorschulischen Bereich zeichnen sich durch eine besonders intensive Zusammenarbeit mit Grundschulen ihres Einzugsbereiches aus, die sich in ihren Bemühungen um eine systematische und grundlegende Konzeption der Sprachförderung äußert. Dabei sind durchaus unterschiedliche Tendenzen erkennbar. Die inhaltliche Auseinandersetzung mit dem Thema Sprachförderung führt in einem Fall zu einer hohen Motivation für die Entwicklung eigener Materialien und Verfahren mit selbst gesetzten sprachlichen Förderschwerpunkten. Hier zeigen sich auch konsistente Fortschritte der Kinder in im engeren Sinne sprachlichen Kompetenzen des HAVAS 5, besonders in Bezug auf den verbalen Wortschatz. Im anderen Fall liegt der Schwerpunkt mehr auf der systematischen und reflektierten Anwendung vorhandener Lehrmittel und Verfahren, die eher für den Grundschulbereich entwickelt wurden. Inwieweit sich die positiven Entwicklungen dieser Basiseinheiten im Grundschulbereich fortsetzen, konnte leider nicht überprüft werden, da dazu keine Daten für die zweite Kohorte vorliegen. Soweit es die vor-liegenden Daten möglich machen, liefern diese beiden Fälle also einen bestätigenden Hinweis auf die Bedeutung der engen Zusammenarbeit an dieser bildungsbiographischen Schnittstelle, die sich in hohem Engage-ment für ein gemeinsames Förderkonzept äußert, und die auf verbindli-che Funktionen und Rollen der Beteiligten setzt.

Übergang in die Grundschule, Schulanfänger

Das Modell zur Berechnung der Erwartungswerte für den HAVAS 5-Ge-samtscore am zweiten Messzeitpunkt schloss folgende unabhängige Variablen ein: den Gesamtscore der ersten Erhebung, das Ergebnis des kognitiven Tests (CFT), den elterlichen Bildungshintergrund sowie den Förderzeitraum zwischen den beiden HAVAS 5-Erhebungen. Acht För-dergruppen erreichten Gesamtwerte, die durchschnittlich deutlich über den für sie erwarteten HAVAS 5-Gesamtscores lagen. Sie sind sechs unterschiedlichen Basiseinheiten zuzuordnen. Die folgende Darstellung beschränkt sich exemplarisch auf drei Basiseinheiten, im Folgenden als Basiseinheit 3 bis 5 bezeichnet.

In Basiseinheit 3 kooperiert eine Grundschule mit drei Kindertages-einrichtungen im näheren Einzugsbereich, wobei die Kooperation im Wesentlichen gemeinsame Vereinbarungen über Förderstrategien, län-gerfristige Arbeitsfelder sowie Verabredungen zum verwendeten För-dermaterial umfasst. In der ersten Klasse der Grundschule wird mit Kindern, die bei einem Einschulungsspiel durch besondere sprachliche Schwierigkeiten aufgefallen sind, das Verfahren HAVAS 5 durchgeführt. Auf dieser Basis wird ein Förderplan für eine additive Förderung erstellt, daneben findet eine in den normalen Unterricht integrierte Förderung der deutschen Sprache statt. Nach sechs bis zehn Monaten erfolgt eine individuelle Überprüfung der Förderergebnisse anhand einer erneuten HAVAS 5-Erhebung. Das Förderkonzept sieht eine sprachliche Förde-rung insbesondere durch Grammatikorientierung (morpho-syntaktischer Schwerpunkt) und die Berücksichtigung dialogisch-diskursiver Kompe-tenzen über die gesamte Grundschulzeit hinweg vor, wobei diese Aspek-te nach Klassenstufen differenziert behandelt werden.

HAVAS 5-Ergebnisse dieser Basiseinheit liegen für zwei Förder-gruppen der Klassenstufe 1 mit je fünf geförderten Kindern vor (Abbil-dung 17). Eine Fördergruppe hat im Durchschnitt in allen von HAVAS 5 erfassten sprachlichen Bereichen über den Erwartungen abgeschnit-ten, insbesondere in den Bereichen Lexik und Syntax. Die zweite För-dergruppe liegt im erwarteten Bereich des HAVAS 5-Gesamtscores. In beiden Fördergruppen wurden positive Sprachfortschritte in Bezug auf verbalen Wortschatz und die Verbstellung erzielt, was der grundsätz-lichen Ausrichtung der Förderungsinhalte entspricht. Deutliche Unterschiede ergaben sich aber hinsichtlich der gemessenen Fortschritte bei der Verwendung von Satzverbindungen, diesbezüglich könnte ggf. eine Optimierung der Abstimmung von Fördermaßnahmen unter den beteiligten Lehrpersonen empfohlen werden. Beachtenswert ist auch, dass die sprachlichen Verbesserungen im engeren Sinne nicht im gleichen Maße mit Fortschritten in Aufgabenbewältigung und kommunikativen Verhalten einhergehen, sondern hier im erwarteten Bereich bleiben.

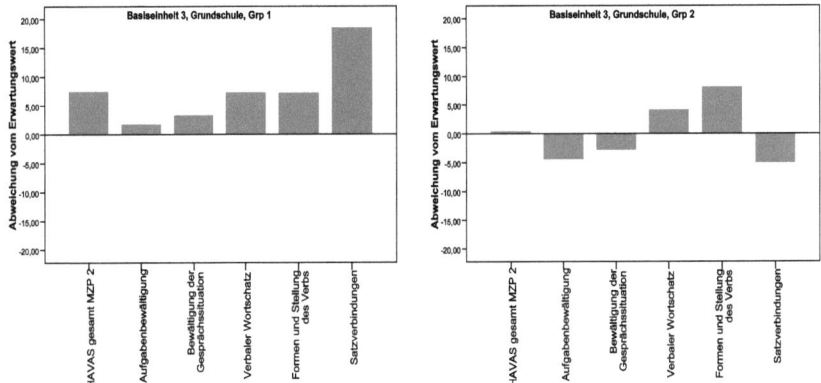

Abbildung 17: HAVAS 5-Ergebnisse der Basiseinheit 3, Abweichungen vom Erwartungswert

Die Basiseinheiten 4 und 5 gehören dem gleichen Landesprojekt an und verfolgen vergleichbare Ziele mit ähnlichen Mitteln, sie bestehen im Wesentlichen aus den beteiligten Grundschulen, die mit externen Partnern insbesondere in Form von Fortbildungen kooperieren. Die Förderung ist in den Unterricht integriert. Wie in allen Basiseinheiten des Landesprojekts werden von den Lehrkräften eine kompetenzorientierte Diagnose mit einem Dokumentationsinstrument sowie zusätzlich tiefer gehende Sprachprofilanalysen anhand der HAVAS 5-Aufnahmen vorgenommen. Die darauf aufbauende Förderung legt einen Schwerpunkt auf die phonologische Bewusstheit.

In beiden Basiseinheiten haben je sechs Fördergruppen an den HAVAS 5-Erhebungen mit insgesamt 41 bzw. 45 Kindern teilgenommen. In beiden Basiseinheiten variieren die Ergebnisse der Fördergruppen, in beiden Basiseinheiten erreichten je zwei Fördergruppen am Schuljahresende HAVAS 5-Gesamtwerte, die deutlich über den Erwartungen lagen (vgl. Abbildung 18: Basiseinheit 4, Gruppen 1 und 2, Basiseinheit 5, Gruppen 2 und 6). Die Ergebnisse lassen darauf schließen, dass beide Basiseinheiten jeweils bestimmte Stärken in der Förderung aufweisen, aber dass insgesamt offensichtlich noch Bedarf an interner Konsolidierung der Förderpraxis besteht.

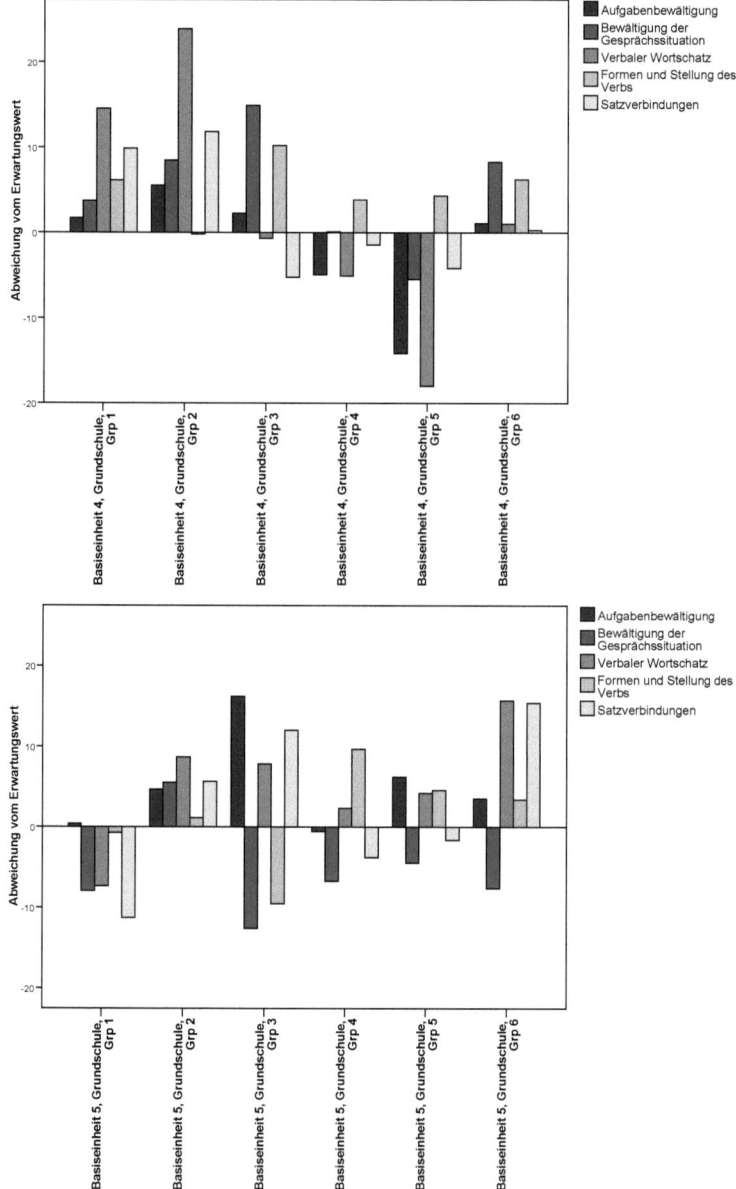

Abbildung 18: HAVAS 5- Ergebnisse der Fördergruppen der Basiseinheiten 4 und 5, Abweichungen vom Erwartungswert[22]

---

22 Die Diagramme zeigen die Ergebnisse der HAVAS 5-Indikatoren für die einzelnen Fördergruppen im Vergleich.

Insgesamt betrachtet hatten ihre Fördergruppen im FörMig-Vergleich überwiegend erwartungsgemäße bis sehr gute Ergebnisse, aber jeweils auch eine Ausreißer-Gruppe mit Gesamtscores, die im Durchschnitt deutlich unter den Erwartungen lagen (Basiseinheit 4, Gruppe 5 Basiseinheit 5, Gruppe 1). Durchgehend über den Erwartungen – auch bei Gruppen mit sonst weniger positiven Ergebnissen – lagen bei Basiseinheit 4 die Kompetenzfortschritte im Bereich der Verbstellung. In Basiseinheit 5 sind die Ergebnisse diesbezüglich uneinheitlich, dagegen gibt es hier weitgehend konsistente positive Entwicklungen in Bezug auf den verbalen Wortschatz. Gleichzeitig fällt auf, dass die Kinder dieser Basiseinheit mit Ausnahme einer Fördergruppe die Gesprächssituation schlechter als erwartet bewältigt haben.

Bei eingehender Betrachtung der Ergebnisse zeigen sich in den drei dargestellten Basiseinheiten neben gleichgerichteten Tendenzen auch deutliche Differenzen; in ähnlicher Weise haben sich solche Unterschiede auch in anderen Einheiten gezeigt. Differenzen sind prinzipiell erwartbar – schließlich agieren hier Individuen in spezifischen Kontexten –, aber systematische Förderung nimmt sich ja vor, so weit wie möglich gleiche Effekte zu erzeugen. Punktuell ist dies hier der Fall gewesen, aber die Vermutung liegt nahe, dass innerhalb der Basiseinheiten, in denen nominell mit gleicher Strategie gefördert werden sollte, die praktische Umsetzung durchaus auf recht unterschiedlichem Entwicklungsstand erfolgte. Die mit Blick auf den Erwartungswert besonders erfolgreichen Fördergruppen zeichnen sich dadurch aus, dass bei ihren Teilnehmenden eine größere Bandbreite an Kompetenzzuwächsen erkennbar ist. Das macht sie zu *good practice*-Modellen schon innerhalb ihrer eigenen Einrichtungen. Die FörMig-Rückmeldungen haben entsprechende Hinweise gegeben. Sie hatten mithin auch die formative Funktion, erwünschte und weniger erwünschte, erklärliche und weniger erklärliche Ergebnisse – moderiert von den Regionalkoordinator(inn)en in den Ländern – deutlich zu machen, ihren Ursachen selbst weiter nachzuspüren und eine engere interne Kooperation anzuregen.

Übergang in die Sekundarstufe

Die Fördergruppen am Übergang in die Sekundarstufe waren in Bezug auf die relativen Zuwächse in rezeptiven (Leseverständnis) und produktiven Kompetenzen (Schreibaufgabe) zumeist unterschiedlich erfolgreich. Der folgende Vergleich bezieht sich exemplarisch auf Basiseinheiten, in denen Fördergruppen in mindestens einem der Kompetenzbereiche deutlich über den Erwartungen abgeschnitten haben.

Für die verwendeten Verfahren zur Analyse des Sprachstandes wurden unterschiedliche Regressionsmodelle verwendet. Die Erwartungs-

werte für den Leseverständnistest am zweiten Messzeitpunkt basieren
auf den Ergebnissen der ersten Erhebung, des kognitiven Tests (KFT),
dem elterlichen Bildungshintergrund sowie dem Geburtsland des Kindes.[23] Für die allgemeinsprachlichen Aspekte der Schreibaufgabe FÖRMIG-
Tulpenbeet[24] wurden zusätzlich der familiäre sozioökonomische Status
sowie das Geschlecht des Kindes berücksichtigt, als unabhängige Variablen der bildungssprachlichen Aspekte[25] gingen das Ergebnis der ersten Erhebung, der elterliche Bildungshintergrund sowie Geburtsland und
Geschlechtszugehörigkeit des Kindes in die Modellberechnungen ein.

Aus Basiseinheit 6 hat eine Fördergruppe mit 12 Schülern der 5.
Klassenstufe der federführenden Einrichtung (Gesamtschule) an den
Erhebungen teilgenommen. Ein großer Teil dieser Schüler hat im Leseverständnistest Punktwerte erreicht, die deutlich über den in FÖRMIG zu
erwartenden Werten liegen. In Bezug auf die produktiven Kompetenzen
sind die durchschnittlichen Ergebnisse im erwarteten Bereich, wobei die
Werte der einzelnen Schüler eine relativ große Streuung aufweisen.

Die Gesamtschule hat ein umfassendes Konzept zur Sprachförderung entwickelt, das alle Unterrichtsfächer einschließt.[26] DaZ-Prinzipi-
en gelten als verbindlich für alle Fachlehrer, und es erfolgt nach eigener Einschätzung ein regelmäßiger Erfahrungsaustausch im Kollegium
zum Thema Sprachförderung. Es findet eine Förderung statt, die sowohl
additive als auch in den Regelunterricht integrierte Lernformen berücksichtigt. Die in die FÖRMIG-Erhebungen einbezogenen Schülerinnen und
Schüler gehören einer Fördergruppe an, in der in enger Verzahnung mit
dem Deutschunterricht Strukturen der deutschen Sprache wiederholend
aufgearbeitet werden sollen. Die Auswahl der Schülerinnen und Schüler erfolgt mit einer regional entwickelten Sprachstandseinschätzung.
Schwerpunkte der Förderung sind die Erweiterung des Hör- und Leseverstehens sowie der sprachlichen Ausdrucksfähigkeiten. Lesen und
Leseverständnis werden darüber hinaus mit zwei leistungsdifferenzierten
Gruppen pro Klasse besonders gefördert. Fester Bestandteil des Deutschunterrichts sind regelmäßige Lernwörterübungen, die auf den Wortschatz der Altersgruppe abgestimmt sind.

---

23 Die dichotome Variable unterscheidet, ob das Kind in Deutschland (Wert=1)
    oder in einem anderen Land (Wert=0) geboren wurde.
24 Allgemeinsprachliche Aspekte des Instruments sind Textbewältigung, verbaler
    und nominaler Wortschatz und die Verwendung unterschiedlicher Satzarten.
25 Bildungssprachliche Aspekte des Instruments umfassen bildungssprachliche Ele-
    mente im engeren Sinn (Nominalisierungen, Komposita, adjektivische Attribute,
    Passiv, Konjunktiv), den adjektivischen Wortschatz und Satzverbindungen. (Vgl.
    http://www.foermig.uni-hamburg.de/web/de/all/mat/diag/index.html)
26 Die Gesamtschule der Basiseinheit 6 gehörte nicht der AG „Durchgängige
    Sprachbildung" (vgl. Kapitel 7.8) an.

Betrachtet man die Ergebnisse der FöRMiG-Evaluation differenziert nach Leseverständnis und Indikatoren der produktiven Kompetenzmessung (Abbildung 19), spiegeln sich die Förderschwerpunkte der Basiseinheit 6 in den Resultaten der Fördergruppe wider: Die Schülerinnen und Schüler zeigten herausragende Lernfortschritte im Bereich des Leseverständnisses und eine sehr gute Erweiterung ihres verbalen Wortschatzes in der Schreibaufgabe. Der Eindruck eines systematischen und koordinierten Vorgehens bei der Sprachförderung bestätigt sich demnach. Da die Förderung im Leseverständnis an dieser bildungsbiographischen Schnittstelle offensichtlich noch einiger Impulse bedarf (vgl. Kapitel 7.5.2), ist dieses Beispiel einer erfolgreichen Förderung besonders hervorzuheben. In Bezug auf die Grammatik-Kompetenz im Schreiben (Syntax) zeigen sich allerdings auch Probleme, hier haben die Schülerinnen und Schüler deutlich unter den Erwartungen abgeschnitten.

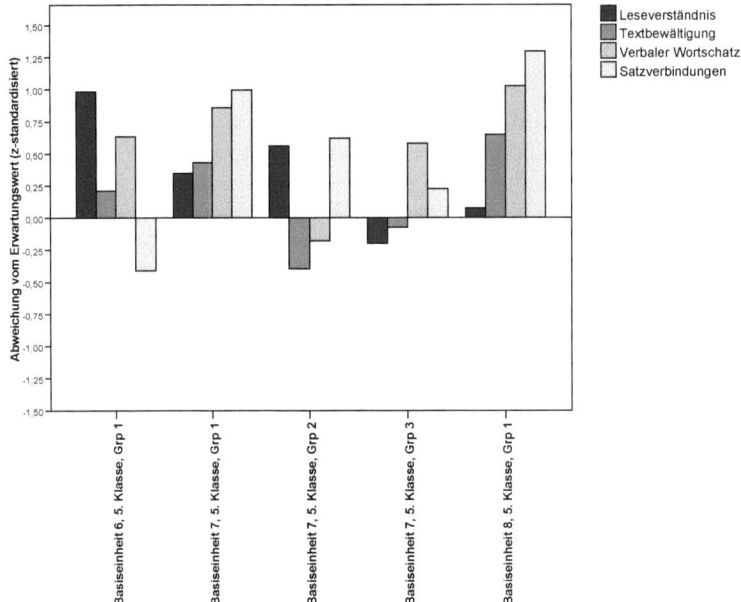

Abbildung 19: Leseverständnis und Schreibkompetenz am Übergang in die Sekundarstufe, Ergebnisse ausgewählter Basiseinheiten, Abweichungen vom Erwartungswert[27]

---

27 Das Leseverständnis wurde mit einem rasch-skalierten Punktwert gemessen. Die hier aus Platzgründen ausgewählten Aspekte der Schreibkompetenz sind gute Indikatoren für die Bereiche Sprachpragmatik, Lexik und Syntax/Grammatik insgesamt und decken allgemeinsprachliche (Textbewältigung, verbaler Wortschatz) und bildungssprachliche Aspekte (Satzverbindungen) ab. Die dargestellten Residuen sind z-standardisiert und dadurch untereinander vergleichbar.

Ein anderes Beispiel ist Basiseinheit 7. Diese hat mit drei Gruppen aus
einer Gesamtschule (insges. 60 Schüler) an den Sprachstandserhebun-
gen der FörMig-Evaluation teilgenommen. Die Schule gehörte zu den
Modellschulen der Arbeitsgemeinschaft Durchgängige Sprachbildung,
die im Erhebungszeitraum an der Entwicklung eines sprachförderlichen
Unterrichts in allen Fächern gearbeitet haben (vgl. Kapitel 7.8). Die
Modellschulen beteiligten auch deutsch-monolinguale Schüler an den
Erhebungen; aus Gründen der Vergleichbarkeit werden hier jedoch nur
Ergebnisse der Kinder mit Migrationshintergrund berücksichtigt. Die
Gruppen erzielten unterschiedliche Ergebnisse im Leseverständnistest
und in der Schreibaufgabe, wobei eine Gruppe in beiden Kompetenzbereichen überdurchschnittlich abschnitt, während die übrigen Gruppen je-
weils in einer der Kompetenzen besonders gute Lernfortschritte erzielte
und in der anderen im Erwartungsbereich blieb.

Die eigentliche Sprachförderung erfolgt an dieser Schule integriert im
Fach Deutsch. Dabei wird aus zwei Klassen eine Gruppe besonders zu
fördernder Schülerinnen und Schüler in einer Intensivgruppe unterrichtet, während die übrigen Schülerinnen und Schüler im Kernunterricht
der Klasse verbleiben – auf diese Weise ergeben sich die drei evaluierten Fördergruppen der Klassenstufe 5. Daneben gibt es weitere ergänzende Angebote der Sprachförderung auf freiwilliger Basis. Der besondere Förderbedarf wird mit einem regional entwickelten Instrument zur
Sprachstandseinschätzung festgestellt. Im Jahrgang 5 konzentriert sich
die Förderung auf eine systematische Wortschatzarbeit, die Entwicklung
der Lesekompetenz sowie eine systematische Grammatikarbeit. Auch an
dieser Schule wird die Kooperation in der Sprachförderung als besonders
eng eingeschätzt.

Die differenzierten Ergebnisse der drei Fördergruppen von Basiseinheit 7 sind ebenfalls in Abbildung 19 dargestellt. Die genannte Intensivgruppe ist die Gruppe 3. Der Testwert für das Leseverständnis liegt bei
den Gruppen 1 und 2 über den Erwartungen, die Intensivgruppe 3 bleibt
hier unter ihrem Erwartungswert. In Bezug auf den verbalen Wortschatz
in der Schreibaufgabe haben die Gruppen 1 und 3 besser als erwartet
abgeschnitten, hier zeigt Gruppe 2 ein eher schwaches Ergebnis. Auch
in dieser Basiseinheit gibt es offenbar noch Spielraum für eine Optimierung der Förderpraxis. In Bezug auf die Verwendung unterschiedlicher
Satzverbindungen, aber auch für die hier nicht dargestellte Diversität
der Satzarten, sehen wir bei allen drei Gruppen dieser Basiseinheit erwartungswidrig gute Ergebnisse – wenn auch in unterschiedlichem Ausmaß. Offenbar ist dafür die systematische Grammatikförderung an dieser
Schule mitverantwortlich, denn darin unterscheiden sich die Ergebnisse
von der sonst sehr gut abschneidenden Fördergruppe der Basiseinheit 6.

Basiseinheit 8 hat mit einer 5. Schulklasse an den Erhebungen teilgenommen. Auch diese Schule war Modellschule der AG Durchgängige Sprachbildung; es werden hier die Ergebnisse der 12 Schüler mit
Migrationshintergrund berichtet. Die Schüler haben im Schuljahr der
Erhebungen signifikante und große Fortschritte in den allgemein- und
bildungssprachlichen Schreibkompetenzen gemacht. Im Leseverständnis
blieben die Ergebnisse dagegen im Bereich des Erwartungswertes (vgl.
Abbildung 19).

Die Schule verfolgt einen kooperativen fächerübergreifenden Ansatz
der integrierten Sprachbildung. In dem Schuljahr, in dem die Erhebungen der Programmevaluation stattfanden, beteiligte sich die Schule an
der Erprobung von Niveaubeschreibungen für Deutsch als Zweitsprache,
die die Gestaltung und Steuerung des systematischen Sprachbildungs-
prozesses unterstützen sollen. Das Sprachförderkonzept legte einen
Schwerpunkt auf die Bildungssprache der Schule und auf die Verbesserung von Kompetenzen im Bereich Fachtextverstehen. Dazu arbeiteten
die Lehrkräfte an der Entwicklung von Strategien zur Texterschließung
und an einer Förderung von Lesebereitschaft und Leselust bei den Schülerinnen und Schülern.

Mit Blick auf die differenzierten Evaluationsergebnisse fallen die konsistenten deutlichen Kompetenzzuwächse in allen Bereichen der Textproduktion auf, wohingegen im rezeptiven Textverständnis kaum Veränderung erkennbar ist. Die koordinierten und vielfältigen Aktivitäten hinsichtlich der Förderung bildungssprachlicher Kompetenzen bilden sich
in den darauf bezogenen Leistungssteigerungen der Schülerinnen und
Schüler in sprachproduktiven Bereichen ab. Aus den vorliegenden Dokumenten wird aber nicht deutlich, worauf die weniger markanten Ergebnisse im Leseverständnistest zurückführbar sein könnten; dokumentiert
ist, dass auch dem Textverstehen in der Förderung eine besondere Bedeutung zugemessen wurde.

Die am Übergang in die Sekundarstufe betrachteten erfolgreichen
Fördergruppen gehören Basiseinheiten und Einrichtungen an, die sich
in besonderem Maße für eine systematische und koordinierte Sprachförderung einsetzen und dies im gesamten Kollegium zu verankern versuchen. In Ergänzung zu den Ergebnissen der Mehrebenenanalysen lässt
sich festhalten, dass auch additive Formen der Förderung erfolgreich
sein können, wenn sie gut mit dem Regelunterricht verzahnt sind und
seine Inhalte vertiefend aufnehmen – und gleichzeitig der Regelunterricht selbst sprachförderlich angelegt ist. Eine weitere Ergänzung zu den
Mehrebenenanalysen zeigt sich bei der differenzierten Betrachtung einzelner Evaluationsergebnisse: Die jeweils gewählten Schwerpunkte von
Förderinhalten spiegeln sich auch in den Ergebnissen der Sprachstandserhebungen wider. Dabei werden auch besondere Stärken und Schwä-

chen in der Umsetzung erkennbar, die sich auf Basis der vorliegenden Daten nicht eindeutig erklären lassen, aber deutliche Hinweise auf noch bestehenden Entwicklungsbedarf geben. Der geeignete Ort für vertiefende Analysen auf der Grundlage solcher Rückmeldungen, die sie zu interpretieren verstehen, sind die beteiligten Basiseinheiten selbst.

Übergang in den Beruf

Am Übergang in den Beruf wurden ebenfalls die Zuwächse in rezeptiven (Leseverständnis)[28] und produktiven Kompetenzen (Schreibaufgabe)[29] getrennt betrachtet. Der exemplarische Vergleich bezieht sich wieder auf Basiseinheiten mit erwartungswidrig guten Ergebnissen in mindestens einem der betrachteten Kompetenzbereiche.

Es wurde bereits darauf hingewiesen (vgl. Kapitel 7.5.3), dass in der zweiten Kohorte die Ergebnisse zum Bewerbungsschreiben, einer Teilaufgabe des Instruments FöRMiG-Bumerang, insgesamt betrachtet keine Kompetenzfortschritte erkennen lassen. Da bereits am ersten Messzeitpunkt hohe durchschnittliche Punktzahlen erreicht wurden, kann davon ausgegangen werden, dass in vielen Fördergruppen das Schreiben von Bewerbungen vor der Messung im Unterricht behandelt wurde. Zu den Ausnahmen hiervon gehört die Basiseinheit 9, in der bei Bewerbungsschreiben ein erheblicher Zuwachs verzeichnet wurde.

Es handelt sich bei dieser Gruppe um eine schulformunabhängige Förderklasse für Seiteneinsteiger der Klassenstufen 8 und 9 mit geringen Deutschkenntnissen. Schwerpunkte der Förderung sind eine intensive Vermittlung der deutschen Sprache mit erhöhter Wochenstundenzahl für das Fach Deutsch, Unterricht nach dem Prinzip der Förderung der deutschen Sprache in allen Fächern, eine systematische Einführung in Inhalte und Fachsprache der einzelnen Fächer, eine Förderung der Medienkompetenz sowie eine intensive Berufswahlorientierung einschließlich Bewerbungstraining.

Beziehen wir die übrigen Ergebnisse der Schreibaufgabe sowie im Leseverständnistest in die Betrachtung mit ein (Abbildung 20), relati-

---

28 Die Erwartungswerte für den Leseverständnistest am zweiten Messzeitpunkt wurden auf Basis des Ergebnisses der ersten Erhebung, des kognitiven Tests (KFT), des elterlichen Bildungshintergrundes, der Geschlechtszugehörigkeit des Schülers sowie des Schulbesuchs außerhalb Deutschlands berechnet.

29 Die erwarteten Werte für die Bewältigung des Bewerbungsschreibens sowie die Verwendung eines allgemeinen Wortschatzes in der Bewerbung basieren auf den Ergebnissen der ersten Erhebung, des kognitiven Tests (KFT), dem elterlichen Bildungshintergrund, dem Alter und der Geschlechtszugehörigkeit des Schülers. Der erwartete Wert für die sprachliche Bewältigung des Bumerangbaus basiert auf den Ergebnissen der ersten Erhebung, des kognitiven Tests (KFT), auf dem familiären sozioökonomischen Status, dem Alter und der Geschlechtszugehörigkeit des Schülers.

viert sich der Eindruck, da die Fördergruppe hier eher unter den Erwartungen abgeschnitten hat. Das ist umso bemerkenswerter, als die Einrichtung in der ersten Kohorte vor allem im Leseverständnis deutliche Kompetenzsteigerungen über den Erwartungen erzielen konnte. Zwar wurden auch in der zweiten Kohorte Lernzuwächse im Leseverständnis und im Schreiben der Bauanleitung festgestellt, aber sie blieben diesmal unter denen in vergleichbaren Fördergruppen. Die Gründe gehen aus den vorliegenden Daten nicht hervor, so dass auf dieser Basis nicht feststellbar ist, ob ggf. eine Spezialisierung der Förderung zu Lasten der anderen sprachlichen Bereiche gegangen ist.

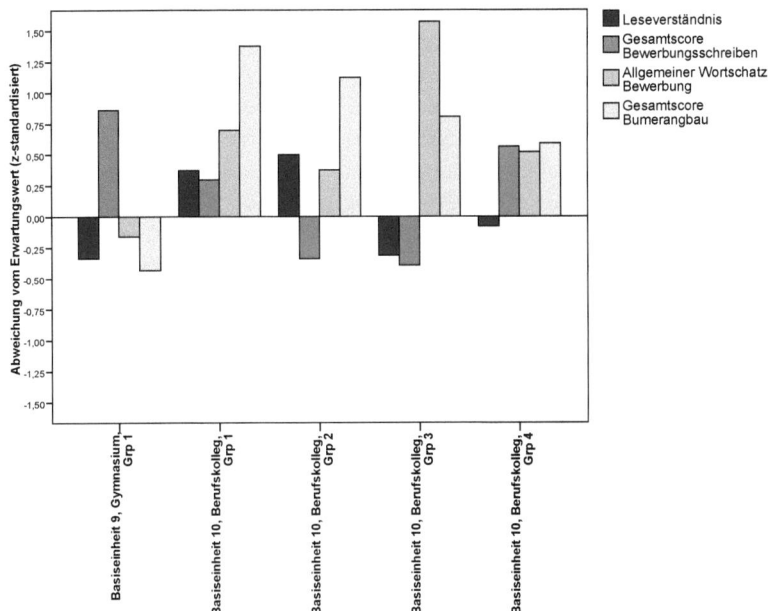

Abbildung 20: Leseverständnis und Schreibkompetenz am Übergang in den Beruf, Ergebnisse ausgewählter Basiseinheiten, Abweichungen v. Erwartungswert[30]

---

30 Das Leseverständnis wurde mit einem rasch-skalierten Punktwert gemessen. Die Kennwerte für die Schreibaufgabe FöRMiG-Bumerang setzen sich wie folgt zusammen: Der Gesamtscore für das Bewerbungsschreiben umfasst die formale und inhaltliche Gestaltung der Bewerbung sowie den textsortenspezifischen Wortschatz der Bewerbung (Nomina, Adjektive, Verben). Der allgemeine Wortschatz in der Bewerbung erfasst die allgemeinen Nomen, allgemeinen Adjektive und allgemeine Verben (jeweils Types). Der Gesamtscore für den Bumerangbau enthält Aufgabenbewältigung, den fachlichen und allgemeinen Wortschatz der Bauanleitung (fachliche Nomen, Adjektive und Verben, allgemeine und aufgabennahe Nomen und Adjektive, textsortenspezifische und allgemeine Verben) sowie die verwen-

Basiseinheit 10 besteht aus einem Berufskolleg, das sich mit vier Fördergruppen an den Erhebungen der Evaluation beteiligt hat. Die FörMig-Maßnahmen an diesem Berufskolleg richteten sich an förderbedürftige Schülerinnen und Schüler mit zusätzlichen Kursen, in denen eine Schülerzeitung erstellt wird. Ziel der Förderung war eine allgemeine Verbesserung der Sprachkompetenz in Deutsch, mit Schwerpunkten im Training von Rechtschreibung, Grammatik sowie von Ausdruck/Stil. Lesekompetenz und Textsortenkompetenz sollten insbesondere durch Rezeption von Zeitungstexten verbessert werden. Produktive Kompetenzen wurden im Schreiben eigener Zeitungstexte und in deren Überarbeitung geschult.

Insgesamt betrachtet lässt sich die Basiseinheit als besonders erfolgreich an dieser bildungsbiographischen Schnittstelle einordnen. Im Leseverständnistest und beim Verfassen eines textsortengerechten Bewerbungsschreibens haben jeweils zwei Fördergruppen Ergebnisse über ihren Erwartungen erreicht. In Bezug auf das Bewerbungsschreiben gilt für diese Gruppen die oben erwähnte generelle Tendenz, dass die Textkompetenz auf relativ hohem Niveau stagnierte. In allen Fördergruppen konnte eine Erweiterung des allgemeinen Wortschatzes im Bewerbungsschreiben sowie eine Verbesserung der Textkompetenz beim Schreiben der Bumerang-Bauanleitung beobachtet werden. Die Erklärung, dass sich in diesen Ergebnissen die Übung der produktiven Kompetenzen im Schreiben von Zeitungstexten zeigt, ist sehr plausibel.

7.7.3 Zusammenfassung der Ergebnisse

Wenn die Ergebnisse der explorativen Auswertung zusammenfassend betrachtet werden, so zeigen sich folgende Muster:
* Erfolgreiche Fördergruppen agieren nicht isoliert. Sie sind nach unseren Analysen eingebunden in schulische oder einrichtungsübergreifende Netzwerke, in denen sehr konkret und systematisch an Förderkonzeptionen und ihrer Umsetzung gearbeitet wird. Dabei scheint es auch auf den Grad der Verbindlichkeit des gemeinsamen Vorgehens anzukommen, die sich nicht notwendig auf Unterrichtsinhalte, aber auf Lernziele und die entsprechende Methodik erstreckt, verbunden mit regelmäßigem Austausch und Feedback im Kollegium.[31]

---

deten Satzverbindungen. Die dargestellten Residuen sind z-standardisiert und dadurch untereinander vergleichbar.

31 Die diesbezüglichen Beobachtungen der Programmevaluation wurden durch gemeinsame Analysen mit Tanja Kaseric (FörMig Nordrhein-Westfalen) unter Hinzuziehung der Landesevaluation von FörMig Nordrhein-Westfalen eingesetzten Förderdokumentationen bekräftigt.

- Die vorgestellten erfolgreichen Fördergruppen verankerten ihre Maßnahmen zumeist im normalen Unterricht. Dieser wurde teilweise ergänzt um vertiefende zusätzliche Angebote, deren Inhalte sich sehr
  konkret auf den Unterricht beziehen. Das ist keine Erfolgsgarantie,
  denn es gibt auch Beispiele dafür, dass integriert geförderte Gruppen
  geringere Erfolge als additiv geförderte erzielt haben. Aber der Tendenz nach, wie sie sich in den Ergebnissen der Mehrebenenanalysen
  anzeigt, konnten integriert fördernde Basiseinheiten in ihren Fördergruppen unter vergleichbaren Randbedingungen größere Lernzuwächse erreichen.

Die Ergebnisse unserer explorativen Analysen legen nahe, dass Inhalte
der Förderung bei den erfolgreichen Fördergruppen sehr wohl mit Ergebnissen der Sprachstandserhebungen korrespondieren. An Einzelfällen
lässt sich zeigen, wie bestimmte Förderschwerpunkte mit entsprechenden Kompetenzzuwächsen der Schüler einhergehen. Wenn dies in den
systematischen Überprüfungen mit Mehrebenenanalysen weniger deutlich wurde, dann geben unsere explorativen Analysen auch einen Hinweis darauf, wie sich diese Diskrepanz möglicherweise erklären lasst:
Die in mehreren Kompetenzbereichen uneinheitlichen Ergebnisse zeigen,
dass Basiseinheiten und Fördergruppen mit vergleichbaren Förderzielen
und Konzepten sich nicht nur im Grad der praktischen Realisierung unterscheiden, sondern teilweise auch in deren Qualität. Es ist eben nicht
so, dass alle Basiseinheiten mit einem bestimmten Schwerpunkt der Förderung auch gute Ergebnisse damit erzielen. Sogar dann, wenn mehrere Fördergruppen einer Basiseinheit nach abgesprochenen einheitlichen
Prinzipien fördern, erreichen sie nicht unbedingt vergleichbare Ergebnisse. Dazu kann der persönliche Unterrichtsstil der Lehrenden (vgl. Lipowsky 2006) ebenso beitragen wie die jeweils besondere Situation in der
Fördergruppe.

Die Ergebnisse der statistischen ebenso wie der vertieften explorativen Betrachtung zeigen auch, dass die „große Erwartung" an Basiseinheiten, bei übereinstimmenden Konzepten gleichmäßige Ergebnisse zu
erzielen, selbst innerhalb der erfolgreicheren Einheiten in FörMig nur
in Teilbereichen erfüllt wurde. Dies ist ein starker Hinweis auf Innova-
tionsanspruch und den Entwicklungscharakter des Modellprogramms:
Viele Akteure befanden sich auf dem Anfang des Wegs zu konzertiertem
Vorgehen und zu Ansätzen, die tatsächlich in der erwünschten Weise
(bildungs-)sprachförderlich wirken können.

Insgesamt aber zeigt sich in den Kohortenanalysen, dass das Programm sich in die richtige Richtung entwickelt hat: Im Zeitverlauf ist
eine Verbesserung der Förderergebnisse erkennbar. Was die Beteiligten
danach benötigt hätten, wäre die weitere Gelegenheit zur Konsolidierung
ihrer Arbeit und zur Optimierung auf der Basis des Erreichten gewesen,

wobei sie innerhalb von Basiseinheiten ebenso wie die Einheiten übergreifend von den vorliegenden Ergebnissen hätten profitieren können.

7.8 Durchgängige Sprachbildung in den FörMig-Modellschulen

Die Arbeitsgemeinschaft „Durchgängige Sprachbildung", deren Tätigkeit
in Kapitel 4 vorgestellt wurde, hat als Aufgabe verfolgt, Sprachbildung
im Unterricht aller Fächer am Anfang der Sekundarstufe I umzusetzen.
Im engen Austausch von Theorie und Praxis sollten Wege gefunden werden, Sprache als Medium des Lehrens und Lernens bewusst zu verwenden und zu fördern. Die Ideen, die gemeinsam entwickelt wurden, sollten sich im Alltag der Beteiligten bewähren.

Sieben Modellschulen in fünf Bundesländern haben sich im Rahmen
der Arbeitsgemeinschaft seit dem Schuljahr 2007/2008 dieser Aufgabe angenommen; sie seien hier noch einmal genannt: die Gesamtschule Duisburg-Meiderich, die Apollonia-von-Wiedebach-Schule in Leipzig,
die Gesamtschule Rosenhöhe in Bielefeld, die Gesamtschule Kirchdorf
in Hamburg, die Eberhard-Klein-Schule in Berlin, die Herbert-Grillo-
Gesamtschule in Duisburg und die Realschule Friedrichsgabe in Norderstedt.[32] Beabsichtigt war keineswegs, ein einheitliches Konzept für
Sprachbildung allen Schulen vorzuschreiben – selbst wenn es ein solches
gegeben hätte, als die Arbeit aufgenommen wurde. Es ging vielmehr darum, die gemeinsamen Zielperspektiven im Rahmen der jeweiligen didaktischen Ausrichtungen und der spezifischen pädagogischen Ziele der
beteiligten Schulen zu entwickeln und zu erproben, wobei die spezifische Lage jeder Schule zu berücksichtigen war.

Die Rahmenbedingungen der Modellschulen sind sehr unterschiedlich: Einige hatten einen sehr hohen Anteil an Kindern und Jugendlichen mit Migrationshintergrund – an einer der Schulen waren es 100
Prozent; andere hatten eher moderate Anteile dieser Kinder. Unter den
Modellschulen waren „Brennpunktschulen" und solche in eher bürgerlichem Umfeld. Die größte Schule wurde von über 1400 Schülerinnen
und Schülern besucht, die kleinste von gut 300. Einige Schulen hatten
erst im Rahmen der Arbeitsgemeinschaft begonnen, sich mit dem Thema Sprachbildung auseinanderzusetzen; andere hatten eine lange Tradition der Sprachförderung. Vor diesem Hintergrund haben sich die Schulen
in ihrer Arbeit unterschiedliche inhaltliche Schwerpunkte gesetzt: von
eher auf sprachliches und soziales Lernen gerichteten Aktivitäten bis zu

---

32 Insgesamt arbeiteten in der Arbeitsgemeinschaft „Durchgängige Sprachbildung"
   Lehrkräfte aus den Modellschulen, Landeskoordinator(inn)en des Gesamtpro-
   gramms und Mitglieder des FörMig-Programmträgers mit.

Ansätzen des individualisierten Lernens bei der durchgängigen Sprachbildung.

Über sechs dieser Schulen liegen im Rahmen der Programmevaluation erhobene Daten zur Leistungsentwicklung der getesteten Klassen und Lerngruppen vor. Darüber hinaus liegen Beobachtungen aus den Modellschulen vor, die im Rahmen einer prozessbegleitenden Evaluation der Fördermaßnahmen gewonnen wurden.[33] Auf der Grundlage von Interviews mit den an der Sprachbildung beteiligten Akteuren – befragt wurden Lehrkräfte, Mitglieder der Schulleitungen sowie Schülerinnen und Schüler – wurden die jeweiligen Maßnahmen dokumentiert und die dabei gewonnenen Erfahrungen rekonstruiert. Nachfolgend werden die Ergebnisse beider Evaluationsansätze vergleichend betrachtet. Die mit der quantitativen Evaluation gewonnenen Hinweise werden den Selbstbewertungen der an den Sprachbildungsmaßnahmen in den Modellschulen beteiligten Lehrkräfte gegenübergestellt. Zunächst wird der Frage nachgegangen, welches Bild sich von der Entwicklung in den Modellschulen in den quantitativen Daten abzeichnet. Lässt sich in den Modellschulen – wie angesichts der gemeinsamen konzeptionellen Rahmung und der intensiven Kommunikation und Begleitung zu vermuten wäre – eine gemeinsame positive Leistungsentwicklung feststellen?

7.8.1 Die Modellschulen im Spiegel der quantitativen Daten

Im Rahmen der Programmevaluation wurden in den Modellschulen mit denselben Instrumenten Sprachdaten erhoben wie im übrigen Programm (Leseverständnis; produktive schriftsprachliche Kompetenzen, die in allgemein- und bildungssprachliche Kompetenzen differenziert sind). Im Unterschied zu den übrigen Erhebungen wurden in den Modellschulen alle Schülerinnen und Schüler getestet – also auch die deutscheinsprachigen. In Bezug auf die Modellschulen umfasst die Datenbasis insgesamt 189 Schülerinnen und Schüler aus zehn Klassen und Kursen. Da sich die Datenbasis für die Einzelgruppen zum Teil auf nur wenige Lernende bezieht, steht im Folgenden ein Gruppenvergleich im Vordergrund, in dem die Modellschulen im Vergleich zu den anderen am FörMig-Programm beteiligten Schulen, die sich gleichfalls auf den Übergang von der Grundschule in die Sekundarstufe konzentrierten, in ihrer Datenentwicklung beschrieben werden.

---

33 Das Projekt „Prozessbegleitende Evaluation des experimentellen Projekts ‚Durchgängige Sprachförderung'" wurde in der Zeit vom 15.10.2007 bis 30.03.2009 vom Bundesamt für Migration und Flüchtlinge gefördert.

Tabelle 27: Sechs Modellschulen der AG Durchgängige Sprachbildung im Vergleich, Ergebnisse der Sprachstandserhebungen und ausgewählte Hintergrundmerkmale

| | AG Durchgängige Sprachbildung | | übrige FöRMIG-Teilnehmer |
	ohne Migrationshintergrund n=58	mit Migrationshintergrund n=181	n=277
Leseverständnis			
MZP 1	111,7	105,7	100,4
MZP 2	113,4	107,4	103,9
FöRMIG-Tulpenbeet, allgemeinsprachliche Aspekte			
MZP 1	38,6	39,5	35,9
MZP 2	48,1	43,3	38,2
FöRMIG-Tulpenbeet, bildungssprachliche Aspekte			
MZP 1	7,3	6,7	5,2
MZP 2	10,1	7,5	5,9
kognitive Lernvoraussetzungen (T-Wert KFT)	45,4	46,8	45,1
sozioökonomischer Status (HISEI)	39,6	38,3	36,8
Generation in Deutschland	4,0	2,9	2,0

Betrachtet man die getesteten Klassen und Kurse der Modellschulen als Gruppe und vergleicht ihre Gesamtdaten mit den anderen FöRMIG-Schulen (vgl. Tabelle 27), lässt sich tendenziell eine höhere Leistungsentwicklung in den Modellschulen feststellen. Dies betrifft sowohl die mehrsprachigen als auch die einsprachig deutschen Schülerinnen und Schüler. Die Modellschulen haben jedoch ihre Arbeit der Sprachbildung in allen Fächern insgesamt von einer anderen Ausgangsposition aus begonnen: In allen getesteten Kompetenzbereichen ist das Startniveau höher – besonders deutlich ist dies hinsichtlich des Leseverständnisses, bei dem die Eingangsdaten der Modellschulen den FöRMIG-Gesamtmittelwert um elf Skalenpunkte übersteigen. Zum zweiten Messzeitpunkt hat sich der durchschnittliche Abstand zu den übrigen FöRMIG-Teilnehmenden in den produktiven Kompetenzen noch vergrößert. Der Leistungszuwachs manifestiert sich sowohl in Bezug auf die allgemeinsprachlichen als auch auf die bildungssprachlichen Kompetenzen in der Schreibaufgabe.

Diese Datenlage zeigt, dass die Schülerinnen und Schüler in der Gruppe der Modellschulen im produktiven Kompetenzbereich im besonderen Maße von dem dargebotenen Unterricht profitieren. Die Leistungsentwicklung fällt in den einzelnen Modellschulen unterschiedlich aus; daher könnte ihr gutes Abschneiden als Gruppe mit den Hintergrundmerkmalen der getesteten Schülerinnen und Schüler zusammenzuhängen. Dies wurde überprüft:

Die Modellschulen stimmen mit den anderen Schulen im Hinblick auf das Alter der Schülerinnen und Schüler und auf ihre kognitiven Fähigkeiten überein. Jedoch stammen die Schülerinnen und Schüler der Modellschulen aus Familien in tendenziell besseren sozialen Lagen (vgl. Tabelle 27). Im Vergleich zum FöRMIG-Mittelwert liegen die Familien der Modellschulen beim sozioökonomischen Index höher; die Familien der Geförderten weisen auch ein höheres kulturelles Kapital auf. Es läge nahe, dass dies den beschriebenen Leistungsvorsprung (Messzeitpunkt 1) wie auch die größere Leistungsentwicklung erklärt.

Betrachtet man aber im „fairen Vergleich" die Daten (Abbildung 21), die um den Einfluss der sozialen Lage und der kognitiven Lernvoraussetzungen bereinigt wurden, bestätigt sich diese Vermutung nicht.

Der Vorsprung in Bezug auf die produktiven Kompetenzen bleibt im Vergleich mit den übrigen FöRMIG-Teilnehmenden an dieser Schnittstelle erhalten, die Unterschiede sind signifikant. In Bezug auf das Leseverständnis unterscheiden sich die Entwicklungen in den Modellschulen insgesamt nicht von denen in den anderen FöRMIG-Basiseinheiten.

Über die tendenziell positive Leistungsentwicklung hinaus zeichnet sich in den Leistungsdaten der Modellschulen ab, dass sowohl die Schülerinnen und Schüler mit Migrationshintergrund als auch die einsprachig deutsche Schülerschaft von den ergriffenen Maßnahmen profitieren. Bemerkenswert, aber erwartungswidrig ist die Beobachtung, dass in den produktiven Kompetenzen die einsprachig deutschen Schülerinnen und Schüler mehr Gewinn davontragen als diejenigen, die aus zugewanderten Familien stammen. Besonders deutlich wird dies im Bereich der allgemeinsprachlichen Fähigkeiten, in dem die Leistungsentwicklung der einsprachig deutschen Schülerinnen und Schüler mit knapp zehn Prozentpunkten beziffert ist – im Vergleich zu etwa vier Prozentpunkten bei den Schülerinnen und Schülern mit Migrationshintergrund. Hier erweist sich die mit Blick auf die Migrantenkinder und Jugendlichen konzipierte Sprachbildungsarbeit also für die einsprachig deutschen Kinder und Jugendlichen als besonders gewinnbringend. Aufgrund der geringen Gesamtzahl der beteiligten einsprachig deutschen Kinder (n=58) sind diese Beobachtungen allerdings mit großer Vorsicht zu interpretieren. Es eröffnet sich jedoch für eine spätere Überprüfung die Frage, ob die praktizierten Sprachbildungsmaßnahmen noch zu sehr an den Sprachfähig-

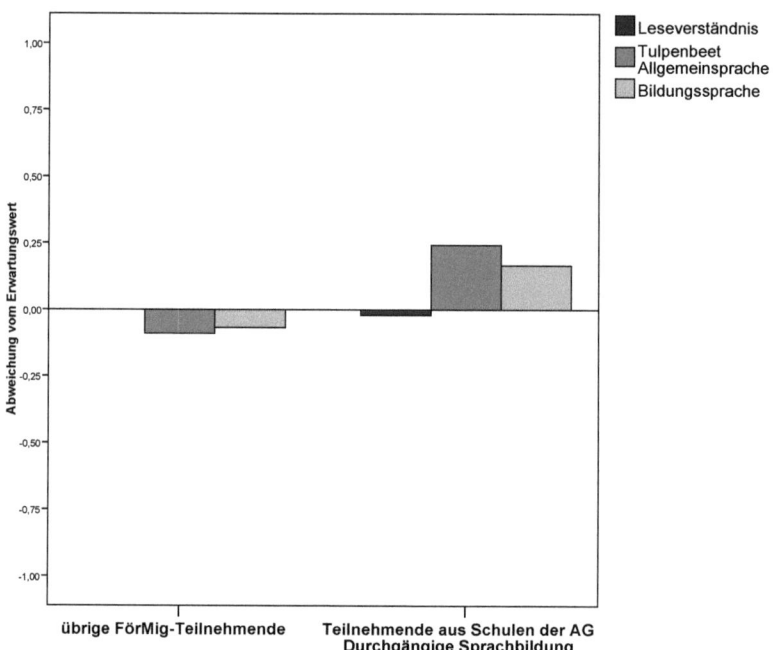

Abbildung 21: Ergebnisse der Sprachstandserhebungen am zweiten Messzeitpunkt (fairer Vergleich), Abweichungen vom Erwartungswert (z-standardisiert), nur Schüler mit Migrationshintergrund[34]

keiten und der Sprachentwicklung Einsprachiger orientiert waren und zu wenig in Rechnung gestellt haben, dass zwei- oder mehrsprachiges Aufwachsen andere Sprachwahrnehmungs- und Sprachaneignungsstrategien mit sich bringen kann, als sie von Einsprachigen angewendet werden.[35]

Im Vergleich der Modellschulen untereinander zeichnet sich in den Daten ein heterogenes Bild der Leistungsentwicklung ab (vgl. Abbildung 22). Im „fairen Vergleich" entsprechen die getesteten Klassen und Kurse in drei der sechs getesteten Modellschulen der prognostizierten Leistungssteigerung oder liegen in den einzelnen sprachlichen Bereichen tendenziell über dem Erwartungswert. In zwei Schulen lässt sich keine Leistungssteigerung bzw. sogar ein signifikanter Leistungsrückgang in

---

34 Jeder Balken stellt die durchschnittliche Abweichung vom Erwartungswert (Basislinie) dar. Die Erwartungswerte wurden auf Basis aller FörMig-Teilnehmenden mit Migrationshintergrund berechnet, die für ihre Berechnung verwendeten Regressionsmodelle sind in Kapitel 7.7.2 beschrieben.

35 Im übrigen zeigt sich hier das bekannte Paradox, dass von gutem Unterricht alle Lernende profitieren, so dass die indirekte Schließung der Gerechtigkeitslücke ausbleibt.

allen Kompetenzbereichen ausmachen. Für eine Schule belegen die Daten insgesamt eine hohe Leistungssteigerung.

Anzunehmen wäre, dass sich in dieser Datenlage die schon beschriebenen Unterschiede in den schulischen Rahmenbedingungen abzeichnen. Dafür würde etwa sprechen, dass in der Schule, die eine hohe Leistungsentwicklung verbucht, der sozioökonomische Index überdurchschnittlich hoch ist. Auf der anderen Seite liegt der sozioökonomische Status in den beiden weniger erfolgreichen Schulen im Durchschnitt beziehungsweise sogar über dem Durchschnitt. Mit Blick auf die sechs Schulen kommt entgegen der Erwartung dem sozioökonomischen Status insgesamt kein Erklärungswert für die Unterschiedlichkeit in der Leistungsentwicklung zu. Ebenso wenig erklärt der Anteil der Schülerinnen und Schüler mit Migrationshintergrund in den Klassen und Kursen die Unterschiedlichkeit. So spiegeln die Daten zu einzelnen Klassen, in denen drei Viertel oder mehr der Schülerinnen und Schüler einen Migrationshintergrund aufweisen, in den einzelnen getesteten Kompetenzbereichen signifikante Leistungssteigerungen wider. Vor dem Hintergrund der Datenlage scheint die Zusammensetzung der Klassen und Kurse hinsichtlich der Leistungsentwicklung keine Rolle zu spielen. Die vorliegenden Daten deuten darauf, dass tatsächlich die „Passgenauigkeit" der unterschiedlichen, in den Schulen verfolgten Förderkonzeptionen und die grundsätzliche Qualität des Unterrichts in den einzelnen Klassen und Kursen eine Rolle dabei spielt, wie gut das erzielte Ergebnis ist.

a) Leseverständnis

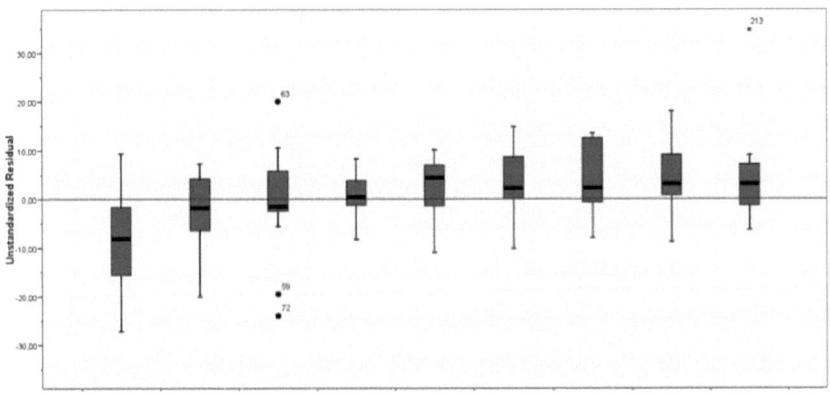

b) FörMig-Tulpenbeet, Allgemeinsprachliche Aspekte

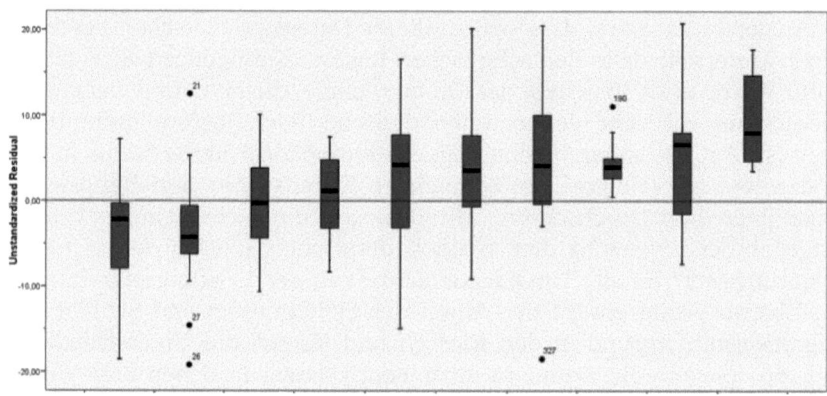

c) FörMig-Tulpenbeet, Bildungssprachliche Aspekte

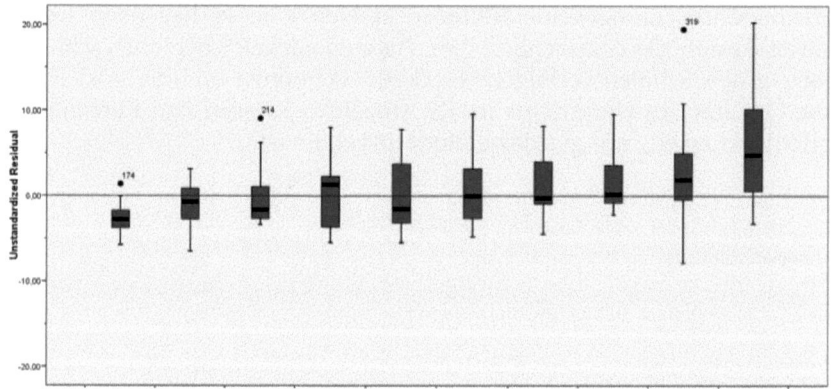

Abbildung 22: Ergebnisse der Sprachstandserhebungen am zweiten Messzeitpunkt (fairer Vergleich), Fördergruppen aus 6 Modellschulen der AG Durchgängige Sprachbildung, nur Schüler mit Migrationshintergrund[36]

---

36 Jeder Boxplot stellt die Verteilung der Ergebnisse einer Fördergruppe als Abweichung vom Erwartungswert (Basislinie) dar (vgl. zu Verfahren und Darstellung Kapitel 7.7.1). Die Erwartungswerte wurden auf Basis aller FörMig-Teilnehmenden mit Migrationshintergrund berechnet, die für ihre Berechnung verwendeten Regressionsmodelle sind in Kapitel 7.7.2) beschrieben.

7.8.2 Wirksamkeit der Maßnahmen aus Sicht der Lehrkräfte

Eine andere Facette von „Erfolg" einer Maßnahme, die in der übrigen Programmevaluation keine Rolle spielen konnte, ist die Sicht der Beteiligten. Diese beiden Betrachtungsweisen sollen hier nicht gegeneinander ausgespielt werden. Zweck der begleitenden qualitativen Evaluation – die in der Betrachtungstiefe nur bei einer kleinen Anzahl beteiligter Institutionen möglich war – ist es vielmehr, Perspektiven zu erschließen, die für die Gestaltung von Innovationsmaßnahmen nicht minder wichtig sind als die guten Konzepte; und dabei geht es nicht zuletzt um die Sicht derer, die die Innovation praktisch bewerkstelligen sollen.[37]

Wie also bewerten die beteiligten Lehrkräfte selbst Wirksamkeit und Nutzen der mit einem erheblichen Arbeitsaufwand verbundenen Sprachförderbemühungen?

In den Interviewdaten spiegelt sich eine grundsätzlich positive Einschätzung wider. In allen beteiligten Schulen dominiert die Sichtweise, mit den eingeleiteten Maßnahmen auf dem richtigen Weg zu sein bei der Erreichung des Zieles, durch Maßnahmen der Sprachbildung höhere sprachliche und fachliche Kompetenzen der Schülerinnen und Schüler zu ermöglichen.

Die Lehrkräfte berichten, dass sich ihr Unterricht durch den Einsatz sprachförderlicher Methoden deutlich verändert habe. Einige bringen sogar zum Ausdruck, dass sie eine grundsätzlich neue Sichtweise auf ihren Unterricht entwickelt haben. Während zuvor eher formale Vorgaben ihren Unterricht geleitet hätten, sei nun der Blick mehr auf die Schülerinnen und Schüler und ihre (sprachlichen) Ausgangsbedingungen gerichtet. Insgesamt sei zu verzeichnen, dass die Lehrkräfte in einem größeren Maße die sprachlichen Anforderungen ihres Unterrichts reflektieren, Überlegungen zu Möglichkeiten der Sprachförderung seien zu einem festen Bestandteil der Unterrichtsvorbereitung geworden. So habe sich beispielsweise die Routine eingestellt, dass zentrale Fachbegriffe im Unterricht vorab geklärt und Arbeitsmaterialien sprachförderlich aufbereitet werden. Neben veränderten Gewohnheiten bei der Unterrichtsvorbereitung empfanden die Befragten, dass sie ein verändertes Verhalten im Unterrichtsgespräch angenommen haben. Sie berichteten etwa, dass sie im Gespräch aufgeworfene Begriffe oder Satzstrukturen öfter als zuvor klären, Ergebnisse der Klärung schriftlich an der Tafel festhalten oder Visualisierungen vornehmen.

---

37 Hier sei nochmals auf die eingehenden Fallstudien verwiesen, in denen weitere Rahmenbedingungen für die Innovationsmaßnahme in den sieben Modellschulen sowie weitere Stimmen – nicht zuletzt die von Schülern und Eltern – dargestellt werden (HAWIGHORST 2009).

Eine gemeinsame Einschätzung ist zudem, dass sich durch den Einsatz sprachförderlicher Methoden die Erarbeitung des Unterrichtsstoffes verlangsame. Einzelne Aufgaben und einzelne Themen nähmen mehr Unterrichtszeit in Anspruch als zuvor. Daher würden zwar nicht durchweg die im Lehrplan vorgesehenen Ziele erreicht. Dennoch wird der Unterricht als zielführender wahrgenommen.

Die befragten Lehrerinnen und Lehrer befinden sich ferner im Konsens bei der Einschätzung, dass sprachförderliche Vorgehensweisen im Fachunterricht bei vielen Jugendlichen zu einer größeren sprachlichen – und somit auch fachlichen – Beholfenheit führe. Folgendes Zitat verdeutlicht dies:

„Ich finde, die Schüler lernen jetzt mehr. Sie erreichen jetzt mehr. Es gibt Kinder, die früher gar nichts erreichen konnten und jetzt liefern sie ganz tolle Sachen ab. Sie setzen sich einfach intensiver mit den Zusammenhängen auseinander", so ein Lehrer aus der Gesamtschule Meiderich, Duisburg.

In allen Modellschulen beobachten die Lehrkräfte, dass die Schülerinnen und Schüler im Unterricht insgesamt sicherer mit textförmigen Aufgaben umgehen. Sie seien besser in der Lage, sprachliche Schwierigkeiten von fachlichen zu unterscheiden und die Bedeutung von Begriffen und Sätzen zu hinterfragen. Insgesamt sei ein zunehmend zielführender Umgang mit Texten zu verzeichnen – eingeschlossen sind hier Fachtexte, mathematische Textaufgaben und literarische Texte. Zudem verfügten die Schülerinnen und Schüler über ein höheres Sprachbewusstsein. Während zu Beginn der Unterrichtsentwicklung die sprachförderlichen Anteile des Fachunterrichts von den Lernenden mit Verwunderung wahrgenommen worden seien, seien nach kurzer Zeit sprachbezogene Aufgaben selbstverständlicher Gegenstand des Fachunterrichts geworden. Damit gehe einher, dass die Kinder und Jugendlichen selbst zunehmend sprachbezogene Fragen stellen.

Die Nützlichkeit der sprachförderlichen Methoden erklären sich die Lehrkräfte zum einen dadurch, dass die Unterrichtsabläufe im Vergleich zu zuvor eher an die individuellen Voraussetzungen der Schülerinnen und Schüler angepasst seien. „Näher am Schüler zu sein" drücke sich beispielsweise darin aus, dass die Lernenden an aktiver Sprachzeit gewinnen: Ihnen werde mehr Gelegenheit gegeben, Unterrichtsthemen mit den ihnen zur Verfügung stehenden Möglichkeiten selbst zu versprachlichen. Zum anderen seien die Kinder und Jugendlichen nun besser in der Lage, sich Details der Themen nach dem Durchschauen der ihnen zugrunde liegenden sprachlichen Muster und Strukturen auch selbständig zu erarbeiten und hierbei Hilfsmittel einzusetzen, die ein metasprachliches Wissen voraussetzen (wie Lexika oder Wörterbücher).

Insbesondere aus den Schulen mit einer sozial schwächeren Schülerschaft wird die Beobachtung berichtet, dass sprachförderliche Methoden dazu ermutigen, auch anspruchsvollere Gegenstände im Unterricht zu behandeln. An zwei Schulen wurde vor Beginn der Unterrichtsentwicklungsmaßnahmen die Erfahrung gemacht, dass angesichts der sprachlichen Schwierigkeiten, die in der Schülerschaft gegeben waren, anspruchsvollere Texte vermieden wurden. Man habe beispielsweise durch Vereinfachungen von Texten die Unterrichtsgegenstände an die sprachlichen Kompetenzen der Schülerinnen und Schüler angepasst. Durch den Ansatz der Sprachbildung in allen Fächern sei es – wenn auch noch nicht durchgängig – zu einer Perspektivverschiebung gekommen. Nunmehr gehe es zunehmend darum, den Schülerinnen und Schülern die sprachlichen Kompetenzen zu vermitteln, die sie für die Bewältigung auch schwieriger Texte benötigen, anstatt ihnen die Schwierigkeiten zu ersparen:

„Früher haben ganz viele Kollegen hier einfachere Texte geschrieben. Ich glaube, das haben sich viele abgewöhnt. Wir bleiben bei den Texten, aber wir geben mehr Hilfen. FörMig hat dazu angeregt, darüber nachzudenken, auf welchem Niveau man ist. Und die Sprachförderung kann dazu beitragen, dass man ein höheres Niveau erreicht" – so fasst es ein Mitglied der Berliner Modellschule zusammen.

Die Beobachtung einer positiven sprachlichen Entwicklung, die die Lehrkräfte *unisono* berichten, stimmt in ihrer Reichweite nicht mit den dargelegten Ergebnissen der quantitativen Evaluation überein. Die Wirksamkeit ihrer Maßnahmen, die die schulischen Akteure konstatieren, bildet sich in Bezug auf mehrere Schulen in unseren Sprachdaten nicht ab. An diesem Maßstab gemessen, haben nicht alle zehn beteiligten Klassen oder Kurse einen signifikanten Kompetenzzuwachs erreicht. Zwei Schulen blieben sogar unter den Erwartungswerten. Dies kann eine Erklärung darin haben, dass sich neu eingeleitete Vorgehensweisen und Methoden im Verlauf nicht überall gleichmäßig entfalten konnten. Diese Vermutung wird durch die Berichte von Lehrkräften aus den schwächer abschneidenden Modellschulen gestützt, dass sich die mit den neu erprobten Unterrichtsarrangements verbundenen Wünsche und Ziele in der Unterrichtspraxis nicht im gewünschten Maße haben realisieren lassen. So berichtet ein Lehrer, dass er seine Erwartungshaltung an die sprachlichen und fachlichen Kompetenzzugewinne im Verlauf mehrerer Monate revidieren musste. Grundsätzlich verfolgen mehrere Lehrende die Annahme, dass sich Sprachbildungsarbeit nicht in der Geschwindigkeit auszahle, die durch die beiden Messzeitpunkte gesetzt waren – sie äußerten aber die Hoffnung, dass die Früchte der Arbeit im Verlauf der weiteren Schulbildung zu erkennen sein werden. Ein Lehrer aus der Hamburger Modellschule drückte das so aus:

„Ich habe das Gefühl, in meiner Klasse kommt grundsätzlich mehr an. Aber sie sind immer noch nicht in der Lage, etwas an der Tafel richtig zu erklären. Ich glaube, wir wollen auch viel zu viel. Ich würde sagen, wenn sie sich am Ende der sechsten oder siebten Klasse richtig gut ausdrücken können, dann können wir zufrieden sein."

Im Konsens sind alle Befragten ebenfalls darüber, dass insbesondere die leistungsschwächeren Schülerinnen und Schüler von den Maßnahmen der Sprachbildung profitierten. Sie setzten sich nun intensiver mit fachlichen Inhalten auseinander und seien grundsätzlich besser in das Unterrichtsgeschehen integriert. Eine Lehrerin der Leipziger Modellschule schilderte ihre Beobachtung:

„Wir haben ja Realschüler und Hauptschüler zusammen. Und da ist es eben ganz auffällig, dass die Hauptschüler durch Methoden der Durchgängigen Sprachbildung viel besser mit den Aufgabenstellungen zurechtkommen."

In den Modellschulen, in denen Kinder mit und ohne Migrationshintergrund unterrichtet werden, wurde die Erfahrung berichtet, dass die einsprachig deutschen Kinder ebenso aus dem sprachbildenden Unterricht Gewinn zögen wie die mehrsprachige Schülerschaft. Diese Beobachtung weist in die gleiche Richtung wie die quantitative Auswertung.

Weitere Einschätzungen der befragten Lehrkräfte beziehen sich darauf, dass sie eine größere Zufriedenheit in ihrer Arbeit empfinden. Mehrere berichten, dass sie sich besser befähigt fühlten, in ihrem Unterricht angemessen auf die Ausgangsbedingungen ihrer Schülerinnen und Schüler zu reagieren. Dies habe auch positive Auswirkungen auf das soziale Klima der Klassen. Hier könnte sich ein Nebeneffekt durchgängiger Sprachbildung abzeichnen: ein positives Schul- und Klassenklima – so zeigen es Untersuchungen zur Bildungsqualität sprachlichen Unterrichts – kann sich durchaus förderlich auf die sprachliche Leistungsfähigkeit der Lernenden auswirken (HELMKE/KLIEME 2008; KLIEME/JUDE u.a. 2008).

7.9 Fazit der Programmevaluation

Die FÖRMIG-Programmevaluation hat eine Fülle von Daten erbracht, deren Analyse Stärken und Schwächen des Programms anzeigen. Zu den Stärken gehört, dass sich FÖRMIG, wie gewünscht, als ein lernendes Programm erwiesen hat. Im Vergleich der Ergebnisse der ersten und der zweiten Kohorte zeigt sich dies. In seinem Gesamtbild hat FÖRMIG also das Klassenziel erreicht. Im Detail zeigt die Programmevaluation aber auch, dass ein erheblicher Teil des Wegs noch zu gehen ist. Nicht alle Basiseinheiten haben es geschafft, die Lernenden zu höheren bildungssprachlichen Fähigkeiten zu führen; nicht alle haben in ihren Sprachbil-

dungsfähigkeiten zwischen Anfang und Ende des Programms hinzugewonnen. Die Basiseinheiten selbst haben die detaillierten Ergebnisse der
Programmevaluation zurückgemeldet bekommen. Dies bietet ihnen die
Chance, selbst auf die Suche nach den Ursachen dafür zu gehen, dass sie
weniger gut, als zu erwarten wäre, gefördert haben – oder auch: dass sie
besser gefördert haben als erwartet. Dies kann Grundlage für die weitere
Entwicklung sein, und die Nachfolgeeinrichtung des FörMig-Programmträgers, das FörMig-Kompetenzzentrum der Universität Hamburg, unterstützt, solche Prozesse in den FörMig-Transferprojekten (http://www.
foermig.uni-hamburg.de)

Etliche Hinweise darauf, welche Aspekte der Förderung sich im gewünschten Sinne ausgewirkt haben (oder eben nicht), hat die Programmevaluation ergeben; sie sind oben ausführlich dargestellt. Hier ist
nun ein Feld eröffnet für weitere Forschung über die Frage, was wirkt.
Und es gilt auch für die Programmevaluation, dass ein Stück des Wegs
noch zu gehen ist. Die Fülle der Daten erlaubt weitere Analysen, die
das FörMig-Programmträgerteam auch nach Ende des Modellprogramms
noch durchführen wird. Zwei bedeutende Beispiele für die noch nicht
vollständig ausgewerteten Daten sind:

- Daten zur Mehrsprachigkeit – also die abschließende Interpretation
  von möglichen Zusammenhängen zwischen den herkunftssprachlichen Kompetenzen, die in Türkisch und Russisch erhoben wurden,
  und den sprachlichen Entwicklungen der Getesteten im Deutschen;
  und
- die zusammenhängende Interpretation von Beobachtungen aus der
  qualitativen Begleitung der sieben Modellschulen und der Daten aus
  der quantitativen Erhebung, die vorerst nur rudimentär vorliegt.

Unter anderem sind folgende weiteren Analysen geplant: Anhand der in
FörMig parallel verwendeten Leseverständnis-Items werden Vergleiche
mit repräsentativen Querschnittsdaten der Untersuchungen IGLU 2001
und PISA 2000 durchgeführt; dabei werden die Leistungsstände der
FörMig-Teilnehmenden mit den Vergleichsstichproben insgesamt sowie
jeweils mit einer Auswahl von Schülern mit vergleichbarem Hintergrund
in Relation gesetzt. Weiterhin soll eine systematische empirische Klassi-
fikation der verschiedenen Ausgangslagen der FörMig-Teilnehmenden in
Bezug auf Sprachkompetenzen, Migrationsgeschichte und sozialen Hintergrund erfolgen; auf dieser Basis wird geprüft, ob und inwieweit sich
unterschiedliche Muster von Kompetenzentwicklungen zeigen.

8 Methoden bildungssprachförderlichen Unterrichts im Kontext von Mehrsprachigkeit

Im Rahmen der summativen Programmevaluation wurden relativ grobe Merkmale der Basiseinheiten einer Prüfung daraufhin unterzogen, ob sich Hinweise auf Vorzüge oder Nachteile für die intendierte Förderung bildungssprachlicher Fähigkeiten zeigen. Diese Prüfung wurde auf die Basis von Hypothesen gestellt, die nach der vorliegenden Forschung über Bildungsqualität generell (HELMKE/KLIEME 2008; KLIEME/JUDE U.A. 2008) oder speziell im Kontext multilingualer Lerngruppen (BLAIR/BOURNE 1998; BOURNE 2003; BOURNE/REID 2003) gebildet wurden. Ergänzt wurden die auf statistischer Basis ermittelten Hinweise durch explorative qualitative Betrachtungsweisen, die aufgrund der Analysen von Dokumenten aus den Basiseinheiten und durch zusätzliche Beobachtungen möglich wurden.

Im Folgenden geht es nun darum zu zeigen, was aus einer rein qualitativen Betrachtung der Praxis in FörMig gelernt werden kann. Der Darstellung liegen zahlreiche Quellen zugrunde, die der Programmträger im Zuge der wissenschaftlichen Begleitung von FörMig erschlossen hat: Beobachtungen bei Besuchen in Länderprojekten und Basiseinheiten; Gespräche mit Akteuren; Dokumentationen aus den Länderprojekten und ihre Selbstdarstellungen (z.B. im Rahmen der Jahresberichte, der Internetauftritte und der Präsentationen während der FörMig-Tagungen); Material, das in den Basiseinheiten entwickelt wurde. Referenzrahmen für die Beurteilung der Maßnahmen ist hier der einschlägige nationale und internationale Forschungsstand zur Sprachbildung und Sprachförderung, bei dem es nicht um die Qualität ganzer Programme geht, sondern um bewährte Ansätze zur Förderung spezifischer, für die Aneignung von bildungssprachlicher Kompetenz relevanter Fähigkeiten.

8.1 Merkmale der Bildungssprache

Sprache wird als Medium des Lehrens und Lernens in der Schule durchgehend verwendet – von der Beherrschung der sprachlichen Zugänge hängen wesentliche Teile der fachlichen Lernerfolge ab. Nicht allen Schülern und Schülerinnen erschließen sich diese Zugänge von selbst. Die „Sprache der Bildung" selbst zu einem Gegenstand von Sprachbildung zu machen, war daher eines der zentralen Anliegen von FörMig.

Die Sprache des Unterrichts dient dem Erkennen und Lernen, sie ist nicht unmittelbar praktisch, sie ist zunehmend abstrakt und systematisierend (vgl. dazu PORTMANN-TSELIKAS 1998). Sie ist auch dort, wo sie mündlich gebraucht wird, schriftsprachlich geprägt, und diese Prägung wird stärker von Bildungsstufe zu Bildungsstufe. In diesem Sinne wurden bereits in Kapitel 3 Explizitheit, Situationsentbundenheit, gedankliche Ordnung und sachliche Genauigkeit als Prinzipien der Bildungssprache genannt.[38]

Diese Prinzipien schlagen sich in wahrnehmbaren sprachlichen Erscheinungen als „Merkmale der Bildungssprache" nieder: in strukturellen und stilistischen Mustern für bestimmte Textsorten[39], in kennzeichnenden syntaktischen Strukturen und in Normen der Wortwahl, die insgesamt unter den Begriff der konzeptionellen Schriftlichkeit (KOCH-OESTERREICHER 1985; 1994) fallen. Die bislang ausführlichste Beschreibung entsprechender Merkmale liegt für das Englische vor (SCHLEPPE-GRELL 2004). Anfänge einer linguistischen Hinwendung zu Beschreibungen für das Deutsche sind erst jüngst zu beobachten (ORTNER 2009). Im Rahmen der „Forschungsinitiative Sprachdiagnostik, Sprachförderung", die vom Bundesministerim für Bildung und Forschung gefördert wird, wenden sich mehrere Untersuchungen dem Thema zu, haben aber bis dato keine Publikationen vorgelegt (vgl. http://www.fiss-bmbf.uni-ham burg.de; Zugriff Januar 2011).

Auf der Textebene gehören zur Bildungssprache die Herstellung von Textzusammenhang durch sprachliche Mittel (Wiederaufnahme zentraler Begriffe, Verwendung von Pronomina, rückverweisende Adverbien) und die ausdrückliche Markierung der Textgliederung. Die formalen Merkmale unterscheiden sich von Sprache zu Sprache: Typische syntaktische Strukturen von Bildungssprache sind im Deutschen die häufige Verwendung von Satzverbindungen (Konjunktionalsätze, aber auch uneingeleitete Nebensätze und Infinitivkonstruktionen), beschreibende und bewertende Attribute und verallgemeinernde Ausdrucksweisen. Im Türkischen sind es vor allem syntaktische Einbettungen durch Konverbien, Partizipialkonstruktionen mit Ergänzungen und flektierte Infinitive mit Ergänzungen. Im Portugiesischen sind es syntaktische Einbettungen durch Gerundien, differenzierende Attribute, Erweiterungen durch Partizipien und, wie im Deutschen, Nominalisierungen. Bildungssprachlich sind lexikalische Elemente mit differenzierter und/oder abstrakter Bedeutung, die im Deutschen zum Teil an bestimmten Wortbildungsmerkmalen (Wortzusammensetzungen, Ableitungen auf -heit, -keit, -ung, Verben

---

38 Es sei hier daran erinnert, dass das vom Programmträger entwickelte Konzept „Bildungssprache" an die Functional Grammar von M.A.K. HALLIDAY anschließt; vgl. dens. 1994.

39 Der Begriff Textsorte wird hier im Sinne von Mehrebenenklassifikationen benutzt, wie sie in der Textlinguistik diskutiert werden. Demnach bestimmen über eine Textsorte sowohl textimmanente Merkmale als auch Merkmale der Interaktion, in der ein Text gebraucht wird (ADAMZIK 2000).

mit nicht trennbaren Vorsilben) erkennbar sind. Im Türkischen sind es z.B. nominale Ableitungen auf -lik und Verben mit kausativer, reflexiver und passivischer oder reziproker Bedeutung.

An einem Paar von zwei Beispielsätzen sei der Unterschied von Alltags- und Bildungssprache veranschaulicht. Ein alltagssprachlicher Bericht über eine Beobachtung könnte lauten: „Ich hab's rausgeschüttet und da war noch was Braunes drin." In bildungssprachlicher Formulierung könnte die gleiche Beobachtung etwa folgendermaßen ausgedrückt sein: „Als ich die Flüssigkeit abgoss, sah ich einen braunen Bodensatz" (VON DER HAHN 1983; vgl. auch TAJMEL 2009, GOGOLIN/LANGE 2011).

Die Aneignung von Bildungssprache ist ein Prozess, der sich über den Auf- und Ausbau von Textkompetenzen mit zunehmend höherem kognitiven und sozialen Anspruch vollzieht (vgl. FEILKE 2003). In diesem Sinne folgen narrative, deskriptive und argumentative Fähigkeiten aufeinander. Dabei findet eine Ausdifferenzierung der Aneignungs- und Lernstrategien statt, bei der der Anteil spontaner, wenig bewusster Aneignung ab-, die Bedeutung planvollen sprachlichen Handelns und metasprachlicher Reflexion zunimmt.

Für die Bewältigung der einzelnen Textsorten lässt sich eine Stufenfolge nachweisen, die von ersten noch unvollkommenen Annäherungen über die vorübergehende Verallgemeinerung eines Textsortenmerkmals und die allmähliche Erfassung weiterer Textsortenmerkmale bis hin zur souveränen Handhabung des Textsortenmusters und bewusst berücksichtigtem Adressatenbezug reicht (AUGST u.a. 2007). Die Erfassung des Textsortenmusters und die Verfügung über die zur Umsetzung erforderlichen lexikalischen und syntaktischen Mittel bedingen sich dabei gegenseitig. Eine andere Perspektive auf diesen Prozess eröffnet die Beobachtung situationsspezifischer Merkmale des Sprachgebrauchs: von der konzeptionellen Mündlichkeit mit unmittelbarer Präsenz der Gesprächspartner, dem gesprochenen Bericht über ein Geschehen bis zum geschriebenen Text über dasselbe Ereignis. Beispiele hierfür mit Bezug auf sachfachliches Lernen in der Zweitsprache Englisch sind anschaulich geschildert in den Arbeiten der australischen Sprach- und Erziehungswissenschaftlerin Pauline Gibbons (GIBBONS 2006).

Wesentlich für die Aneignung der Bildungssprache ist das Lernen am Modell, das mit steigendem Anspruchsniveau von einem Lernen durch Einsicht unterstützt und vorangetrieben wird. „Das grundlegende Prinzip ist, in jedem Themenbezug den mitlaufenden Sprachbezug zu berücksichtigen, die thematische Arbeit sprachlernintensiv anzulegen" (PORTMANN-TSELIKAS 1998, S. 58f.). Textsortenmuster werden zunächst rezeptiv erfasst. Nach Maßgabe der kognitiven Fähigkeiten der Lernenden sollte der Unterricht zur bewussten Erarbeitung der Textsortenstruktur und ihrer Komponenten anleiten, jeweils bezogen auf die kommunikative Funktion. Die Aufgabenstellung für die Produktion berücksichtigt inhaltlich die altersgemäßen Anspruchsniveaus und im Grad ihrer Detaillierung den jeweiligen Stand in der zur Erarbeitung anstehenden Textsorte. So werden Lernende, die sich noch auf der ersten Stufe der Bewältigung einer Textsorte befinden, auf ein wesentliches Textsortenmerkmal hinzuweisen sein, das durchgehend zu berücksichtigen ist; für Lernende, die sich diese Fähigkeit bereits angeeignet haben, kann es hilfreich sein, Textrahmen zur Verfügung zu stellen, innerhalb derer ihnen nur die Ausführung einer (für sie neuen) Komponente abverlangt wird – und so weiter. Lexikalische und syntaktische Elemente, die zur Ausführung benötigt werden, können gemeinsam in der Lerngruppe erarbeitet, als Unterlage für Gruppen-, Partner- oder Einzelarbeit zur Verfügung gestellt oder bei Bedarf in eigenen Unterrichtsphasen gezielt geübt werden. Arbeitsteilungen zwischen Lehrkräften des Deutschunterrichts oder des Deutschen als Zweitsprache und Lehrkräften der Sachfächer sind dabei möglich und sinnvoll.[40] Es soll nicht vergessen werden, dass auch der Fremdsprachenunterricht und der Herkunftssprachenunterricht Beiträge zur Bewältigung der hier genannten Aufgaben leisten können.

8.2 Erfahrungen aus FörMig-Basiseinheiten

Im Folgenden geht es um die bildungssprachlichen bzw. zur Bildungssprache hinführenden Lernprozesse im Bereich der differenzierenden und abstrahierenden Allgemeinsprache; die spezifischeren Aufgaben des Fachunterrichts werden in Kapitel 8.4.1 behandelt.

Zunächst werden anhand von Beispielen aus den FörMig-Basiseinheiten drei Stränge des Aufbaus bildungssprachlicher Kompetenzen dargestellt, die durchgängige Bildung des Leseverstehens, des Erzählenkönnens und die Produktion von zunehmend umfangreichen Texten im Mündlichen und im Schriftlichen. Es folgen Ausführungen zur unterrichtlichen Erarbeitung schulischer Texte nach dem Prinzip des „Scaffolding", das in den Basiseinheiten vielfach angewandt worden ist. Abschließend werden Beispiele aus FörMig für Übungen zum höher entwickelten Wortschatz und zur komplexeren Syntax vorgestellt.

---

40 Inzwischen gibt es eine zunehmende Produktion hilfreichen Materials und von Anregungen für den Unterricht, auf das sich Lehrkräfte stützen können, z.B. Lange/Gogolin 2010. Ein Pionierwerk in diesem Bereich ist das „Methodenhandbuch für den deutschsprachigen Fachunterricht" (Leisen 2003).

8.2.1 Vom dialogischen Vorlesen zum Verstehen und Verarbeiten anspruchsvoller Texte

Wenn es hier um die Entwicklung des Leseverstehens geht, sind im Hinblick auf das Register Bildungssprache Texte gemeint, die in hohem Maße Merkmale konzeptioneller Schriftlichkeit aufweisen; dabei handelt es sich nicht nur um Sachtexte, sondern auch um literarische Texte. Jüngere Vergleichsuntersuchungen zum Leseverstehen haben gezeigt, dass ein relativ enger Zusammenhang zwischen dem Verstehen der beiden Textgruppen besteht (DEUTSCHES PISA-KONSORTIUM 2003; STANAT/ SCHNEIDER 2004), so dass man von einer zugrunde liegenden allgemeinen Textverstehensfähigkeit ausgehen kann. Diese wird in der frühen sprachlichen Sozialisation durch mündliche Erzählungen grundgelegt und in der sprachlichen Bildung durch die Begegnung mit Schrifttexten in eine neue Qualität überführt. Die Frage ist also: Wie kann die Textverstehenskompetenz bereits im Elementarbereich der konzeptionellen Schriftlichkeit angenähert und durch die Bildungsbiographie hindurch ausgebaut werden, so dass Jugendliche am Ende ihrer Schullaufbahn in der Lage sind, auch anspruchsvolle Texte kognitiv zu verarbeiten? Welche Methoden zur Entwicklung des Leseverstehens sind besonders geeignet bei der Ausdifferenzierung eines bildungssprachlichen Registers? Wie kann Kindern, denen aufgrund ihrer familialen Sozialisation der Umgang mit Büchern wenig vertraut ist, ein intensiver Zugang zu Büchern ermöglicht werden?

Das mündliche Erzählen als erste Hinführung zur Textverstehenskompetenz hat den großen Vorteil der persönlichen Unmittelbarkeit. Durch Modulation der Stimme, durch Mimik und Gestik des Erzählers kann die Motivation der Zuhörer verstärkt, ihr Verstehen unterstützt und ihr Mitmachen angeregt werden. In dem Bremer FÖRMIG-Projekt „Erzählwerkstatt" wurde die Erzählfähigkeit von Erzieherinnen und Lehrerinnen der Grundschule vor allem mit Blick auf die bewusst eingesetzte Gestik geschult. Zugleich wurden zwei traditionelle Strukturen von Erzählungen für Kinder – das Wiederkehren fester Formeln und das Textmuster gleich gebauter Episoden („Kettenerzählungen") – genutzt, um mit Blick auf die Kinder, für die Deutsch eine Zweitsprache ist, bestimmte grammatische Erscheinungen, aber auch differenzierten Wortschatz und Sprachaufmerksamkeit gezielt zu vermitteln (vgl. http:// www.stories.uni-bremen.de; MERKEL 2006; KLEIN/MERKEL 2009).

Experimentiert wurde in dem Projekt auch mit zweisprachigem Erzählen (ein Beispiel in KLEIN/MERKEL 2009, Titel 2): Die gleiche Geschichte wird zuerst in einer nicht-deutschen Sprache, Türkisch oder Russisch in diesem Falle, erzählt und dann auf Deutsch entweder mit der gleichen Gestik von der Erzählerin ein zweites Mal, oder von den

Kindern, die beim ersten Mal schon etwas verstanden oder erraten haben, gemeinsam nacherzählt. Die Kinder bringt das – je nach ihren Sprachkenntnissen – in recht unterschiedliche, aber immer spannende Verstehenssituationen: den Gesten (die immer nur vage Bedeutungen übermitteln können) einen Sinn zu unterlegen, aus einzelnen verstandenen Wörtern und Gesten ein Textverständnis zusammenzusetzen, auf der Basis eines verstandenen erstsprachigen Textes die Bedeutung der deutschen Wörter und Sätze zu erschließen.

Beim Vorlesen kommt das Medium des Buches mit Bildern und gedrucktem Text hinzu. Dabei kann eine unvermittelte Konfrontation mit anspruchsvollen Schrifttexten manche Kinder, insbesondere solche, für die das Deutsche eine Zweitsprache ist, sprachlich überfordern. Für sie, aber auch für einsprachige Kinder mit niedrigem Sprachentwicklungsstand, ist die anfängliche Einbettung des Vorlesens in Dialoge und eine allmähliche Ausweitung des Umfangs der Vorlesetexte eine notwendige Hilfe.

In den Veröffentlichungen zur Elementarpädagogik wird das Vorlesen regelmäßig als Teil einer umfassenderen Einführung in die Schriftkultur („literacy"-Erziehung; vgl. ULICH 2003) verstanden. Damit soll besonders den Kindern Rechnung getragen werden, die aus sog. bildungsfernen Familien kommen, für die „Literalität" keine kulturelle Selbstverständlichkeit ist. Eindrucksvolle Belege für die hohe Bedeutung der familialen Nähe zum Schrifttum für Bildungserfolg liefern Studien aus den Niederlanden (LESEMAN/SCHEELE/MAYO/MESSER 2007); sie zeigen auch, dass bei zweisprachigen Kindern aus Migrantenfamilien eine Förderung der Familiensprache, die mit guter Zweitsprachförderung Hand in Hand geht, Nachteile aus der geringen Schriftnähe der Familie kompensieren kann (LESEMAN/SCHEELE/MAYO/MESSER 2007).

Die Aufgabe, Kinder aus weniger schriftnahen Familien mit der Schriftkultur vertraut zu machen, liegt verstärkt auf Seiten der Bildungseinrichtungen; doch kann diese Aufgabe zweifellos besser gelöst werden, wenn Elternhaus und Einrichtung Hand in Hand gehen. In dieser Absicht haben FÖRMIG-Projekte gezielt Eltern eingebunden und gleichsam „Lesenetze" für die Kinder in den Kindertagesstätten und Schulen gespannt.

Das Hamburger Projekt „Family Literacy" (FLY) hat eine solche Mehrfacheinbettung exemplarisch geleistet. Es wendet sich an Eltern und Pädagog(inn)en im Elementarbereich und im Eingangsbereich der Grundschule und vermittelt Kindern und Eltern vielfältige Möglichkeiten mit Schriftwerken umzugehen – und zwar sowohl rezeptiv (z.B. gemeinsames Lesen von Bilderbüchern und Hören von Geschichten) als auch kreativ (z.B. Schreiben und Illustrieren kleiner Bücher). Eine Hamburger Grundschule setzt FLY beispielsweise so um: In der Vorschule kommen

Eltern vormittags für etwa zwei Stunden in die Klasse und lesen, basteln, spielen oder malen gemeinsam mit ihrem (und anderen) Kindern. In den ersten Klassen gibt es eine „Spiel- und Lernwerkstatt für Eltern und Kinder", die am Nachmittag angeboten wird: Eltern können mit ihrem Kind Bilderbücher anschauen, Lernspiele für zu Hause basteln oder Spiele spielen. Lehrkräfte stehen in dieser Zeit für Fragen und Beratung zur Verfügung. Am Vormittag können die Eltern mit am Unterricht teilnehmen und z.B. Bilderbücher vorlesen oder Buchstaben erkennen und schreiben.

Die mehrsprachigen Familiengeschichten und Gedichte, die in dem Projekt entstanden sind (ELFERT/RABKIN 2007; RABKIN 2007), sind zunächst als Zeichen der Wertschätzung und Sichtbarmachung der Potenziale der Eltern gedacht. Sie sollen aber zukünftig mit Materialheften so erweitert werden, dass sie nicht nur im Rahmen der familialen Sprachförderung genutzt, sondern systematisch und motivierend auch in der Spracharbeit des Kindergartens und im Grundschulunterricht eingesetzt werden können.

Angebote zur Förderung der Lesemotivation sind in vielen FörMig-Projekten unterbreitet worden. FörMig Berlin hat durchgängige Anregungen zum Lesen als Teil der Schuleingangsphase konzipiert: Eltern erhalten von der Grundschule als kostenlose Leihgabe einen „Familienlesekoffer", in dem sie zu vielfältigen Themen deutsche, aber auch herkunftssprachige Bücher finden. Dieses Angebot wird besonders gut angenommen, wo es von zusätzlichen Aktivitäten der Schulen begleitet wird, die seinen Wert in den Augen der Kinder und Eltern erhöhen. Dazu zählen gemeinsame Bücherstunden für Eltern und Kinder und „Bilderbuch-Kinos" (d.h. Projektionen von Bilderbuchseiten mit vorgelesenem Text), aber auch Unterrichtszeiten, in denen die Kinder von ihren häuslichen Leseerlebnissen mit den Eltern oder anderen Familienmitgliedern berichten. Das Angebot baut auf die Wissbegier der allermeisten Kinder, sie sind es, die die Eltern zur gemeinsamen Beschäftigung mit den Büchern und zum Besuch des Bilderbuchkinos motivieren. Besondere schriftsprachliche Fähigkeiten der Eltern werden nicht vorausgesetzt, wesentlich ist, dass über die Bücher mit den Kindern gesprochen wird (RECKE/MÜLLER-BOEHM/HEINTZE/KOTSCH 2009; siehe auch LÖHR 2007-2009; ROHDE-DAHL 2009).

An einer der FörMig-Grundschulen in Berlin haben Mütter mit Migrationshintergrund, die eigens für diese Aufgabe geschult worden waren und ein Zertifikat erhalten hatten, auch im Rahmen der Leseaktivitäten in der Schule als Vorleserinnen herkunftssprachiger Texte an der Bildung des kindlichen Textverstehens mitgewirkt.

Im Verlauf des Grundschulcurriculums spielen zunehmend auch Sachtexte eine Rolle. Das Lesen und Erfassen diffizilerer Textinhalte wird zu einer Aufgabe, die Schülerinnen und Schüler immer mehr eigenverantwortlich übernehmen. Dies setzt sich auf der Sekundarstufe fort. Um Schülerinnen und Schüler dabei vielseitig zu unterstützen, hat eine FörMig-Modellschule in Sachsen das Konzept der „Lesefreundlichen Schule" nach Gerd Kruse (2003) umgesetzt. Hier werden Leseförderung, Lesetraining und Leseerziehung miteinander verbunden. Die Schülerinnen und Schüler sollen nicht nur „gern", sondern auch „gut" lesen können.

Weitere Texterschließungsmethoden und Lesestrategien, die in den FörMig-Basiseinheiten eingesetzt werden, sind z. B. der „Textknacker" nach Kempf (2005/2006) oder die „5-Schritt-Lesemethode" nach Klippert (1994), die auf Robinson (1946) zurückgeht. Die „Fünf-Schritt-Lesemethode" sieht die folgenden Schritte vor: Zunächst verschafft man sich einen Überblick über den Text („survey"), formuliert dann abhängig vom Leserinteresse konkrete Fragen an den Text („question") und liest den Text auf diese Fragen hin durch („read"). Im vierten Schritt werden die Antworten, die der Text auf die Fragen gibt, in eigenen Worten schriftlich festgehalten („recite") und abschließend noch einmal überprüft („review").

Diese Strategien werden bewusst in allen Fächern, nicht nur im Deutschunterricht, eingesetzt und als wichtiger Bestandteil des Unterrichts insgesamt angesehen.

Zur Eigenverantwortlichkeit und Selbständigkeit beim Leseverstehen werden Schülerinnen und Schüler u.a. durch didaktisierte Lesetexte befähigt – ein Ansatz, der in allen Fächern umgesetzt werden kann (siehe dazu Kapitel 8.4.1). Die regelmäßige Arbeit mit didaktisierten Lesetexten hilft Kindern und Jugendlichen, verschiedene Lesestile, Texterschließungsmethoden und Lesestrategien zu entwickeln, die sie schließlich auch selbstständig und ohne Anleitung einsetzen können.

Im Bremer Projekt „Performative Spiele zur Sprachförderung von Schülerinnen und Schülern mit Migrationshintergrund in der Sekundarstufe I" werden Unterrichtsinhalte in Bewegungsabläufen (re-)präsentiert. Damit sind – jenseits der für sich selbst sinnvollen theaterpädagogischen und mündlichen Zielsetzungen – auch Herausforderungen des Leseverstehens verbunden. Die Spiele erfordern u.a. ein Verstehen von Unterrichtsinhalten (die in Texten vorliegen), das Spielen schafft also auch eine Motivation zum Verstehen dieser Unterrichtstexte. Darüber hinaus ist es ein Ziel der Performativen Spiele, Texte ausdrucksvoll mit Mimik und Gestik vorzulesen. In der abschließenden Befragung haben die Schüler und Schülerinnen angegeben, durch die Performativen Spiele besonders stark in ihrem Leseverständnis und in ihrer Vorlesekompetenz gefördert worden zu sein (Bremen, Performative Spiele, 2008, S. 70). Die Einschätzung der Lehrkräfte weicht hiervon allerdings sehr stark ab, und aus der FöRMiG-Programmevaluation liegen keine klärenden Hinweise vor, da die Beteiligung dieses Projekts an der Datenerhebung zu schwach ausfiel.

In den höheren Altersstufen stellt die Aufrechterhaltung der Lesemotivation eine besondere Herausforderung dar, wenn das Lesen in der Schule fast nur noch in der Auseinandersetzung mit immer schwierigeren Fachtexten besteht. Wie dem drohenden Abfall der Lesemotivation bei Jugendlichen begegnet werden kann, zeigen zwei Ansätze innerhalb von FöRMiG: Zum einen können die Jugendlichen gezielt darin unterstützt werden, sich Fachtexte zu erschließen (siehe dazu Kapitel 8.4.1). Zum anderen können Jugendliche selbst Aufgaben bei der Organisation und Vermittlung von Leseangeboten in der eigenen Schule oder für jüngere Kinder übernehmen. So wurde in einer sächsischen Basiseinheit ein Leseclub gegründet, der die Betreuung und Begleitung einer neu gegründeten mehrsprachigen Schulbibliothek übernommen hat. An zwei Hauptschulen in Berlin wurden gesamtschulisch verbindliche Vereinbarungen zur Ausweitung der Lesezeit vereinbart, und Schülerinnen und Schüler wurden als Lesepaten für Kindergartenkinder ausgebildet.

8.2.2 Von den Anfängen des Erzählenwollens zum Schreiben von Geschichten

Dem Erzählen kommt eine Startfunktion beim Aufbau bildungssprachlicher Fähigkeiten zu (vgl. AUGST u.a. 2007; PORTMANN-TSELIKAS/SCHMÖLZER-EIBINGER 2008): Erzählen knüpft häufig an Alltagserfahrungen an, geht aber gleichwohl über ein rein kontextgebundenes dialogisches Sprechen hinaus, denn es richtet sich an andere, die bei dem erzählten Ereignis nicht zugegen waren. Es ist damit die erste kontextunabhängige Sprachverwendung in der Sprachbildungsbiographie des Kindes. Beim Erzählen werden grundlegende pragmatische Kompetenzen gebraucht und erworben, die im Register Bildungssprache bedeutsam sind: die Beibehaltung eines Themas und – später – seine strukturierte Entfaltung, die Herstellung von Textzusammenhang durch sprachliche Mittel (Konjunktionen, Pronomen, rückverweisende Adverbien) und – später – seine Auflockerung durch das Einnehmen von verschiedenen Perspektiven (direkte Rede, Erzählerkommentar, Leseransprache), die Einführung von Akteuren und – später – ihre genauere Beschreibung und Charakterisierung, die Exposition des „Schauplatzes" und – später – seine stimmungsvolle Ausmalung und die Hinzufügung weiterer Schauplätze.

Die Frage ist, wie ein kindliches Bedürfnis, eigene Erlebnisse oder erfundene Geschichten erzählen zu wollen, so aufgegriffen werden kann, dass der Erwerb eines bildungssprachlichen Registers unterstützt wird und eine auch schriftsprachliche Erzählfähigkeit aufgebaut, die bis ins Sekundarschulalter hinein weiter ausgebaut werden kann. In den FörMig-Projekten gibt es vielfältige Erfahrungen und Beispiele hierfür. Sie lassen sich folgendermaßen bündeln:

* sprachförderliche Interaktion beim Erzählen,
* zielbewusster Umgang mit Erzählvorlagen,
* Übergang vom mündlichen zum schriftlichen Erzählen,
* Schritte zum selbständigen Schreiben.

Sprachförderliche Interaktion beim Erzählen

Am Anfang sind Verstehen und Sprechen noch ganz eng beieinander. Man weiß, dass Bücher, über die man miteinander spricht, sich schon bei der Förderung mündlicher Sprachkompetenzen gut dazu eignen, den Kindern eigene komplexere Sprachäußerungen zu erleichtern. Der kommunikative Umgang mit dem (vorgegebenen) Erzähltext lockert auf und veranlasst die Zuhörer zu eigenen Erzählversuchen.

Hierher gehören die bereits erwähnten gestisch begleiteten Erzählungen des Bremer Projekts „Erzählwerkstatt", die ausdrücklich auch zum Miterzählen motivieren wollen. Wiederkehrende Formeln und Kettenerzählungen sind dabei besonders hilfreich; ermöglichen sie doch den zuhörenden Kindern schon bei der ersten Darbietung, sich aktiv an der Erzählung zu beteiligen. – Eine Motivation zu eigener Produktion dank lebendiger Präsentation („Lernen am Modell") kann auch vom Einsatz großer Handpuppen („living puppets"), wie sie im frühen Fremdsprachenunterricht Verwendung finden, erwartet werden. Die Puppen sprechen die Kinder persönlich an, und ermöglichen ihnen sprachliches Probehandeln, bei dem sie sich sicherer fühlen können als in ernsthafter Kommunikation. Diese Erfahrung wird von den Grundschulen des Berliner FörMig-Projekts berichtet (Berlin 2009, S. 5). – Eine weitere Möglichkeit der Unterstützung des Miterzählens bieten „Storytellingbags", wie sie im Rahmen des Hamburger Projekts FLY eingesetzt wurden: Aus einem Beutel werden für die Geschichte wichtige Gegenstände oder Symbole während des Erzählens herausgeholt, den Zuhörenden gezeigt und zum Anfassen und weiteren Besprechen herumgereicht (Rabkin/Elfert o.J.).

Zielbewusster Umgang mit Erzählvorlagen

In der Bremer „Erzählwerkstatt" wurden 40 Erzählvorlagen für Erzieherinnen und Lehrkräfte erstellt, die nicht nur inhaltlich motivieren, sondern auch grundlegende Strukturregeln des Deutschen thematisieren sollen. Damit wird – über die Förderung der Erzählfreude hinaus – das Ziel verfolgt, den Kindern bestimmte Sprachregeln (u.a. Vergangenheitsformen, Pluralbildung, Präpositionen, Komparativ, Subjekt-Verb-Kongruenz) nahe zu bringen und verfügbar zu machen, so dass sie diese auch in ihren eigenen Äußerungen verwenden und dadurch ihre aktiven grammatischen Fähigkeiten beim Erzählen voranbringen.

Vom Hamburger Projekt „HAVAS 5" wurde ein „Konzept zur Sprachförderung mit Bildern" entwickelt und veröffentlicht (LANDESINSTITUT für Lehrerbildung und Schulentwicklung Hamburg 2007), das mögliche Impulse der Erzieherin bzw. Lehrerin aufzeigt, mittels derer Bilder in sprachförderlicher Weise erschlossen werden können. Genutzt werden sog. „Ereignisbilder", das sind Situationsdarstellungen („Auf dem Schulhof", „Im Supermarkt", „Freizeit"), die aus einer überschaubaren Zahl von Einzelszenen bestehen, die je für sich thematisiert werden können. Die Impulse führen über das bloße Benennen und Aufzählen hinaus über Sprechhandlungen wie Beschreiben, Begründen und Vermuten bis hin zum Erzählen und Interpretieren. Dazu kommen ergänzende Hinweise zur Vermittlung von Wortbedeutungen, zur Einbeziehung von emotionaler Sprache und zur Nutzung der Mehrsprachigkeit sowie schließlich zur Planung von Sprachförderung.

Übergang vom mündlichen zum schriftlichen Erzählen

Dass das Verfassen von Schrifttexten schon vor dem Erwerb der Schreibfähigkeit beginnen kann, ist eine Entdeckung der neueren Elementarpädagogik. Bei sog. „Kinderdiktaten" konzipieren und diktieren die Kinder Texte, welche die Erzieherin aufschreibt und bei passender Gelegenheit wieder vorliest. Die Kinder erfahren dabei die „Zerdehnung" der sprachlichen Produktion beim Schreiben ebenso wie die konservierende Funktion der Schrift.

Die Bremer „Erzählwerkstatt" hat den Übergang vom Mit-Erzählen zum Schreiben in der Weise bearbeitet, dass die Beiträge der Schülerinnen und Schüler schon beim ersten Nacherzählen aufgenommen und dann gemeinsam verschriftlicht werden. Sie erfahren auf diese Weise die Unterschiede zwischen mündlicher und schriftlicher Darstellung und werden befähigt, eigene Schrifttexte zu verfassen, ohne dabei allein gelassen zu sein.

Schritte zum selbständigen Schreiben

Ein weiterer didaktischer Schritt in der Bremer „Erzählwerkstatt" besteht darin, dass die Schülerinnen und Schüler selbst Episoden zu „Grammatikgeschichten" verfassen. Die zuvor rezeptiv vermittelten Regelhaftigkeiten werden dabei in einfachen schriftlichen Arbeiten verankert. Die einzelnen Episoden können auch zu einer längeren Erzählung zusammengeführt und z.B. als Wandzeitung veröffentlicht werden.

Die Vorstellung von derart unmittelbaren Übergangsprozessen vom Mündlichen zum Schriftlichen wird nicht von allen FörMig-Basiseinheiten geteilt. Namentlich die Projekte im Sekundarbereich gehen von einer gewissen Autonomie der Schriftlichkeit aus. Dies gilt sowohl für die eher kognitiven wie für die eher kreativen Ansätze.

In Brandenburg sind in Kooperation mit dem von der Stiftung Mercator finanzierten Sprachförderprojekt ein eigenes Fortbildungsmodul und ein Praxisbaustein „Förderkonzept und Ausgestaltung von Unterrichtssequenzen für die Entwicklung der schriftlichen Erzählfähigkeit in Klasse 5/6" entwickelt worden (BRANDENBURG 2009).

Das Konzept verbindet in einer Sequenz von acht Doppelstunden die bewusste Erarbeitung des Textsortenmusters „Erzählung" mit der Einübung der wichtigsten sprachlichen Mittel zur Herstellung von Textzusammenhang: Aufbau und Struktur einer Erzählung werden zunächst allgemein dargestellt und dann beim gemeinsamen Planen und Schreiben einer Geschichte (zu einem verbalen oder visuellen Erzählimpuls) angewendet. Nach einer Darstellung raffinierterer Komponenten des Erzählens (Spannungsaufbau, Emotionalität) wird der Text in der Gruppe überarbeitet. Es folgt das selbständige Verfassen einer eigenen Geschichte (mit Hilfestellung). Danach werden die sprachlichen Mittel zur Herstellung von Textzusammenhang vorgestellt und geübt und schließlich bei der Überarbeitung der eigenen Geschichte angewendet.

Im FörMig-Projekt von Mecklenburg-Vorpommern wurde – ebenfalls in Verbindung mit Deutschförderunterricht – eine Schreibwerkstatt eingerichtet, in der die Lernenden Texte zu Themen geschrieben haben, die für sie biographisch wichtig waren. Neben Gedichten (oft in zwei Sprachen) und Kurztexten in gebundener Form (Elfchen, Cento) sind dabei auch erzählende Texte entstanden, in denen Erfahrungen der Migration verarbeitet werden. Dieser Lebensbezug wird als der entscheidende methodische Kern der Schreibwerkstatt verstanden. Die Texte sind in einer Broschüre zusammengefasst, zu der auch ein Nachwort von Wolfgang Nieke über „Biographisches Lernen als didaktische Methode für die Arbeit mit SchülerInnen mit Migrationsgeschichte" gehört (siehe RAA MECKLENBURG-VORPOMMERN 2009).

8.2.3 Von einfachen Beschreibungen zu gehaltvollen Präsentationen

Nach und neben der Entwicklung der Erzählfähigkeit entwickeln sich Fähigkeiten zur – mündlichen und schriftlichen – Produktion anderer Textsorten, die unter den Begriffen „deskriptive und argumentative Texte" zusammengefasst werden können und für das schulische Lernen weiterführende Bedeutung haben. Hierzu zählen die Textsorten des Beschreibens, Berichtens, Anleitens, Interpretierens und Erörterns, innerhalb wie außerhalb des Fachunterrichts. Eine besonders wichtige Rolle, weil vielfach zum Nachweis von Lernerfolg genutzt, spielen die Formen monologischer Präsentation von Textzusammenfassungen, individuellen Lernergebnissen oder Gruppenergebnissen und zusammenhängenden Überlegungen zu einem Thema. Sie kommen als Schrifttexte („Aufsätze") wie als medial mündliche, aber konzeptionell schriftliche Texte („Referate") vor.

Die Frage ist: Wie können diese Textsorten im schulischen Kontext so unterstützt und eingeübt werden, dass die Schülerinnen und Schüler zunehmend das bildungssprachliche Register verwenden?

Ohne Zweifel kann die Beherrschung von deskriptiven und argumentativen Textsorten ebenso wie beim Erzählen durch Anregungen zum Erfassen der Textsortenmuster („Makrostrukturen") in didaktisch angemessener Weise gefördert werden. Gleiches gilt für den Erwerb der sprachlichen Mittel, die bei der Ausführung erforderlich sind. Beides wird zusammengehalten und unterstützt, wenn dabei die soziale Begründung der jeweiligen Textsorte einsichtig gemacht wird, also möglichst authentische Sprecher- und Hörer- (bzw. Schreiber- und Leser-) Rollen erfahren und besprochen werden.

Schon im Elementarbereich sind bei der Bilderbucharbeit Vorgangsbeschreibungen und Erklärungen des Handelns der abgebildeten Akteure gefordert. Sie können am Modell der Sprache der Erzieherin abgelesen, nachgeahmt und angeeignet werden. Diese zunehmende sprachliche Durchdringung der visuellen und textuellen Oberfläche setzt sich im Primar- und Sekundarbereich fort.

Beispiele aus der FörMig-Modellschule Berlin, die Mitglied der länderübergreifenden Arbeitsgemeinschaft durchgängige Sprachbildung war, zeigen, wie Schülerinnen und Schüler an beschreibende und erklärende Texte herangeführt werden können (Hawighorst 2009 – Eberhard-Klein-Schule); hier sei eines der Beispiele exemplarisch vorgestellt:

Ein Physiklehrer stellt in seiner Klasse die Frage, wie ein Haartrockner funktioniert. Nach einem kurzen Austausch fordert er die Schüler auf, die Innenansicht eines Föns zu zeichnen. Ihre „respektablen" Zeichnungen haben die Schüler auf Folien übertragen und in der nächsten Stunde mündlich vorgestellt. Der Lehrer betont in seiner Schilderung, wie viel die Schüler bei dieser Beschreibung sprechen. Ein anderer Lehrer berichtet, dass er immer eine Schülerinnen oder einen Schüler handlungsbegleitend beschreiben lässt, was und wie sie etwas tun, z.B. beim Winkelmessen.

Lernergebnisse zu präsentieren, kann schon in der Schulanfangsphase geübt werden: In einem anderen Berliner FörMig-Projekt wurde ein Praxisordner für den Sprachunterricht in der Schulanfangsphase zusammengestellt, der u.a. Lernszenarien zu zwei sachkundlichen Themen („Licht und Schatten" und „Draußen spielen") und zu drei Bilderbüchern enthält.

Lernszenarien bieten ein Rahmenthema als inhaltliche Klammer, innerhalb derer differenzierte Aufgaben zur Sprachrezeption und zur Sprachproduktion gestellt und in die Sprachübungen eingefügt werden können. Sie sind also besonders für Gruppen mit heterogenen Deutschkenntnissen geeignet. Die Schüler und Schülerinnen werden an der Aufgabenstellung beteiligt und können die Aufgaben nach ihrem Lernniveau und ihrem Lerninteresse auswählen. Ziel ist immer die Präsentation der Lernergebnisse für die Klasse oder eine größere Öffentlichkeit, wodurch ein authentischer Bezug für die geforderte kommunikative Leistung geschaffen wird.

In durch und durch authentische Kommunikationssituationen, die hohe sprachliche Anforderungen stellen, geraten Kinder im Programm „Trenner und Tröster", das ebenfalls an einer Berliner FÖRMIG-Schule erprobt wurde. Die Kinder, die sich dafür gemeldet haben, stehen jeweils für einen Tag bereit, Streit unter anderen Kindern zu schlichten. Dafür lernen sie am Modell von Erwachsenen und anhand von Piktogrammen die – überwiegend sprachlichen – Regeln einer gewaltfreien Konfliktlösung: perspektivische Schilderungen zu ermöglichen und anzuhören, Verstehen zu spiegeln, Emotionen herauszunehmen, Lösungen anzubahnen. Jenseits der hohen Bedeutung, die diese Sprecherrollen für das soziale Lernen haben, fördern sie auch in nachhaltiger Weise eine im Blick auf Situation und Adressaten differenzierte Sprache.

Zurück zum schulischen Sprachgebrauch im engeren Sinne:

Eine planvolle Didaktik der Gruppenarbeit schafft immer auch Situationen sprachlicher Bildung, in denen Sprechhandlungen wie Vorschlagen, Anweisen, Feststellen, Widersprechen, Revidieren und Zusammenfassen eine Rolle spielen. Im didaktischen Konzept des Cooperative Learning (vgl. HUBER 1993) wird diese sprachliche Dimension, auch im Hinblick auf den Unterricht mit Zweitsprachlernern, bewusst gestaltet.[41] Die rotierende Verteilung fester Rollen in der Gruppenarbeit, die alle auch Sprecher- bzw. Schreiberrollen sind („Protokollant", „Vorleser", „Zeitwächter", „Gruppensprecher") konfrontiert jedes einzelne Gruppenmitglied mit sprachlichen Aufgaben, die in einsichtiger Weise an die Sach-

---

41 Der Ansatz des „Cooperative Learning" wurde von JOHNSON und JOHNSON in den USA entwickelt und zu einer „Bewegung" ausgebaut; siehe http://www.co-operation.org/ (JOHNSON/JOHNSON 1987; JOHNSON/JOHNSON/SMITH 1998). Adaptiert für den Kontext multilingualer Schulen wurde er für den deutschsprachigen Raum zunächst von dem Züricher Projekt „Qualität in multikulturellen Schulen (QUIMS)".

aufgabe gebunden sind, für deren Bewältigung aber die Gruppe als Ganze verantwortlich ist.

Eine FöRMIG-Modellschule in Sachsen hat einen Leitfaden zum Halten von Kurzvorträgen entwickelt, der zusammen mit dem Leitfaden zum Erschließen von Fachtexten als „Lesezeichen" (vgl. http://www.foermig.uni-hamburg.de/web/de/all/lpr/sachsen/kurz/index.html) den Schülerinnen und Schülern immer zur Verfügung steht. Diesen Leitfaden erhalten die Schüler der Klassen 5 und 6, später in den Klassenstufen 7 bis 10. Er wurde im Deutschunterricht und in Deutsch als Zweitsprache eingeführt und erprobt, um ihn dann in Abstimmung zwischen den Fachlehrern in verschiedenen Fächern einzusetzen. Der Leitfaden fasst drei Bereiche des Vortrags stichwortartig zusammen: Inhalt (Thema durchdenken, Informationen sammeln und auswählen, Gliederung anfertigen, Stichwortzettel schreiben), Sprache/Mimik/Gestik (Sprich frei, langsam, laut und deutlich! Schau die Zuhörer an!) und Anschauung (Arbeitsblätter, Folien, Bild- und Filmmaterial, Tafelbild, Powerpoint).

Die Schülerinnen und Schüler können sich auch gegenseitig konstruktive Rückmeldungen auf Präsentationen geben. Inhalt der Rückmeldung kann z.B. sein, ob der Text verständlich ist bzw. welche Textstellen nicht verständlich sind; ob die Wörter, die auf dem Arbeitsblatt zur Erstellung eines Textes vorgegeben sind, auch wirklich vorkommen; und was an dem Text verbessert werden kann. Mit den Rückmeldungen auf Präsentationen von Mitschülern üben die Schülerinnen und Schüler gleichzeitig eine weitere Textsorte ein, die man unter den Begriff des Kommentierens fassen kann. Sie müssen kriteriengeleitet auf Gehörtes Bezug nehmen und Wertungen formulieren und begründen.

Die Durchführung von Projekten schafft viele Gelegenheiten zu gehaltvollen Präsentationen. So hat z.B. eine der FöRMIG-Modellschulen in Nordrhein-Westfalen als zweiwöchiges Ferienangebot mit Schülerinnen und Schülern der sechsten Jahrgangsklasse ein Projekt „Zirkus Meidorelli" durchgeführt, das in Anknüpfung an das Sprachbildungskonzept der Schule konzipiert wurde. Sportlich-akrobatische Übungen, Elemente des Darstellenden Spiels und Sprachbildung wurden miteinander verknüpft. Hierzu wurden Textvorlagen zum Thema „Zirkus" bearbeitet und so modifiziert und ergänzt, dass sie als Grundlage für die Aufführung dienen konnten.

8.2.4 Lernenden ein Gerüst bauen – Scaffolding

Aufbauende Lernprozesse wie die oben beschriebenen sind nicht als einfache lineare Verläufe zu denken, sondern eher als Bewegungen, die zwar zielgerichtet sind, aber über vielfache Rückgriffe, Umformungen und Aneignungen von Neuem vorankommen. Ein didaktisches Modell, das auf dieser Erkenntnis aufbaut, ist das von Pauline GIBBONS (2002, 2006, 2009) für das sprachliche Lernen ausgearbeitete „Scaffolding": Es bezieht sich primär auf die Struktur von Unterrichtseinheiten. Den Lernenden wird ein Gerüst („scaffold") gebaut, das es ihnen ermöglicht, die für das jeweilige Unterrichtsthema erforderlichen sprachlichen Fähigkeiten gewissermaßen Etage um Etage aufzubauen. Dieser Zyklus wiederholt sich bei jedem neuen Thema.

Gibbons unterscheidet vier Phasen: Jeder Zyklus sollte mit der Vermittlung fachlichen Wissens beginnen, bei der alle nur denkbaren Kommunikations- und Informationsmittel, also auch alltagssprachliche Verständigung, genutzt werden („building the field"). Es folgt eine Vorstellung der Textsorte, in der am Ende geschrieben werden soll: Zweck, Struktur, sprachliche Mittel („modeling the genre"). In der dritten Phase werden die inhaltlichen und sprachlichen Aspekte zusammengebracht, die Methode der Wahl ist hier das „gemeinsame Schreiben" eines Textes der angezielten Textsorte („joint construction"): Die Schülerinnen und Schüler machen Vorschläge, und diskutieren Inhalt, Textform und sprachliche Mittel untereinander und mit der Lehrperson. Diese bezieht sich auf die Vorschläge, gibt Input, fragt nach und regt Umformulierungen an, die vom alltagssprachlichen zum bildungssprachlichen Register hinführen. Schließlich werden die gefundenen Formulierungen schriftlich festgehalten. In der vierten Phase schreiben die Lernenden selbständige Texte in der ihnen jetzt bekannten Textsorte.

Dieses Schema ist vielfach anwendbar und variierbar. Im Rahmen von FÖRMIG wurde das Scaffolding-Prinzip auf lokale Unterrichtszusammenhänge übertragen. Ein Beispiel bietet die Behandlung des Themas „Erderwärmung" im Sachunterricht einer FÖRMIG-Grundschule in Nordrhein-Westfalen:[42] In der ersten Phase wird mit Essig und Backpulver experimentiert, die Schüler und Schülerinnen geben sich Anweisungen, korrigieren sich, fordern sich auf. Die zweite Phase besteht hier nur aus der Erinnerung an eine bereits früher eingeführte Textsorte („Forscherkonferenz"). Die dritte Phase bildet das Kernelement, sie ist angelegt als ausführlicher Bericht über das Experiment, in den die Lehrkraft und die Mitschüler aktiv eingreifen; dabei werden Begriffe wie „Flaschenöffnung", „sich verbinden", „Kohlendioxid" angeboten und aufgegriffen. In der vierten Phase schreiben die Schülerinnen und Schüler, was sie aus dem Experiment und dem Gespräch gelernt haben, einzeln in ihr „Forschertagebuch". Es folgt als weitere Komponente der vierten Phase die

---

42   Die folgende Schilderung beruht auf einer Präsentation von Unterrichtsprotokollen, gefertigt von Thomas Quehl. Ihm sei an dieser Stelle für die Bereitstellung des Materials gedankt. Vgl. auch die ausführliche Auseinandersetzung mit Scaffolding in FÖRMIG: LENGYEL 2010.

gemeinsame Erarbeitung einer Tafelzeichnung zum Treibhauseffekt, die dann wieder als Grundlage für nächste mündliche Präsentationen dient.

Ein weiteres Beispiel stammt aus einer rheinland-pfälzischen Basiseinheit, die am Übergang von schulischer zu beruflicher Bildung arbeitet. Thema einer Unterrichtseinheit an der Berufsfachschule ist die Fleckentfernung bei Textilien. In einer ersten Phase probieren die Jugendlichen in Gruppen, die ihre interne Arbeitsteilung frei vereinbaren, verschiedene Möglichkeiten der Fleckentfernung aus; jede Gruppe bearbeitete eine andere Art von Verunreinigungen anhand von Arbeitsaufträgen, die schriftlich vorlagen. Diese wurden in der Gruppe diskutiert, bei Verständnisfragen konnte die Lehrkraft hinzugezogen werden. Solche Fragen tauchten vor allem bei der Lektüre der Gebrauchsanweisungen zu den bereitstehenden Fleckentfernungsmitteln auf: Was bedeutet „saugfähig", was bedeutet „unter die Fleckstelle schieben"? Welchen Sinn haben „dabei", „danach", „währenddessen" im Textzusammenhang? Was genau ist gemeint mit „außerhalb der Reichweite von Kindern"? – Die Jugendlichen notierten die Ergebnisse ihrer Versuche. In einer zweiten Phase teilten sie sich auf und in jeder der neu entstehenden Gruppen berichteten die „Spezialisten" über die Entfernung der von ihnen zuvor bearbeiteten Verunreinigungen. So veranlasste sie der Wechsel der Kommunikationssituation *per se* zu einer kontextunabhängigeren Ausdrucksweise. In der dritten Phase durchlaufen alle Jugendlichen die Versuchsstationen und füllen einen Ergebnisbogen aus. In der abschließenden vierten Phase erfolgt eine allgemeine Auswertung im Plenum, bei der die Ergebnisdarstellung abgesichert wird.

8.3 Lexik – Syntax – Text

Die Darstellungen in den vorangegangenen Abschnitten verdeutlichen insgesamt die Grundposition von FörMig, dass bildungssprachliches Lernen grundsätzlich als einsichtiges Lernen zu verstehen ist: Es sollte erkennbar an inhaltliche Ziele gebunden sein und eine explizite Abwechslung des Anforderungsgehalts beinhalten. In Phasen, die neue kognitive Herausforderung, neuen Stoff beinhalten, werden die sprachlichen Anforderungen reduziert. Wenn die Sache gesichert ist, wird die Sprache zur Sache ausdrücklich behandelt, und den Lernenden wird Gelegenheit gegeben zu erfahren, warum in einem Kontext bestimmte sprachliche Mittel passender sind als andere. Das schließt nicht aus, dass im Sinne von „didaktischen Schleifen" auch „sprachliche Zuarbeit" zu den inhaltlichen Zielen geleistet werden kann und nicht selten wohl auch geleistet werden muss. Dies ist in der Arbeit und in den Berichten der FörMig-Schulen mehrfach zum Ausdruck gekommen.

Die „sprachlichen Zuarbeiten" beziehen sich auf Lexik, also Wortschatz und Wortbedeutungen, auf Syntax und Satzbedeutungen sowie auf Textsorten und Textbedeutungen.

8.3.1 Zur Lexik im Lernprozess

Der bildungssprachliche Wortschatz enthält lexikalische Elemente mit differenzierter oder abstrakter Bedeutung, die in der Regel nicht zum gängigen Alltagswortschatz zu rechnen sind, aber auch nicht zu den definierten Begriffen der Fachsprache gehören (vgl. beispielhaft erstmals MENK 1989). Man könnte von „gehobener Allgemeinsprache" sprechen. Die Funktion dieser lexikalischen Elemente im Lernprozess besteht darin, zu den Fachbegriffen hinzuführen, sie zu erklären und sie an allgemeinverständliche Kommunikation rückzubinden.

Das didaktische Problem besteht darin, dass die Bedeutung dieser lexikalischen Elemente nur im Aussagenzusammenhang, also anhand konkreter Themen, Texte und Aufgaben, einsichtig erklärt werden kann. Es müssen also *alle* Lehrkräfte bei den entsprechenden Gelegenheiten sprachdidaktische Aufgaben übernehmen, die (soweit sie nicht Sprachlehrkräfte sind) zunächst einmal über den engeren fachlichen Anspruch ihres Unterrichts hinausgehen.

Systematische lexikalische Vorbereitung kann vor allem in einführenden Unterrichtsphasen ihren Ort haben, wenn ein Themenfeld zunächst „abgetastet" wird, bevor die Schülerinnen und Schüler ein bestimmtes Thema daraus in Angriff nehmen. Hier können thematische Wortsammlungen, *mind maps* und ähnliche Verfahren zum Einsatz kommen, inklusive der reflexiven Betrachtung von Bedeutungsnuancen.

In einigen FörMig-Schulen lagen Wörterbücher wie selbstverständlich in allen Fächern auf den Tischen, und es war jederzeit erlaubt, sie zur Hilfe heranzuziehen. Zielbewusst damit umgehen zu lernen ist selbst Teil der sprachlichen Bildung. Einsprachige Wörterbücher bieten nicht nur orthographische Informationen, sondern auch Bedeutungsbeschreibungen und damit Modelle für das Bewusstmachen und Abwägen von Bedeutungsunterschieden.

Ihr Verständnis und ihre angemessene Nutzung können zum Teil systematisch vorbereitet und damit auch arbeitsteilig angegangen werden. Beispiele dafür haben wir besonders in den FörMig-Modellschulen beobachtet. Es handelt sich um die Verfahren der Wortbildung und die Arbeit mit Synonymen. Zusammensetzung und Ableitung von Wörtern spielen in der Bildungssprache eine wichtige Rolle. Übungen, in denen zusammengesetzte oder abgeleitete Wörter nach Wortbildungstypen oder Wortfamilien geordnet, in ihre Bestandteile zerlegt, in ihrer Bildung transparent gemacht und in ihren Bedeutungen erklärt werden, können die Arbeit am konkreten Text unterstützen oder nachträglich vertiefen. Ebenso kann das Sprechen über Bedeutungsgemeinsamkeiten und Bedeutungsunterschiede von Synonymen, die Arbeit mit „Wortfeldern", allgemein für das Erkennen begrifflicher und konnotativer Beziehungen zwischen den Wörtern sensibilisieren und so dem bildungssprachlichen Register zuarbeiten.

8.3.2 Zur komplexeren Syntax

Kennzeichnend für das bildungssprachliche Register sind komplexere Formen des Satzbaus, die sich als Differenzierung auf der Ebene der Syntax und als Lösung aus der Kontextabhängigkeit der Alltagssprache deuten lassen. Auch hierzu muss am konkreten Text gearbeitet werden, doch sind in stärkerem Maße als bei der Lexik auch systematisierende Vorbereitungen und Übungen möglich. In den FöRMig-Erfahrungen zeichnen sich drei Verfahren ab: syntaktische Transformationen, Arbeit mit gebundenen Kurztexten, bewusste Wahl des syntaktischen Niveaus im Rahmen von Arbeitsaufträgen.

Syntaktische Transformationen

Das Verfahren ist aus der Fremdsprachendidaktik bekannt: Sätze, die in regulären Transformationsbeziehungen zueinander stehen, sollen aus der einen in die andere Form überführt werden. In diesem Sinne hat z.B. das FöRMig-Projekt Schleswig-Holstein den Schülerinnen und Schülern die Aufgabe gestellt, Imperative, die sie in Arbeitsanweisungen gefunden haben, mit Hilfe von Modalverben schriftlich so umzuformulieren, dass ihnen ihre eigene Tätigkeit beim Bearbeiten der Aufgabe stärker ins Bewusstsein rückt, z.B. „Erweitere den Nenner mit der Zahl drei!" zu „Ich soll den Nenner mit der Zahl drei erweitern." Man kann darin einen interessanten Ansatz sehen, nicht nur aus der Alltagssprache zur Bildungssprache hinzuführen, sondern den Unterschied der Register auch durch eine „Rückübersetzung" von bildungssprachlichen Formulierungen in eine persönlichere Sprache bewusst zu machen – ein Ansatz, der durchaus ausbaufähig erscheint.

Arbeit mit gebundenen Kurztexten

Satzbauformen lassen sich durch Imitieren, durch Variation und durch das Weiterführen von Satzanfängen einüben. Diese ebenfalls aus der Fremdsprachendidaktik bekannten Übungsformen haben in der Deutschdidaktik eine kreative Weiterentwicklung erfahren, das „Generative

Schreiben". Hier dienen Texte, meist kurze Texte in gebundener („lyrischer") Form, als Impuls für die Schülerinnen und Schüler, eigene Inhalte zu formulieren. Die gebundene Form und damit die Satzmuster werden dabei von der Vorlage übernommen. Beispiele bietet die bereits erwähnte „Schreibwerkstatt" im FÖRMIG-Projekt von Mecklenburg-Vorpommern.

Bewusste Wahl des syntaktischen Niveaus im Rahmen von Arbeitsaufträgen

Die Kontextunabhängigkeit der Bildungssprache manifestiert sich auch in einer eher unpersönlichen Ausdrucksweise, wobei die persönliche Ausdrucksweise von den Schülerinnen und Schülern zunächst einmal als „leichter" empfunden wird. Durch eine bewusste Wahl der Ausdrucksweise, die ihnen selbst mehr liegt, können sie sich die Unterschiede klar machen, ohne sich dem Druck einer möglicherweise noch zu anspruchsvollen sprachlichen Leistungserwartung auszusetzen. Auch hierfür haben die FÖRMIG-Modellschulen zahlreiche Wege erprobt. Ein Beispiel: In einer Berliner FÖRMIG-Modellschule stehen z.B. die Konditionalfügungen („wenn-dann"-Sätze) in einer Unterrichtsstunde im Mittelpunkt. Die Schülerinnen und Schüler sollen Probleme, die beim Nähen mit einer Nähmaschine auftreten können, benennen und die dazugehörigen Lösungen formulieren. Dazu wurden ihnen verschiedene syntaktische Möglichkeiten angeboten, sie konnten in der Ich-Form, sie konnten unpersönlich (etwa mit „man"-Sätzen) oder passivisch formulieren. Die Wahl war ihnen freigestellt, nur konsequent sollten sie sein.

8.3.3 Zum Zusammenhang und zur Struktur von Texten

Für das Schreiben von Texten ist das Festhalten der Makrostruktur ebenso wichtig wie die Verfügung über die sprachlichen Mittel. Für die Schülerinnen und Schüler, die noch auf dem Weg sind, eine bestimmte Textsorte zu erfassen, können vorbereitende und begleitende Hilfen zur Textbedeutung („Kohäsion"), zur Textgrammatik („Kohärenz") und zur Textgliederung angeboten werden.

Zur Textbedeutung können z.B. Übungen zum Ermitteln von Schlüsselwörtern und ihren Funktionen für das Behalten, Notieren und Wiederaufrufen von Textinhalten durchgeführt werden. Zur Textgrammatik eignen sich Übungen, wie sie in dem „Förderkonzept für die Entwicklung der schriftlichen Erzählfähigkeit in Klasse 5/6" (vgl. 8.2.2 – Schritte zum selbständigen Schreiben) von FÖRMIG Brandenburg vorgeschlagen werden: Markieren der sprachlichen Ausdrücke zur Bezeichnung der Akteure in einer Geschichte, Ersetzen von Nomen durch Pronomen und umgekehrt (wo es möglich und angebracht ist), Verdeutlichen der zeitlichen Abläufe durch temporale Adverbien und Konjunktionen. Die Fähigkeit, Texte zu gliedern kann durch Strukturierungshilfen gefördert werden, die es leichter machen, das Ganze vor Augen zu behalten. Dazu gehört schon auch die Vermittlung der Einsicht, welchem Zweck eine Textsorte dient, welche Bestandteile dazu gehören, welche spezifischen sprachlichen Mittel sie erfordert. Eine unmittelbare Erleichterung schaffen Darstellungen in Stichworten oder in Form einer Tabelle, die als Unterlage beim Schreiben verwendet werden, wobei durch die Vorgabe von feineren oder gröberen Gliederungen differenziert werden kann.

8.4 Sprachsensibler Fachunterricht und kooperative Lernorganisation

Die Ausprägungen von Bildungssprache variieren von Fach zu Fach und von Bildungsstufe zu Bildungsstufe. Die mit den Bildungsstufen schwieriger werdende Sprache des Fachunterrichts ist wahrscheinlich eine der Hauptursachen beim immer weiteren Zurückbleiben sprachlich schwacher Schülerinnen und Schüler in ihren fachlichen Leistungen auf der Sekundarstufe. Dieser Zusammenhang ist gewiss schon seit langer Zeit gesehen, aber nur selten als didaktische Herausforderung verstanden worden. Ausgehend von der Fachsprachenforschung hat FLUCK (1992) eine grundlegende und konzeptionell umfassende Aufarbeitung des Feldes geleistet. Bezogen auf die berufliche Bildung zugewanderter Jugendlicher hat die Didaktik der Fachsprache in den 1980er Jahren im Rahmen der sog. Wirtschaftsmodellversuche (BUNDESINSTITUT FÜR BERUFSBILDUNG 1984; vgl. DEUTSCH LERNEN 1989; auch REICH/YAKUT 1986; BEER 1985) eine gewisse Beachtung gefunden; diese Modellversuche wurden dann aber zugunsten einer allgemeinen Benachteiligtenförderung eingestellt, bei der die Fragen der Sprachbildung keine prominente Rolle spielten. Während der Laufzeit von FörMig und nicht ohne Zutun von FörMig hat aber der Zusammenhang von fachlichem und sprachlichem Lernen ein neues und recht lebhaftes Interesse gefunden; es erschienen Arbeiten zur Sprache des Fachunterrichts in der Berufsbildung (OHM/KUHN/FUNK 2007), zum sprachsensiblen Fachunterricht auf der Sekundarstufe (LEISEN 1999; 2009), zur Sprache des Physikunterrichts (TAJMEL 2009), des Geographieunterrichts (NEUER/KNIFFKA 2008) und zum sprachlichen Lernen im Fach Mathematik (SCHÜTTE 2009).

Die Lösung des Problems, dass Lernende den im Bildungsgang zunehmenden bildungs- und fachsprachlichen Anforderungen gerecht werden müssen, erfordert eine grundlegende Neuorientierung im beruflichen Selbstverständnis der Fachlehrkräfte und im pädagogischen

Profil von Schulen. Fragen der kollegialen Kooperation, der Team- und Schulentwicklung müssen zumindest angegangen sein, bevor für die didaktisch-methodische Aufgabe Lösungen mit einigermaßen nachhaltiger Wirkung erwartet werden können. In Kapitel 2.2 sind die Erfahrungen von FörMig zu diesem Komplex ausführlich dargelegt.

In zweiter Linie liegen hier auch neue Aufgaben der pädagogischen Sprachdiagnostik. Diese Aufgaben hat FörMig mit den Neuentwicklungen „FörMig-Bumerang" und der „Prozessbegleitenden Diagnose der Schreibentwicklung" angepackt.

Im folgenden Kapitel geht es um die didaktischen und methodischen Erfahrungen mit diesem Aufgabenkomplex.

8.4.1 Sprachliches Lernen im Fachunterricht

Im Verbund mit aktionalen, bildlichen, graphischen und mathematisch-symbolischen Kommunikationsprozessen dient der sprachliche Austausch im Fachunterricht dem Kennenlernen von Sachen und Sachverhalten und dem Erkennen von Zusammenhängen. Im Zentrum steht dabei ein Wechselspiel von Bildungssprache und Fachsprache: Bildungssprachliche Erläuterungen, in die mehr und mehr fachsprachliche Elemente eingehen, führen hin zu den fachlichen Kenntnissen und Fähigkeiten, und sie dienen dem Nachweis des fachlichen Verstehens. Fachtexte übermitteln die fachlichen Informationen und sind zugleich Modelle für die Fähigkeit zu fachsprachlicher Formulierung, zu der die Schülerinnen und Schüler gelangen sollen.

Die Prinzipien bildungssprachlicher Texte – Explizitheit, Situationsentbundenheit, gedankliche Ordnung und sachliche Genauigkeit – gelten auch für Fachtexte, und zwar fachspezifisch („disziplinär") und in besonders strenger Weise. Explizitheit bedeutet hier Vollständigkeit der zum fachlichen Erkenntnisziel notwendigen Aussagen und ihre strikte Trennung vom Unwesentlichen. Situationsentbundenheit bedeutet abstrakte und unpersönliche Darstellung, die nur voraussetzt, was an Fachkenntnissen impliziert ist. Gedankliche Ordnung bedeutet Einhaltung der Gliederungskonventionen für die fachspezifischen Textsorten wie Versuchs- oder Beobachtungsprotokoll, Beweisführung, Lehrsatz in den Naturwissenschaften, Erfahrungs- oder Erkundungsbericht, Zusammenfassung von Informationen, Interpretation von Tabellen und Abbildungen in den Sozialwissenschaften. Sachliche Genauigkeit bedeutet insbesondere Verwendung der jeweiligen fachsprachlichen Terminologie in definitionsgerechter Weise. Das Lernen durch Einsicht spielt hier, auf der Textebene, die entscheidende Rolle; es muss durch Anwendung und Übung gefestigt werden.

Fachtexte sind – auch für Schüler und Schülerinnen unmittelbar einsichtig – das Bindeglied zwischen fachlichen Kenntnissen einerseits, sprachlichen Mitteln andererseits. Fachtexte stehen daher im Mittelpunkt des sprachsensiblen Fachunterrichts, seien es Lesetexte, die verstanden werden sollen, seien es eigene Texte, die geschrieben, vorgetragen werden sollen. Dabei wird das Verstehen dem Verfassen stets vorausgehen. Fachtexte zielbewusst zu lesen und bei der Erarbeitung (und Verarbeitung) des Inhalts immer auch Einsichten in die Textstruktur und in die Funktion einzelner Passagen und in die Bedeutung von Konstruktionen und von Wörtern zu Hilfe zu nehmen, ist daher das grundlegende und zentrale Verfahren. Die Produktion von Fachtexten wird demgegenüber in aller Regel als sehr viel schwieriger empfunden. Schreibenkönnen ist eine sehr persönliche, sozusagen tief innen sitzende Fähigkeit, die sich nur durch eigenaktive Verarbeitung von Lesetexten, durch wiederholtes praktisches Anwenden von Instruktionen, durch stetiges Erproben eigenen Schreibens und durch hilfreiche Rückmeldung von anderen aneignen lässt. Gefördert werden bedeutet in dieser Perspektive die Erfahrung zu machen, dass die Versuche zur Aneignung von Schreibfähigkeit erfolgreich sein können, „dass man es wirklich schaffen kann". Zu fördern bedeutet, dass Schreibaufgaben so formuliert und vorbereitet und begleitet werden, dass sie wirklich bewältigbar sind, dass der einzelne Schüler, die einzelne Schülerin sie lösen kann.

Vom Stand der Schüler hängt es ab, wieweit dabei auf die sprachlichen Mittel im Einzelnen einzugehen ist. Die sprachlichen Mittel, deren sich die Fachtexte bedienen, können als weitere syntaktische Verdichtung bildungssprachlicher Formulierungstendenzen verstanden werden. Von der Hahn (1983) veranschaulicht dies anhand einer Reihe von Satzbeispielen mit schrittweise stärkeren Mitteln der sprachlichen Verdichtung, die mit zunehmender Dekontextualisierung des Inhalts einhergehen, so dass aus einer persönlichen Beobachtung immer mehr eine allgemeine Feststellung eines objektiven und wiederholbaren (also allgemeingültigen) Zusammenhangs wird:

1. „Als ich die Flüssigkeit abgoss, sah ich einen braunen Bodensatz."
   In dieser Formulierung wird der Sachverhalt in einer zweigliedrigen hypotaktischen Fügung gefasst und im Präteritum Aktiv mit persönlichem Subjekt berichtet; „Flüssigkeit" gehört zur abstrahierenden Lexik der Bildungssprache, „Bodensatz" taucht als ein erster Fachbegriff auf.

2. „Wenn man die Flüssigkeit abgießt, sieht man einen braunen Bodensatz."
   Das „ich" ist hier durch das unpersönliche „man" ersetzt. Der Sachverhalt wird konditional gefasst und im allgemeingültigen Präsens Aktiv formuliert.

3. „Wird die Flüssigkeit abgegossen, zeigt sich brauner Bodensatz."
   Ein Akteur, sei er persönlich oder unpersönlich, ist nicht mehr genannt, der Sachverhalt wird rein passivisch bzw. reflexiv wiedergegeben. Der konditionale Zusammenhang wird nicht mehr syntaktisch *und* lexikalisch („wenn"), sondern nur noch syntaktisch ausgedrückt.

4. „Nach Abgießen der Flüssigkeit ist ein brauner Bodensatz sichtbar."
   Beide Verben sind nominalisiert, das erste als Substantiv, das zweite als Adjektiv mit passivischer Bedeutung; d.h. das Genus Verbi braucht nicht mehr durch eine Verbform ausgedrückt zu werden. Ebenso ist der konditionale Zusammenhang nicht mehr als Hypotaxe zweier Teilsätze formuliert, sondern zu einer Präpositionalgruppe verdichtet.

Durch Verdichtung werden, wie die Beispielsätze zeigen, Ergänzungs- und Anbindungsstellen innerhalb des Satzes frei, die dann wieder mit neuen zusätzlichen Informationen besetzt werden können. Verdichtung geht daher nicht selten Hand in Hand mit der Ausweitung von Präpositionalgruppen, mit umfänglichen Attribut- und Partizipialkonstruktionen und mit Satzkonstruktionen, die aus einer Mehrzahl von Teilsätzen bestehen. Diese syntaktischen Erscheinungen lernen die Schülerinnen und Schüler zunächst rezeptiv bei der Erarbeitung von Fachtexten kennen; sie werden nur sehr allmählich auch Teil ihrer aktiven Formulierungsfähigkeit.

Bei den lexikalischen Mitteln ist zu unterscheiden zwischen den eigentlichen Fachbegriffen und den weiteren bildungssprachlichen Elementen, die zu den Fachbegriffen hinführen und oft einen wesentlichen Teil der Fachtexte ausmachen. Weder die einen noch die andern sind „Vokabeln", die man auswendig lernen und mehr oder minder genau mit schon bekannten Bedeutungsinhalten verbinden könnte. Mehr noch als bei den alltagssprachlichen Wörtern gilt hier, dass sich ihre Bedeutung aus dem Gebrauch ergibt und dass man diesen Gebrauch häufig genug und intensiv genug kennen gelernt haben muss, um sie selber verwenden zu können. Diese Bekanntschaft kann aber immer nur „an Ort und Stelle", am Vorkommen im konkreten Text, vermittelt werden. Bei den bildungssprachlichen Elementen ist es, wie unter Punkt 8.3.1 schon kurz dargelegt, immerhin möglich, durch systematisches Eingehen auf Wortbildungsmuster für eine gewisse Transparenz hinsichtlich des Zustandekommens von Bedeutungen zu sorgen und durch das Besprechen von Synonymen eine gewisse Sensibilität für Bedeutungsunterschiede zu schaffen. Dies ist auch bei den eigentlichen Fachbegriffen hilfreich, im Kern aber kommt alles auf die enge Verbindung des Fachterminus mit fachlichem Wissen an. Die Aneignung von Fachbegriffen ist ein nicht abzutrennender Bestandteil der fachlichen Lernprozesse selbst, bei denen Verstehen und Verwenden ständig ineinandergreifen.

Das sprachliche Lernen im Fachunterricht verlangt also nach einer sehr breit angelegten Didaktik. Beim gegebenen Stand der Qualifizierung von Lehrkräften kann aber nicht damit gerechnet werden, dass die verlangten Qualifikationen häufig in einer Person vereinigt sind. Geeignete Formen der Weiterqualifizierung (vgl. dazu Kapitel 9) zu finden ist daher eine wichtige Folgerung aus der Zielvorstellung eines sprachsensiblen Fachunterrichts. Innerhalb von FörMig wurde vor allem versucht, durch Kooperation innerhalb der Teams und der Lehrerkollegien voran zu kommen. Den folgenden Ausführungen zur Arbeit mit Fachtexten und zu fachsprachbezogenen Übungen geht daher eine Darstellung der didaktischen Möglichkeiten voraus, die durch Kooperation erschlossen werden können. Die unerlässlichen strukturellen Voraussetzungen für das Ergreifen solcher Möglichkeiten sind in Kapitel 2.2 dargestellt. Eine Darstellung der Chancen, die in der Nutzung von Mehrsprachigkeit liegen, schließt die Ausführungen zum sprachsensiblen Fachunterricht ab.

8.4.2 Kooperative Lernorganisation

Mit den aufsteigenden Bildungsstufen nimmt die Spezialisierung der Unterrichtsfächer und damit auch die Distanz zwischen den fachlichen Profilen der Lehrkräfte zu. Im Elementarbereich liegt die Bildung der Kinder noch in der Hand von ein oder zwei Erzieherinnen, die ganzheitlich mit den Kindern arbeiten, d.h. sowohl erzählen, vorlesen, Einzel- und Gruppengespräche führen wie auch sprachbegleitet basteln, spielen, musizieren, turnen usw. Die neuerlichen Tendenzen, die zum Einsatz spezialisierter und oft externer Sprachförderkräfte im letzten Kindergartenjahr führen, sind ein Problem für die durchgängige Sprachbildung in diesem Bereich, wurden aber im Rahmen von FörMig nicht bearbeitet. Spezialisierungen zeichnen sich ab im Bereich der musikalischen und der psychomotorischen Bildung; doch besteht derzeit keine Gefahr, dass sich diese von der sprachlichen Bildung abkoppeln würden. Zustimmend diskutiert wurden während der Laufzeit von FörMig die Ansätze des Deutschen Jugendinstituts, die sprachbildenden Potenziale der Bildungsbereiche Musik, Bewegung, Naturwissenschaft und Medien herauszuarbeiten und in einzelnen Einrichtungen modellhaft zu erproben (Jampert u.a. 2006; 2009).

Im Primarbereich beginnt die Differenzierung in einzelne Fächer bzw. Fachcluster („Sachunterricht"), die auf wenige Lehrkräfte verteilt sind. Zu deren Ausbildung gehört in aller Regel auch eine Didaktik der sprachlichen Grundbildung. Zunehmend wird seit einigen Jahren auch im Primarbereich bereits Englischunterricht angeboten. Dieser wird aber zumeist durch die Klassenlehrkräfte, nicht durch spezialisierte Fremdsprachenlehrkräfte erteilt. Etwas Anderes ist es mit dem Unterricht der Herkunftssprachen, den fast ausschließlich darauf spezialisierte Lehrkräfte erteilen. In einigen Basiseinheiten, so in Köln, FörMig Nordrhein-Westfalen, gibt es im Rahmen von Arbeitskreisen einen regelmäßigen Austausch zwischen Herkunftssprachenlehrern und Klassenlehrern der Grundschulen. Im Kölner Beispiel waren es solche, die sich dem Konzept der koordinierten (zweisprachigen) Alphabetisierung (KOALA) verschrieben haben. Der Arbeitskreis hat unter anderem ein Grundlagenpapier zur koordinierten Alphabetisierung verfasst und arbeitet an einer Handreichung zum zweisprachigen Sachunterricht im dritten Schuljahr.

Mit dem Übergang in die Sekundarstufe vollzieht sich dann sehr deutlich die Differenzierung in einzelne Fächer (z.B. Chemie, Biologie, Gesellschaftslehre, Geschichte), auch wenn es Bestrebungen gibt, diese Fächer teilweise wieder zusammenzuführen („Natur und Technik"). Das institutionelle Grundmuster ist das Nebeneinander verschiedener Unterrichtsfächer. Die Lehrkräfte haben ihre Unterrichtsfächer (jedenfalls nominell) spezifisch studiert, allgemeindidaktische Fragen haben in ihrer Ausbildung eine je nach Schulartausrichtung unterschiedliche Rolle gespielt, sprachdidaktische Fragen waren bis dato zumindest kein regulärer Bestandteil ihrer Fachlehrerausbildung. Demgemäß ist ihr berufliches Selbstverständnis in der Regel stärker fachlich als pädagogisch geprägt. Will man in der Sekundarstufe eine durchgehende Sprachbildung als „Sprache in allen Fächern" etablieren, so stellt sich in dringlicher Weise die Frage, ob und in welchem Maße Fachlehrkräfte Verantwortung für sprachliche Bildung übernehmen sollen und können. Mit den neueren Erkenntnissen zum Zusammenhang von Schulerfolg und Sprachfähigkeiten wird die Aufgabe der sprachlichen Bildung zunehmend als Teil der Arbeit von Fachlehrkräften gesehen – allein ist dies kaum in der Praxis durchgesetzt. Gefördert wird diese Tendenz aber auch durch die stärkere Betonung kommunikativer Aspekte in der neuen Generation schulischer Fachlehrpläne.

Es lag für FörMig also nahe, Lösungen für diese neuartige Aufgabe in der Kooperation unterschiedlich spezialisierter Lehrkräfte zu suchen. Die FörMig-Schulen sind vielfach Wege in dieser Richtung gegangen. Dabei handelt es sich durchgehend um Kooperationen von Lehrkräften des Deutschunterrichts – sei es des Deutschunterrichts für alle, sei es des spezifischen Zweitsprachunterrichts – mit Lehrkräften der Sachfächer. Dass daneben grundsätzlich auch Kooperationen von Lehrkräften des Fremdsprachenunterrichts oder des Herkunftssprachenunterrichts mit Lehrkräften von Sachfächern möglich und sinnvoll sind, ist nicht bestritten; man denke etwa an landeskundliche Texte in diesen Formen des

Sprachunterrichts und Themen des Geographieunterrichts, die sich nahtlos miteinander verbinden ließen. Doch haben sich in den FörMig-Schulen Versuche in dieser Richtung nur in geringem Maße ereignet. Auf die dennoch vorhandenen Ansätze zur Nutzung von Mehrsprachigkeit wird in Abschnitt 8.4.5 eigens eingegangen.

Deutschlehrkräfte verfügen von ihrer Ausbildung und ihrer Praxis her typischerweise über ein breites und grundlegendes Wissen zu Grammatik und Textsorten sowie zur Vermittlung von Lese- und Schreibkompetenzen, während Fachlehrkräfte über ein spezifisches Wissen zur Terminologie ihres Faches sowie zu fachspezifischen Argumentationen und Textsorten verfügen. Wenn sie „Sprache im Fachunterricht" als gemeinsames Thema definieren, können sie sich darüber verständigen, welche sprachlichen Aufgaben für die Schüler und Schülerinnen zu bewältigen sind und welchen Beitrag jeder Partner dazu leisten soll. Ein gutes Maß an Koordination ist dabei unerlässlich. Eine der FörMig-Modellschulen formuliert ihre Erfahrungen zum Zusammenhang von Fach- und Förderunterricht folgendermaßen: „Ein Förderunterricht, der getrennt vom Fachunterricht die Sprache des Sachlernens vermittelt, zeigt im Fachunterricht keine sichtbaren Auswirkungen. Der Förderunterricht erweist sich jedoch als geeignetes Modell, um sprachliche Teilschwächen zu trainieren". Andere Formen der Koordination sind denkbar und möglich. Die Bandbreite reicht vom gemeinsam erteilten Unterricht (Team-Teaching) über eine enge inhaltliche Verzahnung von Deutsch- oder Deutsch als Zweitsprache-Unterricht mit dem Unterricht eines oder mehrerer Fächer bis hin zur gemeinsamen Entwicklung gezielter Trainingsangebote zu bestimmten fachsprachlichen Aufgaben.

Es beginnt mit gemeinsamen Fortbildungen und fächerübergreifendem Austausch. Beispiele aus FörMig-Projekten sind die Einbeziehung von Fachkollegen beim Einsatz von Förderplänen (FörMig-Mecklenburg-Vorpommern), die Zusammenarbeit in einem „Sprachlernteam" (eine FörMig-Modellschule in Sachsen) und die Einbindung eines Sprachförderkonzepts in ein bereits funktionierendes Konzept der Berufswahlorientierung (ein Gymnasium in FörMig-Nordrhein-Westfalen). An einer FörMig-Schule in Berlin gibt es eine „AG-Sprache", die sich mit den Möglichkeiten einer stärkeren Integration von Sprachförderung in den Fachunterricht beschäftigt. Sie hat vorgeschlagen, „Leseförderung" zu einem Profilschwerpunkt der Schule zu machen, und die Fachkonferenzen aufgefordert, Leseförderung in die jeweiligen Fachcurricula zu integrieren und Umsetzungsmöglichkeiten aufzuzeigen. Reiche Erfahrungen mit der fächerübergreifenden Zusammenarbeit haben die sieben FörMig-Modellschulen gemacht, die an der länderübergreifenden Arbeitsgemeinschaft Durchgängige Sprachbildung beteiligt waren (vgl. hierzu Kapitel 4.1). Die Erfahrungen dieser Schulen sind in ausführlichen Portraits dargestellt, die auf der FöRMIG-Website präsentiert werden (http://www. foermig.uni-hamburg.de/web/de/all/modell/index.html).

Einen konkreten Anlass zu Zusammenarbeit und gemeinsamer Fortbildung stellen die sprachdiagnostischen Aufgaben dar. So sind die „Niveaubeschreibungen Deutsch als Zweitsprache" (vgl. Kapitel 5.2.2) ein Beobachtungsinstrument, das ausdrücklich darauf angelegt ist, die kollegiale Kommunikation über die Deutschkenntnisse eines Schülers oder einer Schülerin zu erleichtern und zu objektivieren. In Fortbildungsveranstaltungen von FöRMIG Sachsen und Schleswig-Holstein hat sich die Einführung dieses Instruments als eine gute Gelegenheit für den Austausch zwischen Sprach- und Fachlehrkräften über das jeweilige fachliche Wissen und die jeweilige fachliche Verantwortung erwiesen. Auch bei der Erprobung der „Prozessbegleitenden Diagnose der Schreibentwicklung" (vgl. Kapitel 4.2) zeigt sich, dass die für die Fachlehrkräfte zunächst einmal fremde Aufgabe der sprachlichen Einschätzung von Schülertexten leichter fällt, wenn sie gemeinsam mit den Deutschlehrkräften angepackt wird. Im Bericht von FöRMIG Schleswig-Holstein heißt es, dass die Fachlehrkräfte die Kooperation beim Umgang mit den sprachlichen Anforderungen ihres Fachs als „äußerst positive Ergänzung für die verbesserte sprachliche Integration" der Schülerinnen und Schüler gesehen hätten.

Absprachen zwischen den Lehrkräften können eine Koordination von fachlichem und sprachlichem Lernen zum Ziel haben: Mehrere FöRMIG-Schulen nahmen am Förderprogramm der Stiftung Mercator teil. Kinder und Jugendliche mit besonderem Sprachförderbedarf erhalten in diesem Programm eine vierstündige zusätzliche Förderung in Kleingruppen. Durchgeführt wird der Unterricht durch Förderkräfte – zumeist Studierende mit Migrationshintergrund –, die an die Schule kommen oder zu denen die Schüler und Schülerinnen an die Universität kommen. Er verfolgt das Ziel, fachliches und sprachliches Lernen zu integrieren, d.h. Inhalte des Fachunterrichts werden im Förderunterricht aufgegriffen und unter besonderer Berücksichtigung der mit ihm verbundenen sprachlichen Anforderungen vertieft. Der Förderunterricht wird von den Schulen dann als hilfreich wahrgenommen, wenn er auf einer engen Zusammenarbeit von Förder- und Fachlehrkräften basiert. Ein regelmäßiger Austausch über die fachlichen und sprachlichen Strukturen der Unterrichtsgegenstände, so wird aus den FöRMIG-Schulen berichtet, seien hierfür Voraussetzung.

Eine andere Lösung ist die längerfristige Unterrichtsplanung im Tandem; hierfür ein Beispiel: An einer Gesamtschule, die sich an FöRMIG Nordrhein-Westfalen beteiligt, unterrichtet der Klassenlehrer einer fünften Klasse Deutsch und Förderunterricht, die Co-Klassenlehrerin Biologie und Chemie. Es wurde beschlossen, die Sprachbildungsarbeit, die zunächst nur dem Fach Deutsch zugewiesen war, als gemeinsame Aufgabe zu definieren. Miteinander entwickeln die beiden Lehrkräfte Bausteine zur Sprache im naturwissenschaftlichen Unterricht, z.b. „Fachtexte schreiben – Einsatz von ‚Sprachgerüsten'", „Naturwissenschaftliche Sachverhalte durch Wortschatzarbeit erschließen" und sogar „Literarisches Schreiben im Fachunterricht". Beide berichten von Veränderungen ihres Unterrichts, die der sprachlichen Leistungsfähigkeit ihrer Schüler sehr zugute gekommen seien.

Ein besonderes Modell der Zusammenarbeit ist an einer der FörMig-Modellschulen, einer Gesamtschule in Hamburg, erarbeitet worden. Hier arbeiten Lehrkräfte, die im Bereich Deutsch als Zweitsprache über spezifische Kenntnisse und praktische Erfahrungen verfügen, als sogenannte „DaZ-Begleiter" eng mit den Fachlehrkräften zusammen. Mit der Funktion der „DaZ-Begleiter" ist das Ziel verbunden, die in den Fächern integrierte Sprachförderung zu sichern, auszubauen und insgesamt ein qualitativ höheres Niveau der Sprachförderung zu erreichen. Die zentrale Form der Umsetzung ist die Doppelbesetzung im Fachunterricht, bei dem der DaZ-Begleiter anwesend ist und eine unterstützende Rolle einnimmt. In der Absicht, möglichst viele Fächer und zugleich auch alle Jahrgänge zu erreichen, wird in jedem Jahrgang ein Fach bestimmt, in dem „DaZ-Begleiter" tätig werden. Die Zuordnungen werden jährlich überprüft und an die jeweiligen Möglichkeiten und Entwicklungen angepasst. Die Aufgaben der Begleiter in den doppelt besetzten Unterrichtsstunden sind: Beobachtung des Sprachverhaltens der Lehrkräfte und der Schülerinnen und Schüler, Unterstützung der Schülerinnen und Schüler in bestimmten Arbeitsphasen (z.B. durch Hilfestellungen beim Aufgabenverständnis und durch Formulierungshilfen), Mitnahme von Mappen und Heften sowie Einzelgespräche mit Schülerinnen und Schülern, bei denen sprachbezogene Tipps und Hilfestellungen gegeben werden, in die die Beobachtungen und Ergebnisse der Mappendurchsicht einfließen.[43] Fächerübergreifender Unterricht und Unterrichtsprojekte bieten die Möglichkeit, auch mehr als zwei Fächer zusammenzuführen und dabei Fragen der Sprachbildung mit zu bearbeiten:

An einer der FörMig-Modellschulen in Nordrhein-Westfalen wurde eine Unterrichtseinheit zum Thema „Tiere" verabredet und durchgeführt, an der die Fächer Deutsch, Mathematik, Naturwissenschaft und Gesellschaftslehre beteiligt waren. Schnittmengen zwischen den Fächern gibt es hier auf jeden Fall im Bereich der Lexik. An einer anderen Modellschule wurde das gemeinsame Interesse an der Textsorte „Berichten" zum Ausgangspunkt der Planung einer fächerübergreifenden Unterrichtseinheit. Zuvor schon hatte die Fachkonferenz Deutsch in

---

43 Das ausführliche Portrait der Arbeit dieser Schule findet sich unter http://www. foermig.uni-hamburg.de/web/de/all/modell/GSK/index.html.

Kooperation mit den Fachkonferenzen Naturwissenschaften und Gesellschaftswissenschaften Material und Vorgehensweisen entwickelt: fächerübergreifende Wortgeländer und fachspezifische Glossare, Satzbausteine für die Fächer Deutsch, Naturwissenschaften und Gesellschaftswissenschaften. Diese konnten nun als Übungsformen in die Durchführung der Unterrichtseinheit eingehen.

Eine systematische Anlage fächerübergreifender Arbeit mit durchgängiger Sprachbildung bietet FÖRMIG Plus Brandenburg:

Ausgangspunkt war das typische DaZ-Lernziel „Präpositionen im Deutschen". Um diesem nur sprachsystematischen Thema einen thematischen Boden zu geben, wurden die Lehrpläne des muttersprachlichen Deutschunterrichts, des Sachunterrichts und des Mathematikunterrichts durchforstet. Zwar werden in keinem dieser Lehrpläne die Präpositionen direkt angesprochen, doch gibt es gut geeignete thematische Zielangaben – im Deutschlehrplan „Beschreiben von Sachverhalten" und „Besprechen von Arbeitsvorhaben in der Gruppe", im Lehrplan des Sachunterrichts „Räume entdecken" und im Mathematiklehrplan „Form und Veränderung" und „Zahlen und Operationen", die es erlauben oder nahelegen, diese sprachliche Aufgabe einzubeziehen. Gleichzeitig wurde der „storyline"-Ansatz (vgl. BELL/HARKNESS 2006) aufgegriffen: Die Aktivitäten in den verschiedenen Fächern werden durch einen gemeinsamen narrativen Rahmen miteinander verbunden, in diesem Falle die Geschichte von einem Raben, der in ein Klassenzimmer fliegt, dort Zahlen klaut, und der mit einem Zauberer auf einer Burg wohnt. Die einführende Geschichte wird auf drei sprachlichen Niveaus angeboten, und dieses Differenzierungsprinzip wird auch bei den Aufgabenformaten in den Fächern beibehalten (BRANDENBURG 2009, S. 16-18). Auf diese Weise wird ein Teilziel des Deutschlernens zu einem Nukleus fächerverbindenden Unterrichts.

In vergleichbarer Weise werden im Bremer FÖRMIG-Projekt „Förderung von Sprachkompetenz und Selbstwirksamkeit SuS" die Fächer Deutsch, Arbeitslehre und Politik durch die gemeinsame Zielsetzung einer Sprachförderung in der Berufsorientierung miteinander verbunden. Das verbindende Element kann aber auch viel kleiner sein: In einer Berliner FÖRMIG-Schule standen für eine verabredete Zeit Konditionalsätze („wenn-dann-Sätze") in mehreren Fächern im Mittelpunkt. Sie wurden im Deutschunterricht eingeführt, bei Versuchsbeschreibungen in naturwissenschaftlichen Fächern textsortengebunden weitergeführt und in Arbeitslehre beim Thema „Störungen der Nähmaschine und ihre Behebung" genutzt.

8.4.3 Arbeit an und mit deutschsprachigen Fachtexten

Mit dem Übergang in die Sekundarstufe nimmt die Bedeutung von Fachtexten als Medium zur Aufnahme und Verarbeitung von Wissen erheblich zu. Gefordert ist die Fähigkeit, Fachtexte selbständig zu lesen; das Gelesene mit den eigenen Kenntnissen in Beziehung zu setzen und die dabei gewonnenen Informationen und Erkenntnisse für das weitere Denken, Sprechen und Handeln zu nutzen. Dazu gehört dann auch die Fähigkeit, Texte für andere herzustellen und damit Gedanken, Wertungen und Absichten verständlich und sachadäquat mitzuteilen. Textrezeption und Textproduktion stehen dabei in einem didaktisch zu gestaltenden Zusammenhang.

Aus den Arbeiten der FörMig-Projekte heben sich drei Ansatzpunkte des Umgangs mit Fachtexten heraus:

• Strategien beim Lesen von Fachtexten,
• didaktische Aufbereitung der zu lesenden Texte selbst, und
• Arbeitsblätter, die als Unterlage beim Schreiben von Texten dienen.

Insgesamt liegen mehr Erfahrungen aus dem Bereich des Textverstehens als aus dem Bereich des Textschreibens vor.

Strategien beim Lesen von Fachtexten

Lesestrategien, die die Inhalte von Fachtexten erschließen, können und sollen den Schülerinnen und Schülern systematisch vermittelt werden (vgl. Ohm/Kuhn/Funk 2007, S. 11-36; 72-92). In den FörMig-Schulen wurde dieser Aufgabe der Vermittlung und Einübung von Lesestrategien fast überall ein großer Stellenwert beigemessen, da Lesestrategien eine fächerübergreifende Bedeutung haben. Viele Schulen haben sich intern auf eine Lesestrategie verständigt, die z.B. in einem Fach eingeübt und dann in allen anderen Fächern auch angewendet wird.

Eine der FörMig-Modellschulen in Sachsen hat ein „Lesezeichen" entwickelt, das alle Schülerinnen und Schüler zur Verfügung gestellt bekommen und das in jedem Unterricht eingesetzt werden kann. Das Lesezeichen enthält einen knappen Leitfaden, der die Schülerinnen und Schüler an vier grundlegende Schritte für die Erschließung von Sachtexten erinnert, die helfen, den Leseprozess zu strukturieren. Den einzelnen Schritten sind jeweils Lesehandlungen zugeordnet. Im ersten Schritt („Vor dem Lesen") werden textergänzende Abbildungen betrachtet und die Überschriften erfasst, sodass der Aufbau eines ersten Sinnzusammenhangs erfolgt. Zum zweiten Schritt („Überblickslesen") gehört das Erkennen des Textaufbaus und ein überfliegendes Lesen. In dieser Phase wird also der Sinnzusammenhang des Textes weiter aufgebaut und ein Gesamtbild vom Inhalt entwickelt. Im dritten Schritt geht es um das

„Genaue Lesen", also um eine detaillierte Inhaltserfassung von Textab-schnitten. Hier sollen die Schülerinnen und Schüler den Text zunächst abschnittsweise lesen, ihr Allgemeinwissen nutzen, unbekannte Wörter klären und schließlich Informationen abschnittsweise entnehmen. Im letzten Schritt („Nach dem Lesen") geht es darum, die beim Lesen ge-wonnenen Kenntnisse anzuwenden, indem eine Aufgabe zum Text ge-löst wird. Die einzelnen Schritte der Lesemethode werden im Deutsch-unterricht, in der Leseförderstunde und im DaZ-Unterricht intensiv mit den Schülerinnen und Schülern besprochen und geübt. In den anderen Fächern wird der Leseleitfaden immer dann, wenn das Erschließen von Fachtexten gefordert ist, in den Unterricht integriert.

An einer anderen FörMig-Modellschule in Nordrhein-Westfalen wer-den die Bearbeitungsschritte von Textaufgaben im Mathematikunterricht als systematische Lesestrategie erlernt, um von einem ungefähren Ver-ständnis zum Erfassen des mathematischen Gehalts einer Aufgabe und schließlich zu seiner Übertragung in die mathematische Symbolsprache zu gelangen. Folgende Schritte werden bewusst gemacht und geübt: 1. Textaufgabe genau lesen, 2. unbekannte Wörter unterstreichen, 3. mit dem Nachbarn klären, 4. Frage formulieren, 5. ‚gegeben' formulieren, 6. ‚gesucht' formulieren, 7. Rechnung und Überschlag durchführen, 8. Ant-wort formulieren.

Didaktische Aufbereitung von Fachtexten

Mehrfach übernommen wurde in FörMig der Ansatz der „Didaktisier-ten Lesetexte", der auf die Schweizer Sprachpädagogin Claudia Neuge-bauer (2006) zurückgeht; sie war mehrfach Gast bei FörMig-Tagungen und Workshops, um diese Methode vorzustellen. Wichtig ist ihr die Unterscheidung von solchen Fragen, die das Leseverstehen nur testen, und Aufträgen, die das Lesen stützend und anregend begleiten. Fragen zum Testen des Leseverstehens sollen überprüfen, ob ein Kind oder ein Jugendlicher bereits Lesestrategien von sich aus einsetzt, unterstützen also nicht den Erwerb von Textkompetenz. Textbezogene Aufträge da-gegen führen in den Text hinein und begleiten die Schülerinnen und Schüler beim Erschließen der Textinhalte. So werden Routinen aufge-baut, die langfristig selbständig und schließlich automatisch eingesetzt werden können. Elemente der Arbeit mit didaktisierten Lesetexten sind Kontrollfragen zu den Aufträgen, die Auseinandersetzung mit wenigen Schlüsselwörtern und die Konzentration auf das, was beim Lesen ver-standen wurde. Das „Planungsraster Leseverstehen" enthält eine Aus-wahl von didaktischen Ideen, die als Grundlage für die Entwicklung von Aufträgen zu einem Lesetext dienen können.

Ein Beispiel ist das Material zu einer Unterrichtseinheit im Fach Erdkunde, mit dem sich die Schülerinnen und Schüler in Stationen auseinandersetzen. Es wurde an einer der FörMig-Modellschulen entwickelt. Sprachförderliche Prinzipien, die bei der Gestaltung des Materials befolgt wurden, sind: möglichst viele Visualisierungen anzubieten, die das Verständnis der dargebotenen Inhalte stützen, Texte mit zentralen Begriffen auszuwählen und Schlüsselbegriffe hervorzuheben und Arbeitsaufträge zur strukturierten Texterschließung zu formulieren (z.b. durch W-Fragen oder vorbereitende Begriffserschließungen).

Hilfen zum Schreiben von Fachtexten

Die Hinführung von einem alltagssprachlichen Register hin zum bildungs- und fachsprachlichen Register im Sinne des Scaffolding ist beim Schreiben von Fachtexten besonders wichtig, da nur so die notwendige Verbindung von Sachwissen und aktiver Formulierungsfähigkeit abgesichert werden kann.

Ein Beispiel: An einer FörMig-Sekundarschule in Berlin ist im Physikunterricht die Durchführung eines Versuchs zum Thema „Luftvolumen" angesagt. Die Leitfrage für die Unterrichtsstunde lautet: „Wie viel Luft passt in meine Lunge?" In der ersten Phase der Unterrichtsstunde beschreiben die Schülerinnen und Schüler mündlich eine an der Tafel angebrachte Zeichnung des Versuchsaufbaus: Das Tafelbild zeigt einen umgestülpten Messbecher in einem Behälter und einen Kopf, von dessen Mund ein Schlauch in den umgestülpten Messbecher führt. Sie verwenden dabei ihre eigenen, weitgehend alltagssprachlichen Ausdrücke („dann geht die Luft da rein"), um sich dem Gegenstand und dem Zweck des Versuchs inhaltlich anzunähern. Im Klassengespräch werden die genannten alltagssprachlichen Begriffe durch Fachbegriffe ersetzt, z.B. „Skala", „Messbecher", „Volumen". Diese werden dem Tafelbild beigefügt. In der nächsten Phase formulieren die Schülerinnen und Schüler anhand des Versuchsaufbaus, der real vor der Tafel platziert ist, Überlegungen zum Ablauf und zu den möglichen Ergebnissen des Versuchs. Dabei greifen sie auf die erarbeiteten Fachbegriffe zurück. Vor dem Hintergrund ihrer Hypothesen wird der Versuch praktisch durchgeführt und beobachtet. Nachdem auf diese Weise die sprachlichen und die sachlichen Grundlagen gelegt sind, erhalten die Schüler und Schülerinnen den Arbeitsauftrag, das Beobachtete schriftlich festzuhalten, wobei der zuvor erarbeitete Fachwortschatz zur Anwendung kommen soll.

Eine andere Art der Unterstützung kann darin bestehen, den Schülerinnen und Schülern beim Schreiben von Fachtexten Unterlagen zur Verfügung zu stellen, die sie bei bestimmten Teilfunktionen entlasten, damit sie ihre Aufmerksamkeit vorderhand einer Teilfunktion zuwenden können, deren Erarbeitung zu diesem Zeitpunkt im Vordergrund steht.

Ein Beispiel sind etwa Arbeitsblätter, durch die sprachliche Mittel zur Verfügung gestellt werden, die beim Verfassen des Textes verwendet werden können, z.b. Satzanfänge, verbindende Funktionswörter oder erklärte Fachbegriffe. Es geht darum, dass die Schülerinnen und Schüler sich auf die fachlichen Inhalte auf der Textebene konzentrieren können und dabei sprachliche Hilfen nach Bedarf übernehmen. Dazu ein Beispiel aus dem Arbeitslehreunterricht der Berliner Modellschule: Das zur Bildung von vollständigen Sätzen notwendige Vokabular ist aufgelistet, ebenfalls mögliche Verben (z.B. „nehmen", „drehen", „einlegen"). Auch sind unterschiedliche Satzanfänge vorgegeben (z.B. „zuerst", „danach", ...). Darüber hinaus enthält das Arbeitsblatt als weitere Hilfe unterschiedliche Vorschläge für Möglichkeiten der Satzkonstruktion (ich-Sätze, man-Sätze, passivische Konstruktionen, etc.). Auf diese Weise können die Lernenden selbst den ihnen angemessenen (d.h. bewältigbaren) Schwierigkeitsgrad bestimmen. Nach dem Verfassen der Texte mit Hilfe des Wortgeländers präsentieren die Schülerinnen und Schüler ihre Texte, indem sie sie einander vorlesen und gleichzeitig die beschriebenen Handlungen ausführen.

Aber auch das umgekehrte Verfahren ist sinnvoll und möglich: Die Schüler und Schülerinnen erhalten einen vorformulierten Textrahmen (der in diesem Moment sozusagen noch nicht zur Debatte steht) mit der Aufgabe, einzelne Aussagen darin unterbringen. Die Aussagen erhalten dadurch einen Kontext, in den sie sich einfügen, für den aber der Schüler, die Schülerin in diesem Moment noch nicht verantwortlich ist. Zugleich erhalten die Schüler und Schülerinnen Formulierungshilfen, vor allem Vorgaben auf der Wortebene, die ihnen das Zustandebringen der einzelnen Aussagen leichter machen. Diese können mehr oder minder weit gehen, mehr oder minder hohe Ansprüche stellen; im Rahmen eines binnendifferenzierenden Unterrichts ist es möglich, den Schülern je nach ihren sprachlichen Voraussetzungen unterschiedlich weit gehende Hilfen zur gleichen Aufgabe zu geben.

In FörMig-Schleswig Holstein wird mit sog. „Stummen Impulsen" gearbeitet: Während des gesamten Unterrichts stehen aktuell wichtige Fachbegriffe, auf Flipcharts oder Lernplakaten schriftlich festgehalten und mit visuellen Hilfen versehen, für alle zur Verfügung. Schreibaufgaben, aber auch Gruppen- oder Unterrichtsgespräche müssen nicht unterbrochen werden, wenn Unsicherheit über einen Begriff herrscht. Durch einen Blick oder einen Hinweis auf das Lernplakat können sich die Schülerinnen und Schüler der Fachbegriffe und ihrer Verwendungen laufend vergewissern.

Im naturwissenschaftlichen Unterricht einer FörMig-Modellschule in Nordrhein-Westfalen wurde die Hinführung zum Schreiben von Fachtexten so gehandhabt, dass die Schüler und Schülerinnen einen Fachtext erhalten, bei dem z. B. die einleitende Fragestellung ausgelassen ist oder aber die Beschreibung eines Versuchsaufbaus oder der Bericht über den Versuchsablauf oder aber die aus dem Versuch zu ziehende Schlussfolgerung. Ihre Aufgabe ist es, den fehlenden Teil zu verfassen. Die Schreibaufgabe erhält dadurch ein bewältigbares Format und das Textganze – als Modell dessen, was letztlich erreicht werden soll – bleibt trotzdem erhalten.

Weitere Ansätze im Umgang mit Fachtexten stellen fachspezifische Textsorten in den Mittelpunkt: „Berufsbeschreibungen lesen und verstehen" (BREMEN, SuS 2009, S. 33): Am Beispiel fünf verschiedener Berufe werden den Schülerinnen und Schülern gleichzeitig Entschlüsselungsstrategien auf der Wort-, Satz- und Textebene und für die Textsorte Berufsbeschreibungen typische grammatische Strukturen vermittelt. Sprachliche Strukturen werden so eng mit fachlichen Inhalten (Tätigkeitsbeschreibungen, Abläufe, notwendige Kompetenzen) verbunden. Ausgewählte grammatische Themen sind jeweils einem Textabschnitt zugeordnet (z.B. Wortbildung Adjektive, Nominalisierungen, Passiv, Konjunktionen und Ersatzformen, Nebensatzkonstruktionen). Der Schwierigkeitsgrad der einzelnen Abschnitte ist unterschiedlich, es gibt keine Progression in den Anforderungen. Somit eignet sich der Einsatz des Moduls auch gut zur Binnendifferenzierung. Die Übungen folgen dem Dreischritt „Vor dem Lesen", „Lesen und Verstehen" und „Nach dem Lesen". Die Jugendlichen, die mit dem Modul arbeiten, lernen konkrete Berufsbeschreibungen zu verstehen und trainieren gleichzeitig ihre Lesekompetenz.

8.4.4 Übungen zu Fachwortschatz und Fachsprache

Umfangreiche und hilfreiche Sammlungen von Übungen zur Fachsprache unter Berücksichtigung der Situation von Zweitsprachlernern enthalten die Publikationen von OHM/KUHN/FUNK (2007) und LEISEN (1999; 2009), die auch im FörMig-Zusammenhang vielfach Verwendung gefunden haben. Sie können sich auf die Wort-, Satz- und Textebene beziehen, in den FörMig-Projekten standen aber eindeutig die lexikalischen Übungen im Vordergrund.

Übungen zum Fachwortschatz

Fachbegriffe fixieren fachliches Wissen. Nur gebunden an dieses Wissen haben sie ihre angemessene Bedeutung. Ein isolierendes Üben kommt hier also gar nicht in Betracht, wohl aber können Momente des Aufmerksammachens und des Aufmerksamwerdens auf Fachbegriffe und Routinen ihres wiederholenden Gebrauchs Bestandteil des Fachunterrichts sein.

Schon im Elementarbereich ist ein solches momentanes Innehalten möglich. Im Hamburger FörMig-Projekt „HAVAS" sind für den Elementarbereich in Zusammenarbeit des Landesinstituts für Lehrerfortbildung und Schulentwicklung und der Technischen Universität Hamburg-Harburg Materialien zum Thema „Wasser" entwickelt worden, die der Sprache im Rahmen von naturwissenschaftlichen Experimenten besondere Aufmerksamkeit widmen (Landesinstitut für Lehrerbildung und Schulentwicklung Hamburg 2008). Den Kindern wird in der Sprachförderung deutlich gemacht, dass es fachspezifische Termini und Formulierungen gibt, die sie bei den Versuchsbeschreibungen verwenden sollten. Die Erfahrungen hätten gezeigt, dass die Kinder diese sprachlichen Formen akzeptierten und Spaß daran hatten, sie zu verwenden, weil es ihnen „das Gefühl von Erwachsensein" vermittelte.

Nicht nur die Einführung, sondern auch die Übung von Fachbegriffen war in vielen FörMig-Schulen selbstverständlicher Bestandteil der Lehr-Lern-Prozesse im Fachunterricht. Die Begriffe werden in fachbezogenen Lektüren oder Gesprächen vermittelt und beim Lösen von Aufgaben, beim Bearbeiten von Nachfragen, bei der Übertragung auf neue Themen, beim Verfassen eigener Texte weiterverwendet, also im Zusammenhang wiederholt und damit geübt. Nachschlagewerke wurden dabei in vielfacher Weise genutzt: zur inhaltlichen Klärung, zur Vergewisserung, zur orthographischen Absicherung.

Einsprachig deutsche Wörterbücher bieten den Vorteil, dass nicht nur Fachbegriffe nachgeschlagen werden können, sondern sich im Nachschlagen zusätzliche Assoziationen erschließen lassen: Wörter mit gleichem Stamm oder gleicher Vorsilbe, vor allem aber unterschiedliche Bedeutungen eines und desselben Wortes. Viele Fachbegriffe haben auch eine alltagssprachliche Verwendung („Klemme", „Gabel", „Strecke", „Moment"). Im Nebeneinander kann so die Unterscheidung von Alltagssprache, Bildungssprache und Fachsprache erkannt und am Einzelfall geschärft werden.

In mehreren FörMig-Modellschulen, vor allem in Nordrhein-Westfalen, sind von den Lehrkräften Fachglossare für einzelne Fächer angelegt worden. Eine Arbeitsgruppe von Fachlehrkräften stellte zunächst eine grundlegende Liste der relevanten Wörter und Wendungen zusammen, diese kann dann im Lauf des Schuljahrs durch die Schülerinnen und Schüler unterrichtsbezogen erweitert werden. Zweisprachige Schüler können die Glossare auch zweisprachig gestalten, d.h. zusätzlich Eintragungen in ihrer Familiensprache vornehmen, soweit sie diese auch in Schriftform beherrschen. Die Glossare können im Unterricht systematisch eingesetzt, aber auch zuhause bei der Erledigung von Hausaufgaben bei Bedarf oder zur Wiederholung benutzt werden. Die Erfahrung zeigt, dass die Schülerinnen und Schüler die eingetragenen Begriffe eher verwenden, wenn diese in syntaktische Zusammenhänge eingebettet sind.

Visualisierung von Fachbegriffen auf Tafelskizzen oder Lernplakaten erweist sich immer wieder als nützliche Semantisierungshilfe, umgekehrt kann die Beschriftung visueller Darstellungen hilfreiche Übung zur Festigung von Fachbegriffen sein.

Materialien zur Fachsprache der Mathematik an der Grundschule

FörMig Plus Brandenburg hat „Materialien zur Förderung von Fachsprache und Mehrsprachigkeit im Mathematikunterricht" entwickelt (Scheffel 2009), die vielfältige Übungen zur Lexik und zur Syntax umfassen. Ein Teil der Übungen richtet sich direkt auf die Fachsprache der Mathematik, andere greifen weit darüber hinaus in den Bereich des Deutschen als Zweitsprache allgemein, zum Teil sind das Russische und das Türkische einbezogen. Die wesentlichen Bestandteile sind: Karteikarten mit Erklärungen zu den mathematischen Begriffen des Anfangsunterrichts, die auch visuell unterstützt werden; ein ebenfalls mathematisches Wörterbuch mit Beispielsätzen zur Verwendung der Begriffe und grammatischen Informationen; eine Lernkartei zu den Grundrechenarten, in der der Akzent auf dem Wortschatz liegt und Unterschiede zwischen alltagssprachlicher und mathematischer Bedeutung behandelt werden; sowie schließlich verschiedene Übungen zur Pluralbildung der Nomen, zu Adjektiven, Präpositionen und Satzmustern.

8.4.5 Nutzung von Mehrsprachigkeit

Bezogen auf die Schülerinnen und Schüler aus Migrantenfamilien heißt sprachsensibler Fachunterricht, dass auch Herkunftssprachen der Familien auf die eine oder andere Weise berücksichtigt werden.

Eine einfache Möglichkeit besteht in der Bereitstellung von Literatur und Material in den Herkunftssprachen, vor allem für Seiteneinsteiger, die in ihrer Schullaufbahn viele Unterrichtsthemen in diesen Sprachen verarbeitet haben. Mit Material in der Herkunftssprache wird ihnen die

Möglichkeit gegeben, sich in dieser – vorerst stärkeren – Sprache auf das Lernen in der Zweitsprache vorzubereiten bzw. das Gelernte durch Nachlesen in der Herkunftssprache zu verstehen oder zu sichern.

Eine weitere Möglichkeit besteht darin, Schülerpaare oder Arbeitsgruppen so zusammenzustellen, dass die Schülerinnen und Schüler auch ihre Herkunftssprachen verwenden können, wenn sie gemeinsam etwas ausarbeiten. Damit können sie in der Schule Sprachverwendungsstrategien zur Geltung bringen, die sie auch im außerschulischen Raum für das Erfassen und Erarbeiten neuer Erfahrungen nutzen, wie z.b. das funktionale Hin- und Herschalten zwischen den Sprachen. Dass dies gut funktioniert, hat sich bereits vor vielen Jahren in einer qualitativen Untersuchung gezeigt, die in einer Hamburger Grundschule durchgeführt wurde (DIRIM 1998). Aus englischen, kanadischen oder australischen Schulen, über die bei FörMig-Tagungen mehrfach berichtet wurde (vgl. BOURNE 2011; MOHAN/SLATER 2010), liegen sehr positive Erfahrungen mit diesem Ansatz vor.

Als weitere Möglichkeit kommt der Einsatz mehrsprachiger Materialien in Betracht: Das bereits erwähnte Material „Sprachförderung mit naturwissenschaftlichen Experimenten zum Thema Wasser im Elementar- und Primarbereich", das im FörMig-Projekt „HAVAS 5" erarbeitet und erprobt wurde (LANDESINSTITUT für Lehrerbildung und Schulentwicklung Hamburg 2008), ist türkisch-deutsch zweisprachig angelegt; es leitet die Kinder mit Hilfe von sprachkundigen Erzieherinnen an, Experimente mit dem Element Wasser durchzuführen und die Ergebnisse in beiden Sprachen zu reflektieren. Ähnliche Vorgehensweisen sind auch für Schulklassen denkbar.

Auch die ebenfalls bereits erwähnten Materialien von FörMig Plus Brandenburg setzen Mehrsprachigkeit gezielt ein. Dort wurden für den mathematischen Anfangsunterricht und den daran anschließenden Mathematikunterricht mehrsprachige Materialien entwickelt; so steht ein dreisprachiges Wörterbuch (Türkisch-Deutsch-Russisch) zu mathematischen Begriffen zum Nachschlagen zur Verfügung. Als Lernmittel dienen Karteikarten mit Erklärungen in den genannten Sprachen. Außerdem gibt es sprachkontrastive Übungsspiele, z.B. ein Puzzle mit zweistelligen Kardinalzahlen, die im Deutschen bekanntlich in anderer Richtung gesprochen als in Ziffern geschrieben werden. Dies bereitet den Kindern, die in Sprachen zählen gelernt haben, welche in Aussprache und Ziffernschreibung die gleiche Richtung einhalten, verständlicherweise einige Verwirrung.

Bei all diesen Verfahren muss allerdings immer folgendes berücksichtigt werden: Ein Migrationshintergrund ist zwar ein Indikator, aber er garantiert nicht, dass die mit diesem Hintergrund assoziierte Herkunftssprache so beherrscht wird, dass damit in jeglicher Schulstufe gearbeitet werden kann. Der Gebrauch der Herkunftssprachen in den Familien ist sehr heterogen, wodurch unterschiedliche Sprachdominanzen entstehen. Daher müssen die Angebote an die jeweiligen Sprachstände der Kinder oder Jugendlichen angepasst werden. In den erwähnten englischen, kanadischen und australischen Schulen hat es sich deshalb zum Beispiel bewährt, Sprachenpaare oder Gruppen zu bilden, in denen zwar eine gemeinsame Herkunftssprache zur Verfügung steht – aber es den Lernenden freigestellt ist, in Erarbeitungsphasen auf ihre jeweils *stärkste* Sprache zurückzugreifen.

Ein mehrsprachiges Arbeiten auf hohem Niveau wird – vorausgesetzt, dass die Lehrkräfte auch entsprechende Sprachkenntnisse besitzen – nur mit Seiteneinsteigern und in bilingual unterrichteten Klassen möglich sein. Erhebungen zur Entwicklung der Zweisprachigkeit (vgl. REICH 2009c) haben gezeigt, dass die Herkunftssprachen im Laufe der Bildungslaufbahn zurückbleiben, wenn es an herkunftssprachlichen Bildungsangeboten fehlt. Von Schülerinnen und Schülern, die nicht die Möglichkeit hatten, ihre Herkunftssprache systematisch und auf bildungssprachlichem Niveau weiter zu entwickeln, kann z.B. in der 7. Klasse nicht erwartet werden, dass sie in dieser Sprache Fachvokabular präsentieren oder gar Abhandlungen verfassen.

Schließlich ist noch Folgendes anzumerken: Der Einbezug von Herkunftssprachen geht in der Regel mit der Berücksichtigung interkultureller Aspekte einher. Das ist selbstverständlich zu begrüßen. Doch werden dabei nicht selten nationale Symbole oder Stereotype verwendet, durch die sich Schülerinnen und Schüler in bestimmte „Schubladen" gesteckt fühlen und die im schlimmsten Falle trotz guter Absicht ausgrenzende Wirkung haben könnten. Es ist sorgsam darauf zu achten, dass solche Zuschreibungen und Kulturalisierungen vermieden werden.

8.5 Kooperationen mit außerschulischen Instanzen sprachlicher Bildung und Sozialisation

Weitet man die Sicht auf die Sprachbildung über die Welt der Bildungseinrichtungen hinaus, so rücken zunächst zwei Instanzen primärer sprachlicher Sozialisation ins Blickfeld, die engere Familie und die Peers. Die Familie ist in entscheidender Weise an der Grundlegung der sprachlichen Fähigkeiten und der Einstellungen zu Sprache beteiligt; die Peers sind mitbestimmend für die Entwicklung der sprachlichen Identität, schon im Kindesalter und bis ins Erwachsenenalter hinein (vgl. dazu die sehr erhellende Fallstudie von KEIM 2007). Die Frage einer möglichen Durchgängigkeit zwischen sprachlicher Peer-Sozialisation und institutioneller Sprachbildung hat aber in den FÖRMIG-Projekten keine nennenswerte Rolle gespielt, das Verhältnis zwischen familialer Sprachsozialisation und schulischer Sprachbildung dagegen wurde in mehreren Basiseinheiten intensiv bearbeitet.

Jenseits von Kindertagesstätte und Schule gibt es eine Vielzahl von Institutionen, die in mittelbarer oder unmittelbarer Weise Einfluss auf die sprachliche Bildung nehmen. Im Zuge der Öffnung von Bildungseinrichtungen haben solche Institutionen als außerschulische Bildungspartner eine gewisse Bedeutung gewonnen. Sie sind auch im FörMig-Modellprogramm als strategische Partner von Basiseinheiten vielfach vertreten.

Die organisatorischen Formen und Wege der Zusammenarbeit von FörMig-Akteuren mit Eltern und mit außerschulischen Institutionen sind in Kapitel 2.3 dargestellt. Im Folgenden geht es um die sprachbildenden Aspekte solcher Zusammenarbeit.

8.5.1 Zusammenarbeit mit Eltern

Die frühe Sprache des Kindes kennt niemand besser als die Eltern. Sie sind daher die erste Quelle, an die die Bildungseinrichtungen sich wenden sollten, wenn es um die sprachliche Entwicklung und das sprachliche Handeln des Kindes außerhalb der Einrichtung geht. Die Kommunikation mit den Eltern ist in diesem Sinne ein wesentliches Element der pädagogischen Sprachdiagnostik im Kindergarten- und Grundschulalter. Dies gilt in verstärktem Maße, wenn die Einrichtungen keinen oder nur begrenzten Zugang zu den nicht-deutschen Sprachen der Kinder und Jugendlichen haben.

Von großer Bedeutung ist das Handeln der Eltern für die Herausbildung der Spracheinstellungen des Kindes. Eine häusliche Erziehung, die sich der weiteren sprachlichen Umwelt verschließt, ist gewiss ungünstig für eine durchgängige Sprachbildung. Damit dies nicht falsch verstanden wird: Eine bewusste Entscheidung für den Gebrauch der Herkunftssprache in der Familie ist sehr wohl mit der aktiven Unterstützung der Deutschkontakte des Kindes vereinbar, aber auch Formen der wechselnden Verwendung mehrerer Sprachen in der Familie können erfolgreiche Strategien sein; entscheidend ist die Bewusstheit der Spracherziehung in offener Auseinandersetzung mit der gegebenen Sprachsituation (vgl. dazu REICH 2009a, S. 254-256; auch PREIBUSCH 1992). Wünschenswert sind eine selbstbewusste Wertschätzung der Herkunftssprachen bei gleichzeitiger Offenheit für das Deutsche und Unterstützung des sprachlichen Lernens.

In den FörMig-Basiseinheiten gibt es eine ganze Fülle von Angeboten, die das Ziel verfolgen, mit Eltern über ihre Bedeutung bei der Sprachbildung ihrer Kinder ins Gespräch zu kommen. In mehreren Projekten, so in Berlin, Brandenburg, Hamburg, Nordrhein-Westfalen und dem Saarland, werden spezielle Elternabende oder ganze „Elternschulen" zur Spracherziehung angeboten, bei denen auch die Bedeutung von Herkunftssprachen thematisiert wird. In einer Basiseinheit in Schleswig-Holstein wurde ein Elterninformationsabend zum Thema Mehrsprachigkeit durchgeführt, zu dem nicht nur die Eltern selbst, sondern auch Lehrkräfte sowie das pädagogische Personal der Kindertageseinrichtungen eingeladen wurden. Zahlreiche Eltern nutzten die Gelegenheit, um Fragen zur sprachlichen Erziehung ihrer Kinder mit anderen Eltern und der eingeladenen Expertin zu diskutieren.

Die Wertschätzung der Herkunftssprachen seitens der Bildungseinrichtungen wird zuerst durch deren interkulturelle Öffnung signalisiert, d.h. durch die Beschäftigung von pädagogischen Kräften, die auch eine Migrantenherkunftssprache sprechen, oder durch Kräfte, die eine solche Sprache berufsbegleitend lernen. In einer nicht minder wirksamen Weise kommt diese Wertschätzung durch die Einbeziehung von Eltern in die pädagogische Arbeit der Einrichtungen zum Ausdruck, wie sie in vielen FörMig-Projekten praktiziert wurde: Eltern kommen in die Schule oder die Kita, um in ihren Herkunftssprachen vorzulesen oder Geschichten zu erzählen oder mit den Kindern zu singen. Sie leisten dadurch einen unmittelbar anschaulichen Beitrag zur Durchgängigkeit der Sprachbildung vom Elternhaus zum Bildungssystem und erfahren selbst ein Stück „offizielle" Anerkennung ihrer sprachlichen Ressourcen. FörMig-Berlin geht hier noch einen Schritt weiter, indem Mütter eigens zu Vorleserinnen in den Herkunftssprachen qualifiziert werden und für ihre Leistung ein Zertifikat erhalten.

Kooperation mit den Eltern kann auch die Entwicklung einer positiven Einstellung zum Sprachenlernen in starkem Maße unterstützen, wenn die Kinder ihre Eltern als Deutschlernende erleben. Das ist nicht nur an Kindergärten möglich, wo es Deutschlernangebote für Eltern seit langem gibt. Im saarländischen FörMig-Projekt SIGNAL z.B. sind Eltern-Kind-Lerngruppen an Grundschulen eingerichtet worden, in denen die Eltern gemeinsam mit ihrem Kind die deutsche Sprache spielerisch erlernen. Exkursionen und Ausflüge mit den Kindern und Eltern in die nähere Umgebung vertiefen das Deutschlernen in kommunikativen Situationen. Dabei werden auch deutschsprachige Kinder mit Sprachförderbedarf und geringer familiärer Unterstützung einbezogen (SPENGLER 2010). Im rheinland-pfälzischen FörMig-Projekt Bad Kreuznach laufen Sprach- und Kommunikationskurse für Eltern an Hauptschulen.

Mehrere Projekte haben sich das Ziel gesetzt, die Spracherziehungskraft der Eltern zu stärken und dadurch die Sprachbildung der Kinder insgesamt zu fördern. In diesem Sinne haben sich FörMig-Basiseinheiten in Schleswig-Holstein und Nordrhein-Westfalen an dem Programm

„Rucksack" beteiligt, mit dem für Kinder im Elementar- und im Primarbereich eine sprachliche Brücke zwischen Elternhaus und Einrichtung
geschlagen wird: Frauen mit zwei- oder mehrsprachigem Hintergrund
vermitteln zwischen Kindergarten oder Grundschule einerseits, und den
Eltern, überwiegend Müttern, andererseits. Sie laden zu Elterntreffen in
der Einrichtung ein, in denen Themen wie „Gesundheit" oder „Hausaufgaben" behandelt, aber auch anhand strukturierter Materialien Möglichkeiten der gezielten häuslichen Sprachförderung, die in der Familiensprache stattfinden kann und soll, besprochen werden. Die Frauen werden für diese Tätigkeit als „Elternbegleiterinnen" oder „Stadtteilmütter"
eigens qualifiziert. Die Einrichtungen sind gehalten, ihre eigenen Angebote mit diesen Aktivitäten zu parallelisieren (http://www.raa.de/file
admin/dateien/pdf/produkte/Info_Rucksack.pdf).

In FörMig-Schleswig-Holstein hat die Basiseinheit Lübeck in Zu-
sammenarbeit mit dem Lübecker Projekt für Interkulturelle Elternarbeit
(LÜPIKE, eine Initiative der Gemeindediakonie) und der Basiseinheit
Norderstedt die „Rucksack"-Materialien weiterentwickelt. Es sind neue
Bausteine hinzugefügt worden, die sich an den Themen der vorschuli-
schen Sprachförderkurse in Schleswig-Holstein („SPRINT") orientieren.

Mit dem Berliner „Familienlesekoffer" und den zugehörigen Aktivitäten werden die Eltern und die Kinder angesprochen. Die Sprachbil-
dungsziele liegen dabei schon im Bereich der *literacy* und die Mitwirkung
der Familien vollzieht sich in einer freieren Weise. Sie können z.B. je
nach Interesse und sprachlichen Voraussetzungen deutsche Texte oder
Texte in den Herkunftssprachen aussuchen.

Der literacy-Erziehung dient auch das Hamburger Projekt FLY. Es fördert generationsübergreifend die Schriftsprachkompetenz und ist darauf
gerichtet, das Lesen und Schreiben in den Familien mit der Sprachbildung in Kita und Schule zu verbinden. Die Eltern haben mit Unterstützung des Projekts eine mehrsprachige Bilderbuchreihe (mit 22 verschiedenen Sprachen!) verfasst und herausgebracht, deren Inhalte sich auf
die eigenen Familiengeschichten beziehen. Die Reihe wird durch einen
dreisprachigen Gedichtband ergänzt, der im Literaturunterricht der Sekundarstufe I eingesetzt werden kann.

8.5.2 Kooperationen im regionalen Sprachbildungsnetzwerk

Die sprachliche Selbstbildung, die sich „in dem Strom des Lebens"
vollzieht, ist oft etwas sehr viel Anderes als die Sprachbildung, die die
Schule vermittelt und die sie nur aus der Distanz zum Leben heraus
vermitteln kann. Durchgängigkeit bedeutet hier nicht, diese Distanz auf-
zuheben. Sie kann hier nur bedeuten, dass die Schule den Kindern und

Jugendlichen exemplarisch Wege aufzeigt, Kommunikationssituationen im gesellschaftlichen Leben als Bildungsgelegenheiten aufzusuchen, zu bestehen und zu reflektieren. Solche Öffnungen hin zum gesellschaftlichen Leben haben in den FöRMiG-Projekten vielfach stattgefunden.

Welche Gewinne dabei für die Sprachbildung zu erzielen sind, hängt davon ab, wer die kooperierenden Partner sind, auf welchem Feld sie sich betätigen und welche Ziele sie verfolgen. Dabei muss sich nicht jeder Kooperationspartner dem Sprachregister der Bildungssprache verpflichten. Auch die Stärkung des sprachlichen Selbstbewusstseins, die Ausweitung des alltäglichen Sprachregisters, die Verantwortung für spezifische Textsorten (z.B. Bewerbungen schreiben), die Verbindung von Mündlichkeit und Schriftlichkeit oder die Förderung der Herkunftssprache sind Ziele, die in den Kooperationsverbünden, sei es punktuell, sei es auf Dauer, verfolgt wurden.

In dem saarländischen FöRMiG-Projekt „Außerschulische Sprachförderung und Integration durch ehrenamtliche Integrationsbegleitung" wird ein Modell der schulischen Sprachförderung mit Unterstützung ehrenamtlicher Sprachpaten realisiert. Es umfasst im Kern eine Kombination von zusätzlichen Förderstunden an den beteiligten Grundschulen mit ehrenamtlichen Angeboten am Nachmittag. Von beiden Angeboten aus gibt es Verbindungen zu den Eltern einerseits, zum Regelunterricht andererseits. Der Förderunterricht verfolgt ein schulisches DaZ-Curriculum, das von mündlichen Aktivitäten zur Förderung literaler Fähigkeiten überleitet. Die Sprachpaten dagegen sind zunächst einmal Kommunikationspartner der Kinder, mit denen sie nachmittags in der Schule zusammentreffen, um gemeinsam zu spielen, Bücher zu lesen oder sich über die unerledigten Hausaufgaben zu beugen, mit denen sie aber auch z.B. einen Zoo besuchen oder Ausflüge in die nähere Umgebung unternehmen, über die auch vor- und nachbereitend gesprochen wird.

Im Schwerpunkt „Offener Ganztag" in FöRMiG Nordrhein-Westfalen geht es um die Frage, ob und inwieweit sich die nachmittäglichen Angebote an Ganztagsschulen auch als Orte der ergänzenden Sprachbildung und Sprachförderung nutzen lassen. Dies kann in projektorientierter Arbeit geschehen, so werden an den teilnehmenden Schulen z.B. ein Bilderbuchprojekt, ein Percussionprojekt, ein Zooprojekt, ein mehrsprachiges Eltern-Kind-Projekt durchgeführt. Eine engere Verzahnung des vormittäglichen Regelunterrichts mit sichernden, vertiefenden oder weiterführenden Sprachangeboten am Nachmittag ist an den Schulen gelungen, in denen ein Sprachförderkonzept für die Schule insgesamt erarbeitet worden ist. Unterstützung bei der konzeptionellen Arbeit erhalten die Lehrkräfte und die pädagogischen Fachkräfte auch durch den Arbeitskreis „Sprachförderung im Offenen Ganztag". Sie ist eingebettet in das Qualitätsentwicklungsverfahren „QUIGS – Qualitätsentwicklung in Ganztagsschulen" des Ministeriums für Schule und Weiterbildung Nordrhein-Westfalen.

Manche außerschulischen Institutionen sind kulturell sehr nahe bei den Sprachbildungszielen der Kita-Einrichtungen und der Schulen, so dass sich Kooperationen fast von selbst anbieten und leicht zu realisieren sind. So hat es allenthalben in den FörMig-Projekten Kooperationen der Bildungseinrichtungen mit lokalen Bibliotheken gegeben. Im Sinne einer durchgängigen literacy-Erziehung werden Bibliotheksbesuche zum Kennenlernen organisiert, Ausleihvorgänge erklärt und ausprobiert, Ausstellungen besichtigt, Lesungen besucht. Gleichzeitig werden die Eltern ermuntert, ebenfalls mit ihren Kindern dorthin zu gehen. Die Bibliotheken stellen Lesekisten für Kindergärten und Schulen zusammen, die auch mehrsprachige Literatur enthalten. Vielfach gibt es Vorlesestunden in den Herkunftssprachen. Die Norderstedter Stadtbücherei bietet in Zusammenarbeit mit FörMig-Schleswig-Holstein ein „Bilderbuch-Kino" in den Sprachen Russisch und Türkisch an, das sehr gut besucht wird; die Bibliothek in Flensburg ist ihr gefolgt. Eine Berliner Stadtteilbibliothek hat ein Multiplikatoren-Modell erfunden: Sie schult Hauptschüler und Hauptschülerinnen als Lesepaten, damit diese dann jüngeren Kindern in Kindertagesstätten vorlesen.

Angebote im Bereich Tanz, Theater und Musik, über deren sprachbildende Funktionen man sich verständigt, haben einen festen Platz in vielen Basiseinheiten. An einer der FörMig-Modellschulen in Sachsen wurde der DaZ-Unterricht für Seiteneinsteiger durch einen Hip-Hop-Kurs angereichert. Die zuständige Lehrerin und ein Hip-Hop-Experte arbeiteten gemeinsam mit den Jugendlichen, die zwischen zwölf und achtzehn Jahren alt waren. Die Einübung der Texte und Rhythmen des Hip-Hop unterstützt Aussprache und Textkompetenz, z.B. das Verständnis und Formulieren von Metaphern. Gemeinsam eingeübte Stücke wurden für Lehrkräfte, Eltern und Mitschülerinnen und Mitschüler aufgeführt.

In unterschiedlich enger Kooperation mit FörMig-Projekten standen „Sprachcamps", die u.a. in Berlin, Bremen, Hamburg und Nordrhein-Westfahlen als Ferienangebote zum sprachlichen Lernen in Verbindung mit Freizeitaktivitäten gestaltet wurden (BALLIS/SPINNER 2008). In Hamburg wurden – ähnlich wie in Bremen – mit Kindern des dritten Grundschuljahrs die Möglichkeiten des Theaterspiels für die Sprachförderung genutzt und mit den freizeitpädagogischen Ressourcen eines dreiwöchigen Ferienaufenthalts verbunden. In Köln lernten die Schülerinnen und Schüler der Sekundarstufe I im Museum; in Berlin standen Berufsorientierung (9./10. Jahrgangsstufe) und Schreiben (7./8. Jahrgangsstufe) im Mittelpunkt. In allen Fällen waren Studierende als Förderkräfte tätig, die in speziellen Seminaren von den Universitäten ausgebildet und begleitet wurden. Sie gewannen so Kompetenzen in der sprachlichen Bildung und einen Einblick in die Praxis der Förderung von Kindern und Jugendlichen mit Migrationshintergrund.

Eine Berliner Haupt-/Realschule kooperiert mit einem freien Träger, der Jugendliche zu Stadtteilführern für auswärtige, vorwiegend jugendliche Besuchergruppen qualifiziert: www.ichbin1berliner.de. Es geht darum, sich kulturelle Inhalte zu erschließen und diese für andere ausdrucksstark und verständlich zu präsentieren. Die Schule bezieht sich auf diese Qualifikation mit einem fächerübergreifenden Curriculum stadtteilorientierten Lernens im 9. und 10. Schuljahr. Dabei werden Sachkenntnisse erworben und sprachliche Fähigkeiten eingeübt, die für die authentische Präsentationssituation relevant sind, aber auch in weiteren schulischen Verwendungssituationen Bedeutung haben: Informationen einholen, auswerten, zusammenfassen, für die Präsentation aufbereiten und die Präsentation selbst durchführen.

FörMig-Sachsen kooperierte auch mit Jugendmigrationsdiensten. Die Jugendmigrationsdienste unterstützen bundesweit jugendliche Migranten und Migrantinnen mit individuellen Angeboten und Begleitung bei ihren Integrationsprozessen. Dazu gehören außerschulische Fördermaßnahmen sowie Sprach- und Kommunikationstraining, oft bezogen auf Themen der Berufsplanung, der Ausbildungsplatzsuche und der Berufsvorbereitung. Diese können die schulische Berufsorientierung in nachholend ergänzender Weise fortführen.

8.6 Fazit: Vielfalt der Praxis

Vorstehend ging es darum zu zeigen, dass aus einer rein qualitativen Betrachtung der Praxis in FörMig vieles gelernt werden kann. Es hat sich in den Basiseinheiten eine reiche Fülle von Vorgehensweisen entwickelt, die als Bausteine zu einer Konzeption der durchgängigen Sprachbildung zusammengefügt werden können. Von diesem reichen Erfahrungsschatz können nun die Länder und Einrichtungen profitieren, die sich auf einen systematischen Transfer von FörMig-Erfahrungen in weitere Praxis eingerichtet haben. Es gilt, die bewährten Ansätze zur Förderung spezifischer, für die Aneignung von bildungssprachlicher Kompetenz relevanter Fähigkeiten einmünden zu lassen in prozeßbegleitende Unterrichtsentwicklung.

9 Qualifizierung für diagnostische Aufgaben und Aufgaben der durchgängigen Sprachbildung

Die im FörMig-Programm verfolgten Prinzipien einer kooperativen Sprachbildung mit dem Ziel des kumulativen Aufbaus bildungsrelevanter sprachlicher Fähigkeiten, die Unterstützung der sprachlichen Bildung an den Schnittstellen des Bildungssystems und schließlich die auf Diagnose basierende Sprachbildung stellen hohe Ansprüche an die pädagogischen Fachkräfte. Die Curricula und Lehrpläne der ausbildenden Institutionen wandten der Sprachbildung als durchgängiges Prinzip pädagogisch-professionellen Handelns keine Aufmerksamkeit zu. Ausbildungen für Sprachbildung im Kontext von migrationsbedingter Mehrsprachigkeit richteten sich vor allem an Spezialistinnen und Spezialisten – für den schulischen Bildungsraum wurden sie unter dem Rubrum Deutsch als Zweit- oder Fremdsprache angeboten. Für den Elementarbereich wurde Sprachbildung erst in Reaktion auf die PISA-Ergebnisse als allgemeines Aufgabenfeld entdeckt (Jampert/Best/Guadatiello/Holler/ Zehnbauer 2005).

Entsprechend verhalten wurde bei Beginn des Modellprogramms die Ausgangslage eingeschätzt, was die Qualifikation der beteiligten Pädagoginnen und Pädagogen anbelangt: Es lag auf der Hand, dass ein hoher Weiterbildungsbedarf bestand. Wie hoch dieser Bedarf tatsächlich war, wurde – so kristallisierte sich im Laufe des Programms immer klarer heraus – gleichwohl bedeutend unterschätzt. Gestützt auf die Analyse vorheriger Qualifizierungsmaßnahmen, die in allen beteiligten Bundesländern im Themenfeld der Folgen von Migration für Bildung und Erziehung über viele Jahre angeboten worden waren (Gogolin/Neumann/ Reuter 2001), und auf einschlägige Bestimmungen (z.B. in den Empfehlungen der Kultusministerkonferenz der Länder zum Thema) war angenommen worden, dass auf einen Grundstock von Kenntnissen über pädagogisches Handeln in sprachlich heterogenen Konstellationen aufgebaut werden könne, der gleichsam zum Allgemeingut der pädagogischen Profession gehöre. Resümees der Länderprojekte in ihren Berichten aber und andere Beobachtungen förderten zu Tage, dass dies eine zu optimistische Grundannahme war. Das Ausmaß des Qualifizierungsbedarfs wurde umso deutlicher, je weiter das Programm voranschritt: Je besser die Beteiligten vor Ort einschätzen konnten, welche Anforderungen die durchgängige Sprachbildung an sie stellt, desto klarer wurde auch ihre Selbsteinschätzung der vorhandenen und fehlenden Qualifikationen. Im Lebensrhythmus des Programms bedeutete dies: An die Stelle der Vorstellung, dass die höchsten Investitionen in Qualifizierung am Anfang des Programms zu leisten wären, trat die Erkenntnis, dass die Investitionen umso höher ausfallen mussten, je weiter das Programm voranschritt.

In diesem Kapitel wird ein Überblick über die Anstrengungen der beteiligten Länder und des Programmträgers zur Qualifizierung des pädagogischen Personals gegeben. Ferner werden die beiden Qualifizierungsansätze vorgestellt, die in gemeinsamer Anstrengung von Programmträger und Länderprojekten entstanden, um ein nachhaltiges, dezentrales Angebot von hoher Qualität bereitstellen zu können, das dem erkannten Bedarf entgegenkommt: das Ausbildungsmodul „FöRMiG-Online" und das Weiterqualifizierungsangebot „Sprachberater(in)". Mit diesen beiden Entwicklungen stellte das Modellprogramm Angebote bereit, die von Interessierten – nicht nur Bundesländern – aufgegriffen werden können. Dies kann z.B. dazubeitragen, die Selbstverpflichtungen im Nationalen Integrationsplan der Bundesregierung einlösen zu können, die besagen, dass Bund, Länder und Kommunen „zeitnah" alle erforderlichen Maßnahmen ergreifen, um die Pädagoginnen und Pädagogen instand zu setzen, ihre anspruchsvolle Aufgabe der Sprachbildung zu erfüllen.[44] Auf der Grundlage dieser Selbstverpflichtung hat die Konferenz der Kultusminister der Länder eine „gemeinsame Erklärung der Kultusministerkonferenz und der Organisationenen von Menschen mit Migrationshintergrund „Integration als Chance – gemeinsam für mehr Chancengleichheit" (Beschluss der KMK vom 13.12.2007; http://www.KMK.org/fileadmin/veroeffentlichungen_beschluesse2007/2007_12_13-integration.pdf) beschlossen, in der die angeführten Selbstverpflichtungen wiederholt werden. Bekräftigt werden die Grundaussagen durch Hinweise in den Nationalen Bildungsberichten, die den Bedarf einer besseren Förderung von Migranten wiederkehrend anzeigen. In vielen Bundesländern wurden entsprechende Ausbildungsanteile in die Lehrausbildungen aufgenommen – so z.B. in Berlin ein „Studienmodul Deutsch als Zweitsprache"; in Hamburg ein „Prioritäres Thema: Sprachliche, kulturelle und soziale Heterogenität"; in Nordrhein-Westfalen ebenfalls Studienanteile in Deutsch als Zweitsprache, die dort an jeder lehrerausbildenen Universität unterschiedlich gestaltet werden. Dennoch besteht weiterhin hoher Bedarf an Angeboten, wie sie im Programm FöRMiG entwickelt wurden. Dies hat (mindestens) zwei Gründe: Erstens ist es notwendig, auch die bereits im Lehrberuf Tätigen für die Anforderungen des Lehrens und Lernens im vielsprachigen Kontext zu qualifizieren. Zweitens macht eine Durchsicht durch die Forschungslandschaft an den deutschen Universitäten und Hochschulen deutlich, dass sich nur an ausgewählten Standorten For-

---

44 Siehe mit Blick auf den Elementarbereich insbesondere S. 56ff., mit Blick auf schulische Bildung insbesondere S. 66 in (BUNDESREGIERUNG 2007); ausführlicher dokumentiert sind die Übereinkünfte zur Lehrerbildung in (NATIONALER INTEGRATIONSPLAN, Arbeitsgruppe 3, 2007).

schungs- und Lehrbereiche etabliert haben, die das Gebiet des Lehrens und Lernens unter Bedingungen sprachlich-kultureller und sozialer Heterogenität abdecken. Es kann daher nicht davon ausgegangen werden, dass flächendeckend genügend qualifiziertes Personal für die Ausbildung zur Verfügung steht, das ein qualitativ hochwertiges Qualifizierungsangebot realisiert werden könnte. Maßnahmen, die die Qualifizierung der Qualifizierer unterstützen, sind daher dringend erforderlich, und nach Lage der Dinge können solche Maßnahmen vorerst am besten dezentral von jenen Standorten aus angeboten werden, in denen Forschung und Lehre zum Thema qualitativ abgesichert ist.

9.1 Qualifizierung – eine zentrale Dimension in FörMig

Jenseits der einleitend in dieses Kapitel vorgestellten Beobachtungen war das Modellprogramm FörMig im Bereich der Qualifizierung, wie es das in allen anderen Tätigkeitsfeldern war: heterogen. Die Ausgangslage in den Länderprojekten im Hinblick auf Wissen und Erfahrungen der beteiligten pädagogischen Kräfte vor Ort war durchaus verschieden; hier spiegelten sich nicht zuletzt die unterschiedlichen Rekrutierungsstrategien der Länder für die Beteiligung an FörMig. In manchen Projekten waren für die Mitarbeit Institutionen über Personen gewonnen worden, die sich – zum Beispiel für Deutsch als Zweitsprache – einschlägig qualifiziert hatten. In anderen wurden Einrichtungen angesprochen bzw. reagierten auf die Ausschreibung, die sich in einer schwierigen Lage befanden (z.B. „Brennpunktschulen"), aber gerade nicht über die Expertise verfügten, damit angemessen umzugehen. In einigen Länderprojekten wurde bei der Auswahl von Einrichtungen auf die Beteiligung hoch qualifizierter Einzelner gesetzt; in anderen geschah die Auswahl eher unter dem Gesichtspunkt, dass die Einrichtungen insgesamt einen Grundstock von einschlägiger Erfahrung besaßen.

Entsprechend variierten die Voraussetzungen der Beteiligten erheblich, auch je nach ihrer bisherigen Einbindung in die Fortbildungsstruktur des Bundeslandes bzw. des jeweiligen Trägers eines beteiligten Projekts. Vom Programmträger waren die in den Basiseinheiten mitwirkenden Pädagoginnen und Pädagogen bereits im ersten Laufjahr und danach wiederholt aufgefordert worden, ihren Fortbildungsbedarf im Hinblick auf die Ziele, auf die sie sich mit Hilfe der Zielvereinbarungen einigten, zu formulieren. Bei der Bedarfsanmeldung unterstützten nicht zuletzt die Koordinatorinnen und Koordinatoren in den Ländern bzw. Regionen. Beabsichtigt war, dass die regional entstehenden Basiseinheiten und Netzwerke von den speziellen Kompetenzen profitieren sollten, die unter ihren Mitgliedern vertreten waren, und dass für alle Beteiligten eine darüber hinausgehende Grundqualifizierung im Bereich der durchgängigen Sprachbildung gesichert werden sollte. Ein Bestandteil dieses Qualifizierungsprogramms waren die vom Programmträger angebotenen überregionalen Tagungen, die zweimal jährlich zu wechselnden Schwerpunkten stattfanden, sowie regionale oder lokale Workshops zu spezifischen Fragestellungen. Besonders nachgefragt waren Angebote zur prozessbegleitenden Diagnostik und zum Einsatz der Instrumente zur Sprachstandsmessung, die in der Programmevaluation verwendet wurden, als pädagogisch-diagnostische Verfahren für die Grundlegung einer Förderplanung.

Die zentralen Qualifikationsangebote des Programmträgers wurden flankiert von Angeboten der Länderprojekte, die sich zahlreichen Themen und Bedürfnissen zuwendeten; in der Laufzeit des Programms war hier – wie an anderen Stellen – eine zunehmende länderübergreifende Kooperation möglich. So hat beispielsweise das Länderprojekt HAVAS 5 Hamburg, dessen Gegenstandsfeld die Entwicklung von Förderkonzepten im Anschluss an die mit HAVAS 5 durchgeführte Diagnose war, Referent(inn)en für andere Länderprojekte bereitgestellt, in denen sich keine qualifizierten Personen für diese Aufgabe fanden. Das nordrheinwestfälische Material „Rucksack", mit dessen Hilfe eine bessere Einbeziehung der Eltern in die Sprachbildung ihrer Kinder gelingen soll, wurde von anderen Länderprojekten eingeführt, was mit dem Angebot entsprechender Qualifizierungsmaßnahmen verbunden wurde. Kooperation zwischen den Länderprojekten ergab sich auch dadurch, dass sie sich auf gemeinsame Angebote einigten, für die Expertinnen und Experten von außen eingeladen wurden – hervorzuheben sind hier etwa Fortbildungen zur Sprachbildung in naturwissenschaftlichen Fächern. Gemeinsame Planungen und Investitionen ermöglichten darüber hinaus Bildungsreisen von Mitgliedern der Länderprojekte zu einschlägigen Modellprojekten oder Programmen, die Anregungen für die Arbeit in FörMig geben konnten; ein Beispiel hierfür ist der intensive wechselseitige Austausch, der mit dem Züricher Expertenteam aus dem Programm „Qualität in multikulturellen Schulen QUIMS" und dem Institut für Interkulturelle Kommunikation, ebenfalls Zürich, zustande kam. In all diesen Aktivitäten wirkten die beteiligten Länderprojekte füreinander als Ressource, angeregt und unterstützt durch die Expertise und nationalen wie internationalen Kontakten des Programmträgers.

Deutlich wurden im Laufe des Modellprogramms einige Schwachstellen für die Qualifikationsanstrengungen, die in diesem Sinne auch in den Jahres- und Abschlussberichten der Länder dokumentiert sind. Sie betreffen insbesondere folgende Aspekte:

- *Das Fehlen systematischer Qualifizierungskonzepte in den Länderprojekten.* Berichtet wird – und in den Beobachtungen des Programmträgers bestätigt sich dies –, dass die Qualifizierungsangebote in den beteiligten Länderprojekten anfangs zum guten Teil eher eklektisch, quasi auf Zuruf von Bedarf, zustandekamen. Dies liegt ganz gewiss auch an dem eingangs festgestellten Umstand, dass den Beteiligten erst mit zunehmender Kompetenz im Gebiet des Programms klarer wurde, wo ihr Qualifizierungsbedarf liegt. Gleichwohl bleibt die Entwicklung systematischer Angebote eine zu lösende Aufgabe in den Ländern. Unterstützen kann hierbei die ex post angestellte Analyse von Angemessenheit und Erfolg von Maßnahmen, wie sie sich in einigen Abschlussberichten der Länder findet. Einen Ansatz zur systematischen, bedarfsgerechten Planung von Qualifizierungsmaßnahmen bieten zum Beispiel die entsprechenden Befragungen der Beteiligten, die von der Landesevaluation des nordrhein-westfälischen FörMig-Projekts durchgeführt wurden.

- *Der Mangel an Gelegenheitsstrukturen für die Wahrnehmung institutionenübergreifender Qualifizierungsangebote.* Dieses Problem machte sich besonders schmerzlich bemerkbar, wenn es um die Realisierung des „Schnittstellenprinzips" von FörMig ging – also die praktische Umsetzung des Auftrags, dass die an den bildungsbiographischen Übergängen beteiligten Institutionen kooperieren und dass es zur Zusammenarbeit zwischen Bildungsinstitutionen und anderen Beteiligten (von Eltern über Betriebe bis zu Ehrenamtlichen oder Migrantenvereinigungen) kommt. Vor allem am Beispiel der begrenzten Möglichkeiten, dass Erzieher(innen) und Lehrkräfte gemeinsam in Qualifizierungsangebote eingebunden werden, wird aus den Basiseinheiten immer wieder über strukturelle Hindernisse berichtet: Mangel an Zeit; Mangel an Geld; Mangel an Möglichkeiten, Zertifikate oder andere „Belohnungen" für die erworbene Qualifikation zu erhalten, die für das jeweils beteiligte Trägersystem relevant sind.
- *Zu geringe Kontinuität der Maßnahmen.* Beklagt wird in etlichen Länderprojekten, dass die vorhandenen Angebotsstrukturen für Qualifizierungsmaßnahmen zu stark auf punktuelle Maßnahmen („Fortbildung") gerichtet seien, hingegen zu wenige Möglichkeiten für die als überaus gewinnbringend und notwendig angesehenen, über längere Zeiträume angelegten prozessbegleitenden Qualifizierungen geboten hätten. Mit Bezug darauf wird auf beiden Seiten Mangel festgestellt: auf Seiten der Bildungsinstitutionen einerseits, deren Finanzierung, Organisation und Zeitplanung die Luft für entsprechende Aktivitäten kaum lässt, und auf Seiten der Anbieter von Qualifizierung andererseits, die die gewünschten Maßnahmen in ihren Programmen kaum vorhalten.

Trotz dieser generellen Einschätzung, dass im Bereich der Qualifizierung in der Laufzeit von FörMig mindestens soviele Lücken aufgedeckt wie geschlossen werden konnten, können durchaus auch erfolgversprechende Aktivitäten der Länderprojekte vorgestellt werden, die gute Aussicht darauf haben, dass Lücken geschlossen werden können – vorausgesetzt, sie werden nach FörMig weitergeführt und weiterentwickelt.

So wurden in mehreren Länderprojekten verschiedene Formate für schnittstellen- und einrichtungsübergreifende Qualifizierungsangebote erprobt, die darauf zielen, dass es zur Etablierung lokaler oder regionaler Angebotsstrukturen kommt. Im Bericht Nordrhein-Westfalens (Nord-rhein-Westfalen 2009, S. 45) wird der Wunsch von Befragten vorgestellt, dass „stadtweite Foren zum Austausch, Präsentation von Best-Practice-Projekten und Impulsen aus der neueren fachwissenschaftlichen und fachdidaktischen Forschung zum Zweitspracherwerb" zustandekommen. Dies wird nicht zuletzt als Grundlage für die Verstetigung des Erreichten und zum Transfer der Projektergebnisse gewünscht. Im Abschlussbericht des Saarlandes wird hervorgehoben, dass die Maßnahmen zur begleitenden Qualifizierung von Erzieher(inne)n und Lehrkräften, die ergriffen wurden, als Ausgangspunkt für die Beseitigung von Qualifikationsunterschieden der Beteiligten wirksam seien – aber weiter intensiv daran gearbeitet werden müsse, dass Differenzen im Hinblick auf Interesse und Fortbildungsbereitschaft, mitgebrachtes Wissen, zeitliche Verfügbarkeit, Innovationsbereitschaft und die Akzeptanz der durchgängigen Sprachbildung abgebaut werden.

Mit der Aussicht auf Nachhaltigkeit wurde in einigen Länderprojekten damit begonnen, spezielle FörMig-Qualifizierungen in die Regelstrukturen des Landes einfließen zu lassen. So wurde in Schleswig-Holstein eine Zusatzqualifikation mit dem Titel „Teilnahme an der Qualifizierung im Rahmen des Modellprogramms FörMig" entwickelt, die in Zusammenarbeit mit der Universität Flensburg in drei Durchgängen für 75 Lehrkräfte durchgeführt wurde. Die Qualifizierungsmodule sollen künftig als Weiterbildungsangebot des Instituts für Qualitätsentwicklung an Schulen Schleswig-Holsteins (IQSH) übernommen werden. In FörMig Mecklenburg-Vorpommern sollte eine berufsbegleitende Qualifikation in ein Fortbildungsprogramm umgesetzt werden, das in Zusammenarbeit mit der Universität Greifswald zu einem allgemeinen berufsbegleitenden Qualifizierungsprogramm ausgebaut werden soll. Hier zeigen sich jedoch zugleich Restriktionen, die mit dem Status der Maßnahme im Modellprogramm verbunden sein können, wenn keine langfristige Transferplanung vorliegt: Da Fragen der Anerkennung der Fachlichkeit, der Bereitstellung von finanziellen Ressourcen für Reisekosten und Studiengebühren sowie der Erreichbarkeit der Universität noch nicht zu lösende Probleme bereiteten, so heißt es im Abschlussbericht Mecklenburg-Vorpommern, konnte die entsprechende Planung im Sinne eines Transfers der in FörMig entwickelten Module vorerst nicht vorgenommen werden.

In einigen Länderberichten wird explizit hervorgehoben, dass eine Rückbindung der Qualifikationserfordernisse in das Ausbildungsangebot an Fachschulen und Fachhochschulen, Universitäten und Studienseminaren angestrebt werde. Erste Schritte mit Blick auf die Lehrerbildung wurden auch in einigen Ländern bereits gegangen (so in Berlin, Hamburg und Nordrhein-Westfalen). In einigen FöRMiG-Projekten wurden mit Unterstützung der Stiftung Mercator Studentinnen und Studenten für die begleitende Sprachförderung von Schulkindern ausgebildet. Insbesondere an Standorten, in denen es in der Lehramtsausbildung der Universitäten bislang keine obligatorischen Studienbestandteile für die Förderung von Kindern mit Migrationshintergrund gab, könne dies als innovativer Impuls für die Ausbildung zukünftiger Lehrkräfte gelten (so z.B. eine Einschätzung aus dem Länderprojekt Brandenburg). Allerdings bestehen nicht in allen an FöRMiG beteiligten Ländern – so wird in mehreren Länderberichten kritisch festgestellt – die entsprechenden Kompetenzen und Kapazitäten an den Ausbildungsinstitutionen.

Der Wissenschaftliche Beirat von FöRMiG hat eine Konzeption vorgelegt, in der skizziert wird, wie die in FöRMiG behandelten und entwickelten Inhalte, Produkte und Formate der Qualifizierung in die Erstausbildung der pädagogischen Fachkräfte (Lehrkräfte ebenso wie Erzieherinnen und Erzieher) in die Ausbildungsgänge transferiert werden können (WISSENSCHAFTLICHER BEIRAT FöRMiG 2007).

9.2 Qualifizierung in den Länderprojekten

Aus den Jahresberichten der Länder und den Abschlussberichten geht hervor, dass die Beteiligten folgende Inhalte als besonders wichtige Grundlagen für eine Etablierung durchgängiger Sprachbildung ansehen:
- Sprachdiagnostik, basierend auf Erkenntnissen über den Spracherwerb unter Zweisprachigkeitsbedingungen in Migrationsgesellschaften,
- Methodik und Didaktik des Deutschen als Zweitsprache,
- Gestaltung sprachförderlichen Fachunterrichts,
- Gestaltung einer sprachsensiblen Lernumgebung,
- Beteiligung an der Entwicklung und Etablierung von Kooperationsformen und Vernetzung.

In der Laufzeit des Programms verschob sich der Schwerpunkt der von den Länderprojekten als relevant angesehenen Fortbildungsinhalte. Während zunächst vor allem Einzelthemen der Didaktik bzw. Methodik des Deutschen als Zweitsprache für besonders wichtig angesehen wurden, gefolgt von Inhalten, die der individuellen Handlungskompetenz im Bereich von Diagnostik dienten, kamen nach und nach auch mehr Inhalte in den Blick, die sich auf die Institutionengestaltung und die Gestaltung von Vernetzung und Transfer richteten.

Die 2009er Abfrage, die gemeinsam mit den Koordinatoren der Länder Nordrhein-Westfalen und Berlin in allen beteiligten Ländern durchgeführt wurde, zeigt eine zunehmende Entwicklung modularer Strukturen anstelle der anfangs überwiegenden Einzelangebote. In mehreren Ländern sind Angebote konzipiert worden, die Lehrkräfte und Personal aus verschiedenen Kindertageseinrichtungen erreichen. Inhaltlich bezogen sie sich auf Grundlagenwissen über Sprachentwicklung unter Zweisprachigkeitsbedingungen, Grundfragen von Sprachdiagnostik und Sprachförderkonzepten, Merkmale von Fach- und Bildungssprache. In der Landesevaluation Nordrhein-Westfalens wird – bei einer insgesamt positiven Bewertung der Maßnahmen – auf das Problem hingewiesen, dass die Implementation von Sprachbildungskonzepten in die einzelne Einrichtung oder Schule auch durch Angebote begleitet werden müsse, die speziell an die Einzelinstitution gerichtet seien. Einzelne Veranstaltungen, z.B. Tagesangebote mit unterschiedlichen Modulen (wie: Grundlagenwissen Mehrsprachigkeit, Diagnoseinstrumente, Konsequenzen für die Förderung, interkulturelle Sensibilisierung) hätten regelmäßig ein positives Echo gefunden, aber stets auch den Bedarf für die weitere Vertiefung geweckt. Die durch FörMig erworbene Qualifikation der Beteiligten habe sich als Investition auch insoweit gelohnt, als sie als Referent(inn)en in anderen Projekten oder Fortbildungseinrichtungen gefragt seien.

In Berlin wurde die anfänglich eher punktuelle Qualifizierung in Richtung auf die Etablierung „Professionelle Lerngemeinschaften" (Rolffs 2008) gelenkt, die als Motoren für Unterrichtsentwicklung wirken und über die Projektlaufzeit hinaus wirksam werden können (Berlin 2009, S. 17). Mittels Fortbildungsreihen, an denen festgelegte Teams kontinuierlich teilnahmen, wurden Lerngemeinschaften etabliert, für die fünf Merkmale kennzeichnend sein sollen:
1. die Mitglieder verfolgen gemeinsame handlungsleitende Ziele,
2. sie kooperieren,
3. sie richten den Fokus auf das Lernen der Schülerinnen und Schüler,
4. sie „entprivatisieren" ihre Unterrichtspraxis,
5. sie reflektieren ihre Unterrichtsentwicklung im Dialog.

In Orientierung an diesen Merkmalen wurden an den Schnittstellen Elementar-/Primarbereich und Übergang Primarbereich-/Sekundarbereich Lerngemeinschaften entwickelt, deren Mitglieder ihre eigene Praxis zum Gegenstand der Reflexion machten. Es wurden implizite Konzepte von Sprachbildung transparent gemacht und wechselseitige Hospitationen ermöglicht. Zu den erforderlichen Rahmenbedingungen für das Gelingen wird im Bericht konstatiert (BERLIN 2009, S. 18): Die Fortbildungsreihe müsse länger als ein Jahr dauern, um aus dem Stadium des Interesses für neue Materialien und didaktische Anregungen in die Umsetzung für die eigene Praxis zu gelangen. Die Zahl der Teilnehmenden aus einer Einrichtung müsse genügend groß sein, um einen ausreichenden Kern von Beteiligten zu bilden, von dem Ausstrahlung in die gesamte Schule oder Kindertageseinrichtung ausgehen kann. Gestützt auf die Erfahrungen, wurde im Projekt Berlin ein Leitfaden „Professionelle Lerngemeinschaften zur Qualitätsentwicklung der Sprachbildung im Unterricht" (SENATASVERWALTUNG Berlin 2009) entwickelt, in dem das Fortbildungsformat „Qualitätszirkel" vorgestellt wird.

Auch FÖRMIG Brandenburg hat „institutionenübergreifende Qualitätszirkel" etabliert und schätzt diese als eine effektive Form von Fortbildung ein, die sowohl die theoretische Fundierung als auch die Arbeit an praktischen Beispielen der sprachlichen Förderung leisten könne. Hier stand – angeregt durch die Notwendigkeit, Fortschritte im Sprachstand der Kinder für die Evaluation festzustellen – die „Qualitätsentwicklung des pädagogischen Personals für diagnostische Aufgaben der durchgängigen Sprachförderung" (BRANDENBURG 2009, S. 35) im Zentrum. Die Teilnehmer(innen) befassten sich in den Qualitätszirkeln schwerpunktmäßig mit den Ergebnissen der Sprachstandsanalyse und mit darauf bezogener Förderplanung, verbunden mit der Konzeption von schulvorbereitenden „Brückenkursen" und der Entwicklung von Materialien zur fächerverbindenden Sprachförderung im Unterricht der Klassenstufen eins und zwei sowie fünf und sechs. Kritisch angemerkt wird im Bericht, dass sich die Maßnahme zwar grundsätzlich bewährt habe, aber das Problem nicht lösen konnte, dass andere Anforderungen des Schulalltags die Frage der sprachlichen Bildung überlagern oder verdrängen können (BRANDENBURG 2009, S. 32).

Ein spezieller Ansatz der Qualifizierung in Brandenburg betraf die Rückmeldung der Ergebnisse von Sprachstandsmessungen als Instrument der Entwicklung von Unterricht und des „Empowerment" der Beteiligten. Mittels eines „wirkungsorientierten Feedbacks" wurde angestrebt, den Erzieherinnen und Lehrkräften die Notwendigkeit einer Veränderung ihres pädagogischen Handelns plausibel zu machen und ihnen Impulse zur Verbesserung der Sprachförderung in ihrem Unterricht zu geben (BRANDENBURG 2009, S. 43). Die Teilnehmenden wurden darin geschult, die quantitativen Daten der Rückmeldung zu verstehen und bewerten zu können. Berichtet wird die Erfahrung, dass ein solches Feedback nur dann zu neuer Expertise und deren Routinisierung führe, wenn die Beteiligten die Relevanz der Ergebnisse für den eigenen Unterricht erkennen, konkrete Ansatzpunkte für die Verbesserung des

Unterrichts gewinnen und ihr persönlicher Aufwand für die Umsetzung der Empfehlungen in einem angemessenen Verhältnis zu den zu erwartenden Veränderungen stehe. Um die Lehrkräfte und Erzieher(innen) zu unterstützen, wurden neue Aufgabentypen und kompetenzorientierte Aufgabenformate entwickelt. Im Bericht des Landes werden allerdings Zweifel an der Nachhaltigkeit des in Gang gesetzten „Selbstmanagements von Schul- und Unterrichtsentwicklung" artikuliert – zu befürchten sei, dass die Projektphase zu kurz gewesen sei, um überdauernd zu wirken.

Die deutlichste inhaltliche Akzentverschiebung identifizieren die Länderprojekte über die Laufzeit von FörMig hinweg bei den grundlegenden Ansprüchen an Sprachbildung. Habe anfangs das Interesse dem Deutschen als Zweitsprache im Sinne einer spezifischen Anforderung an das Fach Deutsch gegolten, so sei dies nach und nach der Orientierung auf das Konzept einer durchgängigen Sprachbildung gewichen, die lernbereichs- bzw. fächerübergreifend angelegt ist. Berichtet wird aus den Ländern – z.B. aus Schleswig-Holstein und Nordrhein-Westfalen – von einem wachsenden Interesse und Qualifizierungsbedarf der Fachlehrkräfte an Regelschulen, dem z.B. mit Arbeitstagungen entgegengekommen wurde. In Nordrhein-Westfalen wurden schulinterne Fortbildungen zu fachsprachlichem Lernen im Sachunterricht und im Mathematik- und naturwissenschaftlichen Unterricht angeboten, die mit Anregungen aus dem Programm Sinus-Transfer verknüpft wurden.

Eine eigene Dynamik haben die für die Programmevaluation entwickelten Diagnoseinstrumente für die Qualifizierung der Beteiligten entfaltet. Die Instrumente „HAVAS 5", „FörMig-Tulpenbeet" und „FörMig-Bumerang" haben Aktivitäten nach sich gezogen, bei denen sowohl die individuelle Handlungskompetenz von Lehrkräften und Erzieher(inne)n gesteigert als auch schulbezogene Entwicklungsarbeit in Gang gesetzt wurde. Auch die Entwicklung und Erprobung der „Niveaubeschreibungen DaZ" und des Instruments „Prozessbegleitende Diagnose der Schreibentwicklung" haben sich sehr gut für die Sensibilisierung der Lehrkräfte geeignet, die mit ihnen gearbeitet haben.

Wiederkehrend wird die Erfahrung berichtet, dass die anfänglichen Reaktionen auf die sprachdiagnostischen Instrumente gemischt waren. Bei den ersten Begegnungen mit den Instrumenten seien vor allem Befürchtungen laut geworden: zu hoher Zeitaufwand bei ihrem Einsatz, zu geringer praxis- oder unterrichtsrelevanter Ertrag. Je eingehender aber die Teilnehmenden mit den Instrumenten vertraut gemacht wurden, und je mehr sie Gelegenheit hatten, sie in der eigenen Praxis anzuwenden und dazu Rückmeldungen zu erfahren, desto mehr wurden die Instrumente als hilfreich angenommen. Bewährt habe sich zum Beispiel, dass den Lehrkräften, die die „Niveaubeschreibungen DaZ" im Unterricht eingesetzt hatten, Rückmeldungsworkshops angeboten wurden. Aus den Kommentierungen der Lehrkräfte geht hervor, dass die intensive Einarbeitung in das Instrument sich in zunehmender Routine bei seinem Einsatz auszahle – und dass dies für die fächerübergreifende Unterrichtsplanung ein großer Gewinn sei. Ähnliche Erfahrungen wurden mit dem prozessbegleitenden Instrument zur Diagnose der Schreibentwicklung in der Sekundarstufe I gewonnen, das von der länderübergreifenden Arbeitsgemeinschaft „AG SEK I" entwickelt wurde (vgl. Kapitel 4.2). In beiden Fällen trug es zur Akzeptanz der Verfahren bei, dass die Lehrkräfte, die für ihren Einsatz qualifiziert wurden, zugleich Anteil am Entwicklungsprozess hatten: Ihre Erfahrungen und Rückmeldungen flossen in die Weiterentwicklung der Instrumente ein.

Geringer als erhofft fiel in den FörMig-Projekten die Einbeziehung der Mehrsprachigkeit, vor allem der Herkunftssprachen in Qualifikationsangebote aus. Nur wenige Länder berichten von Aktivitäten in diese Richtung. Der Fortbildungsbedarf sei hoch – so die Rückmeldung aus den Ländern –, denn nur wenige Lehrkräfte seien über die Chancen von Mehrsprachigkeit gut informiert und für den Umgang damit ausgebildet oder sensibilisiert. Zu den wenigen konstruktiven Ansätzen gehört das Hamburger Projekt „HAVAS 5", in dessen Rahmen gezielt bilinguale Personen (Lehrkräfte, Erzieherinnen, Studentinnen und Studenten) dafür ausgebildet wurden, Sprachdiagosen sowohl in Deutsch als auch in Herkunftssprachen durchzuführen; einbezogen waren Türkisch, Russisch, Italienisch, Polnisch, Spanisch und Portugiesisch. Als Format wurde das Modell der HAVAS 5-Schulung für Deutsch übernommen, das inhaltlich um die in den jeweiligen Sprachen relevanten Sprachstandsindikatoren erweitert wurde. Eine eher auf die Förderpraxis bezogene Qualifikation für den Umgang mit Mehrsprachigkeit leiste das zweite Hamburger FörMig-Projekt „Family Literacy" mit der Entwicklung mehrsprachiger Minibücher in Zusammenarbeit mit Eltern von Vorschulkindern. In Sachsen gelang es, Lehrkräfte und Kooperationspartner für die Potenziale der Mehrsprachigkeit zu sensibilisieren, indem ausgewählte Schülerbiografien in Qualifizierungsangeboten diskutiert wurden.

9.3 Aktivitäten des Programmträgers

9.3.1 Zentrale Tagungen

Die Aktivitäten des Programmträgers zur Qualifizierung der Programmbeteiligten richteten sich vor allem auf die Projektleitungen, Koordinator(inn)en in den Länderprojekten und ausgewählte Personen aus Basiseinheiten: Sie sollten in die Lage versetzt werden, als Transmissionsriemen für die Qualifizierung in ihren Ländern und Basiseinheiten zu fungieren. Zu diesem Zwecke bot der Programmträger aufbereitete wissenschaftliche Erkenntnisse aus der nationalen und internationalen Forschung sowie über gute Praxis aus dem In- und Ausland in den verschiedensten Darreichungsformen an: von der Präsentation auf der FörMig-Website und Publikationen über die Auswertung der jährlichen Länderberichte und die Abfassung eines eigenen jährlichen Berichts; vom Angebot zentraler Tagungen, dezentraler Tagungen und Workshops bis hin zur Begleitung der länderübergreifenden Arbeitsgemeinschaften und der Einzelberatung der Länderprojekte bei zahlreichen Besuchen. Dieses Gesamtprogramm kann hier nicht umfassend dargestellt werden; es ist an vielen Stellen dokumentiert. Hervorgehoben seien die zentralen Tagungen, die der Programmträger jährlich zweimal (im Frühjahr und Herbst) durchführte, und zwar jeweils in Zusammenarbeit mit einem der Länderprojekte. Sie dienten nicht nur zum Transport von Erkenntnissen über Sprachbildung, zum Austausch von Informationen und Erfahrungen zwischen den Länderprojekten, sondern auch zur Entwicklung des Programms selbst – zur Einlösung des Anspruchs, ein lernendes Programm zu sein. Die folgenden Themen wurden behandelt:

1. Frühjahrstagung 2005 in Hamburg: „Evaluation und Transfer"
2. Herbsttagung 2005 in Hamburg: „Begleitende Sprachdiagnose"
3. Frühjahrstagung 2006 im Saarland: „Durchgängige Sprachförderung"
4. Herbsttagung 2006 in Nordrhein-Westfalen: „Innovationen im Bildungswesen – wie gelingt Transfer?"
5. Frühjahrstagung 2007 in Bremen: „Evaluation"
6. Herbsttagung 2007 in Brandenburg: „Von der Sprachdiagnose zur Sprachförderung"
7. Frühjahrstagung 2008 in Schleswig-Holstein: „Über Kooperation und Vernetzung zum Transfer"
8. Herbsttagung 2008 in Sachsen: „Durchgängige Sprachbildung"
9. Abschlusstagung 2009 in Hamburg: „Das Modellprogramm FörMig: Bilanz und Perspektiven"

Die Möglichkeit, mit den Tagungen und Workshops „über den eigenen Tellerrand" zu schauen, „bildete einen Motor für die Entwicklungsaufgaben in den einzelnen Einrichtungen", wie im Bericht aus Berlin (2009, S. 13) betont wird, weil die Teilnahme zunehmend an die Anforderung geknüpft war, eigene Produkte zur Diskussion zu stellen. Die Tagungen werden als sehr motivierend für die an FörMig Mitwirkenden auf allen Praxisebenen bezeichnet: alle schöpften Ideen und übertragbare Lösungen aus ihnen – und trugen ihrerseits zu dem Gewinn aller anderen bei.

9.3.2 Innovative Qualifizierungsangebote: „FörMig-Online" und „Weiterqualifizierung Sprachberater(in)"

Zur Ergänzung der Qualifizierungsanstrengungen der Länder hat der Programmträger im Jahr 2007 zwei zusätzliche Qualifizierungsangebote initiiert, erprobt und extern evaluieren lassen. Möglich wurde dies durch Unterstützung aus den beteiligten Ländern und Zusammenarbeit mit ihnen, aber auch durch zusätzlich eingeworbene Mittel – den Zuwendungsgebern, der Freudenberg-Stiftung und dem Bundesamt für Migration und Flüchtlinge, sei an dieser Stelle noch einmal ausdrücklich gedankt.

Entwickelt, erprobt und evaluiert werden konnten mit dieser Unterstützung zwei innovative Qualifizierungsangebote, die als Blendedlearning Veranstaltungen konzipiert sind – also aus einer Mischung von webbasierten Lernphasen und Präsenzphasen bestehen. Das eine Angebot – FörMig-Online Durchgängige Sprachbildung – richtet sich auf die Qualifizierung im Rahmen der Erstausbildung für Studierende des Lehramts, kann aber gleichzeitig als Auffrischungsangebot von Referendaren und in der Praxis tätigen Lehrkräften wahrgenommen werden. Hier wird eine grundlegende Einführung in das Thema Deutsch als Zweitsprache und das Konzept der durchgängigen Sprachbildung geboten. Das zweite Angebot – Weiterqualifizierung „Berater(in) für sprachliche Bildung" – richtet sich an Personen, deren Einsatzbereich die Initiierung, Begleitung und Qualitätsprüfung von Maßnahmen der durchgängigen Sprachbildung und der Entwicklung regionaler Sprachbildungsnetzwerke ist. Hier werden grundlegende Kenntnisse, wie sie in FörMig-Online vermittelt werden, bereits vorausgesetzt. Es erfolgt aber eine Aktualisierung früher erworbenen Wissens zu diesem Thema sowie eine Vertiefung mit Blick auf das Praxisfeld der Anregung und Moderation von Bildungseinrichtungen, die sich der durchgängigen Sprachbildung annehmen wollen, und der Kooperation und Vernetzung in lokalen oder regionalen Sprachbildungsnetzwerken. Beide Angebote wurden extern evaluiert. Die Ergebnisse sind sehr positiv und ermutigend, so dass beide Qualifizierungsbausteine in das Regelangebot des „FörMig-Kompetenzzentrums" Hamburg transferiert werden – jener Einrichtung also, die an der Universität Hamburg etabliert werden konnte, um interessierte Länder und Institutionen beim Transfer und der Weiterentwicklung von durchgängiger Sprachbildung im Sinne von FörMig zu unterstützen.

Die beiden Qualifizierungsangebote verstehen sich als Prototypen für mögliche Entwicklungen, die eine Rolle im Regelangebot der Länder spielen können. Die zu erbringenden Leistungen werden nach Bologna-Kriterien zertifiziert bzw. als reguläre Studienleistungen anerkannt. Beide werden ausgebaut (in länderübergreifender Kooperation von Hochschulen und ggf. anderen Trägern) zu zentral gestalteten und evaluierten, aber dezentral wahrnehmbaren Maßnahmen. Aus FÖRMIG-Online wird ein Studienmodul „Deutsch als Zweitsprache" für die reguläre Lehramtsausbildung entstehen. Die Weiterbildung „Berater(in) für sprachliche Bildung" wurde ausgebaut zu einem Zertifikatskurs der Universität Hamburg, der ebenfalls potentiell an mehreren Hochschulstandorten angeboten werden kann. Hiermit hat FÖRMIG ein nachhaltiges, länderübergreifend wahrnehmbares Qualifizierungsangebot vorgelegt, dessen Qualität geprüft ist.

„FörMig-Online Durchgängige Sprachbildung"

Das Qualifizierungsangebot „FÖRMIG-Online Durchgängige Sprachbildung" verbindet zwei Anliegen, die von den Länderprojekten im Modellprogramm immer wieder betont wurden: den Wunsch, über nachhaltige, dezentral wahrnehmbare Aus- und Fortbildungsangebote für in der Praxis bereits tätiges Personal zu verfügen – und zugleich den Wunsch, die Qualifizierung für durchgängige Sprachbildung in die grundlegende Ausbildung für das Lehramt oder andere pädagogische Berufe einspeisen zu können.

Die Realisierung des Qualifizierungsangebots im Konnex mit FÖRMIG wurde durch die Einwerbung von Drittmitteln beim Bundesamt für Migration und Flüchtlinge sowie zusätzliche Eigenmittel der Universität Hamburg möglich. Unter Leitung von Ingrid Gogolin und Ute Michel, Institut für International und Interkulturell Vergleichende Erziehungswissenschaft, wurde „FÖRMIG-Online Durchgängige Sprachbildung" als der erste Baustein eines dreiteiligen Studienmoduls entwickelt, erprobt und evaluiert.

„FÖRMIG-Online Durchgängige Sprachbildung" richtet sich an Studierende, Referendare und Lehrkräfte der Sekundarstufe I. Es wurde als Blended-learning-Studienangebot in der Kombination von zwei Präsenzveranstaltungen und 14 aufeinander aufbauenden E-Learning-Einheiten auf der Internet-Lernplattform „EduCommSy" der Universität Hamburg entwickelt. Die webbasierte Lernmethode wurde gewählt, um es Studierenden aller Fächer und Lernbereiche unabhängig von Präsenzverpflichtungen ebenso wie Berufstätigen zu ermöglichen, diese Qualifizierung wahrnehmen zu können.

Das Angebot ruht auf Erfahrungen im Modellprogramm FÖRMIG. Es besteht aus einer Kombination von einführenden Texten zum Thema durchgängige Sprachbildung, videographierten Experteninterviews – geführt mit Wissenschaftler(inne)n aus dem Programmträgerteam – und Unterrichtsbeispielen, darauf aufbauenden Aufgabenstellungen sowie moderierten Diskussionsforen. Die von einem professionellen Filmteam (Dorothea Grießbach und Ulrich Raatz, Hamburg) aufgezeichneten Unterrichtsbeispiele stammen aus den sieben FörMig-Modellschulen der länderübergreifenden FörMig-Arbeitsgemeinschaft „Durchgängige Sprachbildung" – ihre Offenheit und Kooperationsfreude war eine Gelingensbedingung für das ganze Vorhaben, und den Beteiligten kann schwerlich genug gedankt werden. Das Seminarkonzept bietet den Lernenden die Möglichkeit, neueste Forschungsergebnisse kennenzulernen: nicht nur auf dem üblichen Wege über Texte, sondern auch über Anschauung und lebendige Kommentierung. Die Erfahrungen aus der Praxis der Modellschulen bieten Anlass zu Reflexion von Praxis ebenso wie zum tieferen Durchdringen der kennengelernten Forschungsergebnisse. Die Beteiligung der verschiedenen Zielgruppen – fortgeschrittene Lehramtsstudierende, Referendare und Lehrkräfte – hat sich als ein Pfund erwiesen, mit dem die Teilnehmer(innen) wuchern können: Die Pilotierung zeigt, dass das gemeinsame Lernen zu überaus fruchtbaren, sinnvolle Verbindungen zwischen Theorie und Praxis offenbarenden Erfahrungen aller Teilnehmenden führt.

Inhaltlich bietet FörMig-Online eine grundlegende Einführung in das Lehren und Lernen in sprachlich und kulturell heterogenen Klassen, speziell in die Theorie durchgängiger sprachlicher Bildung. Aspekte des Spracherwerbs im Kontext von Mehrsprachigkeit werden behandelt. Aufgearbeitet werden Qualitätsmerkmale bildungssprachlichen Unterrichts und didaktische Ansätze, die der Förderung bildungssprachlicher Fähigkeiten dienlich sind (z.B. Scaffolding; dialogisches Lernen).

In formaler Hinsicht handelt es sich um ein Teil-Studienmodul, in dem bis zu sechs Kreditpunkte nach den Bologna-Vereinbarungen erlangt werden können.

Mit der Konzeption dieses Studienmoduls wurde nicht nur inhaltlich Neuland betreten. Es bestand auch wenig Erfahrung im Hinblick auf die Akzeptanz der primär webbasierten Lernmethode und mit den Stärken und Schwächen einer kombinierten Zielgruppe aus Lehrkräften im Berufsleben sowie Referendaren und Studierenden. Der Evaluationsbericht (Jäger 2009) zeigt, dass es gelungen ist, „durch die Verbindung aktueller Forschung und praxisrelevanter Inhalte ein attraktives und [...] subjektiv gewinnbringendes Angebot zu schaffen." Das Seminar wurde sehr positiv bewertet, der Austausch zwischen Berufstätigen und Studierenden wurde als Gewinn erlebt. Positiv beurteilt wurde ebenso der Einsatz asynchroner Methoden, die eine flexible Einteilung des Lernens ermöglichen. Die Evaluation ergibt ferner, dass die Teilnehmenden eine hohe Intensität des Lernens erleben, die durch die dichte Abstimmung von Text-, Bild-, Video- und Tonmaterial und den damit verbundenen Aufgabenstellungen zustande kommt. Dass das Mittel der Kommunikation in einem E-Learning-Seminar die Schriftlichkeit ist, erlebten die

Teilnehmenden zudem als eine dem Thema durchgängige Sprachbildung adäquate Form des Lernens.

Dieses Qualifizierungsangebot ist eine Pionierleistung für Deutschland. Das Seminar ist inhaltlich anspruchsvoll; seine Entwicklung in der Kooperation von Wissenschaftler(inne)n, die zum Thema qualifiziert sind, mit solchen, die im Bereich der Multimediaentwicklung ausgewiesen sind, hat die Qualität des Angebots gefördert. „FöRMIG-Online Durchgängige Sprachbildung" wurde seit dem Wintersemester 2009/2010 als innovatives Studienangebot in das grundständige Lehrangebot der Universität Hamburg integriert. Es wird zusammen mit Wissenschaftler(inne)n der Universität zu Köln (Prof. Dr. Roth, Prof. Dr. Lengyel), der Universität Münster (Prof. Dr. Fürstenau) und der Universität Wien (Prof. Dr. İnci Dirim) um zwei weitere Seminareinheiten – den Themen „Diagnostik als Grundlage für durchgängige Sprachbildung" und „Unterrichtsentwicklung für das Lehren und Lernen in sprachlich und kulturell heterogenen Klassen" – erweitert.

FöRMIG-Weiterqualifizierung „Berater(in) für sprachliche Bildung"

Im Zuge der Qualifizierungsaktivitäten in den beteiligten Ländern wurde der Bedarf nach Qualifizierungsmaßnahmen für Personen deutlich, die ihrerseits Fortbildungsangebote machen sowie planend, koordinierend und moderierend an der Entwicklung von regionalen oder auf einzelne Einrichtungen bezogenen Konzepten durchgängiger Sprachbildung tätig sein können. Aufgaben der Institutionsentwicklung und des Aufbaus von lokalen oder regionalen Sprachbildungsnetzwerken erfordern eine Qualifizierung, die über Anforderungen der praktischen Gestaltung von Sprachbildungsmaßnahmen im pädagogischen Alltag hinausgehen. Ein entsprechendes Bildungsangebot war aber in der Bundesrepublik Deutschland nicht vorhanden. Beispiele lagen aus anderen Ländern vor – z.B. aus der Schweiz. Im Kontext des Projekts „Qualität in multikulturellen Schulen QUIMS" war beispielsweise ein entsprechendes Curriculum entstanden.

In Anlehnung an solche internationalen Vorbilder wurde für FöRMIG ein Weiterqualifizierungsangebot „Berater(in) für sprachliche Bildung, Deutsch als Zweitsprache" in gemeinsamer Anstrengung von Programmträger und Länderprojekten entwickelt. Seine Pilotierung und Evaluation fand von August 2008 bis September 2009 statt. Es nahmen 27 Personen aus acht an FöRMIG beteiligten Bundesländern sowie je eine Person aus Niedersachsen und Baden-Württemberg teil. Unterstützt wurde die

Pilotierung durch zusätzlich eingeworbene Mittel der Freudenberg-Stiftung, der ausdrücklich dafür gedankt sei.[45]

Die teilnehmenden Personen nahmen koordinierende oder moderierende Funktionen im Bereich der sprachlichen Förderung wahr; einige von ihnen bereiteten sich durch die Teilnahme an der Weiterbildung auf eine solche Funktion vor. Alle Teilnehmer(innen) waren inhaltlich vorgebildet, z.T. verfügten sie über langjährige Fortbildungserfahrungen.

Das Weiterqualifizierungsangebot folgt einem Prinzip der Kombination von Regionalität und Zentralität. Es werden zentrale Veranstaltungen mit Wissenschaftler(inne)n und anderen Expert(inn)en an der Universität Hamburg angeboten. Im Anschluss finden moderierte regionale Arbeitsgruppen statt. Die zentralen Veranstaltungen dienen der einführenden Information, die Arbeit in den Regionalgruppen vertiefen die angesprochenen Aspekte und bieten Gelegenheit, sie auf die regionalen Besonderheiten zu beziehen. Parallel zu diesen Präsenzlernphasen erledigen die Teilnehmenden Selbstlernaufgaben, die wiederum in den regionalen Arbeitsgruppen diskutiert werden.

Für die Information und Kommunikation der Teilnehmenden und mit den Referent(inn)en und regionalen Moderator(inn)en wurde ebenfalls die virtuelle Lernplattform „EduCommSy" der Universität Hamburg genutzt. Alle Materialgrundlagen sind dort einsehbar, und die eigenen Arbeitsergebnisse der Teilnehmenden können dort zugänglich gemacht werden. Als Leistungsnachweis erledigen die Teilnehmer(innen) verschiedene kursbegleitende Aufgaben, die sie zu einem Online-Portfolio zusammenstellen. Hierzu erhalten sie individuelle Rückmeldung.

Die Teilnahme am Weiterbildungsprogramm wird von der Universität Hamburg zertifiziert. Der Lehrgang wird mit 15 Kreditpunkten bewertet, was einer „Workload" von 450 Stunden entspricht. Auf längere Sicht wird angestrebt, das erprobte Angebot zu einem Weiterbildungsmaster weiterzuentwickeln, der mindestens 60 Leistungspunkte umfassen soll.

Inhaltlich besteht das Weiterbildungsangebot aus sieben Modulen (fünf Pflichtmodule, zwei Wahlpflichtmodule). Die ersten drei Module führen in die aktuelle Forschungs- und Entwicklungslage zum Thema ein. Die Teilnehmenden sollen so eine gemeinsame Grundlage für ihre Arbeit in den Regionen gewinnen.

1. Bildungserfolg – kein Zufall

Ziel des Moduls ist die Vermittlung eines aktuellen Kenntnisstands zu Migration und ihren Folgen für Bildung und Erziehung.

---

45 Seither sind mehrere Durchgänge dieses Angebots erfolgreich durchgeführt worden.

2. Sprachentwicklung, Sprachenaneignung und sprachliches Lernen unter den Bedingungen sprachlicher Vielfalt

Das Modul stellt sprachwissenschaftliche Kenntnisse zum einsprachigen Spracherwerb und zur frühen Zweisprachigkeit bereit.

3. Sprachdiagnose und Sprachförderung

Ziel des Moduls ist der Erwerb von Kenntnissen und Kompetenzen, die für die Beratung zur Sprachdiagnose gebraucht werden.

Zwei weitere Module richten sich auf die Befähigung zur Institutionsgestaltung, der Netzwerkbildung und der Evaluation von pädagogischen Maßnahmen:

4. Sprachförderung und Institutionsentwicklung

Um die Fähigkeit zu vermitteln, Sprachbildung mit der Entwicklung von Institutionen (Schule und Kindergarten) zu verbinden, werden die Grundzüge von Unterrichts-, Organisations- und Personalentwicklung in pädagogischen Einrichtungen vorgestellt.

5. Netzwerkarbeit und Projektmanagement

Ziel des Moduls ist es, Kenntnisse über Netzwerkarbeit und Projektmanagement im pädagogischen und sozialen Kontext zu erlangen und in Bezug auf die eigene Praxis zu reflektieren.
Mit den Wahlmodulen soll je nach persönlichem Praxisfeld eine Vertiefung ermöglicht werden. Gewählt werden konnte aus zwei Angeboten:

6. Recht

Die ausländerrechtliche Situation von Schülerinnen und Schülern kann einen Einfluss auf deren Bildungsprozesse haben. Entsprechende Hintergrundinformationen sollen dazu befähigen, am Beispiel eines Falls die pädagogische Relevanz rechtlicher Aspekte zu erkennen.

7. Evaluation

Um die Evaluation sprachlicher Bildung und regionaler Sprachbildungsnetzwerke planen und beratend begleiten zu können, werden vertiefte Einblicke in die Möglichkeiten und Grenzen von Verfahren und Instrumenten der Evaluation vermittelt.

In der Pilotierung wurden alle Veranstaltungen des Angebots mittels einer Teilnehmerbefragung evaluiert (STUMM 2009) und abschließend das Gesamtprogramm beurteilt. Ziel der Evaluation war die Überprüfung der inhaltlichen und strukturellen Angemessenheit des Konzeptes. Erfasst wurden allgemeine Aspekte der Veranstaltungen (wie die Relevanz der Themen, die Lernatmosphäre, die persönliche Belastung der Teilnehmenden, die Zufriedenheit mit den Dozentinnen und Dozenten). Die Items konnten durch Anmerkungen in offenen Fragen ergänzt werden. Das Ergebnis der Evaluation war überaus positiv. Es zeigte sich eine hohe Zufriedenheit der Teilnehmer(innen), sowohl bezogen auf die zentralen Präsenzveranstaltungen als auch auf die Arbeit in den Regionalgruppen. Sie war allerdings begleitet durch die Rückmeldung, dass das Angebot eine starke Beanspruchung der Teilnehmenden darstellt.

Auch dieses Qualifizierungsangebot war also ein Erfolg und wird weiterentwickelt. Das FörMig-Kompetenzzentrum der Universität Hamburg bietet weiterhin entsprechende Kurse an.

9.4 Fazit

Die gemeinsamen Anstrengungen der Länder und des Programmträgers zur Qualifizierung im Rahmen des Modellprogramms haben einerseits grundlegende Schwächen und Hindernisse zu Tage gefördert, die der Qualifizierung des pädagogischen Personals für Aufgaben der Diagnostik und durchgängigen Sprachbildung im Wege stehen – Schwierigkeiten, die mit den Mitteln eines Modellprogramms und in der ihm gegebenen Lebenszeit nicht ausgeräumt werden können.

Zugleich aber konnten Wege gezeigt und Strategien erprobt werden, die zukunftsweisend sind. In den Länderprojekten, die sich ein FÖRMIG-Transferkonzept gegeben haben, werden diese Wege weitergegangen; das ist auch notwendig, damit das Erreichte nicht verpufft.

Vom Programmträger konnten innovative Angebote beigesteuert werden, die an der erkannten Problemlage anknüpfen und die die inhaltliche Expertise ebenso wie neueste technischen Möglichkeiten nutzen, um qualitätsvolle Qualifizierungsangebote machen zu können, die zwar zentral gestaltet und weiterentwickelt werden, aber dezentral wahrgenommen werden können. Beide dargestellten Angebote – FÖRMIG-Online Durchgängige Sprachbildung und FÖRMIG-Weiterqualifizierung Sprachberater(in) – wurden in externen Evaluationen überaus positiv bewertet. FÖRMIG hat damit einen Beitrag zur Einlösung der vielfach wiederholten Selbstverpflichtungen geleistet, die Bund, Länder und Kommunen im Nationalen Integrationsplan der Bundesregierung und in anderen Vereinbarungen zur Optimierung des Bildungssystems eingegangen sind, um die Bildungschancen von Kindern und Jugendlichen mit Migrationshintergrund in Deutschland zu erhöhen.

10 Aufbruch in eine neue Kultur der Sprachbildung

Das Modellprogramm FÖRMIG – Förderung von Kindern und Jugendlichen mit Migrationshintergrund – hat, nach offiziellem Start im Spätherbst 2004, fünf Jahre der intensiven Arbeit hinter sich gebracht; die Bilanz fällt positiv aus. FÖRMIG hat erreicht, was es unter den gegebenen Bedingungen erreichen konnte; und einiges über die Erwartungen hinaus. Was auf Papier nur unzureichend wiedergegeben werden kann, ist die Aufbruchstimmung, die die am Programm Beteiligten bis zum Schluss empfanden: Sie erlebten sich im gemeinsamen Tun als Pioniere. Nicht nur die an FÖRMIG direkt Mitarbeitenden, sondern auch viele, die mit dem Programm in Berührung kamen – bei den Tagungen, bei Besuchen in Basiseinheiten, bei Präsentationen auf nationalen und internationalen Konferenzen und vielen anderen Gelegenheiten – erlebten das Klima des Enthusiasmus, des Erneuerungswillens. Nicht zuletzt war dies die Grundlage für die Bereitschaft der Mitwirkenden, sich weit über das Maß hinaus zu engagieren, das nach Statuten und Verträgen erwartet werden konnte.

Wie dies Pionieren stets widerfährt, waren nicht alle beschrittenen Wege geradlinig. Nicht alle Explorationen erwiesen sich als zielführend; manche Hürde erwies sich als nicht überwindbar. Der Kontinent „Durchgängige Sprachbildung" ist noch keineswegs vollständig erschlossen. Dies war zu erwarten. Da es zu einem länderübergreifenden Transferprogramm nicht kam, steht zu hoffen, dass das Erreichte in vielen Einzelprojekten in den teilnehmenden Ländern und in den expliziten Transferprojekten einiger Länder konstruktiv weiterentwickelt wird – es wäre eine Verschwendung der Mühe zu vieler Beteiligter, wenn nach FÖRMIG der umstandslose Rückfall auf den *status quo ante* erfolgte, wie das viele Modellprojekte und Programme zuvor erlebt haben. Das „FÖRMIG-Kompetenzzentrum" Hamburg, das am 1. Januar 2010 seine Arbeit aufnahm, wird nach Kräften dabei unterstützen, den Ansatz der durchgängigen Sprachbildung und sein Kernstück, das Konzept Bildungssprache, weiterzuentwickeln und eine Praxis in ihrem Sinne zu fördern.[46] Dies gilt auch für Mitglieder des Programmträgerteams die (inzwischen) an anderen Hochschulen tätig sind: der Universität zu Köln, der Universität Wien.

Mit groben Strichen seien hier nochmals die Ergebnisse skizziert, auf die sich die Arbeit im Anschluss an FÖRMIG stützen kann.

---

46 Ermöglicht durch eine Zuwendung des Landes Hamburg und die großzügige Unterstützung der Universität Hamburg; siehe http://www.foermig.uni-hamburg.de.

Erreichtes im Handlungsfeld Diagnostik

Die Bestandsaufnahmen vor der Etablierung des Modellprogramms ebenso wie die Anfangsbilanzen in den Länderprojekten und Basiseinheiten hatten gezeigt, dass im Bereich der lernprozessbegleitenden Diagnostik erhebliche Lücken bestanden. Auch hinsichtlich der Instrumente, die für Zwecke der Programmevaluation hätten eingesetzt werden können, war Fehlanzeige zu vermelden. Entsprechend intensiv war von Beginn an die Investition in das Handlungsfeld Diagnostik. Diese Investitionen bezogen sich auf zwei miteinander verbundene Handlungsbereiche:

- die Entwicklung und empirische Prüfung von Instrumenten der Sprachdiagnostik einerseits, und
- die Qualifizierung des pädagogischen Personals aller in FÖRMIG mitwirkenden Bildungsbereiche und -stufen, nicht nur für die Anwendung, sondern auch für die aktive Beteiligung an der Entwicklung diagnostischer Verfahren andererseits.

Zustandegekommen sind in diesen konzertierten Aktivitäten neue Instrumente und auf ihren Einsatz bezogene Handreichungen für unterschiedliche Einsatzzwecke. Für den Zweck der Gewinnung von Auskünften über das Sprachkompetenzprofil Fünf- bis Sechsjähriger wurde das Instrument HAVAS 5 aufgegriffen. Auf der Grundlage der Daten, die durch seinen Einsatz in der FÖRMIG-Programmevaluation zur Verfügung standen, konnte für dieses Instrument ein konsistentes Indikatorenset für die Auswertung entwickelt werden, das sich auch in Wiederholungsmessungen als robust erweist. Neuentwicklungen für die Sprachdiagnostik sind die Instrumente FÖRMIG-Tulpenbeet (für den Einsatz in Klasse vier und fünf)[47] und FÖRMIG-Bumerang (für den Einsatz ab der Klasse sieben). Für alle Instrumente liegen Parallelfassungen in mehreren Sprachen vor (mindestens für die Herkunftssprachen Türkisch und Russisch). Theoretisch leitend bei der Entwicklung der Instrumente war der Wissensstand, der über Spracherwerb und Sprachentwicklung unter den Bedingungen von Mehrsprachigkeit erreicht war. Hiermit ist ein *state of the art* bei der Instrumentenentwicklung erreicht, hinter den künftige Forschung nicht zurückfallen sollte. Zugleich aber sind die entwickelten Instrumente relevant für die Praxis. Sie eignen sich, sofern die Anwender entsprechend qualifiziert sind, für die Gewinnung einer querschnittlichen Aussage über das Sprachkompetenzprofil eines Kindes oder Jugendlichen – wo möglich: in Herkunftssprache und Zweitsprache –, das der kriteriengeleiteten Förderung zugrundegelegt werden kann.

---

47 Im Projekt FÖRMIG Brandenburg wurde eine hieran anschließende Entwicklung erprobt und pilotiert: Tulpe2.

Zwei weitere Instrumentenentwicklungen sind die Frucht von länderübergreifenden Arbeitsgemeinschaften, die durch den FÖRMIG-Programmträger unterstützt wurden.

In der Arbeitsgemeinschaft Sekundarstufe I wurden Kompetenzraster für die Diagnose der Schreibentwicklung erarbeitet, praktisch erprobt und in revidierter Fassung vorgelegt. Nun liegt mit „Prozessbegleitende Diagnose der Schreibentwicklung" ein bewährtes Instrument für die Hand von Lehrkräften der Sekundarstufe I vor, das es ermöglicht, die Schreibfähigkeiten im Deutschen differenziert einzuschätzen. Es geht dabei insbesondere um schriftliche Sprachhandlungen, die im Unterricht der natur- und sozialwissenschaftlichen Fächer gefordert sind. Das Instrument eignet sich in besonderer Weise für die fächerübergreifende kollegiale Kommunikation zwischen Deutschlehrkräften und Fachlehrkräften. Die (im Unterricht oder für den Unterricht geschriebenen) Texte der Schülerinnen und Schüler werden anhand von Auswertungsrastern in lexikalischer, syntaktischer und textueller Hinsicht eingestuft. Es liegen Auswertungsraster für die Sprachhandlungen *Berichten*, *Beschreiben*, *Erklären* und *Argumentieren* sowie allgemeine Hinweise zur Auswertung vor (LENGEL/HEINTZE/REICH/ROTH/SCHEINHARDT-STETTNER 2009).

Ebenfalls für die unterrichtsbegleitende Sprachentwicklungsbeobachtung wurden die „Niveaubeschreibungen Deutsch als Zweitsprache" erstellt. Hierbei handelt es sich um ein Beobachtungsinstrument, mit dem die Kompetenz und der Kompetenzzuwachs der Schülerinnen und Schüler im Deutschen als Zweitsprache systematisch registriert und beschrieben werden können. Sie wurden auf Initiative des Sächsischen Staatsministeriums für Kultus im Rahmen der Arbeit von FÖRMIG Sachsen in Zusammenarbeit mit FÖRMIG Schleswig-Holstein und dem Programmträger entwickelt. Die Niveaubeschreibungen Deutsch als Zweitsprache der Primarstufe orientieren sich an den KMK-Bildungsstandards Klasse 4 in Deutsch und lassen sich in allen Klassen der Primarstufe anwenden. Die Niveaubeschreibungen Deutsch als Zweitsprache für die Sekundarstufe I sind an den KMK-Bildungsstandards der Klasse 9 in Deutsch orientiert; sie sind für die Klassen 5 bis 10 einsetzbar. Das Sächsische Bildungsinstitut bietet die „Niveaubeschreibungen Deutsch als Zweitsprache für die Sekundarstufe I. Zur Beobachtung von Kompetenz und Kompetenzzuwachs im Deutschen als Zweitsprache. Transferfassung 2009" sowie die „Niveaubeschreibungen Deutsch als Zweitsprache für die Primarstufe. Transferfassung 2010" auf der Website „Sachsen-macht-Schule" zum Download an.[48]

---

48 Das Material ist auch abrufbar unter http://www.foermig.uni-hamburg.de/web/de/all/mat/diag/niv/index.html.

Die damit vorliegenden Instrumente – unterstützt durch etliche vor-Ort-Entwicklungen in den Länderprojekten – bilden ein Set an Werkzeugen, die sowohl für praktischen Bedarf geeignet sind, als auch Grundlagen für Evaluationen und wissenschaftliche Weiterentwicklung bieten. Die Nachfrage nach den Instrumenten aus der Praxis ebenso wie aus dem wissenschaftlichen Bereich ist entsprechend groß. Weiterentwicklungen – beispielsweise für die Profilanalyse mündlicher Sprachfähigkeiten am Übergang in die Sekundarstufe I – sind in Arbeit (z.B. im Rahmen der „Forschungsinitiative Sprachentwicklung und Sprachförderung im Rahmen der Förderinitiative Bildungsforschung des Bundesministeriums für Bildung und Wissenschaft"; vgl. http://www.fiss-bmbf.uni-hamburg.de/). Soweit die positive Bilanz dieses Handlungsfelds. Nicht gelungen ist es, in größerem Rahmen den Prozess der Entwicklung entsprechender Instrumente zu bündeln; etliche – auch an FörMig teilnehmenden – Länder bleiben bei der Linie der separierten Eigenentwicklungen.

Erreichtes im Handlungsfeld durchgängige Sprachbildung

Der Kernbereich des Modellprogramms FörMig ist die durchgängige Sprachbildung. Hier wurde viel erreicht. Der Begriff der Bildungssprache wurde in den deutschen Kontext eingeführt, theoretisch fundiert und im gemeinsamen Handeln mit praktischem Inhalt gefüllt. Durchgängige Sprachförderung – der Begriff, von dem die Arbeit in FörMig ihren Ausgang genommen hatte – wurde eingebettet in das übergreifende Konzept der durchgängigen Sprachbildung. Förderung ist ein genuiner Teil der Sprachbildung, aber nicht ihr Ganzes. Sprache wird als Medium des Lehrens und Lernens in der Bildungseinrichtung durchgehend verwendet. Der potentielle Lern- und Bildungserfolg eines jungen Menschen hängt in wesentlichen Teilen davon ab, dass er sprachlichen Zugang zu dem Inhalt erfährt, der begriffen und gelernt werden soll. Nicht allen Kindern und Jugendlichen erschließt sich dieser sprachliche Zugang von selbst. Darauf hinzuweisen und die „Sprache der Bildung" selbst zum Gegenstand von Sprachbildung zu machen, war zentrales Anliegen von FörMig.

Konkretisiert wurde die Konzeption der durchgängigen Sprachbildung in drei Dimensionen:
- einer bildungsbiographischen Dimension; hier geht es um den allmählichen Aufbau bildungssprachlicher Fähigkeiten an einer Bildungsbiographie entlang, ohne dass es zum Bruch an den Übergängen (vom Elementarbereich in die Grundschule, von der Grundschule in die Sekundarstufe und von der Sekundarstufe I in die Sekundarstufe II, namentlich in die berufliche Bildung) kommt;

- einer thematischen Dimension; hier geht es um den koordinierten systematischen Zugang zu bildungssprachlichem Können und Wissen über die Lernfelder und Themen, später die Gegenstandsbereiche und Fächer hinweg; und
- einer Mehrsprachigkeitsdimension; hier geht es zum einen um die Berücksichtigung der sprachlichen Bildungsvoraussetzungen, die Mehrsprachigkeit als Lebensbedingung für die Aneignung bildungssprachlicher Fähigkeiten bedeutet, und zum anderen um die Erschließung von Mehrsprachigkeit als Ressource bei der Aneignung bildungssprachlicher Kompetenz.

Die praktische Ausfüllung der durchgängigen Sprachbildung stand im Zentrum der Arbeit in den Basiseinheiten. Die Vielfalt der gefundenen Lösungen ist im Kapitel 8 dieses Berichts geschildert. Zugleich wurden in der Praxis Hindernisse deutlich, die der Realisierung eines systematischen Vorgehens bei der durchgängigen Sprachbildung im Wege stehen können. Dazu gehört nicht nur, aber sehr wesentlich die traditionell stark versäulte deutsche Bildungslandschaft. Durch sie sind Hürden errichtet, die der wünschenswerten und notwendigen Kooperation, sowohl innerhalb von Bildungseinrichtungen als auch über ihre Grenzen hinaus, bei der Umsetzung durchgängiger Sprachbildung im Wege stehen.

An einer bildungsbiographischen Schnittstelle, dem Übergang von der Grundschule in die Sekundarstufe, wurde in der länderübergreifenden Arbeitsgemeinschaft „Durchgängige Sprachbildung", betreut vom Programmträger, ein systematischer Ansatz der prozessbegleitenden Unterstützung von Schulen bei der Etablierung einer konsequenten Praxis der durchgängigen Sprachbildung unternommen. Dieser war konzentriert auf die fächerübergreifende, also die thematische Dimension. Eine der vielen Früchte dieser Arbeit ist eine Handreichung mit „Qualitätsmerkmalen für die fächerübergreifende durchgängige Sprachbildung", die auf der FöRMiG-Website der Öffentlichkeit zur Verfügung steht (http://www.foermig.uni-hamburg.de/web/de/all/mat/hand/index.html). Ebenfalls für die Bildungspraxis gedacht ist eine „Handreichung durchgängige Sprachbildung", in der das Konzept in knapper, praxisverständlicher und durch erprobte Beispiele illustrierter Weise vorgestellt wird (LANGE/GOGOLIN 2010). Ausführliche Schulportraits, die die Praxis in Modellschulen detailliert vorstellen, können interessierten Bildungseinrichtungen Anregungen für ihre eigenen Vorhaben bieten (HAWIGHORST 2009). Weitere Publikationen in der Reihe FöRMiG Edition sind vorgesehen. Die Bilanz ist also auch in diesem Handlungsfeld positiv. FöRMiG hat einen Begriff geprägt, ein Konzept vorgelegt und die Wege gezeigt, wie dies in der Bildungspraxis realisiert kann.

Erreichtes im Bereich der Kooperation und Vernetzung

Durchgängige Sprachbildung, wie sie in FörMig gefasst wurde, stützt sich systematisch auf Zusammenarbeit. Diese ist erforderlich, um den gewünschten kumulativen Aufbau bildungssprachlicher Fähigkeiten zu erreichen – nur, wenn sprachbildende Institutionen und Personen ihre Vorstellungen und Handlungsweisen aufeinander beziehen, kann der unerwünschte Effekt vermieden werden, dass gegeneinander gearbeitet wird. Das zweite bedeutende Argument für Kooperation liegt in der Vereinigung von Ressourcen: Nicht alle an der Sprachbildung beteiligten Personen und Institutionen besitzen die umfassenden Fähigkeiten, die für die Tätigkeit gebraucht werden; aber gemeinsames Handeln, bei dem die je unterschiedlichen Kompetenzen ineinandergreifen, kann Synergien erzeugen und die jeweils einzeln vorhandenen Ressourcen für die Sprachbildung stärken.

Auch in dieser Hinsicht waren an FörMig hohe Erwartungen gestellt. Das Organisationsmodell der „Basiseinheit", in der die Sprachbildungspartner kooperieren und die sich mit ihren „Strategischen Partnern" in Regionale Sprachbildungsnetzwerke einbringen, war vom Programmstart an leitend für die mitwirkenden Einrichtungen. Und auch hier hat es eine Fülle von Versuchen und Formen gegeben, in denen es realisiert wurde – oder doch: werden sollte.

Die Grundidee der Kooperation in Basiseinheiten und regionalen Sprachbildungsnetzwerken hat sich bewährt. Das Strukturmodell bietet, so zeigte es sich in der Praxis von FörMig, eine gute Grundlage dafür, passgenaue Lösungen für die Praxis durchgängiger Sprachbildung zu entwickeln, die nicht nur auf die jeweiligen lokalen oder regionalen Bedarfslagen reagieren, sondern auch Ressourcen erschließen, die den ermittelten Bedarf besser decken können. Regionale Sprachbildungsnetzwerke bieten den jeweils beteiligten Einzelinstitutionen Möglichkeiten, auch in unerwarteten Konstellationen handlungsfähig zu bleiben.

Allerdings hat sich das Strukturkonzept in der Laufzeit von FörMig durchaus nur ansatzweise realisieren lassen. Höher und zahlreicher als erwartet, waren die Hindernisse, die durch Strukturprinzipien des deutschen Bildungssystems und durch Traditionen der Praxis errichtet sind. Das Bauprinzip des deutschen Bildungssystems, einschließlich der Institutionen der Elementarbildung, bietet nicht *per se* Raum für Zusammenarbeit. Ein Beispiel dafür sind die unterschiedlichen Trägerstrukturen des Elementarbereichs, der Schule und der Berufsbildung. Das FörMig-Strukturkonzept stieß also an Grenzen, die nicht nur durch die fehlenden Kooperationsgewohnheiten aufgerichtet sind, sondern auch durch die Strukturen, in die es hineinwirken musste. Folgerichtig war es eine Illusion zu hoffen, dass ein Modellprogramm mit fünfjähriger Laufzeit

grundlegende Strukturprinzipien im deutschen Bildungssystem durchbrechen könne und das Erreichte soweit zu sichern imstande wäre, dass
es überdauert. Für die nachhaltige Implementation einer durchgängigen
kooperativen Sprachbildung in Deutschland bedarf es mehr als eines
Modellprogramms.

Erreichtes im Bereich der Qualifizierung

Zu den Erfahrungen, die in der Laufzeit des Modellprogramms uner-
warteterweise gemacht wurden, gehört, wie hoch tatsächlich der Qua-
lifikationsbedarf für die Umsetzung einer durchgängigen Sprachbildung
in die Praxis ist. Zwar existierte in allen beteiligten Länderprojekten ein
Qualifizierungsangebot zu Fragen der interkulturellen Bildung oder des
Deutschen als Zweitsprache. Aber die Erwartung, dass alle Beteiligten
deshalb eine grundlegende Qualifikation für die Aufgabe durchgängiger
Sprachbildung mitbringen, erwies sich als unzutreffend. Zu den heraus-
ragenden Entwicklungen – neben den vielfältigen Aktivitäten der beteiligten Länder – im Handlungsfeld der Qualifizierung gehören deshalb
die beiden innovativen Angebote: die Weiterqualifizierung „Berater(in)
für sprachliche Bildung/Deutsch als Zweitsprache" und das E-Learning-
Seminar „FörMig-Online Durchgängige Sprachbildung". Beide Angebote
wurden extern evaluiert; dabei wurde ihnen sehr gute Qualität bescheinigt. Beide Formate lösen Ansprüche ein, die sich angesichts des hohen
Qualifikationsbedarfs stellen: Sie werden zentral angeboten und weiterentwickelt, können aber dezentral wahrgenommen werden. Durch die
Etablierung des FörMig-Kompetenzzentrums können die Angebote auf
Dauer gestellt werden – mit der nötigen Weiterentwicklung, Qualitätskontrolle, und so lange ein Bedarf daran besteht.

Erreichtes im Handlungsfeld Evaluation

FörMig wurde einer Programmevaluation unterzogen, die aufwendig,
komplex – und erfolgreich war. Durch die Programmevaluation steht
nun fest:

Das Modellprogramm hat die Klientel erreicht, die es erreichen sollte; dazu gehören Kinder und Jugendliche von der ersten Migrantenge-
neration, also selbst Zugewanderte, bis zur dritten Generation, also solche, deren Großeltern zugewandert sind. Es untermauert sich hier, dass
die Aufgabe der Integration – jedenfalls vorerst – eine Daueraufgabe ist;
noch ist viel zu investieren, nicht zuletzt in die „nachholende Integration" derjenigen, deren Familien bereits lange in Deutschland ansässig
sind (BADE 2008).

Die in der Programmevaluation eingesetzten Verfahren der Sprachstandsmessung bilden sprachliche Kompetenzen im Zeitverlauf ab (und

dies wurde nicht nur für das Deutsche, sondern auch für die Herkunftssprachen Türkisch und Russisch überprüft). Damit hat FöRMIG einen
über seinen eigenen Handlungsraum hinausreichenden Dienst für die
Weiterentwicklung des Wissens über Sprachentwicklung und Sprachförderung in Deutschland geleistet.

Die Sprachbildungsmaßnahmen der an FöRMIG beteiligten Einrichtungen haben sich über die Laufzeit des Programms verbessert. Damit
hat das Programm seinem grundlegenden Anspruch standgehalten, eine
Optimierung der Sprachbildung für Kinder und Jugendliche mit Migrationshintergrund über die fünf Jahre seiner Existenz zu erreichen.

Mit Blick auf die Konzepte, die die Basiseinheiten entwickelt haben,
zeichnet sich ab, dass in das Regelangebot integrierte Maßnahmen –
nach Bedarf unterstützt durch zusätzliche Förderung – zu besseren Ergebnissen führen als rein additive Maßnahmen. Die hierzu vorliegenden
Fingerzeige lohnen, dass sie der weiteren Prüfung in künftigen Untersuchungen unterzogen werden.

Und schließlich: Es besteht ein hoher weiterer Bedarf an Unterstützung der Praxis in den Basiseinrichtungen. Die Evaluationsergebnisse
zeigen, dass in vielen Fällen geförderte Gruppen, die zu derselben Einrichtung gehören, deutlich disparate Ergebnisse erzielen. Wie es scheint,
bedarf es der weiteren Anstrengungen, um einen „internen Transfer"
in den Basiseinheiten zu erreichen – danach erst kann damit gerechnet
werden, dass die in einer Institution Geförderten ungefähr gleiche Chancen erhalten, gut gefördert zu werden.

Das Modellprogramm hat also viel erreicht; und es gehört durchaus
zum Erreichten, dass mehr Klarheit über das besteht, was nicht erreicht
wurde. Das Kürzel FöRMIG steht für den Aufbruch in eine neue Kultur
der Sprachbildung in Deutschland. Die ersten Schritte sind mit Erfolg
gegangen; aber der Weg ist noch weit.

Zitierte und weiterführende Literatur

ADAMZIK, Kirsten (Hrsg.) (2000): Textsorten. Reflexionen und Analysen. (Bd. 1). – Tübingen.

ADYBASOVA, Anastasia/ALTMÜLLER, Sonja/KUYUMCU, Reyhan (2007): Sprachentwicklung erfassen und beschreiben. Flensburger Papiere zur Mehrsprachigkeit und Kulturenvielfalt im Unterricht. Heft 45/46. – Flensburg.

AHRENHOLZ, Bernt (Hrsg.) (2008): Zweitspracherwerb: Diagnosen, Verläufe, Voraussetzungen. Beiträge aus dem 2. Workshop Kinder mit Migrationshintergrund [vom 16. bis 17. November 2006 an der Technischen Universität Berlin]. – Freiburg im Breisgau.

AHRENHOLZ, Bernt (Hrsg.) (2009): Empirische Befunde zu DaZ-Erwerb und Sprachförderung. Beiträge aus dem 3. Workshop Kinder mit Migrationshintergrund. – Freiburg im Breisgau.

AHRENHOLZ, Bernt (2008): Zweitspracherwerbsforschung. In: AHRENHOLZ, Bernt/OOMEN-WELKE, Ingelore (Hrsg.): Deutsch als Zweitsprache (= Deutschunterricht in Theorie und Praxis, Bd. 9). – Baltmannsweiler, S. 64-80.

ARBEITSKREIS „SPRACHFÖRDERUNG IM OFFENEN GANZTAG" (2007): Modul pädagogische Arbeitsbereiche P2 – Sprache und Kommunikation fördern. Qualität in Ganztagsschulen/Ganztag in NRW. URL: http://www.ganztag. nrw.de/upload/pdf/quigs/Modul_P_02__Sprache_foerdern_.pdf [Zugriff 23.02.2011].

AUGST, Gerhard/DISSELHOFF, Katrin/HENRICH, Alexandra/POHL, Thorsten/VÖLZING, Paul-Ludwig (2007): Text-Sorten-Kompetenz. Eine echte Longitudinalstudie zur Entwicklung der Textkompetenz im Grundschulalter. – Frankfurt am Main.

BADE, Klaus. J. (Hrsg.) (2008): Nachholende Integrationspolitik – Problemfelder und Forschungsfragen. In: IMIS (Schriften des Instituts für Migrationsforschung und Interkulturelle Studien). Bd. 34 – Osnabrück.

BADERTSCHER, Hans/BIERI, Thomas (2009): Wissenserwerb im Content and Language Integrated Learning. Empirische Befunde und Interpretationen. (Schulpädagogik – Fachdidaktik – Lehrerbildung. 16). – Bern.

BALLIS, Anja/SPINNER, Kaspar H. (Hrsg.) (2008): Sommerschule, Sommerkurse, Summer Learning. – Baltmannsweiler.

BALLWEG, Sandra (2008): Schreiben lernen von Anfang an – Schreibförderung in Integrationskursen. In: Deutsch als Zweitsprache, Heft 2, S. 9-21.

BAUR, Rupprecht/BÄCKER, Iris/CHLOSTA, Christoph/HOMERNIK, Barbara/MEDER, Gregor (1997): Biologie heute – Zusatzmaterialien für Schüler mit Russisch als Ausgangssprache. – Hannover.

BAUR, Rupprecht/SPETTMANN, Melanie (2009): Der C-Test als Instrument der Sprachdiagnose und Sprachförderung. In: LENGYEL, Drorit/REICH, Hans H./ROTH, Hans-Joachim/DÖLL, Marion (Hrsg.): Von der Sprachdiagnose zur Sprachförderung. – Münster, S. 115-127.

BECKER, Gerold/ILSEMANN, Cornelia von/SCHRATZ, Michael (2001): Qualität entwickeln: evaluieren. Friedrich Jahresheft XIX. – Seelze.

BECKER-MROTZEK, Michael (2004): Schreibentwicklung und Textproduktion. Der Erwerb der Schreibfertigkeit am Beispiel der Bedienungsanleitung. URL: http://www.verlag-gespraechsforschung.de/2004/pdf/schreiben. pdf [Zugriff 23.02.2011].

BECKER-MROTZEK, Michael/VOGT, Rüdiger (2001): Unterrichtskommunikation. Linguistische Analysemethoden und Forschungsergebnisse. – Tübingen.

BEER, Dagmar (1985): Einreisealter – entscheidend für den Ausbildungserfolg? In: Arbeiten und Lernen. Die Berufsbildung, Heft 2, S. 10-12.

BEER-KERN, Dagmar (1992): Lern- und Integrationsprozeß ausländischer Jugendlicher in der Berufsausbildung (= Berichte zur beruflichen Bildung, 141). – Berlin.

BEHRENS, Heike (1999): Was macht Verben zu einer besonderen Kategorie im Spracherwerb? In: MEIBAUER, Jörg/ROTHWEILER, Monika (Hrsg.): Das Lexikon im Spracherwerb. – Tübingen, S. 32-50.

BELL, Steve/HARKNESS, Sallie (2006): Storyline – Promoting Language Across the Curriculum. – Royston.

BERLIN (2008): Modellprogramm Förderung von Kindern und Jugendlichen mit Migrationshintergrund – FörMig. Jahresbericht (01.09.2007–31.08.2008). – Berlin (unveröffentlicht).

BERLIN (2009): Modellprogramm Förderung von Kindern und Jugendlichen mit Migrationshintergrund – FörMig. Sprachförderung als gemeinsame Aufgabe von Kita, Schule, Eltern und außerschulischen Partnern. Abschlussbericht (01.09.2004–31.08.2009). – Berlin (unveröffentlicht).

BERNSTEIN, Basil (1990): The Stucturing of Pedagogic Discourse. Class, Codes and Control. Bd. 4. – London.

BLAIR, Maud/BOURNE, Jill (1998): Making the Difference: Teaching and Learning Strategies in Successful Multi-Ethnic Schools (= Research report No. RR59). – London.

BOS, Wilfried/HORNBERG, Sabine/ARNOLD, Karl-Heinz/FAUST, Gabriele/FRIED, Lilian/LANKES, Eva-Maria/SCHWIPPERT, Knuth/VALTIN, Renate (Hrsg.) (2007): IGLU 2006. Lesekompetenzen von Grundschulkindern in Deutschland im internationalen Vergleich. – Münster.

BOS, Wilfried/LANKES, Eva-Maria/PRENZEL, Manfed/SCHWIPPERT, Knut/WALTHER, Gerd/VALTIN, Renate (Hrsg.)(2003): Erste Ergebnisse aus IGLU. Schülerleistungen am Ende der vierten Jahrgangsstufe im internationalen Vergleich. – Münster.

BOS, Wilfried/LANKES, Eva-Maria/PRENZEL, Manfed/SCHWIPPERT, Knuth/VALTIN, Renate/WALTHER, Gerd (Hrsg.) (2004): IGLU. Einige Länder der Bundesrepublik Deutschland im nationalen und internationalen Vergleich. – Münster.

BÖTTCHER, Wolfgang/BOS, Wilfried/DÖBERT, Hans/HOLTAPPELS, Heinz Günter (Hrsg.) (2008): Bildungsmonitoring und Bildungscontrolling in nationaler und internationaler Perspektive. Dokumentation zur Herbsttagung der Kommission Bildungsorganisation, -planung, -recht (KBBB). – Münster.

BOURDIEU, Pierre (1991): Language and Symbolic Power. – Cambridge.

BOURDIEU, Pierre/PASSERON, Jean-Claude (1971): Die Illusion der Chancengleichheit. – Stuttgart.

BOURNE, Jill (2003): Remedial or Radical? Second Language Support for Curriculum Learning. In: BOURNE, Jill/REID, Euan (Hrsg.) (2003): Language Education. World Yearbook of Education. – London/Sterling, S. 21-34.

BOURNE, Jill (2011): 'I know he can do better than that': Strategies for Teaching and Learning in Successful Multi-Ethnic Schools. In: GOGOLIN, Ingrid/LANGE, Imke/MICHEL, Ute/REICH, Hans-H. (Hrsg.): Herausforderung Bildungssprache. (=FÖRMIG Edition Band 8) – Münster (erscheint demnächst).

BOURNE, Jill/REID, Euan. (2003): Language Education. World Yearbook of Education. – London/Sterling.

BRANDENBURG (2009): Modellprogramm Förderung von Kindern und Jugendlichen mit Migrationshintergrund – FÖRMIG. Förderung und Evaluation von Mehrsprachigkeit und Literalität an Brandenburger Grundschulen. FÖRMIG-Plus-Brandenburg. Abschlussbericht (01.08.2005–31.07.2009). – Brandenburg (unveröffentlicht).

BREMEN (Erzählwerkstatt) (2008): Modellprogramm Förderung von Kindern und Jugendlichen mit Migrationshintergrund – FÖRMIG. Erzählwerkstatt. Abschlussbericht (01.09.2006–30.09.2007). – Bremen (unveröffentlicht).

BREMEN (Performative Spiele) (2008): Modellprogramm Förderung von Kindern und Jugendlichen mit Migrationshintergrund – FÖRMIG. Performative Spiele zur Sprachförderung von Schülerinnen und Schülern mit Migrationshintergrund in der Sekundarstufe I. Abschlussbericht (01.10.2004–30.9.2007). – Bremen (unveröffentlicht).

BREMEN (SuS) (2009): Modellprogramm Förderung von Kindern und Jugendlichen mit Migrationshintergrund – FÖRMIG. Förderung von Sprachkompetenz und Selbstwirksamkeit (SuS). Abschlussbericht (01.08.2005–31.07.2008). – Bremen (unveröffentlicht).

BUNDESINSTITUT FÜR BERUFSBILDUNG (Hrsg.) (1984): Modellversuche zur beruflichen Bildung, Heft 21, – Berlin.

BUNDESINSTITUT FÜR BERUFSBILDUNG (Hrsg.) (1985): Modellversuche in der außerschulischen Berufsbildung. Inhaltliche Förderbereiche und regionale Verteilung. – Berlin.

BUNDESMINISTERIUM FÜR ARBEIT UND SOZIALES (Hrsg.) (2007): Nationaler Integrationsplan Arbeitsgruppe 3: „Gute Bildung und Ausbildung sichern, Arbeitsmarktchancen erhöhen". Dokumentation des Beratungsprozesses. – Bonn.

BUNDESMINISTERIUM FÜR BILDUNG UND FORSCHUNG (2009): Berufsbildungsbericht 2009. – Berlin.

BUNDESREGIERUNG (2007): Der Nationale Integrationsplan. Neue Wege – Neue Chancen. – Berlin.

BURWITZ-MELZER, Eva/HALLET, Wolfgang/LEGUTKE, Michael/MEISSNER, Franz-Joseph/MUKHERJEE, Joybrato (Hrsg.) (2008): Sprachen lernen – Menschen bilden. Dokumentation zum 22. Kongress für Fremdsprachendidaktik der Deutschen Gesellschaft für Fremdsprachenforschung (DGFF) Gießen, 3.-6. Oktober 2007. – Baltmannsweiler.

CARLS, Gudrun (2009a): Die „Lerndokumentation Sprache" in der Schulanfangsphase. In: LENGYEL, Drorit/REICH, Hans H./ROTH, Hans-Joachim/

Döll, Marion (Hrsg.): Von der Sprachdiagnose zur Sprachförderung. – Münster, S. 165-173.

Carls, Gudrun (2009b): Den Übergang gestalten. Ein Praxisbaustein für die Kooperation von Kita und Schule. FörMig Berlin. Berlin. URL: http://www.foermig-berlin.de/kitagrundschule.html [Zugriff 20.06.2011].

Cenoz, Jasone/Hornberger, Nancy H. (Hrsg.) (2008): Encyclopedia of Language and Education. 6. Knowledge about language. 2. ed. – New York.

Cito Deutschland (2008): CITO – Sprachtest: digitale Sprachstand – Feststellung bei 4- bis 7-jährigen Kindern. – Butzbach.

Coste, Daniel (Hrsg.) (2007): A European Reference Document for Languages of Education? Strasbourg: Council of Europe, Language Policy Division. URL: http://www.coe.int/t/dg4/linguistic/Source/prag07-LPE_DocEurRef_Intro_DCed_EN.doc [Zugriff 23.02.2011].

Cummins, Jim/Hornberger, Nancy H. (Hrsg.) (2008): Encyclopedia of Language and Education. 5. Bilingual education. 2. ed. – New York.

Deutsch Lernen (1989): Sprachliches Lernen im Fachunterricht. Heft 2-3.

Deutsches PISA-Konsortium (Hrsg.) (2001): PISA 2000. Basiskompetenzen von Schülerinnen und Schülern im internationalen Vergleich. – Opladen.

Deutsches PISA-Konsortium (Hrsg.) (2002): PISA 2000 – Die Länder der Bundesrepublik Deutschland im Vergleich. – Opladen.

Deutsches PISA-Konsortium (Hrsg.) (2003): PISA 2000. Ein differenzierter Blick auf die Länder der Bundesrepublik Deutschland. – Opladen.

Deutsches PISA-Konsortium (Hrsg.) (2008): PISA 2006 in Deutschland – Die Kompetenzen der Jugendlichen im dritten Ländervergleich. – Münster.

Die Bundesregierung (2007): Der Nationale Integrationsplan. Neue Wege – Neue Chancen. – Berlin.

Diefenbach, Heike (2007): Kinder und Jugendliche aus Migrantenfamilien im deutschen Bildungssystem – Erklärungen und empirische Befunde. – Wiesbaden.

Dirim, İnci (1998): Var mı lan Marmelade? Türkisch-deutscher Sprachkontakt in einer Grundschulklasse. – Münster.

Dirim, İnci (2009): „Ondan sonra gine schleifen yapiyorsunuz": Migrationsspezifisches Türkisch in Schreibproben von Jugendlichen. In: Neumann, Ursula/Reich, Hans H. (Hrsg.): Erwerb des Türkischen in einsprachigen und mehrsprachigen Situationen. (= FörMig Edition Band 6). – Münster, S. 129-146.

Dirim, İnci (zusammen mit Döll, Marion) (2009): ‚Bumerang' – Erfassung der Sprachkompetenzen im Übergang von der Schule in den Beruf – vergleichende Beobachtungen zum Türkischen und Deutschen am Beispiel einer Schülerin. In: Lengyel, Drorit/Reich, Hans H./Roth, Hans-Joachim/Döll, Marion (Hrsg.): Von der Sprachdiagnose zur Sprachförderung. (= FörMig Edition Band 5). – Münster, S. 139-146.

Dirim, İnci/Lütje-Klose, Birgit/Willenbring, Monika (2009): Dialogische Sprachstandsdiagnostik für mehrsprachige Kinder in der Grundschule. In: Dirim, İnci/Mecheril, Paul (Hrsg.): Migration und Bildung. Soziologische und erziehungswissenschaftliche Schlaglichter. – Münster, S. 11-26.

DIRIM, İnci/MECHERIL, Paul (Hrsg.) (2009): Migration und Bildung: soziologische und erziehungswissenschaftliche Schlaglichter. – Münster.

DÖLL, Marion (2009): Beobachtung und Dokumentation von Kompetenzen und Kompetenzzuwachs im Deutschen als Zweitsprache mit den Niveaubeschreibungen DaZ. In: LENGYEL, Drorit/REICH, Hans H./ROTH, Hans-Joachim/DÖLL, Marion (Hrsg.): Von der Sprachdiagnose zur Sprachförderung. (= FÖRMIG Edition Band 5). – Münster, S. 109-114.

DÖLL, Marion (2011): Beobachtung der Aneignung des Deutschen durch lebensweltlich mehrsprachige Kinder und Jugendliche. Inaugural Dissertation. Wien (Universität Wien, Institut für Germanistik).

DÖLL, Marion/ROTH, Hans-Joachim/SIEMON, Jens) (2009): Computergestützte Analyse der gesprochenen Kindersprache? Entwicklung und Erprobung eines parsergestützten Sprachtools für das Hamburger Verfahren zur Analyse des Sprachstands Fünfjähriger (HAVAS 5). In: LENGYEL, Drorit/REICH, Hans H. /ROTH, Hans-Joachim/DÖLL, Marion (Hrsg.): Von der Sprachdiagnose zur Sprachförderung. (= FÖRMIG Edition Band 5). – Münster, S. 71-90.

DREYER, Jana/HEINTZE, Andreas (2008): Evaluation des prozessbegleitenden Sprachdiagnoseinstruments ,Lerndokumentation Sprache' in der Schulanfangsphase. In: KLINGER, Thorsten/SCHWIPPERT, Knut/LEIBLEIN, Birgit (Hrsg.): Evaluation im Modellprogramm FÖRMIG. (= FÖRMIG Edition Band 4). – Münster, S. 146-157.

DUFF, Patricia A./HORNBERGER, Nancy H. (Hrsg.) (2008): Encyclopedia of Language and Education. 8. Language socialization. 2. ed. – New York.

ECKHARDT, Andrea G. (2008): Sprache als Barriere. Potentielle Schwierigkeiten beim Erwerb schulbezogener Sprache für Kinder mit Migrationshintergrund. – Münster.

EHLICH, Konrad (Hrsg.) in Zusammenarbeit mit BREDEL, Ursula/GARME, Birgitta/KOMOR, Anna/KRUMM, Hans-Jürgen/MCNAMARA, Tim/REICH, Hans H./SCHNIEDERS, Guido/THIJE, Jan D. ten/VAN DEN BERG, Huub (2005): Anforderungen an Verfahren der regelmäßigen Sprachstandsfeststellung als Grundlage für die frühe und individuelle Förderung von Kindern mit und ohne Migrationshintergrund (= Bildungsreform, Band 11). – Bonn/Berlin.   URL: http://www.bmbf.de/pub/bildungsreform_band_elf.pdf [Zugriff 23.02.2011].

EHLICH, Konrad/BREDEL, Ursula/REICH, Hans H. (Hrsg.) (2008): Referenzrahmen zur altersspezifischen Sprachaneignung (= Bildungsforschung, Band 29/I). – Bonn.

EHLICH, Konrad/BREDEL, Ursula/REICH, Hans H. (2009): Referenzrahmen zur altersspezifischen Sprachaneignung. Forschungsgrundlagen (= Bildungsforschung, Band 29/II). – Berlin u.a. URL: http://www. bmbf.de/pub/bildungsforschung_band_neunundzwanzig.pdf   [Zugriff 23.02.2011].

EICHLER, Wofgang/NOLD, Günter (2007): Sprachbewusstheit. In: BECK, Bärbel/KLIEME, Eckhard (Hrsg.): Sprachliche Kompetenzen: Konzepte und Messung. DESI-Studie. –Weinheim.

ELFERT, Maren/RABKIN, Gabriele (Hrsg.) (2007): Gemeinsam in der Sprache baden: Family Literacy. Internationale Konzepte zur familienorientierten Schriftsprachförderung. – Stuttgart.

ERZIEHUNGSDEPARTEMENT KANTON BASEL-STADT, RESSORT SCHULEN (Hrsg.) (2006): Sprachprofile für die Volksschule Basel-Stadt. Ein Konzept zur Sprachförderung in allen Fächern. – Basel.

ESSER, Hartmut (2006): Sprache und Integration. Die sozialen Bedingungen und Folgen des Spracherwerbs von Migranten. – Frankfurt am Main.

ESSER, Hartmut/STEINDL, Michael (1987): Modellversuche zur Förderung und Eingliederung ausländischer Kinder und Jugendlicher in das Bildungssystem. Bericht über eine Auswertung im Auftrag der Bund-Länder-Kommission für Bildungsplanung und Forschungsförderung. – Bonn.

FEILKE, Helmuth (2003): Entwicklung schriftlich-konzeptualer Fähigkeiten. In: BREDEL, Ursula/GÜNTHER, Hartmut/KLOTZ, Peter/OSSNER, Jakob/SIEBERT-OTT, Gesa (Hrsg.): Didaktik der deutschen Sprache. Band 1. – Paderborn, S. 178-192.

FEILKE, Helmuth/SCHMIDLIN, Regula (Hrsg.) (2005): Literale Textentwicklung. – Frankfurt am Main.

FIPP e.V.: Ich bin ein Berliner. URL: www.ichbin1berliner.de [Zugriff 23.02.2011].

FLUCK, Hans-Rüdiger (1992): Didaktik der Fachsprachen. Aufgaben und Arbeitsfelder. Konzepte und Perspektiven im Sprachbereich Deutsch. – Tübingen.

FRIED, Lilian (2004): Expertise zu Sprachstandserhebungen für Kindergartenkinder und Schulanfänger. Eine kritische Betrachtung. München. URL: http://www.dji.de/bibs/271_2232_ExpertiseFried.pdf [Zugriff 23.02.2011].

FRIED, Lilian (2008): Pädagogische Sprachdiagnostik für Vorschulkinder – Dynamik, Stand und Ausblick. In: ROSSBACH, Hans-Günther/BLOSSFELD, Hans-Peter (Hrsg.): Frühpädagogische Förderung in Institutionen. Zeitschrift für Erziehungswissenschaft, Sonderheft 11. – Wiesbaden, S. 63-78.

FROMM, J. (2004): The Emergence of Complexity. – Kassel.

FÜSSENICH, Iris (2008): „Sprecht zu Hause Deutsch!" Kinder und ihre Sprachen. In: Grundschule, Heft 9, S. 46-47.

FÜSSENICH, Iris/GEISEL, Carolin/GEISEL, Julia (2008): Literacy im Kindergarten. Vom Sprechen zur Schrift. – München.

GANTEFORT, Christoph/ROTH, Hans-Joachim (2008): Ein Sturz und seine Folgen. Zur Evaluation von Textkompetenz im narrativen Schreiben mit dem FÖRMIG Instrument ‚Tulpenbeet'. In: KLINGER, Thorsten/SCHWIPPERT, Knut/LEIBLEIN, Birgit (Hrsg.): Evaluation im Modellprogramm FÖRMIG. (= FÖRMIG Edition Band 4). – Münster, S. 29-50.

GANTEFORT, Christoph/ROTH, Hans-Joachim (2010): Sprachdiagnostische Grundlagen bildungssprachlicher Fähigkeiten. In: Zeitschrift für Erziehungswissenschaft (ZfE), 13 Jg., H. 4, S. 573-591.

GAWLITZEK-MAIWALD, Ira/TRACY, Rosemarie (1996): Bilingual Bootstrapping. In: MÜLLER, Natascha (Hrsg.): Two Languages: Studies in Bilingual First and Second Language Development. Linguistics 34, S. 901-926.

GIBBONS, Pauline (2002): Scaffolding Language, Scaffolding Learning: Teaching Second Language Learners in the Mainstream Classroom. – Westport.

GIBBONS, Pauline (2006): Unterrichtsgespräche und das Erlernen neuer Register in der Zweitsprache. In: MECHERIL, Paul/QUEHL, Thomas (Hrsg.): Die Macht der Sprachen. Englische Perspektiven auf die mehrsprachige Schule. – Münster, S. 269-290.

GIBBONS, Pauline (2009): English Learners, Academic Literacy, and Thinking. Learning in the Challenge Zone. – Portsmouth.

GOGOLIN, Ingrid (1994): Der monolinguale Habitus der multilingualen Schule. – Münster.

GOGOLIN, Ingrid (2008): Förderung von Kindern mit Migrationshintergrund im Elementarbereich. In: Zeitschrift für Erziehungswissenschaft (ZfE), Sonderheft 11, S. 79-90.

GOGOLIN, Ingrid (2008a): Förderung von Kindern mit Migrationshintergrund im Elementarbereich. Paralleltitel: Support for Immigrant Minority Children of Pre School Age. In: Zeitschrift für Erziehungswissenschaft (ZfE), Sonderheft 11, S. 79-90.

GOGOLIN, Ingrid (2008b): „Förderung von Kindern und Jugendlichen mit Migrationshintergrund FÖRMIG" – ein länderübergreifendes Programm zur Optimierung der Sprachbildung. In: Gesellschaft, Wirtschaft, Politik, 57. Jg., S. 65-75.

GOGOLIN, Ingrid (2009): Bildungssprache – The Importance of Teaching Language in Every School Subject. In: TAJMEL, Tanja/STARL, Klaus (Hrsg.): Science Education Unlimited. Approaches to Equal Opportunities in Learning Science. – Münster, S. 91-102.

GOGOLIN, Ingrid (2009): Handlungsfeld Sprache. In: MUND, Petra/THEOBALD, Bernhard (Hrsg.): Kommunale Integration von Menschen mit Migrationshintergrund – ein Handbuch. – Berlin, S. 206-219.

GOGOLIN, Ingrid (2010): Stichwort: Mehrsprachigkeit. In: Zeitschrift für Erziehungswissenschaft (ZfE) 13. Jg., H. 4, S. 529-547.

GOGOLIN, Ingrid/LANGE, Imke (2011). Bildungssprache und Durchgängige Sprachbildung. In: FÜRSTENAU, Sara und GOMOLLA, Mechtild (Hrsg.). Migration und schulischer Wandel: Mehrsprachigkeit. Lehrbuch. – Wiesbaden, S. 107-127.

GOGOLIN, Ingrid/LANGE, Imke/HAWIGHORST, Britta/BAINSKI, Christiane/HEINTZE, Andreas/RUTTEN, Sabine/SAALMANN, Wiebke in Zusammenarbeit mit der FÖRMIG-AG Durchgängige Sprachbildung (2010): Durchgängige Sprachbildung: Qualitätsmerkmale für den Unterricht. URL: http://www.foermig.uni-hamburg.de/web/de/all/mat/hand/index.html [Zugriff 23.02.2011].

GOGOLIN, Ingrid/MICHEL, Ute (2007): Forschungsantrag: Qualitative Evaluation von sieben Modellschulen des Programms FÖRMIG. Gefördert vom Bundesamt für Migration und Flüchtlinge. Unpubliziertes Manuskript. – Hamburg.

GOGOLIN, Ingrid/MICHEL, Ute (2010): Kooperation und Vernetzung – eine Dimension „Durchgängier Sprachbildung". In: Diskurs Kindheits- und Jugendforschung. Jg. 5, H. 4, S. 373-384.

GOGOLIN, Ingrid/NEUMANN, Ursula/REUTER, Lutz (Hrsg.) (2001): Schulbildung für Kinder aus Minderheiten in Deutschland 1989–1999. Schulrecht, Schulorganisation, curriculare Fragen, sprachliche Bildung. – Münster, New York.

GOGOLIN, Ingrid/NEUMANN, Ursula/ROTH, Hans-Joachim (2003): Förderung von Kindern und Jugendlichen mit Migrationshintergrund (= Materialien zur Bildungsplanung und zur Forschungsförderung, Heft 107). – Bonn.

Gogolin, Ingrid/NEUMANN, Ursula/ROTH, Hans-Joachim (Hrsg.) (2005): Sprachdiagnostik bei Kindern und Jugendlichen mit Migrationshintergrund. (= FÖRMIG Edition Band 1). – Münster.

GOGOLIN, Ingrid/SCHWIPPERT, Knut (2009): Forschungsantrag „Sprachentwicklung bilingualer Kinder in longitudinaler Perspektive SPRABILON" (gefördert im Rahmen der BMBF-Initiative Bildungsforschung – Forschungsinitiative Sprachdiagnistik und Sprachförderung FiSS). Hamburg. URL: www.sprabilon.uni-hamburg.de [Zugriff 23.02.2011].

GOMOLLA, M./RADTKE, F.-O. (2009³): Institutionelle Diskriminierung. Die Herstellung ethnischer Differenz in der Schule. – Wiesbaden (Erste Auflage: 2002).

GRÄSEL, Cornelia (2010): Stichwort: Transfer und Transferforschung im Bildungsbereich. In: Zeitschrift für Erziehungswissenschaft. Heft 13, S. 7-20.

GRAMMEL, Elisabeth (2008): Sprachförderung direkt. Aus der Praxis für die Praxis. – Wien.

GRANATO, Mona (2009): Perspektiven und Potenziale: Junge Menschen mit Migrationshintergrund in der beruflichen Ausbildung. In: KIMMELMANN, Nicole (Hrsg.): Berufliche Bildung in der Einwanderungsgesellschaft. – Erlangen, S. 17-35.

GRASSMANN, Marianne (2008): Sprache und Mathematik: Stolpersteine. In: Grundschule 40, Heft 2, S. 25.

GRASSMANN, Marianne (2008): Wie gerade ist die 1? Sprache im Mathematikunterricht der Grundschule. In: Grundschule, 40, Heft 2, S. 20-23.

GRIESSBACH, Dorothea/RAATZ, Ulrich/GOGOLIN, Ingrid/MICHEL, Ute (2010): „Sprache bilden – Sprache bildet. Das Modellprogramm FÖRMIG: Durchgängige Sprachbildung und Bildungssprache am Übergang in die Sekundarstufe I." (DVD) – FÖRMIG-Kompetenzzentrum Hamburg.

GUCKELSBERGER, Susanne (2008): Diskursive Basisqualifikation. In: EHLICH, Konrad/BREDEL, Ursula/REICH, Hans H. (Hrsg.): Referenzrahmen zur altersspezifischen Sprachaneignung – Forschungsgrundlagen (= Bildungsforschung, Band 29/II). – Bonn, S. 103-133.

HABERMAS, Jürgen (1977): Umgangssprache, Wissenschaftssprache, Bildungssprache. In MAX-PLANCK-GESELLSCHAFT (Hrsg.): Jahrbuch 1977. – Göttingen, S. 36-51.

HAHN, Walther von der (1983): Fachkommunikation. Entwicklung, linguistische Konzepte, betriebliche Beispiele. – Berlin.

HALLIDAY, Michael A. K. (1994): An Introduction to Functional Grammar. – London.

HAMBURG (2005): Modellprogramm Förderung von Kindern und Jugendlichen mit Migrationshintergrund – FörMig. HAVAS 5 im Kooperationsprojekt Kita und Schule (HAVAS 5) und Family Literacy (FLY). Bericht. – Hamburg (unveröffentlicht).

HAMBURG (2009): Modellprogramm Förderung von Kindern und Jugendlichen mit Migrationshintergrund – FörMig. HAVAS 5 im Kooperationsprojekt Kita und Schule (HAVAS 5) und Family Literacy (FLY). Abschlussbericht (01.09.2004–31.08.2009). – Hamburg (unveröffentlicht).

HAUBRICH, Karin (2006): Die Konstruktion des Untersuchungsgegenstandes in der Evaluation innovativer multizentrischer Programme. In: REHBERG, Karl-Siegbert (Hrsg.): Soziale Ungleichheit – Kulturelle Unterschiede. Verhandlungen des 32. Kongresses der Deutschen Gesellschaft für Soziologie in München 2004. – Frankfurt, S. 3872-3881.

HAWIGHORST, Britta (2009): Durchgängige Sprachbildung an der Gesamtschule Kirchdorf. Ein Porträt. – Hamburg. URL: http://www.foermig.uni-hamburg.de/web/de/all/modell/GSK/index.html [Zugriff 20.06.2011].

HAWIGHORST, Britta (2009): Durchgängige Sprachbildung an der Realschule Friedrichsgabe. Ein Porträt. – Hamburg. URL: http://www.foermig.uni-hamburg.de/web/de/all/modell/RSF/index.html [Zugriff 20.06.2011].

HAWIGHORST, Britta (2009): Durchgängige Sprachbildung an der Eberhard-Klein-Schule. Ein Porträt. – Hamburg. URL: http://www.foermig.uni-hamburg.de/web/de/all/modell/EKO/index.html [Zugriff 20.06.2011].

HAWIGHORST, Britta (2009): Durchgängige Sprachbildung an der Apollonia-von-Wiedebach-Schule. Mittelschule der Stadt Leipzig. Ein Porträt. – Hamburg. http://www.foermig.uni-hamburg.de/web/de/all/modell/AvW/index.html [Zugriff 20.06.2011].

HEALY, Annah (Hrsg.) (2008): Multiliteracies and diversity in education. New Pedagogics for Expanding Landscapes. – Oxford.

HELMKE, Andreas/KLIEME, Eckhard (2008): Unterricht und Entwicklung sprachlicher Kompetenzen. In: DESI-KONSORTIUM (Hrsg.): Unterricht und Kompetenzerwerb in Deutsch und Englisch. – Weinheim, S. 301-312.

HUBER, Günter L. (Hrsg.) (1993): Neue Perspektiven der Kooperation. – Baltmannsweiler.

HUTH, Erika (2008): Vom Machen zum Stülpen. Sprachförderung im Sachunterricht. In: Grundschule, 40, Heft 2, S. 26-27.

INSTITUT FÜR QUALITÄTSENTWICKLUNG AN SCHULEN SCHLESWIG-HOLSTEIN (Hrsg.) (2009): Niveaubeschreibungen Deutsch als Zweitsprache in der Sekundarstufe I. Zur Beobachtung von Kompetenz und Kompetenzzuwachs im Deutschen als Zweitsprache. Erprobungsfassung 2009. – Kronshagen. URL: http://www.foermig.uni-hamburg.de/web/de/all/mat/diag/niv/index.html [Zugriff 20.6.2011].

INSTITUT FÜR QUALITÄTSENTWICKLUNG AN SCHULEN SCHLESWIG-HOLSTEIN (Hrsg.) (2010): Niveaubeschreibungen Deutsch als Zweitsprache für die Primarstufe. Zur Beobachtung von Kompetenz und Kompetenzzuwachs im Deutschen als Zweitsprache. Erprobungsfassung 2010. – Kronshagen.

JÄGER, Michael (2009): FörMig-Online Durchgängige Sprachbildung. Evaluation der erstmaligen Durchführung des Seminars im Wintersemester 2008/2009. (Bericht 15.5.2009) (unveröffentlicht).

JÄGER, Michael/REESE, Maike/PRENZEL, Manfred/DRECHSEL, Barbara. (2003): Evaluation des Modellversuchsprogramms „Qualitätsverbesserung in Schulen und Schulsystemen" (QuiSS). Psychologie in Erziehung und Unterricht, 50, 86-97. – München.

JAMPERT, Karin (2009): Kinder-Sprache stärken! – Weimar.

JAMPERT, Karin/BEST, Petra/GUADATIELLO, Angela/HOLLER, Doris/ZEHNBAUER, Anne (Hrsg.) (2005) Schlüsselkompetenz Sprache. Sprachliche Bildung und Förderung im Kindergarten. Konzepte, Projekte und Maßnahmen. Weimar.

JAMPERT, Karin/LEUCKEFELD, Kerstin/ZEHNBAUER, Anne/BEST, Petra (2006): Sprachliche Förderung in der Kita. Wie viel Sprache steckt in Musik, Bewegung, Naturwissenschaften und Medien? – Weimar.

JAMPERT, Karin/ZEHNBAUER, Anne/BEST, Petra/SENS, Andrea/LEUCKEFELD, Kerstin/LAIER, Mechthild (Hrsg.) (2009): Kinder-Sprache stärken! Sprachliche Förderung in der Kita: das Praxismaterial. – Weimar.

JEUK, Stefan (2008): „Der Katze jagt den Vogel". Aspekte des Genuserwerbs im Grundschulalter. In: AHRENHOLZ, Bernt (Hrsg.): Zweitspracherwerb. Diagnosen, Verläufe, Voraussetzungen. – Freiburg im Breisgau, S. 135-150.

JEUK, Stefan (2009): Sprachstandserhebung bei mehrsprachigen Kindern. In: KELLE, Helga (Hrsg.): Kulturen der Entwicklungsdiagnostik. In: ZSE (= Zeitschrift für Soziologie der Erziehung und Sozialisation), S. 141-156.

JEUK, Stefan/SCHMID-BARKOW, Ingrid (Hrsg.) (2009): Differenzen diagnostizieren und Kompetenzen fördern im Deutschunterricht. – Freiburg im Breisgau.

JOHNSON, David W./JOHNSON, Roger T. (1987): Learning Together and Alone: Cooperative, Competitive, and Individualistic Learning (2nd ed. 1994). – Englewood Cliffs New Jersey.

JOHNSON, David W./JOHNSON, Roger T./SMITH, Karl A. (1998): Cooperative Learning Returns to College: What Evidence Is There That It Works? Change, 30 (4), S. 26-35.

KAUFMANN, Susan (2008): „Eine der intensivsten Weisen zu lernen": die web-gestützte Zusatzqualifizierung von Lehrkräften „Deutsch als Zweitsprache". In: Diskurs, Heft 1, S. 18-21.

KEIM, Inken (2007): Die „türkischen Powergirls" Lebenswelt und kommunikativer Stil einer Migrantinnengruppe in Mannheim. – Tübingen.

KEMP, Robert/BREDEL, Ursula (2008): Morphologisch-syntaktische Basisqualifikation. In: EHLICH, Konrad/BREDEL, Ursula/REICH, Hans H. (Hrsg.): Referenzrahmen zur altersspezifischen Sprachaneignung – Forschungsgrundlagen (= Bildungsforschung, Band 29/II). – Bonn/Berlin, S. 77-102.

KEMPF, Gerhard (2005/2006): Textknacker. Lesetexte besser verstehen und kreativ schreiben können [erhältlich für diverse Jahrgangsstufen]. – München.

KLEIN, Julia/MERKEL, Johannes (2009): Geschichten erzählen, erfinden und schreiben. Eine Anleitung mit Lehrfilm für die Grundschule. – Buxtehude.

KLEIN, Julia/MERKEL, Johannes (2011): Sprachförderung durch Geschichtenerzählen. Handlungsorientierte Materialien für die gezielte Spracharbeit. – Buxtehude.

KLIEME, Eckhard (Hrsg.) (2008): Unterricht und Kompetenzerwerb in Deutsch und Englisch. Ergebnisse der DESI-Studie. – Weinheim.

KLIEME, Eckhard/JUDE, Nina/RAUCH, Dominique/EHLERS, Holger/HELMKE, Andreas/EICHLER, Wolfgang/THOMÉ, Günther/WILLENBERG, Heiner (2008): Alltagspraxis, Qualität und Wirksamkeit des Deutschunterrichts. In: DESI-KONSORTIUM (Hrsg.): Unterricht und Kompetenzerwerb in Deutsch und Englisch. – Weinheim, S. 319-344.

KLINGER, Thorsten/SCHWIPPERT, Knut/LEIBLEIN, Birgit (Hrsg.) (2008): Evaluation im Modellprogramm FÖRMIG. Planung und Realisierung eines Evaluationskonzepts. (=FÖRMIG Edition Band 4.) – Münster.

KLIPPERT, H. (1994): Methodentraining. Übungsbausteine für den Unterricht. – Weinheim und Basel.

KNAPP, Werner (1997): Schriftliches Erzählen in der Zweitsprache. – Tübingen.

KNIFFKA, Gabriele/LINNEMANN, Markus (2010/im Druck): C-test for Migrant Children. In: GROTJAHN, Rüdiger (Hrsg.): Der C-Test: Aktuelle Tendenzen/The C-Test: Current Trends. – Frankfurt.

KOCH, Barbara/KORTENBUSCH, Johannes (Hrsg.) (2007): Individuelle Förderplanung Berufliche Integration. Benachteiligte Jugendliche finden ihren Weg von der Schule in den Beruf. – Bielefeld.

KOCH, Peter/OESTERREICHER, Wulf (1985): Sprache der Nähe – Sprache der Distanz. Mündlichkeit und Schriftlichkeit im Spannungsverhältnis von Sprachtheorie und Sprachgeschichte. In: Romanisches Jahrbuch, 36, S. 15-43.

KOCH, Peter/OESTERREICHER, Wulf (1994): Schriftlichkeit und Sprache. In: GÜNTHER Hartmut/LUDWIG, Otto (Hrsg.): Schrift und Schriftlichkeit. Ein interdisziplinäres Handbuch internationaler Forschung. Bd. 1. – Berlin, S. 587-604.

KOMOR, Anna (2008): Semantische Basisqualifikation. In: EHLICH, Konrad/BREDEL, Ursula/REICH, Hans H. (Hrsg.): Referenzrahmen zur altersspezifischen Sprachaneignung – Forschungsgrundlagen (= Bildungsforschung, Band 29/II). – Bonn, S. 51-75.

KONAK, Ömer/DUINDAM, Tom/KAMPHUIS, Frans (2005): CITO-Sprachtest. Wissenschaftlicher Bericht. – Arnhem.

KONSORTIUM BILDUNGSBERICHTERSTATTUNG (2006): Bildung in Deutschland. Ein indikatorengestützter Bericht mit einer Analyse zu Bildung und Migration. – Bielefeld.

KONSORTIUM BILDUNGSBERICHTERSTATTUNG (2008): Bildung in Deutschland. Ein indikatorengestützter Bericht mit einer Analyse zu Übergängen im Anschluss an den Sekundarbereich I. – Bielefeld.

KONSORTIUM BILDUNGSBERICHTERSTATTUNG (2010): Bildung in Deutschland. Ein indikatorengestützter Bericht mit einer Analyse zu Perspektiven des Bildungswesens im demographischen Wandel. – Bielefeld.

KRUMM, Hans-Jürgen/PORTMANN-TSELIKAS, Paul (Hrsg.) (2008): Schwerpunkt: Wortschatz. (Theorie und Praxis – österreichische Beiträge zu Deutsch als Fremdsprache: Serie A). – Innsbruck.

KRUMM, Hans-Jürgen/PORTMANN-TSELIKAS, Paul (Hrsg.) (2009): Schwerpunkt: Sprache und Integration. – Innsbruck.

KRUSE, Gerd (2003): Die lesefreundliche Schule. Eine Leitbildidee zur Förderung von Lesekompetenz. In: Departement für Bildung und Kultur (DBK) des Kantons SO, (Hrsg.), Lesen bewegt. SO über PISA hinaus. Solothurn: Departement für Bildung und Kultur (DBK) des Kantons SO. – Solothurn, S. 33–37.

LANDESINSTITUT für Lehrerbildung und Schulentwicklung Hamburg/FöRMIG (2005): Ausführungen zur diagnosegestützten Sprachförderung. Hamburg: Landesinstitut für Lehrerbildung und Schulentwicklung. – Hamburg.

LANDESINSTITUT für Lehrerbildung und Schulentwicklung Hamburg/FöRMIG (2007): Konzept zur Sprachförderung mit Bildern im Elementar- und Primarbereich. Hamburg: Landesinstitut für Lehrerbildung und Schulentwicklung. – Hamburg.

LANDESINSTITUT für Lehrerbildung und Schulentwicklung Hamburg/FöRMIG (2008): Sprachförderung mit naturwissenschaftlichen Experimenten zum Thema Wasser im Elementar- und Primarbereich. Hamburg: Landesinstitut für Lehrerbildung und Schulentwicklung. – Hamburg.

LANDESINSTITUT für Lehrerbildung und Schulentwicklung Hamburg/FöRMIG (2009): Sprachförderung und Mehrsprachigkeit im Elementar- und Primarbereich. Hamburg: Landesinstitut für Lehrerbildung und Schulentwicklung. – Hamburg.

LANGE, Imke (2009): Schreiben in mehrsprachigen Lerngruppen. In: Deutsch Differenziert, Heft 2, S. 36-39.

LANGE, Imke/GOGOLIN, Ingrid/unter Mitarbeit von Dorothea GRIESSBACH (2010): Durchgängige Sprachbildung in der Praxis – eine Handreichung. (= FöRMIG Material, Bd. 2). – Münster.

LEISEN, Josef (Hrsg.) (1999): Methoden-Handbuch Deutschsprachiger Fachunterricht (DFU). – Bonn.

LEISEN, Josef (2003): Methodenhandbuch des deutschsprachigen Fachunterrichts. Zweite erweiterte Auflage. Bonn, Varus.

LEISEN, Josef (Hrsg.) (2009): Sachtexte lesen im Fachunterricht der Sekundarstufe. – Stuttgart.

LEISEN, Josef (2010): Handbuch Sprachförderung im Fach: Sprachsensibler Fachunterricht in der Praxis. – Bonn.

LENGYEL, Drorit (2010): Bildungssprachförderlicher Unterricht in mehrsprachigen Lernkonstellationen. In: Zeitschrift für Erziehungswissenschaft (ZfE) 13. Jg., H. 4, S. 593-608.

LENGYEL, Drorit/HEINTZE, Andreas/REICH, Hans H./ROTH, Hans-Joachim/ SCHEINHARDT-STETTNER, Heidi (2009): Prozessbegleitende Diagnose zur Schreibentwicklung: Beobachtung schriftlicher Sprachhandlungen in der Sekundarstufe I. In: LENGYEL, Drorit/REICH, Hans H./ROTH, Hans-Joachim/DÖLL, Marion (Hrsg.): Von der Sprachdiagnose zur Sprachförderung. (= FöRMIG Edition Band 5).– Münster, S. 129-138.

LENGYEL, Drorit/REICH, Hans H./ROTH, Hans-Joachim/DÖLL, Marion (Hrsg.) (2009): Von der Sprachdiagnose zur Sprachförderung. (=FÖRMIG Edition Band 5). – Münster.

LESEMAN, Paul P. M./SCHEELE, Anna F./MAYO, Aziza Y./MESSER, Marielle H. (2007): Home Literacy as Special Language Environment to Prepare Children for School. In: Zeitschrift für Erziehungswissenschaft (ZfE), 10. Jg., Heft 3, S. 334-355.

LESEMAN, Paul P. M./SCHEELE, Anna F./MAYO, Aziza Y./MESSER, Marielle H. (2009): Bilingual Development in Early Childhood and the Languages Used at Home: Competition for Scarce Resources? In: GOGOLIN, Ingrid/ NEUMANN, Ursula (Hrsg.): Streitfall Zweisprachigkeit – The Bilingualism Controversy. – Wiesbaden, S. 289-316.

LIPOWSKY, Frank (2006): Auf den Lehrer kommt es an. Empirische Evidenzen für Zusammenhänge zwischen Lehrerkompetenzen, Lehrerhandeln und dem Lernen der Schüler. In: ALLEMANN-GHIONDA, Cristina/TERHART, Ewald (Hrsg.): Kompetenzen und Kompetenzentwicklung im Lehrerberuf: Ausbildung und Beruf (S. 47-70). (51. Beiheft der Zeitschrift für Pädagogik). – Weinheim.

LÖHR, Eva (2007-2009): Videodokumentationen: Erzählen macht stark; Lesen macht stark; WortStark; Vorlesen und Erzählen auf Arabisch; Sprache und Bewegung; „Trenner und Tröster" – Mediation in der Schulanfangsphase; Mama liest uns vor! Qualifizierung für Mütter mit Migrationshintergrund (unveröffentlicht). – Berlin.

LUBIG-FOHSEL, Evelin/MÜLLER-BOEHM, Eva. (2010): Kooperation von Schule und Eltern mit Migrationshintergrund. Wie kann sie gelingen? Eine Handreichung für Schulen in sozial benachteiligten Quartieren. Senatsverwaltung für Bildung, Wissenschaft und Forschung (Hrsg.). – Berlin.

LÜTJE-KLOSE, Birgit (2009): Prävention von Sprach- und Lernstörungen bei mehrsprachigen Kindern mit Migrationshintergrund. In: DIRIM, İnci/ MECHERIL, Paul (Hrsg.): Migration und Bildung. Soziologische und erziehungswissenschaftliche Schlaglichter. – Münster, S. 27-55.

MAY, Stephen/HORNBERGER, Nancy H. (Hrsg.) (2008): Encyclopedia of Language and Education. 1. Language Policy and Political Issues in Education. 2. ed. – New York.

MECKLENBURG-VORPOMMERN (2009): Modellprogramm Förderung von Kindern und Jugendlichen mit Migrationshintergrund – FÖRMIG. FÖRMIG M-V. Abschlussbericht (01.08.2005–31.07.2009). – Mecklenburg-Vorpommern (unveröffentlicht).

MENK, Antje-Katrin (1989): Sprachliches Lernen im Fachunterricht. In: Deutsch lernen, 2-3/89.

MENKEN, Kate (2008): English Learners Left Behind: Standardized Testing as Language Policy. (= Bilingual Education and Bilingualism 65). – Clevedon.

MERKEL, Johannes (2006): Erzählen und Textverständnis. Inwiefern mündliches Erzählen die Lesefähigkeit vorbereitet. In: Die Grundschulzeitschrift, 197, S. 10-13.

MERKEL, Johannes (o.J.): Merkels Erzählkabinett. URL: http://www.stories. uni-bremen.de [Zugriff 23.02.2011].

MEYER, Bernd (2008): Nutzung der Mehrsprachigkeit von Menschen mit Migrationshintergrund. Berufsfelder mit besonderem Potenzial. Expertise für das Bundesamt für Migration und Flüchtlinge. URL: http://www.integration-in-deutschland.de/nn_283310/SharedDocs/Anlagen/DE/Integration/Publikationen/Sonstige/ExpertiseMehrsprachigkeit.html [Zugriff 23.02.2011].

MIETHNER, Johannes (2007): Modellprogramm FÖRMIG. Förderung von Kindern und Jugendlichen mit Migrationshintergrund. Einrichtungsportraits – Rahmenbedingungen und Entwicklungen von beteiligten Schulen und Kindergärten. URL: http://foermig.bildung-rp.de/foermig-badkreuznach/projektbezogene-evaluation/einrichtungsportraits.html [Zugriff 23.02.2011].

MOHAN, Bernhard/SLATER, Tammy (2010): Functional Language and Content Learning: Building Registers and Social Practices. In: GOGOLIN, Ingrid/LANGE, Imke/MICHEL, Ute/REICH, Hans-H.(Hrsg.): Herausforderung Bildungssprache. (=FÖRMIG Edition Band 8) – Münster. (erscheint demnächst).

NATIONALER INTEGRATIONSPLAN Arbeitsgruppe 3 (2007): „Gute Bildung und Ausbildung sichern, Arbeitsmarktchancen erhöhen". Dokumentation des Beratungsprozesses. Bundesministerium für Arbeit und Soziales. – Bonn.

NEUER, Birgit S./KNIFFKA, Gabriele M. (2008): „Wo geht's hier nach ALDI?" – Fachsprachen lernen im kulturell heterogenen Klassenzimmer. In: BUDKE, Alexandra (Hrsg.): Interkulturelles Lernen im Geographieunterricht (= Potsdamer Geographische Forschungen 27). – Potsdam, S. 121-135.

NEUGEBAUER, Claudia (2006): Anregungen für eine erweiterte Lesedidaktik. In: STRÄULI ARSLAN, Barbara/unter Mitarbeit von MÄCHLER, Stefan/NEUGEBAUER, Claudia (2006): Leseknick Lesekick: Leseförderung in vielsprachigen Schulen. – Zürich, S. 58-77.

NICKOLAUS, Reinhold/GRÄSEL, Cornelia (Hrsg.) (2006) Innovation und Transfer. Expertise zur Transferforschung. – Hohengehren.

NORDRHEIN-WESTFALEN (2009): Modellprogramm Förderung von Kindern und Jugendlichen mit Migrationshintergrund – FÖRMIG. FÖRMIG Nordrhein-Westfalen. Abschlussbericht (01.09.2004–31.08.2009). – Nordrhein-Westfalen (unveröffentlicht).

OHM, Udo/KUHN, Christina/FUNK, Hermann (2007): Sprachtraining für Fachunterricht und Beruf. Fachtexte knacken – mit Fachsprache arbeiten. (=FÖRMIG Edition Band 2). – Münster.

ORTNER, Hans-Peter (2009): Rhetorisch-stilistische Eigenschaften der Bildungssprache. In: FIX, Ulla/GARDT, A./KNAPE, Joachim (Hrsg.): Rhetorik und Stilistik (Rhetoric and Stylistics). Teilband 2. – Berlin, S. 2227-2240.

OTT, Margarete (2006): Sprachkritische Beobachtungen im Bereich Deutsch als Zweitsprache – Sprachkompetenzkritik. 2006 In: Der Deutschunterricht, 58, Heft 2, S. 87-94.

PARCHMANN, Ilka/VENKE, Sabine (2008): Eindeutig – Zweideutig?! Chemische Fachsprache im Unterricht. In: Naturwissenschaften im Unterricht. Chemie, 19, Heft 106/107, S. 10-15.

PEPELNIK, Pia (2008): Sprachstandsfeststellungen – keine Lösung des Problems mit dem Zweitspracherwerb. In: Erziehung und Unterricht, 158, Heft 1, S. 35-44.

PFEIFER, Peter (2008): Alltagssprache und Fachsprache. Verständnis des Begriffes Kalk in Alltag und Fachunterricht. In: Naturwissenschaften im Unterricht. Chemie, 19, Heft 106/107, S. 16-19.

PIONTEK, Regina (2008): Portfolio Interkulturelle Kompetenz – Chance, das eigene Potential zu entdecken und es darzustellen. In: KLINGER, Thorsten/SCHWIPPERT, Knut/LEIBLEIN, Birgit (Hrsg.): Evaluation im Modellprogramm FÖRMIG (= FÖRMIG Edition Band 4). – Münster, S. 180-192.

POLLARD, Andrew/JAMES, Mary (2011): The UK's teaching and learning research programme (TLRP). Strategies and contributions to large-scale reform. In: GOGOLIN, Ingrid/BAUMERT, Jürgen/SCHEUNPFLUG, Annette (Hrsg.): Transforming Education. Umbau des Bildungswesens. Large-Scale Reform Projects in Education Systems and their Effects. Bildungspolitische Großreformprojekte und ihre Effekte. Wiesbaden (Sonderheft 13 der Zeitschrift für Erziehungswissenschaft), S. 149-160.

PORTMANN-TSELIKAS, Paul R. (1998): Sprachförderung im Unterricht. Handbuch für den Sach- und Sprachunterricht in mehrsprachigen Klassen. – Zürich.

PORTMANN-TSELIKAS, Paul R./SCHMÖLZER-EIBINGER, Sabine (2008): Textkompetenz. In: Fremdsprache Deutsch. Bd. 39, S. 5-16.

PREIBUSCH, Wolfgang (1992): Die deutsch-türkischen Sprachenbalancen bei türkischen Berliner Grundschülern. Eine clusteranalytische Untersuchung. – Frankfurt am Main.

PRENZEL, Manfred (2010): Geheimnisvoller Transfer? Wie Forschung der Bildungspraxis nützen kann. In: Zeitschrift für Erziehungswissenschaft, Heft 13, S. 21-37.

PRENZEL, Manfred/ALLOLIO-NÄCKE, Lars (Hrsg.) (2006): Untersuchungen zur Bildungsqualität von Schule. Abschlussbericht des DFG-Schwerpunktprogramms. – Münster.

PRENZEL, Manfred/BAUMERT, Jürgen (Hrsg.) (2009): Vertiefende Analysen zu PISA 2006. (Zeitschrift für Erziehungswissenschaft. Sonderheft. 10). – Wiesbaden.

PROGRAMMTRÄGER MODELLPROGRAMM FÖRMIG (2006): Modellprogramm Förderung von Kindern und Jugendlichen mit Migrationshintergrund. Jahresbericht 2006 (01.10.2005 bis 30.09.2006). Universität Hamburg, Institut für International und Interkulturell Vergleichende Erziehungswissenschaft. – Hamburg (unveröffentlicht).

PROGRAMMTRÄGER MODELLPROGRAMM FÖRMIG (2007): Modellprogramm Förderung von Kindern und Jugendlichen mit Migrationshintergrund. Jahresbericht 2007 (01.10.2006 bis 30.09.2007). Universität Hamburg, Institut für International und Interkulturell Vergleichende Erziehungswissenschaft. – Hamburg (unveröffentlicht).

PROGRAMMTRÄGER MODELLPROGRAMM FÖRMIG (2008): Modellprogramm Förderung von Kindern und Jugendlichen mit Migrationshintergrund – FÖRMIG. Jahresbericht 2008 (01.10.2007 – 30.09.2008). Universität Hamburg, Institut für International und Interkulturell Vergleichende Erziehungswissenschaft. – Hamburg. (unveröffentlicht).

QUEHL, Thomas/SCHEFFLER, Ute (2008): Möglichkeiten fortlaufender Sprachförderung im Sachunterricht. In: BAINSKI, Christiane/KRÜGER-POTRATZ, Marianne (Hrsg.): Handbuch Sprachförderung. – Essen, S. 66-79.

RAA (Regionale Arbeitsstelle für Bildung, Integration und Demokratie) Mecklenburg-Vorpommern (Hrsg.) (2009a): Organisation und Methoden der Sprachförderung DaZ in der Sekundarstufe 1 in Mecklenburg-Vorpommern. – o.O.

RAA (Regionale Arbeitsstelle für Bildung, Integration und Demokratie) Mecklenburg-Vorpommern (Hrsg.) (2009b): Jeder von uns versteht ein Stück. Beiträge der Schreibwerkstatt „MV spricht viele Sprachen". – Rostock-Elmenhorst

RAA (Regionale Arbeitsstellen zur Förderung von Kindern und Jugendlichen aus Zuwandererfamilien) (2009): Rucksack-Projekt. Ein Konzept zur Sprachförderung und Elternbildung im Elementarbereich. URL: http://www.raa.de/fileadmin/dateien/pdf/produkte/RAA-Flyer-Rucksack_Allgemein_LR.pdf [Zugriff 23.02.2011].

RABKIN, Gabriele (2007): Gemeinsam in der Sprache baden: Family Literacy. Materialheft. Aus der Praxis – für die Praxis. – Stuttgart.

RABKIN, Gabriele/ELFERT, Maren (o.J.): Sprachförderung von Migrantenkindern – Family Literacy in Hamburg. In: TEXTOR, Martin R. (Hrsg.): Kindergartenpädagogik. Online-Handbuch. URL: http://www.kindergarten-paedagogik.de/1697.html [Zugriff 23.02.2011].

RECKE, Sybille/MÜLLER-BOEHM, Eva/HEINTZE, Andreas/KOTSCH, Karin (2009): Brücken zur Lesekultur zwischen Unterricht, Freizeit und Familie – Ein Praxisbaustein zur familienorientierten Schriftsprachförderung (Family-Literacy) Senatsverwaltung für Bildung, Wissenschaft und Forschung (Hrsg.). – Berlin.

REICH, Hans H. (2005): Forschungsstand und Desideratenaufweis zu Migrationslinguistik und Migrationspädagogik für die Zwecke des „Anforderungsrahmens". In: EHLICH, Konrad (Hrsg.) in Zusammenarbeit mit BREDEL, Ursula/GARME, Birgitta/KOMOR, Anna/KRUMM, Hans-Jürgen/McNAMARA, Tim/REICH, Hans H./SCHNIEDERS, Guido/THIJE, Jan D. ten/VAN DEN BERG, Huub: Anforderungen an Verfahren der regelmäßigen Sprachstandsfeststellung als Grundlage für die frühe und individuelle Förderung von Kindern mit und ohne Migrationshintergrund (= Bildungsreform, Band 11). – Bonn, S. 121-169. URL: http://www.bmbf.de/pub/bildungsreform_band_elf.pdf [Zugriff 23.02.2011].

REICH, Hans H. (2008a): Sprachförderung im Kindergarten. Grundlagen, Konzepte und Materialien. – Weimar/Berlin.

REICH, Hans H. (2008b): Geleitwort. In: LEIST-VILLIS, Anja: Elternratgeber Zweisprachigkeit. Informationen und Tipps zur zweisprachigen Entwicklung und Erziehung von Kindern. – Tübingen.

REICH, Hans H. (2009): Förderung von Mehrsprachigkeit an Schulen – Bedingungen und Konsequenzen. In: PLUTZAR, Verena/KERSCHHOFER-PUHALO, Nadja (Hrsg.): Nachhaltige Sprachförderung. Zur veränderten Aufgabe des Bildungswesens in einer Zuwanderergesellschaft. Bestandsaufnahmen und Perspektiven. – Innsbruck, S. 43-51.

REICH, Hans H. (2009a): Zweisprachige Kinder. Sprachaneignung und sprachliche Fortschritte im Kindergartenalter (= Interkulturelle Bildungsforschung; Band 16). – Münster.

REICH, Hans H. (2009b): Aufbauende Sprachförderung unter Nutzung der FÖRMIG Instrumente. In: LENGYEL, Drorit/REICH, Hans H./ROTH, Hans-Joachim/DÖLL, Marion (Hrsg.): Von der Sprachdiagnose zur Sprachförderung. (= FÖRMIG Edition Band 5). – Münster, S. 25-33.

REICH, Hans H. (2009c): Entwicklungswege türkisch-deutscher Zweisprachigkeit. In: NEUMANN, Ursula/REICH, Hans H. (Hrsg.): Erwerb des Türkischen in einsprachigen und mehrsprachigen Situationen. (= FÖRMIG Edition Band 6). – Münster, S. 63-90.

REICH, Hans H./ROTH, Hans-Joachim (2004): Hamburger Verfahren zur Analyse des Sprachstands Fünfjähriger HAVAS 5. – Hamburg.

REICH, Hans H./ROTH, Hans-Joachim (2007): HAVAS 5 – das Hamburger Verfahren zur Analyse des Sprachstands bei Fünfjährigen. In: REICH, Hans H./ROTH, Hans-Joachim/NEUMANN, Ursula (Hrsg.): Sprachdiagnostik im Lernprozess. Verfahren zur Analyse von Sprachständen im Kontext von Zweisprachigkeit. (= FÖRMIG Edition Band 3). – Münster, S. 71-94.

REICH, Hans H./ROTH, Hans-Joachim/DÖLL, Marion (2009): Fast Catch Bumerang – Auswertungshinweise, Schreibimpuls und Auswertungsbogen. In: LENGYEL, Drorit/REICH, Hans H./ROTH, Hans-Joachim/DÖLL, Marion (Hrsg.): Von der Sprachdiagnose zur Sprachförderung. (= FÖRMIG Edition Band 5). – Münster, S. 207-241.

REICH, Hans H./ROTH, Hans-Joachim/GANTEFORT, Christoph (2008): Auswertungshinweise „Der Sturz ins Tulpenbeet". In: KLINGER, Thorsten/SCHWIPPERT, Knut/LEIBLEIN, Birgit (Hrsg.): Evaluation im Modellprogramm FÖRMIG. (= FÖRMIG Edition Band 4). – Münster, S. 209-237.

REICH, Hans H./YAKUT, Atilla (1986): Sprachliche Probleme beim Verstehen berufsorientierender Texte. In: YAKUT, Atilla/REICH, Hans H./NEUMANN, Ursula/BOOS-NÜNNING, Ursula (Hrsg.): Zwischen Elternhaus und Arbeitsamt: Türkische Jugendliche suchen einen Beruf. – Berlin, S. 343-388.

REICHEL-WEHNERT, Katrin/SCHULZ, Dieter (Hrsg.) (2008): Förderung von Mehrsprachigkeit als Aufgabe der Schule: Entwicklungen in Europa – Erfahrungen in sächsischen Grundschulen. – Leipzig.

RHEINLAND-PFALZ (AMquiP) (2009): Modellprogramm Förderung von Kindern und Jugendlichen mit Migrationshintergrund – FÖRMIG. Ausbildungsvorbereitung von Jugendlichen mit Migrationshintergrund auf eine qualifizierte Berufsausbildung in der Pflege (AMquiP). Abschlussbericht (01.04.2005–31.08.2009). – Rheinland-Pfalz (unveröffentlicht).

RHEINLAND-PFALZ (Bad Kreuznach) (2009): Modellprogramm Förderung von Kindern und Jugendlichen mit Migrationshintergrund – FÖRMIG. Projekt

Bad Kreuznach. Abschlussbericht (01.02.2005–31.07.2009). – Rheinland-Pfalz (unveröffentlicht).

RINCKE, Karsten (2008): Schülersprachengewirr. Schülersprache und Fachsprache als lehrreiche Herausforderung. In: Praxis der Naturwissenschaften – Physik in der Schule, 57, Heft 2, S. 11-15.

ROBINSON, Francis Pleasant (1946): Effective Study. – New York.

ROHDE-DAHL, Gerburg (2009): „Es war einmal ein Zebra ..." Entwicklung einer Lesekultur an der Lenau-Schule Berlin, Videodokumentation (52 Minuten). (unveröffentlicht). – Berlin.

ROLFF, Hans-Günter (1998): Evaluation und Schulentwicklung. In: TILLMANN, Klaus-Jürgen/WISCHER, Beate (Hrsg.): Schulinterne Evaluation an Reformschulen. Positionen, Konzepte, Praxisbeispiele. Bd. 30. – Bielefeld. S. 30ff.

ROLFF, Hans-Günter (2008): Unterrichtsentwicklung etablieren und leben. In: BERKEMEYER, Nils/BOS, Wilfried/MANITIUS, Veronika/MÜTHING, Kathrin(Hrsg.) (2008): Unterrichtsentwicklung in Netzwerken. – Münster, S. 73-94.

ROSEN, Lisa/FARROKHZAD, Schahrzad (Hrsg.) (2008): Macht – Kultur – Bildung. – Münster.

RÖSCH, Heidi (2009): Deutsch als Zweitsprache – Deutsch als Fremdsprache. – Berlin.

RÖSSL, Barbara (2008): Kompetenzen in Deutsch als Zweitsprache beurteilen. Worauf es ankommt. In: Erziehung und Unterricht, 158, Heft 1, S. 45-52.

RUESCH, Peter (2001): Unter welchen Bedingungen sind Kinder schulisch erfolgreich? In: MÄCHLER, Stefan (Hrsg.): Schulerfolg: kein Zufall. 2. Auflage. – Zürich, S. 11-18.

SAARLAND (2009): Modellprogramm Förderung von Kindern und Jugendlichen mit Migrationshintergrund – FÖRMIG. Sprachbildung und soziale Integration von zugewanderten und benachteiligten Kindern und Eltern in Grundschulen und Kindertagesstätten. Abschlussbericht (01.04.2005–31.08.2009). – Saarland (unveröffentlicht).

SACHSEN (2009): Modellprogramm Förderung von Kindern und Jugendlichen mit Migrationshintergrund – FÖRMIG. FÖRMIG Sachsen. Abschlussbericht (01.05.2005–31.07.2009). – Sachsen (unveröffentlicht).

SÄCHSISCHES BILDUNGSINSTITUT (Hrsg.) (2009): Niveaubeschreibungen Deutsch als Zweitsprache für die Sekundarstufe I. Zur Beobachtung von Kompetenz und Kompetenzzuwachs im Deutschen als Zweitsprache. Transferfassung 2009. – Görlitz. URL: http://www.sachsen-macht-schule.de/sbi/10111.htm [Zugriff 20.06.2011].

SÄCHSISCHES BILDUNGSINSTITUT (Hrsg.) (2010): Niveaubeschreibungen Deutsch als Zweitsprache für die Primarstufe. Transferfassung 2009. – Radebeul. URL: http://www.sachsen-macht-schule.de/sbi/10111.htm [Zugriff 20.06.2011].

SÄCHSISCHES STAATSMINISTERIUM FÜR KULTUS (Hrsg.) (2000): Lehrplan Deutsch als Zweitsprache. – Dresden.

SALEM, Tanja/RABKIN, Gabriele (2010): Kooperation von Eltern, Kindern, Elementarbereich und Schule im FörMig-Projekt „Family-Literacy". In: Diskurs Kindheits- und Jugendforschung. Jg. 5, H. 4, S. 385-396. Leverkusen.

SCHEFFEL, Sandra (2009): Materialien zur Förderung von Fachsprache und Mehrsprachigkeit im Mathematikunterricht. In: BRANDENBURG. Modellprogramm Förderung von Kindern und Jugendlichen mit Migrationshintergrund – FöRMIG. Förderung und Evaluation von Mehrsprachigkeit und Literalität an Brandenburger Grundschulen. FöRMIG-Plus-Brandenburg. Abschlussbericht (01.08.2005–31.07.2009). Anlage CD. – Brandenburg (unveröffentlicht).

SCHEFFLER, Ute/STERKENBURGH, Sabine (2009): Diagnoseverfahren in der Praxis: Gestufter Einsatz von sprachdiagnostischen Instrumenten – am Beispiel von CITO und HAVAS 5. In: LENGYEL, Drorit/REICH, Hans H./ROTH, Hans-Joachim/DöLL, Marion (Hrsg.): Von der Sprachdiagnose zur Sprachförderung. (= FöRMIG Edition Band 5). – Münster, S. 147-157.

SCHENNACH, Stefan (2008): Mit Deutsch geht (fast) alles – ein Plädoyer für eine gemeinsame Schule der Sprachenvielfalt. In: XY gelöst! – 99 Thesen zur Schulpolitik, S. 153-163.

SCHLEPPEGRELL, Mary J. (2004): The Language of Schooling: A Functional Linguistics Perspective. – Mahwah, New Jersey.

SCHLESWIG-HOLSTEIN (2009): Modellprogramm Förderung von Kindern und Jugendlichen mit Migrationshintergrund – FöRMIG. Sprachfördernetzwerke als Ausgangspunkt der Förderung von Kindern und Jugendlichen mit Migrationshintergrund. Abschlussbericht (01.04.2005–31.07.2009). – Schleswig-Holstein (unveröffentlicht).

SCHMÖLZER-EIBINGER, Sabine/WEIDACHER, Georg (Hrsg.) (2007): Textkompetenz : eine Schlüsselkompetenz und ihre Vermittlung; [Festschrift für Paul R. Portmann-Tselikas zum 60. Geburtstag]. (Europäische Studien zur Textlinguistik; Bd. 4). – Tübingen.

SCHRÜNDER-LENZEN, Agi/HENN, Dominik (2009): Entwicklung eines Computerprogramms zur Analyse der schriftlichen Erzählfähigkeit. In: LENGYEL, Drorit/REICH, Hans H./ROTH, Hans-Joachim/DöLL, Marion (Hrsg.): Von der Sprachdiagnose zur Sprachförderung. – Münster, S. 91-105.

SCHULZ, Petra/TRACY, Rosemarie/WENZEL, Ramona (2007): Entwicklung eines Instruments zur Sprachstandsdiagnose von Kindern mit Deutsch als Zweitsprache: Theoretische Grundlagen und erste Ergebnisse. In: AHRENHOLZ, Bernt (Hrsg.): Kinder und Jugendliche mit Migrationshintergrund – Empirische Befunde und Forschungsdesiderate. – Freiburg im Breisgau.

SCHÜTTE, Marcus (2009): Sprache und Interaktion in Mathematikunterricht der Grundschule. Zur Problematik einer impliziten Pädagogik im Kontext sprachlich-kultureller Heterogenität. (= Empirische Studien zur Didaktik der Mathematik.). – Münster.

SCHWIPPERT, Knut (2007): Sprachstandsdiagnose und Evaluation: Gemeinsamkeiten und Differenzen der Anliegen, Möglichkeiten und Ziele. In: REICH, Hans H./ROTH, Hans-Joachim/NEUMANN, Ursula (Hrsg.): Sprachdiagnostik im Lernprozess. Verfahren zur Analyse von Sprachständen im Kontext von Zweisprachigkeit. (= FöRMIG Edition Band 3). – Münster, S. 30-42.

Schwippert, Knut/Klinger, Thorsten/Gogolin, Ingrid (2009): Evaluation im Modellprogramm FörMig: Alles unter Kontrolle? – Hamburg. URL: http://www.blk-foermig.uni-hamburg.de/cosmea/core/corebase/mediabase/foermig/evaluation/Evaluation_FoerMig.pdf [Zugriff 23.02.2011].

Seidel-Nick, Manuela (2009): Kooperation mit Eltern und außerschulischen Partnern erfolgreich gestalten. In: Lubig-Fohsel, E./Müller-Boehm, E. (2009): Kooperation von Schule und Eltern mit Migrationshintergrund. Wie kann Sie gelingen? Eine Handreichung für Schulen in sozial benachteiligten Quartieren. FörMig-Berlin. URL: http://www.foermig-berlin.de/kooperationeltern.html [Zugriff 20.06.2011].

Sekretariat der Ständigen Konferenz der Kultusminister der Länder in der Bundesrepublik Deutschland (2004): Bildungsstandards im Fach Deutsch für den Primarbereich (Jahrgangsstufe 4) (Beschluss der Kultusministerkonferenz vom 15.10.2004). – Bonn.

Senatsverwaltung für Bildung, Wissenschaft und Forschung (Hrsg.) (2005): Materialien zum Sprachlernen in Kitas und Grundschulen. – Berlin. URL: http://www.foermig-berlin.de/jahrgangsstufe12.html [Zugriff 20.06.2011].

Senatsverwaltung für Bildung, Wissenschaft und Forschung (Hrsg.) (2008): Sprachlerntagebuch für Kindertagesstätten und Kindertagespflege. Handreichungen für Erzieherinnen und Erzieher sowie Tagespflegepersonen. Zweite überarbeitete Fassung. – Berlin.

Senatsverwaltung für Bildung, Wissenschaft und Forschung (Hrsg.) (2009): Professionelle Lerngemeinschaften für die Qualitätsentwicklung von Sprachbildung im Unterricht. Eine Handreichung für Berater/innen. FörMig Berlin: Materialien zur Durchgängigen Sprachbildung. – Berlin. URL: http://www.foermig-berlin.de/lerngemeinschaften.html [Zugriff 20.06.2011].

Shohamy, Elana/Hornberger, Nancy H. (Hrsg.) (2008): Encyclopedia of Language and Education. 7. Language Testing and Assessment. 2. ed. – New York.

Siebert-Ott, Gesa (2006): Mehrsprachigkeit und Bildungserfolg. In: Auernheimer, Georg (Hrsg.): Schieflagen im Bildungssystem: Die Benachteiligung der Migrantenkinder. 2., überarbeitete und erweiterte Auflage. – Wiesbaden.

Smidt, Sandra (2008): Supporting Multilingual Learners in the Early Years. Many Languages – Many Children. – London.

Snijders, Tom A. B./Bosker, Roel J. (1999): Multilevel Analysis: An Introduction to Basic and Advanced Multilevel Modeling. – London.

Söhn, Janina (2008): Bildungsunterschiede zwischen Migrantengruppen in Deutschland. Schulabschlüsse von Aussiedlern und anderen Migranten der ersten Generation im Vergleich. Einheitssachtitel: Educational Disparities between Immigrant Groups in Germany. School Leaving Certificates of Ethnic German Resettlers and Other First-Generation Immigrants Compared. In: Berliner Journal für Soziologie, 18, Heft 3, S. 401-431. URL: http://dx.doi.org/10.1007/s11609-008-0028-1 [Zugriff 28.02.2011].

SPENGLER, Birgit (2010): Sprach-SIGNALe. Praxisbuch zur Sprachförderung und Integration in Kindergärten. Ministerium für Bildung des Saarlandes (Hrsg.). – Berlin.

SPRACHENWELTEN – LERNWELTEN (2009). Sprache(n) lernen im Kindergarten und in der Grundschule. (Themenschwerpunkt). Grundschule, 41, Heft 4.

STANAT, Petra (2006): Schulleistungen von Jugendlichen mit Migrationshintergrund: Die Rolle der Zusammensetzung der Schülerschaft. In: BAUMERT, Jürgen/STANAT, Petra/WATERMANN, Rainer (Hrsg.): Herkunftsbedingte Disparitäten im Bildungswesen. Vertiefende Analysen im Rahmen von PISA 2000. – Wiesbaden.

STANAT, Petra/SCHNEIDER, Wolfgang (2004): Schwache Leser unter 15-jährigen Schülerinnen und Schülern in Deutschland. In: SCHIEFELE, Ulrich/ ARTELT, Cordula/SCHNEIDER, Wolfgang/STANAT, Petra (Hrsg.): Struktur, Entwicklung und Förderung von Lesekompetenz. Vertiefende Analysen im Rahmen von PISA 2000. – Wiesbaden, S. 243-273.

STIFTUNG MERCATOR (Hrsg. 2009): Modul „Deutsch als Zweitsprache" (DaZ) im Rahmen der neuen Lehrerausbildung in Nordrhein-Westfalen. – Essen. URL: http://www.mercator-foerderunterricht.de/fileadmin/user_upload/INHALTE_UPLOAD/Microsite%20Foerderunterricht/Fachmaterialien/DaZ_Modul_Endversion_20090507.pdf [Zugriff 23.02.2011].

STUMM, Verena (2009) Abschlussbericht zur Evaluation der FÖRMIG-Weiterqualifizierung Berter(in) für sprachliche Bildung/Deutsch als Zweitsprache (November 2009). – Hamburg (unveröffentlicht).

TAJMEL, Tanja (2009): DaZ-Förderung im naturwissenschaftlichen Fachunterricht. In: AHRENHOLZ, Bernt (Hrsg.) (2010): Fachunterricht und Deutsch als Zweitsprache. 2. Auflage überarbeitete und aktualisierte Auflage. – Tübingen.

TAJMEL, Tanja/STARL, Klaus (Hrsg.) (2009): Science Education Unlimited. Approaches to Equal Opportunities in Learning Science. – Münster.

TRACY, Rosemarie/LEMKE, Vytautas (Hrsg.) (2009): Sprache macht stark. – Berlin.

TRACY, Rosemarie/SCHUL (2011): Linguistische Sprachstandserhebung – Deutsch als Zweitsprache. – Hogrefe.

TransKiGs (2009): Übergang Kita-Schule. Zwischen Kontinuität und Herausforderung. Materialien, Instrumente und Ergebnisse des TransKiGs-Verbundprojekts. – Weimar. URL: http://www.transkigs.de/fileadmin/user/redakteur/Produkte/TransKiGs_a_bericht.pdf. [Zugriff 20.06.2011].

ULICH, Michaela (2003): Literacy – sprachliche Bildung im Elementarbereich. In: Kindergarten heute, 33, Heft 3, S. 6-18.

ULICH, Michaela/MAYR, Toni (2004): SISMIK. Sprachverhalten und Interesse an Sprache bei Migrantenkindern in Kindertageseinrichtungen. Begleitheft zum Beobachtungsbogen. – Freiburg.

ULICH, Michaela/MAYR, Toni (2003): Sprachverhalten und Interesse an Sprache bei. Migrantenkindern in Kindertageseinrichtungen. – Freiburg.

ULICH, Michaela/MAYR, Toni (2008): Seldak – Sprachentwicklung und Literacy bei deutschsprachig aufwachsenden Kindern. Begleitheft zum Beobachtungsbogen Seldak. – Freiburg.

VERHOEVEN, Ludo (1994): Transfer in Bilngual Development. The Linguistic Interdependence Hypothesis Revisited. In: Language Learning, 44, S. 381-415.

WALQUI, Aída (2006): Scaffolding Instruction for English Language Learners: A Conceptual Framework. In: International Journal of Bilingual Education and Bilingualism, 9, Heft 2, S. 159-180.

WEIDACHER, Georg/KLOTZ, Peter/PORTMANN-TSELIKAS, Paul R. (Hrsg.) (2009): Kontexte und Texte: Soziokulturelle Konstellationen literalen Handelns. (Europäische Studien zur Textlinguistik; 8) – Tübingen.

WENZEL, Ramona/SCHULZ, Petra/TRACY, Rosemarie (2009): Herausforderungen und Potenzial der Sprachstandsdiagnostik – Überlegungen am Beispiel LiSe-DaZ. In: LENGYEL, Drorit/REICH, Hans H./ROTH, Hans-Joachim/DÖLL, Marion (Hrsg.): Von der Sprachdiagnose zur Sprachförderung. – Münster, S. 45-70.

WERLEN, Erika/TISSOT, Fabienne (Hrsg.) (2009): Sprachvermittlung in Europa. Beiträge der Angewandten Linguistik zum Dialog zwischen Wissenschaft und Gesellschaft. Band 2: Sprachvermittlung und Leistungsmessung im Kontext der Mehrsprachigkeit. – Baltmannsweiler.

WIESER, Regine/DORNMAYR, Helmut/NEUBAUER, Barbara u.a. (2008): Bildungs- und Berufsberatung für Jugendliche mit Migrationshintergrund gegen Ende der Schulpflicht. Endbericht. 2. durchges. u. leicht geänderte Aufl. – Wien URL: http://www.forschungsnetzwerk.at/downloadpub/Berufsberatung_Jugendliche_Migrationshintergrund_Endbericht.pdf [Zugriff 23.02.2011].

WISSENSCHAFTLICHER BEIRAT FÖRMIG (2007): Nachhaltigkeit durch systematischen Transfer der Ergebnisse in die Lehrerbildung und in die Ausbildung der pädagogischen Fachkräfte im Elementarbereich. Arbeitspapier, 10. August 2007. URL: http://www.foermig.uni-hamburg.de/web/de/all/org/wb/index.html [Zugriff: 23.02.2011].

WOTTAWA, Heinrich/THIERAU, Heike (2003): Lehrbuch Evaluation. 3., korrigierte Auflage. – Bern.

ZELLERHOFF, Rita (2009): Didaktik der Mehrsprachigkeit. Didaktische Konzepte zur Förderung der lebensweltlich bedeutsamen Mehrsprachigkeit bei Kindern und Jugendlichen und ihre pädagogisch therapeutische Umsetzung an der Schule für Sprachbehinderte. (= Europäische Hochschulschriften. Pädagogik XI. 978). – Frankfurt.

FÖRMIG EDITION

Herausgegeben von İnci Dirim, Ingrid Gogolin, Ursula Neumann,
Hans H. Reich, Hans-Joachim Roth und Knut Schwippert

Band 3

**Hans H. Reich, Hans-Joachim Roth,
Ursula Neumann (Hrsg.)**

Sprachdiagnostik
im Lernprozess

Verfahren zur Analyse von Sprachständen
im Kontext von Zweisprachigkeit

2007, 136 Seiten
Broschur: 9,90 €, ISBN 978-3-8309-1697-0
E-Book: 7,90 €, ISBN 978-3-8309-6697-5

■ Der Band führt das Thema Sprachstandsdiagnostik
weiter und vertieft Fragen der Konstruktion und des
Einsatzes sprachdiagnostischer Verfahren im Kontext
individueller Zweisprachigkeit. Der Schwerpunkt liegt auf
qualitativen Aspekten begleitender Sprachstandsanalyse
im Rahmen von Sprach(lern)förderung und Evaluation.
Die Beiträge behandeln Fragestellungen zu Themen wie
Standards und Kompetenzentwicklung, Sprachkontakt-
phänomenen, Testfairness und zur Leistungsfähigkeit
sprachheilpädagogischer Instrumente.

Band 4

**Thorsten Klinger, Knut Schwippert,
Birgit Leiblein (Hrsg.)**

Evaluation im Modell-
programm FÖRMIG

Planung und Realisierung eines
Evaluationskonzepts

2008, 240 Seiten
Broschur: 24,90 €, ISBN 978-3-8309-1989-6
E-Book: 19,90 €, ISBN 978-3-8309-6989-1

■ Der Band befasst sich mit der Konzeption und der
Realisierung der Evaluation von FÖRMIG. Er dokumentiert
eine Tagung, die den Evaluationsaktivitäten auf allen
Programmebenen gewidmet war. Der Blick ist sowohl auf
pädagogische Einrichtungen in den beteiligten Bundes-
ländern gerichtet als auch auf übergreifende Prozesse.
Die Beiträge geben so einen Einblick in das laufende
Programm und in vielfältige Ansätze der Evaluation von
Modellprogrammen.

Band 5

**Drorit Lengyel, Hans H. Reich,
Hans-Joachim Roth, Marion Döll (Hrsg.)**

Von der Sprachdiagnose
zur Sprachförderung

2009, 248 Seiten
Broschur: 24,90 €, ISBN 978-3-8309-2170-7
E-Book: 19,90 €, ISBN 978-3-8309-7170-2

■ Dieser Band dokumentiert Fortschritte und Neuerun-
gen und gibt einen aktuellen Überblick zur pädagogischen
Sprachdiagnostik. Ein einleitender Teil verortet die Entwicklungen im linguistischen und pädagogischen Diskurs.
Ein ›Werkstattbericht zur Instrumententwicklung‹ gewährt
Einblick in den Stand der Entwicklung konkreter Instrumente und Anwendungen. Den Verwendungszusammen-
hängen von Instrumenten sowie dem Ineinandergreifen
von Sprachdiagnose und sprachlicher Förderung widmet
sich ein dritter Teil. Abschließend werden bildungspolitische
Initiativen, zentrale Entwicklungsprojekte und übergreifende didaktische Konzeptionen in den Blick genommen.

Band 6

Ursula Neumann, Hans H. Reich (Hrsg.)

Erwerb des Türkischen
in einsprachigen und
mehrsprachigen Situationen

2009, 152 Seiten
Broschur: 14,90 €, ISBN 978-3-8309-2177-6
E-Book: 11,90 €, ISBN 978-3-8309-7177-1

■ Der Erwerb des Türkischen durch Kinder und Jugendliche in der Türkei und in Deutschland ist das Thema
dieses Buches. Zwei Beiträge thematisieren den Erwerb
unter monolingualen Umständen, drei Beiträge den Erwerb unter den Bedingungen der Mehrsprachigkeit. Der
Türkischerwerb in der Emigration zeigt sprachpsycho-
logisch, sprachsoziologisch und sprachenpolitisch bedingte
Besonderheiten, die ihn vom monolingualen Erwerb ab-
heben. Ihre Erscheinungsformen und Ursachen werden in
diesem Band detailliert beschrieben und analysiert.

WAXMANN Münster | New York | München | Berlin   www.waxmann.com | info@waxmann.com